JN268962

現　代
国際法
叢　書

国際人権法とマイノリティの地位

Minorities under International Law of Human Rights

金　東勲 著
Kim Dong-hoon

東信堂

謹んで田畑茂二郎先生の御霊前に捧げます

金　東勲

まえがき

第二次大戦後の国際社会が国際連合の活動を中心に発展・確立させた国際人権法は、人権と基本的自由の普遍的尊重の達成をその存在理由もしくは目的としている。人権(human rights)は、すべて個人が享有する普遍的な価値であり権利であることは歴史的にそして今日においてもくり返し確認されてきている。しかし、この普遍性は、「人間はその尊厳と権利において自由であり平等である」と謳ったフランス人権宣言から二百年が経過した今日に至っても、観念上もしくは概念上の性質に止っている。つまり、普遍的な価値であるはずの人権を享有する個人・個人集団は、男性、健常者、成人、そして国民と多数者(majorities)に限定され、女性、障害者、子どもそしてマイノリティと外国人などは制約・排除されつづけてきた。そのために、人権の普遍的尊重の実現を目指す国際人権法もその当然の論理的帰結として非差別・平等(non-discrimination and equality)を基本原則にすえている。

なかでも、本書の中心テーマであるマイノリティと外国人は、右の普遍性の実現にとって最重要課題であるといっても過言ではない。つまり、一国内に所在する民族的宗教的マイノリティは、当該国家の法と政策によって差別的権利侵害と非人道的取扱いさらには集団的殺害の対象にさえなりつづけた。また、所在する国家の国籍を有しない個人つまり外国人は二国間協定と相互主義さらには文明国標準主義を規範とする伝統的国際法によって差別的処遇が正当化されもした。とりわけマイノリティの問題は、ヨーロッパ国際社会においては国家間の重要問題として議論され、国際連盟の下では東欧及び中欧のいくつかの国家に所在するマイノリティの権利が国際的保護の対象となり、第二次大戦中のナチズムとファシズムによる特定民族が集団的迫害と殺りくの犠牲となったことは周知のとおりである。

このように、一国内のマイノリティもしくは民族集団に関する歴史的経験と事件は、人権と基本的自由の尊重を目指す国際人権法の発展を促す契機となったことも周知のとおりである。そして、すべての人民と国家が達成すべき共通の基準として採択された世界人権宣言及び国際人権規約をはじめとする数多くの人権条約を定立し実施することにより人権の普遍性が大きく進展してきている。にもかかわらず、旧ユーゴ紛争における民族浄化とアフリカのウガンダにおける部族間の虐殺さらには東チモールの独立をめぐる集団殺害など、特定のマイノリティに対する人権侵害と非人道的行為が後を絶たない。また、旧植民地住民と移住労働者として一国内に所在する今日の外国人も、内外人平等を原則とする国際人権条約の受容・実施により不合理な差別は随分と改善されたが、移住労働者の法的地位の脆弱性に基因する人権侵害及びマイノリティとして享有すべき権利の保障が確保されないなど克服すべき課題は多い実状にある。

本書に収めた論稿は、筆者が長年の研究課題とした国際人権法の中で、とくにマイノリティと外国人の権利に関連するものであるが、より多くの研究者と一般市民の関心に触れることを願って一冊に納めることにした。そして、序章は、国際人権法が克服すべき二つの課題、つまり国家主権との調和と人権条約の実施に関するものであり、第一章は、マイノリティの地位と権利の保護・伸長に関する国際人権法の発展と現代を吟味したものである。さらに第二章は、外国人の立場で一国内に所在する人びとの人権を国際人権法、とりわけナショナル・エスニックマイノリティの権利に照らして吟味したものであり、第三章は人権差別撤廃条約の制定・実施過程を分析・検討したものである。なお、第四章には、著者が訳した「移住労働者権利条約」と「マイノリティ権利宣言」を掲載した。なお、本書を構成する論考は、約三〇年にわたって公表したものであるため、条約の批准状況と実施をめぐる実状との齟齬《そご》が認められるが、このこと自体国際人権法発展の歴史もしくはプロセスであると認識し、字句の修正に止めてそのまま掲載することにした。そして読者の理解を助けるために人権条約の一覧表を資料として掲げた。

本書に収めた研究は、故田畑茂二郎先生及び田畑シューレの諸兄と同僚たちの指導と教示の賜物であり末尾ながら感謝の意を表したい。また、厳しい出版事情にもかかわらず、本書の出版を快く引き受けて下さった東信堂の下田勝司社長にも心よりお礼を申し上げる。

二〇〇三年三月一五日

金　東勲

目次／国際人権法とマイノリティの地位

第二章　外国人の地位と権利……129

〈国連が中心となって採択した主要な人権関係諸条約〉

2002年12月9日現在

	名　称	採択年月日	発行年月日	締約国数	日本
1	経済的、社会的及び文化的権利に関する国際条約	1966.12.16	1976. 1. 3	146	○
2	市民的及び政治的権利に関する国際規約	1966.12.16	1976. 3.23	149	○
3	市民的及び政治的権利に関する国際規約の第一選択議定書	1966.12.16	1976. 3.23	104	
4	市民的及び政治的権利に関する国際規約の第二選択議定書(死刑廃止)	1989.12.15	1991. 7.11	49	
5	あらゆる形態の人種差別の撤廃に関する国際条約	1965.12.21	1969. 1. 4	170	○
6	アパルトヘイト犯罪の鎮圧及び処罰に関する国際条約	1973.11.30	1976. 7.18	101	
7	女子に対するあらゆる形態の差別の撤廃に関する条約	1979.12.18	1981. 9. 3	170	○
8	女子差別撤廃条約の選択議定書	1999.10. 6	2000.12.22	47	
9	集団殺害罪の防止及び処罰に関する条約	1948.12. 9	1951. 1.12	133	
10	戦争犯罪及び人道に対する罪に対する時効不適用に関する条約	1968.11.26	1970.11.11	45	
11	1926年の奴隷条約の改正条約	1953.12. 7	1955. 7. 7	95	
12	奴隷制度、奴隷取引並びに奴隷制度に類似する制度及び慣行の廃止に関する補足条約	1956. 9. 7	1957. 4.30	119	
13	人身売買及び他人の売春からの搾取の禁止に関する条約	1949.12. 2	1951. 7.25	74	○
14	難民の地位に関する条約	1951. 7.28	1954. 4.22	140	○
15	難民の地位に関する議定書	1967. 1.31	1967.10. 4	138	○
16	無国籍の削減に関する条約	1961. 8.30	1975.12.13	26	
17	無国籍者の地位に関する条約	1954. 9.28	1960. 6. 6	54	
18	既婚婦人の国籍に関する条約	1957. 1.29	1958. 8.11	70	
19	婦人の参政権に関する条約	1952.12.20	1954. 7. 7	115	○
20	婚姻の同意、最低年齢及び登録に関する条約	1962.11. 7	1964.12. 9	49	
21	拷問及びその他の残虐な、非人道的な又は品位を傷つける取扱い又は刑罰の禁止に関する条約	1984.12.10	1987. 6.26	132	○
22	子どもの権利に関する条約	1989.11.20	1990. 9. 2	191	○
23	すべての移住労働者及びその家族構成員の権利保護に関する条約	1990.12.18		19	

本一覧表は、「ヒューライツ大阪」の調査資料に基づいて作成。

国際人権法とマイノリティの地位

序　章　国際人権法の基本的課題

1　国内事項不干渉の原則と人権問題

国連憲章は、「すべての者のために人権及び基本的自由を尊重するように助長奨励することについて、国際協力を達成すること」(第一条三項)をその目的の一つにかかげ、この目的を達成するために「世界人権宣言」をはじめとする多くの国際文書を作定するなど、とくにここ数年における活動は目覚ましい。しかし、加盟国の国内における具体的人権問題が国連諸機関において討議の対象となり、さらにはこれにたいしてなんらかの措置がとられようとするときには、必ず、憲章第二条七項が国連の基本原則の一つとして定めている「国内事項不干渉の原則」を援用して国連の干与を排除しようとする関係国の主張につき当たってきた。そこで本章1では、このような「国内事項」とは何であり、また、人権問題は国内事項、と言えるかどうかを吟味し、そして最後に国連の実践過程においてはこの問題がどのように扱われてきたかをみることにする。

一　いわゆる「国内事項」とは

国連の諸機関において取りあげられる問題、なかでも最近とくにクローズ・アップされてきている人権問題が審議される際、これを扱う機関の権限を制限しまたはその行動を排除するためによく援用される「国内管轄事項」(Matter of domestic jurisdiction)または「国内事項」[1](Domestic matter)が、実定国際法上の一概念として確立されたのは、第一次大戦後、人類史上初めて広い分野にわたる機能と権限をもった一般的国際機構として設立された国際連盟の規約においてである。すなわち、紛争の解決に関する手続きを定めていた規約第一五条は、その第八項において「紛争当事国の一国が、紛争をもって国際法上もっぱら該当事国の管轄に属する事項(a matter which by international law is solely within the domestic jurisdiction of that party)から生じたものであることを主張し、連盟理事会がこれを是認したときは、連盟理事会はその旨を報告し、かつその解決に関しなんらの勧告をもしてはならない」(傍点は筆者)と規定して、紛争の解決に関する理事会の勧告権にたいする留保として、国内管轄事項すなわち国内事項が用いられたのである。このような条項が連盟規約の中に設けられた詳しいいきさつは割愛するが、ともかく「国内管轄事項の留保」が一般的国際機構の基本文書の中に導入されたことは、その後の国際法の発展、ことに国際社会の組織化の発展にとって重要な意義をもつものであった。[2]

もちろん、この国内事項という概念も、連盟規約において突然現われたものではなくして、他の国際法上の概念と同じく歴史的に形成されてきたものである。言いかえれば、国際関係の緊密化と国際社会の組織化が進むに伴って、自己の意思にのみ拘束されるとしてその絶対不可侵を誇っていた主権国家も、特定の問題については第三者の意思による決定に委ね、かつこれに従うことを余儀なくされてきたのである。このような第三者の決定に委ねる問題の範囲をできるだけ狭めて、その主権または自由の制限を最小限に止めたいとする各国の意図から出てきたのが、一九世紀の終わり頃から二〇世紀の初めにかけて締結された仲裁裁判条約の留保条項として援用されていた「死活的利益」または「国の名誉と独立」などの概念である。そしてこれらは、表現こそ異なるが、国内事項と同じ目的と性質をもったものであり、かつその起源をなすものであることは明らかである。このように国内事項という概念は、国際社会が組織される過程において、その権利または自由の制限にたいする主権国家の一つの砦として形成されてきた、いわば抵抗概念と言えるものである。したがって、国内事項不干渉の原則は、自国の独立と王権にたいする外国の侵害を排除するために援用される「内政不干渉の原則」と、本質的には同じものである。

以上のような性質をもった国内事項という概念は、連盟設立以後に作定された一連の国際文書の中にも取り入れられ[3]、また、第二次大戦後連盟の後を継いで設立された国際連合の基本文書である憲章の中にも導入されるようになったのである。つまり、国連がよって立つべき基本的な諸原則を謳っている憲章第二条は、その第七項で「この憲章のいかなる規定も、本質上いずれかの国の国内管轄権内にある事項(matters which are essentially within the domestic jurisdiction of any state)に干渉する権限を国際連合に与えるものではなく、また、その事項をこの憲章に基づく解決に付託することを加盟国に要求するものでもない」(傍点は筆者)と規定している。このことは、国連が連盟よりもさらに広い機能と権限とを備えもっており、しかも、それが国家をこえた世界政府のような性格をもった機関ではなく、加盟国の主権と平等をその基礎としている諸国家間の協力機関に過ぎないことからみれば、先に述べたことから導かれる当然の帰結であったとも言えるのである。しかし、われわれは、憲章第二条七項と規約第一五条八項とを比較してみるとき、その表現の変化はさしおくとしても、その置かれた位置の違いに注目せざるを得ない。すなわち、規約は、先にみたように、連盟理事会が紛争の解決のために行う勧告にのみ適用されるとしていたが、憲章においては、国内管轄事項への不干渉をその基本原則の一つとしており、その結果この原則は国連のあらゆる機能と権限に適用されることになったのである。もっとも、憲章第二条七項はその後段にただし書きを設けて「この原則は、第七章に基づく強制措置の適用を妨げるものではない」とし、その適用除外を認めている。しかし、いずれにしても、ある事項が一国の国内管轄権内にあるものと判断される限り、「第七章に基づく強制措置」が適用される場合のほかは、これにたいし「干渉」を構成するとみられるいかなる措置または行動をもとってはならなくなったのである。このような重大な変化は、もともと、憲章制定の基礎となっていた「ダンバートン・オークス提案」では、紛争の平和的解決手続きに関する規定（同提案第八章A節）の適用を除外するものとして設けられていたものであるが、サンフランシスコ会議における審議過程で修正が加えられたものである。[4] これは、国連の機能が平和維持だけでなく経済的社会的な広い分野にわたっているることから、これらの分野における問題に関する自国の権利と自由の制限をできるだけくい止めたいという各国の意図によるものであったと推測される。

さて、それではこのような「国内事項」という概念は、いったいどのような内容を有し、またどのように定義づけられるものであろうか。この概念の定義または意味づけは、この事項をめぐる具体的な紛争の処理または判断に当たった連盟理事会によって設けられた法律家委員会及び常設国際司法裁判所により[5]、さらには国際法学者達によってなされてきている。そして、それらによると、国内事項とは、国家の管轄権が国際法によって規制されない国家活動の領域であり、または、一国がその国内法で任意に処理してよいことが、国際法によって許されている事項である、というのである。それは、固定的かつ絶対的なものではなくして、国際関係と国際法の発展に伴って変化する流動的で相対的な概念であるとする。つまり、ある事項が原則的には一国の国内管轄権に属するものであっても、それが国際法の規制の対象となり、またはそれに関し条約上の義務が課されることになれば、それはもはやその国だけが自由に処理できるという意味での国内事項ではなくなるのである。したがって、ある事項が、具体的に国内事項であるかどうかは、当時の国際法に照らし合わせて判断されるべき問題であって、関係国による一方的な主張だけでは認められないのである。しかし、他方、何が国際法でありまた法律上の義務であるかという問題も難しく、たとえば、憲章は一般国際法であり、しかもそれが規定することは実定法上の義務をなすものと言えるかどうかという判断はひじょうに難しく、つねに議論を惹起させる問題である。

このように、その具体的判断には多くの困難を伴うものではあるが、国連諸機関は国内事項にたいして憲章第二条七項でいう干渉になるいかなる措置または行動をも差し控えねばならないのである。つまり、言いかえると、一国の国内管轄権内にある事項にたいしては、「干渉」にいたらない措置と行動だけが許されるのである。したがって、憲章二条七項でいう干渉の意味、つまり、具体的にどのような措置または行動が干渉を構成するか、という問題が浮かびあがってくる。一般国際法上の内政不干渉の原則における干渉とは、命令的関与(dictatorial interference)、すなわち、ある国が他の国にたいして、武力による威嚇または強制あるいはなんらかの不利益を予想せしめるような方法で、作為または不作為を要求することである。[6] したがって、その受諾が当該国家の自由に委ねられている、たんなる勧告及び周旋または仲介などの申し出は干渉とならないのである。しかし、憲章第二条七項でいう干渉も、このような一般国際法上の干渉と同じ意味をもつものと理解されるべきかどうかは、なお疑問が残る問題である。なぜなら、先にも触れたように、国連諸機関によってとられる措置で拘束的性質を有する唯一のものと言える「第七章に基づく強制措置」が適用される場合は、第二条七項の原則は適用されないのであって、一般国際法上の干渉が構成されるための重要な要素の一つである「強制」は、憲章でいう干渉の構成要素から除外されるのである。そのため、憲章第二条七項になんらかの意義を認めようとするならば、討議も干渉になるという極論はさておくとしても、たとえ拘束力をもたない勧告であっても、それが特定国を名指しかつ一定の作為または不作為を要請し、またこの要請を受諾させるためになんらかの不利益を予想させる措置を含んでいるようなものであるときは、第二条七項が禁じている干渉になると理解しなければならないだろう。[7]

以上、国内事項という概念が形成されてきた過程とその意味または内容を概略的にみてきた。そしてまた、この概念と表裏の関係にあるとみられる干渉の意味も併せて吟味した。さてそれでは、つぎに、人権問題はこのような国内事項と言えるかどうかをみることにしよう。

二　人権問題は国内事項か

一九四八年、パリで開かれた国連第三総会において採択された「世界人権宣言」は、第二次大戦後強く叫ばれてきた人権の国際的保障を促進するために、画期的な意義をもつものであったことは、あれから二〇年を経過した今日においても変わらない。この間、この人権の国際的保障の確立という目的のために、国連がはらってきた努力となし遂げた成果は、いくら高く評価しても過ぎることはないだろう。すなわち、国連の諸機関は、人権保障に関するさまざまな内容と目的をもった宣言または条約を採択してきたが、なかでも、一九六六年一二月一六日、国連総会において採択された「国際人権規約」[8]は、それまでの研究と努力の総決算と言えるものであり、また、人権の国際的保障の大きな転換点をなすものでもあった。このような著しい発展は、国際の平和及び安全を維持することとならんで「人権及び基本的自由を尊重するように助長奨励することについて、国際協力を達成すること」(憲章第一条三項)が、その目的の一つとして掲げられ、国際平和の維持と人権保障とは不可分の関係にある問題としている国連憲章の基本的精神に基づくものである。このような憲章の基本的精神のより具体的な表現は、「諸国間の平和的かつ友好的関係に必要な安定及び福祉の条件を創造するために……」「すべての者の人権及び基本的自由の普偏的尊重及び遵守」を促進しなければならないと謳った憲章第五五条と、また「人類社会のすべての構成員の固有の尊厳と平等で譲ることのできない権利とを承認することが世界における……平和の基礎である」と謳っている「世界人権宣言」及び「国際人権規約」の前文においてもみることができる。

このように、人権と基本的自由を国際的に保障する問題は、国連の第一次的目的である国際社会の平和及び安定を維持することと密接な関係をもつものとして、憲章及びこれを具体化するための多くの国際文書の中において、その助長と促進に関する規定が設けられてきており、いまやこの問題はもっとも重要な国際的関心事の一つとなっている。しかし、このようなことから、ただちに人権問題はもはや憲章第二条七項でいう「国内管轄権内にある事項」ではなくなったと言えるだろうか。つまり、国連加盟国は、憲章その他の国際文書に同意したことによって、人権尊重に関し直接法的義務を課されており、そのため、人権問題は各国がその国内において自由に決定できなくなったと言えるかどうかは、さらに慎重な検討によってのみ判断できる難しい問題である。なぜなら、今日人権保障の問題が重要な国際的関心事の一つになっているとはいえ、各国がその国民の人権と基本的自由を、その国内においてどのような具体的政策または方法で保障すべきかということは、いぜんとしてその国の排他的国内管轄権に属している問題であることは、争い難い事実であるからである。にもかかわらず、人権問題が国内事項でなくなったとするためには、憲章の規定が加盟国に直接法的義務を課していると解釈されねばならない。そして、この問題と関連してとくに重要な位置をしめるのは、右にあげた憲章規定の他に第五六条の規定をどのように解釈すべきかという問題である。

国連のすべての加盟国は、憲章第五六条において、先にあげた第五五条が掲げる目的を達成するために、国連と協力して「共同及び個別の行動をとることを誓約(pledge)」している。そのため、国連加盟国は憲章により人権尊重に関する法的義務を課されているとする主張[9]の根拠として、この規定がよく引用されてきている。しかし、他方においては、このような規定にもかかわらず、憲章は、人権尊重に関する指導原則あるいは国連諸機関と加盟国が達成すべき努力目標を掲げているに過ぎないものであって、加盟国に直接法的義務を課しているとは考えられないという主張がみられる。[10] この二つの考えのうち、そのいずれを正しいとするかは、早急に判断できるほど容易な問題ではなく、人権尊重に関する憲章の規定、ことに第五六条がもつ法的性質を理解するためには、憲章の制定作業が行われたサンフランシスコ会議において、これらの規定がどのように扱われたかをみることが必要であると考えられる。

サンフランシスコ会議においては、第二委員会の第三専門委員会が第五五条及び第五六条の審議に当たった。その際、第五六条の規定に、より明確な加盟国の義務を盛り込もうとするオーストラリアなどの諸国と、このような規定が加盟国の国内事項に介入できる権限を国連に与えることになることを危惧し、これを極力阻止しようとする米国とのあいだにおいて、激しい議論が交わされた。そして、結局、委員会の報告書の中につぎのような文書を一札入れることによって両主張が折り合ったのである。それはつまり、「第二委員会の第三専門委員会の全委員は、第九章（経済的及び社会的国際協力）のいかなる規定も、加盟国の国内問題(domestic affairs)に干渉する権限を与えるものとみなされないことにつき完全な合意に達した」（括弧内は筆者）という内容のものであった。[11] これは、第九章にも第二条七項の原則が当然適用されるのにもかかわらず、このような文書を報告書に付け加えたことは、第五五条が掲げる諸事項にたいする国連の干渉をいかに憂慮していたかを物語るものであろう。そして、またサンフランシスコ会議の結果について、米国大統領に提出されたいわゆるステチニアス(Edward R. Stetinius)報告[12]が、この五六条でいう誓約とは、「各国が、彼ら自身の最善の能力と方法において、また、彼ら自身の政治的・経済的制度及び手続きに従って、その国の問題(national affairs)を処理することができる権利を侵害されることなく、国連が経済的社会的諸目的を達成する上で、各国が共同及び個別の行動により、国連と協力することを約束したものである」と述べているのである。したがって、このような専門委員会の報告書が憲章の解釈にどのような効力をもつものであるかは難しい問題であるが、しかし、少なくともその成立過程をみる限り、第五六条が人権問題を加盟国の国内事項から取り除くような法的義務を課するものでないことは確かなように思われる。さらに、もし、第五六条が直接法的義務を課しているものと解釈すれば、この規定が、ひとり人権尊重だけでなく、第五五条が掲げる生活水準、完全雇用及び教育などの問題にも適用されることから、これらすべての問題についても、加盟国は法的義務を課されていると言わねばならない。そして、それらはもはや加盟国が自由に決定できる国内事項ではなくなったとしなければならないことになる。しかし、このような解釈は、憲章の規定が法的義務を課していると主張する人達によってさえもとられていない。よって、人権に関する諸条約、ことに「国際人権規約」が発効し、その当事国となった国に関する限りならともかく、今の段階では、憲章の規定とくに第五六条の規定だけをもってしては、加盟国が人権尊重に関し直接法的義務を課されており、そのため、人権問題は国内事項でなくなったとは言えないと考えられる。もっとも、米国のカリフォルニア州に居住する日本人の土地所有の問題をめぐって起こった「大山事件」と「藤井事件」に関連してとった米国の裁判所の態度にみられるように、国内裁判所が憲章の規定に法的拘束力を認めるという場合もみられる。[13] しかし、このような国内裁判所の態度が憲章の解釈になんらかの影響を及ぼすものとは考えられない。それにしても、サンフランシスコ会議において、第五六条により自国の国内事項が干渉されることをもっとも強く恐れていた米国の国内裁判所によってこうした態度が示されたことは皮肉と言うほかないだろう。

さて、それではいかなる場合においても、国連は、加盟国の人権問題にたいして干渉とみられるどのような干与もしてはならないのだろうか。サンフランシスコ会議において、国連の目的と原則に関する規定の審議に当たっていた第一委員会の第一専門委員会A分科会の報告者が「基本的権利を保障しまたは保護することは、もともと各国の関心事(the concern of each state)である」としながらも、「しかし、そのような権利と自由が著しく侵害され、そのため、平和を脅かしまたは憲章規定の適用を妨げるような事態を創り出したときは、それは各国だけの関心事(the sole concern of each state)でなくなる」[14]として、ある場合には、人権問題がもっぱら加盟国の国内事項でなくなり、国連による干与が認められることを予想しているのである。これは、前に述べたように、人権保障の問題が国際平和維持の問題と密接に関係しあっているという考えによったものと思われる。そして、実際においても、国連による加盟国内の人権への介入を正当化するために、人権問題を平和維持問題に結びつけた主張が、次節にみる国連実践過程だけでなく学者の中にもみられるのである。[15]さらに、経済社会理事会の一般的権限を規定している憲章第六二条の第二項は「理事会はすべての者のための人権及び基本的自由の尊重及び遵守を助長するために、勧告することができる」としており、また、これから類推して、総会及び安保理事会も、人権問題に関してある種の勧告をすることができるものと言えるのである。もちろん、このような勧告は、第二条七項で干渉を構成するものであってはならない。とは言っても、具体的にどのような勧告が干渉になりまたはならないかという判断は難しく、議論をよぶ問題である。もっとも、一国における人権問題が、平和への脅威となりまたはこれを破壊するような事態であることが安保理事会によって決定され、これにたいし第七章に基づく強制措置がとられることはもちろん、そのために行う調査などは許されることは言うまでもない。

このように、人権問題は、なおまだ憲章第二条七項でいう国内管轄事項であることは確かであるが、それが国際平和を脅かしまたは憲章規定に著しく反するような事態になったときには、それはいわゆる「国際的関連事項」(a matter of international concern)となって、国連によるなんらかの介入を免れ得ないと言える。さて、それでは、このような人権問題が国連の諸機関において取りあげられた場合、どのように取り扱われてきたかをみることにしよう。

三　国連の実践過程における人権問題

1　概　観

国連において取りあげられてきた人権問題のなかで、もっとも古くかつまたもっとも新しいものであり、またその解決が迫られているのは、南ア問題と呼ばれている「人種隔離」(アパルトヘイト)の問題である。このほかにも、いくつかの問題が取りあげられたが、それらはつぎのようなものがあげられる。まず初めに、ソビエト政府が、チリ外交官の息子と結婚したソビエト婦人の出国を認めなかったことから、一九四八年第三総会において取りあげられた「ソビエト人妻事件」[16]と、つぎに、「ミンドセンティ枢機卿事件」として知られているもので、ブルガリア、ハンガリー、ルーマニアの三カ国が、枢機卿ミンドセンティを含む他の数名の者を、謀叛、叛逆などの罪で処罰しようとしたことが問題となり、一九四九年四月、第三総会の後期部会で取りあげられた「東欧三国による人権侵害問題」[17]などがあげられる。このほかにもまだいくつかあげられるが、それらは人権問題がおもな内容をなすものではなく、むしろほかの問題に関連して問題とされたものであるので、本章1では省略することにする。

右にあげた問題が国連において審議された際、該当事国とその立場を擁護する諸国は、口をそろえて、これらの問題は加盟国の国内法によってのみ処理できる国内事項であり、このような問題を国連が取りあげることは、憲章第二条七項の原則に反するものであると主張した。とくに、ソビエト代表は、「すべての人は自国を含めていかなる国をも自由に離れることができる」と謳った世界人権宣言第一一条に反するとの主張に反論して、この規定が審議される際、「その国の法律が定める手続きに従って」との文句を加えようという自国の提案が拒否され、この規定の採択に反対したので自国はこの規定により何の拘束も受けないと主張した。[18] しかし、このような主張にもかかわらず、ソビエト人妻事件に関しては、憲章及び世界人権宣言の規定を援用し、ソビエト政府の措置が憲章及び外交慣例に反するものであるとしてその撤回を勧告した決議[19]を採択しており、さらに、東欧三国による人権侵害の問題に関しては、憲章第一条三項及び人権の尊重を謳っている平和条約に触れ、これら三国が憲章と平和条約に従って問題の解決をはかることを促した内容を含む三つの決議[20]を採択した。しかし、それ以上の措置はいずれの問題についてもとられなかった。そして、審議の際にみられた第二条七項の解釈をめぐる激しい議論にもかかわらず、その決議では、この点について何も触れていない。これは、議論が分かれる解釈問題を避け、その実際的解決をはかるという立場に立ったものと思われる。いずれにせよ、これらの問題はそのどれもが、基本的には関係国の国内法によってのみ規制されるべき性質のものであることは、否めない事実であり、それ以上の措置をとることは難しかったようにみられる。そして、この種の問題が、国連の場で取りあげられ得たことは、それがいずれも社会主義諸国で起こったということ、それに、当時は西欧側が絶対多数を占めていたという国連の勢力分野を考えると、そのイデオロギー的側面を離れては理解できないものと思われる。

このように、右にあげた問題にたいしては、当事国の自主的改善または直接交渉に訴えるというだけに終わったが、つぎにみる南ア問題は、この問題が最初に取りあげられて二〇年もたったというのに、今なおその解決の兆しはみえないのである(その後一九九〇年代に入って、反アパルトヘイト指導者マンデラ氏の釈放とアパルトヘイト関連法の廃止につづき、一九九三年になって全ての人種に平等な参加を認める憲法制定により終止符を打った)。そして、人権尊重に関する問題のすべてがこれに集約され、また、ほかのさまざまな要素が混在してはいるが、人権問題が抱えるあらゆる問題点を浮彫りにしてきたとも言える。そのため、国連における人権問題を吟味するためには、この問題を看過しては不可能でさえあると思われるので、この問題に的をしぼってみていくことにしよう。

2　人種隔離政策(アパルトヘイト)

一般に、南ア問題として知られているこの問題は、一九四六年六月、南ア政府が自国に居住するインド系住民にたいして、土地所有その他のことに関し差別的立法措置をとっているとして、インドが国連に訴えた「南アにおけるインド系住民の処遇問題」[21]として取りあげられたのがその最初である。インドは、南アの立法措置は、両国のあいだで締結されたケープタウン協定に反するものであり、また人権と基本的自由の尊重を謳った憲章の規定と相容れ得ないものであると主張した。これにたいし、南アは、インド系住民は自国の国民であり、その処遇に関する問題はその国内管轄権に属する事項であるとし、さらに、憲章は加盟国に法的義務を課していないから国連はこの問題を審議する権限をもたないと反論した[22]。しかし、総会は、一九四六年から五一年までのあいだに採択した一連の決議の中で、南アの政策が条約上の義務ならびに憲章の規定と世界人権宣言に反するものであり、また、国家間の友好関係を阻害するものであるとして、その法律の施行の延期と当事者間の直接交渉による解決を要請した。そしてまた、両国間の交渉を助けるために三人委員会を設けるなどの措置をとった[23]。しかし、このような決議と措置にもかかわらず、人種隔離を内容とする一連の国内法を施行するという南アの強硬な態度のため直接交渉の試みも失敗に終わった。そして、一九五二年からは、今なお問題となっている人種隔離政策問題として取り扱われるようになった。

このように、初めはインド系住民の処遇問題として取りあげられた南ア問題が、「南アの人種隔離政策問題」[24]という議題で取りあげられたのは、一九五二年、南アの人種政策が世界の平和への脅威を醸成し、憲章が規定する人権と基本的自由の尊重を著しく侵害する危険な事態を惹起しているとする一三カ国の要請に基づくものであった。この問題が審議される過程にみられる議論は多岐にわたるものであるが、だいたいつぎの三つに大別できる。その一つは、隔離は差別ではなく、また人権と基本的自由の尊重を謳った憲章及び世界人権宣言は、法的義務を加盟国に負わしていないから、自国民をその国内法でどのように扱うかはその国の国内管轄権に属する問題であり、国連はこれに関しいかなる措置もとられない、とする南ア及びこれに同調する諸国の主張である。つぎにみられる二つの主張は、人権に関する問題は、第二条七項でいう国内事項ではなくなったとするものと、たとえ国内事項であるとしても、国連がこの問題を審議し勧告することは、干渉にならないとする主張である。そして、この後者の二つの主張は、その理由づけは異なるが、国連がこの問題を審議しかつ勧告することは憲章によって許されるというもので、この立場は総会の大多数によって支持され総会はこのような事実に立ってさまざまな決議と措置をとってきた。[25]

つまり、問題の討議への参加をボイコットまでするという強硬な態度で国連の権限を否定する南アの主張を斥け、調査委員会を設けてこれに人種隔離の実態を調査させ、また南アにたいしてはその政策を改めることを促す一連の決議を採択した。なかでも、一九五五年、アド・ホック委員会は「南ア政府が憲章第五六条の義務を遵守することを要請する」決議を採択して、第五六条の「誓約」は義務であることを認めたことは注目をひいた。[26]しかし、アフリカ総会と呼ばれた一九六〇年を迎えるまでは、これ以上強い措置は何一つとられなかった。

一九六〇年早々、南アのシャペビール（Sharpeville）において、人種差別に反対する人達が大量に殺害される事件を契機として、初めてこの問題を取りあげた安保理事会は、同年四月一日の決議で、南アの事態が国際的摩擦に発展しており、かつ「継続すれば国際平和と安全を危くするものである」と認めた。[27]そして、これは、その後の総会決議[28]によっても確認され、南アの事態が純然たる人権問題でなくなり、国際平和と安全の維持に関する問題でもあることを認めるものであった。このような事態の確認にもかかわらず、具体的制裁措置を求めたアフリカ諸国の提案は、第一五及び第一六のいずれの総会においても否決された。そして、外交関係の断絶、南ア船舶の自国港への出入禁止、南ア商品のボイコット、武器及び弾薬を含む商品の南アへの輸出を控えること、さらに、安保理事会が南アの追放を含め、適切な制裁措置をとることなどを求めた決議が総会で採択されたのは一九六二年の第七総会になってからである[29]。そして、安保理事会も、武器弾薬などの輸出をやめるよう求めた決議を採択したが、これらの措置は、いずれも、安保理事会が第七章に基づいてとった強制措置ではないので、拘束的なものではなく、その実際的効果は加盟国の協力に待たなければならなかった。そのためか、その後も南アの態度には、少しの変化もみられず、むしろ強硬になり、総会と安保理事会による中止または延期の要求に耳を傾けようとせず、人種差別反対運動の指導者達を弾圧し不当な処刑を執ようにつづけている[30]。これにたいし、総会及びその他の機関が、第七章に基づく強制措置をとるよう安保理事会に求めているにもかかわらず[31]、このような措置が、南アとのあいだに深い経済的利害関係をもっている安保理事会の常任理事国を含めた数カ国の利益と相容れ得ないものであることから、それがとられる可能性は殆どないようにみられる。

このように、南ア問題は、第七章に基づく強制措置(もっとも、七七年には安保理が憲章第四一条に基づいて経済制裁を適用した)は適用されなかったとしても、初めの頃には想像もつかなかった強力な措置がとられ、また、この問題を扱う専門機関による研究調査などが盛んに行われ、今やアパルトヘイトの問題は、本章1では扱えなかった、南ローデシア(八〇年四月にジンバブエ共和国として独立)及び西南アフリカ(九〇年三月にナミビアとして独立)までその対象となっている[32]。このような国連の措置及び活動は、南アの事態が国内事項と言える一国内部の人権問題ではなくなり、むしろ国際平和を危くしまた脅かすものであるという基本的認識に基づくものである。が、しかし、それだけでなく、南ア問題は、旧植民地主義国の国民である白人によるアフリカ原住民にたいする支配または迫害であり、それは一九世紀の植民主義の残影でもある。したがって、それは南ア人民の真の独立と解放のための戦いがむしろその本質をなすものである。さらに、南アの白人政権がとっている政策は、民族的人種的優越主義に基づくもので、程度の差こそあれ、基本的には第二次大戦中連合国が敵として戦ったヒットラー民族主義と同質のものであるとしても過言ではない。そして、一九六六年、国連総会の決議が「アパルトヘイトは、人類にたいする犯罪(a crime against humanity)である」[33]と断罪したことはまったく正しいと言わねばならない。

われわれは、国連諸機関の権限を制限する機能をもつとみられる「国内事項」とは何か、また、人種問題はまだ国内事項と言えるか、という問題を概略的に吟味したのち、この問題が国連の実践過程においてはどのように扱われてきたかを、南ア問題に焦点を絞り、駆け足で眺めてきた。そして、以上のことからつぎのように言える。つまり、少なくとも今の段階では、人権保障に関する具体的な方法は、各国の管轄権に委ねられており、人権問題はまだなお国内事項である。が、しかし、アパルトヘイトのように、人権侵害が政策として、つまり制度的(systematic)に行われるときは、国内事項とは言えず、むしろ積極的に介入し阻止すべきものである。したがって、今後の問題は、むしろ、平和維持の問題とは直接関係のない、実践過程の検討で取りあげた二つの事件のような人権問題、つまり、国際平和の維持とは離れた個々の人権侵害に関する国際的保護をいかにして効果的なものにするかということであろう。このような意味で、「国際人権規約」が一日も早く発効し、そして、すべての国がこれを受け入れることが強く望まれるのである(その後、七六年一月にはA規約が、同年三月にはB規約がそれぞれ発効した)。

1　「国内事項」は、「国内管轄事項」の略称として用いられている。

2　規約第一五条八項について詳しくは、拙稿「国際連合と国内管轄事項」(一)『法学論叢』第七九巻第二号、三八―四三頁参照。
3　たとえば、国際紛争平和的処理に関する一般議定書第三一条。
4　詳しくは、拙稿「前掲論文」四五―五一頁参照。
5　Cf., Report of the Committee of Juris: *The Aaland Islands Question*; League of Nations Official Journal Special Supplement No. 3, Oct., 1920. Publications of PCIJ Series B Collection of Advisory Opinions, No. 4.
6　田畑茂二郎『国際法新講　上』(東信堂、一九九〇年)八九―九一頁参照。Cf., Thomas and Thomas: *Non-Intervention* (1956. pp.67-74)
7　拙稿「前掲論文」(二)『法学論叢』第七九巻第三号、九〇―一〇〇頁参照。
8　この規約は、芹田健太郎氏の邦訳がある。『神戸商船大学紀要　第一類・文科論集』第一六号参照。
9　Cf., H. Lauterpacht: *International Law and Human Rights* (London, 1950. pp.147-148).
10　田畑茂二郎「人権と国際法」『法律学体系』第二部、法律学理論編八〇―八三頁参照。Cf., H. Kelsen: *The Law of the United Nations* (1951. pp.99-100).
11　Cf., The United Nations Conference on International Organization (以下 UNCIO と略称) : Documents, Vol.10, pp.57-, p.83.
12　Report to the President on the Result of the Sun Francisco Conference., by the Chairman of The United States Delegation. Department of State Publication, pp. 115-.
13　田畑『前掲書』、八三―八六頁参照。
14　Cf., UNCIO: Docnments, Vol,6, p.705.
15　Cf., H. Lanterpacht: *op.cit.,* p.176, 186.
16　See. General Assembly Official Record(以下、GAOR と略称) 3rd yr., Pt. I. Plen., mtg. Suppl. I. Docs. A/560, A/562. この事件について詳しくは、入江啓四郎「ソヴェト陣営と人権論争」『国際法外交雑誌』、第四九巻六号参照。
17　See. GAOR 3rd yr., Pt. II. Ad Hoc Politica1, Cttee, pp.63-153. *ibid.* 4th yr 9-15th mtgs.
18　See. GAOR 3rd yr., 6th Cttee 136th mtg, p.739.
19　総会決議二八五〔III〕

20　総会決議二七二〔III〕、二九四〔IV〕、三八五〔V〕
21　See. GAOR 1rd yr., Joint 1st and 6th Cttee., pp.52-53, annex 1 (A/149).
22　Cf., *ibid.* 3rd yr., pt. II, 1st Cttee., 265th mtg., p.280.
23　総会決議四四〔I〕、二六五〔III〕、三九五〔V〕、五一一〔VI〕、六一五〔VII〕、七一九〔VIII〕
24　この問題の正式議題は、"The Question of Race Conflict in South Africa resulting from the Policies of Apartheid of the Government of the Union of South Africa"である。
25　この問題に関する一九六〇年までの議論と措置については、拙稿、上掲論文注2、（二）『法学論叢』第七九巻三号、七三―七八頁参照。
26　総会決議九一七〔X〕
27　**Resolution 134 of 1 April 1960, Doc S/4300.**
28　総会決議一五九八〔XV〕、一六六三〔XVI〕、一七六一〔XVII〕
29　総会決議一七六一〔XVII〕、なおこの決議は賛成六七反対一六棄権二三で採択された。
30　たとえば一九六三年一〇月一一日の総会決議一八八一〔XVIII〕は、すべての政治犯人の裁判中止とただちに釈放することを求めている。
31　総会決議二二〇二A〔XXI〕の第七パラグラフ参照。
32　たとえば、人権委員会も特別報告者を定めてアパルトヘイトの問題の研究を委ね、七〇年一二月この報告者による報告が事務総長に提出されている。それは南アだけでなくローデシア西南アフリカにおける問題まで扱ったもので国連における問題の総括でもある。Cf., E/CN/, 4/949 Add 1-5, Study of Apartheid and Racial Discrimination in South Africa.
33　総会決議二二〇二A〔XX〕第一パラグラフ参照。

『国際問題』第一〇三号、一九七一年一〇月　国際問題研究所　所載

2　国際人権条約と実施機関の役割

はじめに──国際人権は定義から実施の時代へ

一九四八年一二月八日、世界人権宣言の採択に始まった国際人権基準定立の作業は、二四を数える条約だけでなく、条約の数をはるかに超えるさまざまな権利宣言を採択している。そして、マイノリティ、先住民及び障害者の権利保障と宗教的不寛容と差別撤廃に関する条約の採択が当面する重要課題であるが、国際的に保障し保護すべき権利の定義に関する作業は終わりつつある。そのため、国際人権法における最重要かつ必要な課題は、人権条約の普遍的批准または加入と締約国内のより完全な実施の達成である。人権の国際的保障が克服すべきもっとも困難な問題は、人権問題を国内事項とする国家の主権的抵抗であり、とりわけ人権条約の実施措置に対する諸国の敏感な反応と執拗な抵抗は、国際人権規約の制定作業が始まった一九五〇年代の早い時期から顕著にみられたことは周知のとおりである[1]。

こうした国家側の主権的抵抗との妥協・調和を図りつつ、国際人権規約、その他の人権条約が定める実施措置と実施機関は、条約発効後一〇年から二〇年にも及ぶ長期間にわたって、条約のより効果的な履行確保のために適用され機能してきた。そして、条約規定上の制約その他の困難にもかかわらず、実施機関の努力と締約国の協力により、さまざまな変化と発展を遂げてきており、さらにより効果的実施を達成するために必要・可能な発展が試みられている。

本章2は、人権諸条約の実施過程にみられる条約実施機関の変容と発展を吟味し、今後の発展を展望することを意図するものである。

一　人権条約の実施措置と実施機関

1　人権条約の特質とその履行確保

すでに触れたように、個人及び集団の人権と基本的自由を保障し、人種主義と不合理な差別から個人及び集団の保護を存在理由とする人権条約は、国連によって採択されたものだけでも二四を数える。そしてこれらの条約は、国際社会を構成するすべての国家に開放され、締約国になることが求められている多数国間の一般的合意であり、条約法条約、海洋法条約その他の一般的多数国間条約と本質的に同じものである。しかし、国家間の合意文書であるという意味では他の一般的条約と性質を同じくするが、条約とは国家間の権利と義務を定め、国家は義務を負うだけでなくそれに相応する権利も享有することを定める文書であるとする理解に照らして考えるならば、人権条約は他の条約と重要な差異を有することが容易にわかる。

つまり、国家は人権条約の締約国となることにより、当該条約が保障する人権と基本的自由をその管轄権の下にあるすべての個人に保障し、または人種差別、女子差別さらには人種主義にもとづく差別と暴力からその国内の個人と集団を保護する国際法上の義務と責任を負うことになる。が、しかしこれらの義務と責任に相応する権利の享有は国家には認められず、人権条約が保障する権利の享有主体は条約の当事者ではない個人または集団である。その結果、他の締約国による人権条約の不履行が自国の利益もしくは権利を直接にそこなうことにはならない。そのために、たとえ他の締約国が条約の履行を怠り、または条約に違反する行為によって個人の権利を侵害したとしても、条約の履行もしくは違反行為の中止を積極的に要求することは期待できないのである。

さらに、歴史的にそして今日においても、国際的な関心と関与を招来する人権問題の殆どが国家＝政府の行為に起因することは、戦時中のナチズムとファシズムなど人種主義を国是とする国家による大量殺害と非人道的行為、そして戦後の国際社会でも、ほぼ半世紀にわたって維持され全世界の支援と努力によって解決した南アフリカ共和国のアパルトヘイトが象徴的に示してくれる。[2] 言い換えると、人権の国際的保障のコンテクストにおいて国家＝政府は潜在的に加害者であり、この点に関するかぎり、基本的に国家はすべて同じ立場にある。そのため、他の国家が人権条約不履行あるいは違反行為による権利侵害の犠牲者を保護するために積極的に介入することはあまり期待できない。ただ、冷戦時代の人権問題をめぐる国家間の議論にしばしばみられたように、被害者の保護よりも相手国を政治的に非難するなど、政治的利益を追求する手段として用いることは否めない。これは、伝統的国際法における外交的保護権の行使にみる諸国の態度にすでに明らかになっており、後にみる実施措置のひとつである締約国間の通報制度が殆ど機能していないことが裏づけている事実でもある。

以上かいつまんで触れたように、人権条約が保障する権利の享有者は国家ではなく、国家はむしろこの権利を保障し保護する責任を国際法上負う立場にある。さらに、しばしば条約が保障する権利の侵害者が政府である場合が多く、他の締約国の不履行に対する履行の要求、責任の追及、さらに損害賠償の要求など、条約一般にみられるような締約国間の努力による履行確保は期待できない。そのために、条約の履行を確保するためには、必要な実施措置と実施を監視する機関の設置が不可欠である。

2　人権条約の実施機関と実施措置

(1)　実施機関

人権条約の多くは、締約国による義務履行と条約の効果的実施を確保するために、独自の実施機関を設立している。国際人権規約の自由権規約委員会、人種差別撤廃委員会、子どもの権利委員会及び拷問禁止委員会などは、条約の規定にもとづいて設立され、締約国によって選出される専門家によって構成される。しかし、国際人権規約の社会権規約委員会は、一九八五年五月、経済社会理事会の決議(ECOSOC 1985／17)によって設立が決定され、経済社会理事会によって選出される専門家によって構成される。また、アパルトヘイト条約は、国連人権委員会の委員の中から選出される三人の締約国代表が実施機関として機能する。

このように、人権条約の実施状況を監視する機関の設置と構成には若干の差異があるが、主要人権条約の実施機関の法的地位及びその構成は共通していると理解できる。つまり、人権条約の実施機関は、締約国によって推薦され、締約国会議において選出されはするが、締約国の政府代表ではなく、個人の資格で選出され、かつ職務を遂行する専門家によって構成される。そしてこれらの専門家は、その国籍国から指示を受けたり、国籍国の利益のために行動することは禁止され、公平かつ良心的にその職務を遂行する義務を有する。こうした実施機関の独立と公平を維持するために、専門家に対する報酬は殆どの場合、国連の財源から受けることになっており、任務遂行に必要な職員と役職も国連によって提供されることになっている。[3] もっとも、この「公平かつ良心的な職務の遂行」は、締約国による候補者の推薦において、高潔な人格と人権分野の能力だけではなく、当該国の人権政策に反対する専門家は推薦の対象にならないことから、その維持が危惧されることがなくもない。政府による推薦過程における弁護士会やＮＧＯなど第三者の関与などの工夫が必要であるように思われる。

このように独自の法的地位が認められ公平な職務の遂行が求められる実施機関は、次の三つの実施措置、つまり実施に関する報告、締約国間の通報及び個人の通報という制度を通して遂行する。以下、こうした実施措置に触れてみることにする。

(2)　実施措置

人権条約の締約国による条約の国内実施を確保するための措置は先述のように三つの異なる制度があるが、すべての人権条約が三つの制度を有するわけではない。つまり、主要人権条約の殆どが共通して定める実施措置は実施状況に関する報告提出義務だけで、締約国間の通報制度は、自由権規約と人種差別撤廃条約だけが定めており、個人通報制度も上記の両条約のほかには拷問禁止条約が設けているだけである(女子差別撤廃条約も、九九年一〇月には個人通報を認める選択議定書を採択した)。しかも、人種差別撤廃条約の締約国間の通報を除いては、いずれも選択条項と選択議定書によって保障されており、条約受容とは別の受諾意思の表明が必要となっている。このことは、個人に対する権利保障と差別撤廃のために活用されることのない締約国間の通報はよいとしても、被害者個人に通報する権利を認めることに消極的もしくは否定的態度をとり、実施機関による国内問題への関与を排除しようとする主権的抵抗の現れである。

その結果、国際人権条約の実施措置は、締約国が条約の国内実施に関して提出する報告を実施機関が審査し、勧告など条約が定める必要な措置をとる報告制度が唯一共通の実施措置にとどまっているのが実状である。したがって、国際人権条約の締約国による義務履行と国内実施の確保は、この報告制度を条約実施機関がいかに活用できるかに依拠することになる。しかし、各人権条約が実施機関に認める権限は、提出される報告の検討もしくは審査と、それにもとづいて「一般的な性格を有する意見」または「提案及び一般的な性格を有する勧告」を締約国に対して行うことになっているが、その具体的効果については国際人権規約の制定過程から疑問視されていた[4]。そのため、国内人権状況を国際社会の場で明らかにし、締約国の権威と名誉または信義誠実の原則に頼って条約の実施を確保するほかはなく、条約発効後の発展に期待を寄せることになった。

また、個人の通報制度は、選択的なものとし、通報が実施機関によって受理されるためには、当該個人が在住する締約国の国内救済手続を完了したことが確認されねばならないという、二重の主権的ハードルを設けている。さらに、受理した通報を検討した実施機関は、締約国と当該個人に「見解(view)」または「提案及び勧告」を送付することができるようになっているが、その実効性も条約発効後に実施機関に送付される具体的通報の審査と措置に対する締約国の対応と努力に待たなければならなかった。

二　締約国報告制度の発展

1　報告制度の意義

国家は人権条約の締約国になることによって、自国の管轄権の下に在住するすべての個人に、条約が保障する人権と基本的自由を保障し、差別の撤廃そして人権侵害に対する平等な保護と救済を確保する国際条約上の義務を負うことになる。この条約上の義務は、通常、信義誠実の原則と締約国間の努力によって履行されるが、すでに触れた人権条約の特質から、締約国は条約義務の履行つまり条約の国内実施に関し、条約実施機関による審査または検討のため、報告を提出する義務もあわせて負うことになっていることもすでにみたとおりである。

報告の提出と実施機関による審査という人権条約の実施手続は、国際人権法の現段階においてすべての国家にとって受け入れ可能なものであり、一〇年から二〇年の歳月を経て定着した手続ともいえる。したがってこの手続が人権条約の実施をより実効あるものにするためには、この手続の意義と役割を明確にし、正確かつ詳細な内容の実施報告と実施機関による審査機能の発展・強化が必要であり、そのための工夫・努力が各人権条約の実施機関によって追求されてきた。[5]

国際人権を、学者として、また社会権規約委員会の委員として、研究と実践の両面で活躍してきたアルストン(Philip Alston)は、報告制度の意義と機能を次のように説明する。まず、報告制度は、締約国政府の行為を非難するためというより支援することを目的とし、関係締約国と実施機関つまり独立した国際的専門家集団との建設的な対話(constructive dialogue)のために必要であることを前提にする制度である。そして、報告制度は、すべての国家が、実在的にもしくは潜在的に人権侵害者であり、ある一定程度の慣習化した国際的責務は当該国家とその国民及び国際社会にとって最善の利益につながるという考えにもとづいている。こうした考えは、報告制度が締約国を法的に拘束する強制的手続ではなく、報告の提出と実施機関の審査と措置のいずれも、締約国の自発的もしくは任意的協力に依拠している手続であることの論理的帰結でもある。したがって、報告制度は実施機関の審査と批判による条約違反の断罪と責任追及というより、締約国と専門家集団との対話と協力を内容とする国際的責務をとおして、人権条約の国内実施を促し、条約に違反する人権侵害を防止する手続であると理解することが必要である。[6]

2　報告制度とその機能

次に、報告制度の果たす機能もしくは役割については、おおよそ次のいくつかの点を指摘できる。

(1)　国内人権状況の再検証機能

人権条約の締約国になって提出する最初の報告(initial report)は関係人権条約の目的・原則と規定に関連する立法、行政及び司法をはじめ、政策と社会状況を含む総合的な再検証を必至とする。つまり、報告の作成過程における当該国家自身による検証と実施機関による報告審査の過程における国際的検証の両方に、国内の人権状況がさらされ、人権に関する問題と課題が確認されることになる。

(2)　監視機能

締約国が提出する実施報告は、関連法律と政策など関係閣僚のデスクで準備できる法的理論的な内容だけでなく、関連する社会状況と事実に関する記述が含まれなければならないことが、すべての条約実施機関によって求められている。たとえば、刑務所内での拷問が絶対に行われないということは、定期的な実状の監視なくして確保できないし、社会権規約が保障する食糧に対する権利も、飢餓と栄養不良の蔓延に監視の目を光らせる制度なくして、すべての人々が享有していると誰もいえない。つまり、報告の審査は、法的理論的内容と陳述にとどまらず、関連する社会的事実と人々にまで及ぼすことによって、人権条約に反する社会状況に監視の目を向けることができる。

(3)　政策定立機能

人権問題のなかには、法律の廃止・改正または新立法によって比較的短期間内に解決できる問題も多いが、長い歴史の過程で形成された偏見とか差別による人権侵害は短い期間内に解決することは容易ではない。このような場合、報告制度は当該解決に向けた必要な施策定立の触媒として作用することが期待される。実施機関も短期間的かつ早急な解決というよりも合理的な期間内に必要な是正の実現につながる政策が確認できることを期待している。

(4)　社会的市民的検証機能

締約国報告の審査による実施機関の監視機能は、締約国の国際的責務にとどまらず当該国内の人々に対する責任にも及ぶものである。つまり、政府による報告の準備過程における社会各層の人々及びＮＧＯを含む各種団体との協議、とりわけマイノリティなど人権条約が保障する特定の権利を享有する集団からのコメントなどにより、締約国の人権政策が社会的市民的検証の対象にもなる。同じような報告制度のもつ効果は、実施機関の審査過程を含め報告の内容を一般市民に公表することによっても期待できるものである。

(5)　問題の定期的評価

人権条約によって報告の提出期間に若干の差異があるが、一定の期間をおいて定期的に提出される報告は、条約規定に関連する人権状況と実施努力を周期的もしくは定期的に評価する機会を提供することになる。

(6)　問題把握の機能

条約実施に関する報告は、その作成過程と審査手続を通して、通常は認識されないか提起されない人権状況もしくは人権問題が認識され提起される場合が多い。そしてこの事実と状況の確認は、人権状況の是正もしくは被害者救済のためにも欠かせない重要な機能である。

(7)　情報交換の機能

条約実施報告制度が果たす機能のもう一つは、締約国間、締約国と実施機関そしてＮＧＯなどとの間で人権に関するさまざまな情報の交換を可能にし、人権条約のより完全な実施と、人権問題の解決のためにきわめて有効な機能である。

(8) 国際人権法の発展

実施状況の報告制度は、基本的に特定人権規約の国内実施を確保することであるが、後にみるように、締約国の報告が実施機関の定めるマニュアルに従い、かつ条約規定について実施機関が採択する一般的意見を参照して作成するために、条約規定の適用をめぐる議論と問題について、あるべき一定の方向を示し、具体的問題の解決に加えて国際人権法の発展にも寄与することにもなる。

以上、報告制度の基本的意義と果たす機能をかいつまんでみたが、国際人権法発展の初期におけるさまざまな疑問と危惧にもかかわらず、条約の実施借置である報告制度がさまざまな意義を有し機能を果たしていることが確認できる。したがって、締約国が提出する報告を法理論と事実の両面において、その内実を高め、実施機関による審査を実効的なものにすることがますます重要な課題になっているといえる。こうした課題を克服するために、どのような試みと努力が行われてきたかを次にみることにする。

三　報告制度の効率化と実施機関の機能強化

1　報告のガイドライン

人権条約の実施機関は、報告制度の効率化と実効性を高めるために、締約国が提出する報告がよるべきガイドラインを定めている。ガイドラインは二通りに分けられていて、その一つは締約国になってはじめて提出する最初の報告(initial report)で、人権条約の一般的規定に関する総合的な情報に関する報告がよるべきガイドラインであり、他の一つは、条約の実体規定の実施に関する報告がよるべきガイドラインである。後者のガイドラインは、当然のことではあるが、人権条約が保障する権利の内容または権利享有者の違いから、各人権条約実施機関によって締約国に求める報告も異なるため、条約間に差異がみられる。そのため、本稿でそれらを紹介することは紙幅の関係もあり割愛することにする。[7] 締約国になった後にはじめて提出する報告は、条約実施機関に、締約国に関する基礎的な情報と憲法、法律、行政及び司法を含む権利保護の枠組みに関する一般的性質のものであるため、各条約共通の部分が多く、条約実施機関長間の協議の過程で、質問事項を含め、その統一化または固定化に向けての作業が進められてきた。[8] こうした作業は、複数の人権条約の締約国になっている国の負担を軽減することにもなる。将来には統一化されるものと考えるが、条約制度の理解にも資するために、作業中にあるガイドラインの内容を以下要約して紹介することにする。[9]

(1)　領域と人民

この部分は、締約国の民族構成など人口的特徴とか、国民総生産、失業率、識字率と宗教など、社会的経済的及び文化的指標を含む一般的もしくは基本的な情報を含むものとなっている。

(2)　一般的政治構造

この部分は、締約国の政治史と政治構造、政府形態と行政、立法及び司法の認識について簡略に触れるものとなっている。

(3)　人権保護に関する一般的法構造

この部分に関する情報は、(i)人権に影響する管轄権を有する司法、行政その他の権限ある機関、(ii)権利の侵害を主張する個人が利用可能な救済手続及び犠牲者に対する補償と現状回復の制度、(iii)さまざまな国際人権基準が定める権利を保護し、または保護義務の免除を認める憲法その他の法律の規定、(iv)国際人権文書が国内法に、どのように受容もしくは取り入れられているか、(v)国際人権文書を裁判所、行政機関において、直接または間接的に援用できるかどうか、または関係当局による執行が可能なためには国内法もしくは行政法令に変型する必要があるかどうか、(vi)人権条約実施の監視について責任を有する国内機関の有無、に関する情報を含むものとなっている。

(4)　情報提供と広報

この部分は、(i)さまざまな国際人権文書に盛り込まれている権利に関する一般市民及び関連機関の知識を高めるために特別な努力がなされているか、(ii)さまざまな人権文書のテキストを普及した方法と範囲、これらのテキストが国内社会の言語または複数の言語に翻訳されているか、(iii)実施報告を作成する責任が政府機関のいずれに帰しており、当該機関は通常の情報を入手し、機関外の情報源からも情報を入手できるかどうか、また、政府報告の内容が一般市民による論議の対象になりうるか、などについて言及することになっている。

以上みたように、締約国になった後にはじめて提出する報告は、人権条約が保障する権利の実現にとって一般的かつ基礎的な政治的、経済的及び法的構造と制度に関する情報の提供によって、報告審査のために必要な条約実施機関の理解に資することをめざしているといえる。そしてこうした情報は、人権条約実施機関が共通して求めるものであり、先述のように、複数の条約の締約国となり同じ報告を提出する煩雑さと負担を軽減する工夫が実施機関の協議によって進められている。

次に、人権条約の実体規定に関する実施報告がよるべきガイドラインは、個々の規定が保障する権利の実施をめぐる具体的かつ正確な情報の入手に必要なガイドラインをそれぞれの実施機関が設けて締約国に対しガイドラインに従って報告を提出するように要求している。

2　報告提出の確保と審査機能の強化

人権条約の国内実施状況を監視する実施機関の権限もしくは機能は、まずなによりも締約国が詳細かつ正確な内容はもちろん、定められた期間内の報告提出義務を誠実に履行することによってはじめて目的達成が可能である。そのため、報告提出義務履行を確保するため、期間内に報告を提出しない締約国名を国連総会への報告の中で公表し、人種差別撤廃委員会の場合は、定期的報告の提出が遅滞している場合は、当該報告がなくても前回の報告を用いて締約国による実施状況を審査することにしている。[10] こうした措置は、すでに触れたように、人権条約の実施措置のなかで報告制度だけがすべての締約国に義務的となっており、実施状況の監視と促進にとって欠かせない手続であるからである。

そして次に、人権条約の実施機関によって若干の差異はみられるが、報告審査の効率と実効性を高めるためにさまざまな改善と工夫を行ってきている。たとえば、自由権規約委員会は、委員会による審査の前にworking groupに報告の内容に関する「問題リスト(list of issues)」を作成させ、このリストに従って委員たちが質問を行うことにより、報告提出国との対話を有用なものにするために努力している。[11] また、人種差別撤廃委員会は、一九八八年から締約国報告に関する「国家別報告者(country rapproteurs)」を指名する慣行を発足させ、報告の研究と評価を行い、質問のリストを作成して委員会での対話へとつなぐ役割をもたせている。[12] さらに、子どもの権利委員会の場合は、国家別報告者が事務局の助けを借りて作成した「問題のリスト案(draft list of issues)」にもとづいて、「非公式作業グループ(informal working groups)」が、非公開手続で行われる会合で、委員会による審査が予定されている報告に関して、明らかにしなければならないことや、委員の関心事項になる問題のリストを作成して当該国に通知することを制度化している。

その際、この非公式作業グループは、ＮＧＯのほかにＵＮＩＣＥＦ、ＩＬＯなど他の国連機関によって提供される資料にも言及することになっている。[13]

3　締約国報告の審査と事後措置

実施機関による審査のために提出される報告は、上に述べた実施機関各々の準備過程を経て、提出国政府代表の出席のもと、実施機関の委員たちによる質問と政府代表の答弁・説明のやりとりという形式で審査が行われることになる。筆者は、自由権規約委員会と人種差別撤廃委員会における報告の審査状況を直接見学したことがあるが、委員たちによる質問はきわめて論理的で厳格なものであり、締約国を拘束する決定はできないとしても、条約規定に照らした締約国の実施状況を明らかにし、必要な努力を求めることの意義をあらためて確認させるものであった。

次に、締約国報告審査後にとられる措置はほぼ共通している。それらは、まず報告審査後に行う各委員による個人的所見の表明後、①報告の積極的側面と、②提案と勧告（suggestion and recommendation）、または審査終了後の見解（concluding observations）を採択することである。[14]そして提案と勧告は、締約国の人権状況、とりわけ法制度が条約規定に抵触することを具体的に指摘しその是正を求めるものであり、法的拘束力はないとはいえ、法的にとりわけ国際人権法についての知識と能力を備えている専門家として選出された者の集団による判断の意義はきわめて重く、条約義務の不履行と人権侵害の指摘は、勧告的性質を理由に無視することは困難である。子どもの権利委員会のconcluding observationsにも、こうした勧告がしばしば含まれてきていることはいうまでもない。さらに、上述の勧告のほかに、実施機関は、締約国による条約の国内実施を促進するために必要な技術的支援を、国連人権センター（現在、人権高等弁務官事務所に吸収・統合）もしくは国連人権高等弁務官などに積極的に働きかけていることは注目すべきことである。

条約義務の不履行または不実施が、締約国の作為もしくは不作為だけでなく、技術的資源的な問題に起因する場合が多く、締約国との誠実な対話と信頼関係を構築し、条約内容の実現を早期に達成するうえできわめて重要である。

4　人権条約規定に関する一般的見解

人権条約の実施機関の第一次的もしくは主要な機能は、締約国報告の審査による実施の監視と、条約が定める実施措置に締約国が合意した場合に、権利を侵害された犠牲者の通報にもとづく救済の努力である。しかし、この重要機能の補完的な機能とも理解できるが、人権条約の一般規定、たとえば留保の効力などについて、さらには実体規定の理解もしくは解釈について、実施機関の基本的な立場と理解を明確にする一般的性質の見解、つまりgeneral commentを採択してきていることは周知のとおりである。この見解が、当該人権条約の目的と趣旨、さらには具体的規定に対する有権的解釈という性質のものではないが、締約国による実施報告の準備過程及び審査の過程において、条約の理解と解釈をめぐる議論にひとつの基準に準ずるものとして作用することを、期待するに充分に値するものであるだけでなく、国際人権法の発展にも大きく寄与するものと確信する。[15]

四　人権条約の実施とＮＧＯの役割

国連が、その発足後五〇年間、国際平和の維持とならんで人権の国際的保障に努力し、人権尊重と差別撤廃の普遍的達成を国際社会全体の課題として取り組む過程で、国連諸機関とか加盟国の努力だけでなく、ＮＧＯの活動と寄与はきわめて有意義であった。とりわけ本章2の主題である人権条約の実施機関が、その目的達成に必要な機能遂行にとって、NGOが果たしうる役割と寄与は欠かすことのできないほどに重要であることは誰もが認めるところである。それらは概して次の三点にしぼって指摘できる。[16]

①　締約国報告の準備過程におけるNGOの参加

条約締約国の政府が実施報告を作成する過程において、その国内で活動しているNGOと協議し意見を聴取することは、報告内容の正確性を確保するため欠かせないものである。もっとも、これは、国内に活動する人権NGOが存在するだけでなく、締約国政府側にNGOと協議する積極的姿勢が前提であり、この機能は締約国によって大きな違いがあることは避けられない。

②　カウンターレポートの作成と提出

締約国政府が準備し作成する報告が、その過程で一般に公開され、NGOを含むさまざまな個人と集団との協議を経る場合でもその可能性は完全に払拭できないが、こうした過程を経ない締約国報告はよりいっそう、当該国内の実施状況について、故意に事実を隠して報告を作成し提出することがしばしばみられる。そのため、国内のNGOとりわけ広い情報網と長い経験を有するNGOが作成する条約実施に関する報告、いわゆるカウンターレポート(counter report)は、実施機関による報告審査にとって貴重なものである。ただ、NGOの取扱いは、実施機関によって異なり、社会権規約委員会と拷問禁止委員会そして子どもの権利委員会は、委員会の機能遂行に必要な正規の資料として提出されて使用されることになっている。そして、自由権規約委員会と人種差別撤廃委員会は、正規の資料としてではないが、NGOが実施機関の専門委員に送付または手渡し、委員たちはカウンターレポートを報告審査の資料として活用している。もちろん、正規の資料ではないため、どのように活用するか、あるいはしないかは委員個人の自由な判断によることはいうまでもない。

③　実施機関との協議

子どもの権利委員会は、すでにみたように、締約国報告審査の前に、非公式作業グループが審査に必要な問題のリストを作成する過程で、国連の専門機関などとともに、ＮＧＯとの協議による情報の収集を図っている。さらに、子どもの権利委員会は、アフリカ、アジアなどに作業グループを派遣し、地域会議を開いて当該地域の人権状況について、ＮＧＯとの対話を行い、情報収集の努力を行っている。

こうした子どもの権利委員会による報告審査過程へのＮＧＯの参加は、文書による参加だけでなく、参加団体の数と時間の制約はあるが、作業グループの会議に出席し口頭で意見を表明する機会が保障されており、事務局の助力でビデオなどによる状況説明も可能である。そして、作業グループが作成した問題のリストも入手可能であり、このリストにもとづくカウンターレポートの作成にも大きく役立つことになる[17]。

五　個人通報による救済と実施

本章2の冒頭に触れたように、人権条約が締約国に課している義務履行の確保もしくは条約の国内実施を達成するために、右にみた報告制度のほかに、締約国間の通報と被害者である個人または集団の通報を実施措置として定める人権条約がある。そして、他の締約国による条約違反の通報にもとづく実施機関の介入は基本的には調停機能にとどまるが、これさえ殆ど活用されていないのが実状である。

そのため、選択議定書（自由権規約）もしくは選択条項（人種差別撤廃条約第一四条及び拷問禁止条約第二二条）の批准もしくは受諾によってはじめて保障される個人または集団の通報による被害者の救済と条約義務の履行確保が、報告制度以上に有効な措置であることは、自由権規約委員会の実践過程で数多くの被害者救済と条約違反の是正措置がとられてきたことからも明らかになっている。[18] しかし、締約国内において権利を侵害された個人もしくは集団が、当該国政府の頭越しに直接条約実施機関に通報して救済を求めることには依然政府側からの拒否的抵抗が根強く、条約実施機関に通報を受理し審査する権限を認めない締約国がまだ多いことも事実である。[19] そしてさらに、社会権規約、女子差別撤廃条約と子どもの権利条約は、個人通報制度を条約の中に導入していない。ただ、女子差別撤廃条約はこの個人通報制度の導入に向けて具体的な議論が始まっており、早期の実現が期待される(九九年一〇月六日に選択議定書を採択した)。また、社会権規約も、まだその展望は明らかでないが、個人通報制度に関する議論が進んでいる。[20]

ただ、この個人通報制度は、人権条約が保障する権利を侵害された個人が、在住する締約国内の救済手続をすべて完了してもなお救済されない場合に、条約実施機関による救済を直接目的としているため、通報された権利侵害に関連する条約規定の実施確保に限定されることはもちろんである。こうした個人通報の限定的な実施効果にもかかわらず、条約違反の権利侵害が既存の立法措置による場合のように、実施機関による条約違反の法律内容が指摘され、当該法律の改正もしくは廃止によってのみ救済が可能なとき、実施機関の判断は被害者個人の救済にとどまらず、国内法の改廃による条約の実施という効果をともなうことになる。したがって、個人通報制度が可能なかぎり多くの人権条約に導入され、すべての締約国が受け入れることになれば、権利侵害の救済とともに条約の実施制度を大きく発展させることになることは間違いない。[21]

むすび

以上みたように、国際人権条約の締約国が負う義務の履行確保もしくはより効果的な国内実施を達成するために設けられた人権条約の監視機関または実施機関は、締約国が提出する条約実施報告の審査を主要な機能もしくは権限としている。そして、報告の審査は実施機関と締約国との「建設的対話」を基本目的とし、審査後にとられる「提案」または「勧告」も、裁判所の決定と違って締約国を法的に拘束するものでなく、締約国の自主的努力による是正措置を待たねばならない。しかし、ヨーロッパ人権条約とか米州人権条約のように、条約の適用と違反の有無に関する司法的決定を行う人権裁判所を有しない国際人権条約の実施は、個人通報制度の拡大とならんで、報告制度の効率化と実施機関の機能・権限の強化に、条約実施の達成を依存するほかに方法がないといえる。

とりわけ、人権の普遍性をめぐる議論にもみられるように、人権の概念と具体的保障について先進諸国と発展途上国との間に、基本的認識だけでなく、保障できる条件と能力に大きな差異が認められる。この現実に照らしてみるとき、対話と協力を基本とする報告制度による実施に待つほかなく、すでにみたいくつかの改善の試みもこうした現状を多少とも打開しようとする努力であるといえる。

そして、報告制度の実効性を高める方法のひとつとして、人権条約実施機関相互の協議と協力が進められていることはすでに触れたとおりである。こうした条約実施機関相互の協力に加えて報告制度の実効性を高め国内実施を達成するために欠かせないと思われるのが、国内人権機関と人権条約実施機関との協議・協力である。周知のように国連は、政府から独立の地位と公平性が保障される国内人権機関の設立を各国に求め、この国内人権機関が、実施報告の作成、人権啓発と救済など人権条約の国内実施機能の遂行を期待している[22]。そして、独自の地域的な人権条約と人権機関のいずれも有しないアジア・太平洋地域では、国内人権機関の設立と国内人権機関相互の協議と協力を当面の課題としている。[23] こうした地域的な国内人権機関相互の協力は、人権条約締約国の普遍性達成とならんで、人権条約実施の効果を高めることも期待される。そればかりでなく、人権条約実施機関と国内人権機関との協議・協力を早急に実現し、人権条約実施報告の作成、審査そしてフォローアップ(事後措置)に関し、情報提供などによる密接な協力関係を維持することが、報告制度の効率性と実効性を高めることは間違いない。もっとも、日本の現実が教えるように、国連が求める地位と機能を有する国内人権機関の設立がそれに先立つ焦眉の課題であることはいうまでもない。

(一九九七年一月末日脱稿)

1　金東勲「国連における人権保護と国内管轄権」『国際法外交雑誌』七一巻三号六六—八八頁参照。

2　アパルトヘイトに関する国連の対応と議論については、同上拙稿四九—六五頁参照。

3　人権差別撤廃委員会及び拷問禁止委員会は、委員の国籍国が必要な経費を負担することになっている。なお、人権条約の実施機関に関する状況一般については、西井正弘「国際機関による人権保障制度」畑博行・水上千之編『国際人権法概論』(有信堂高文社、一九九七年)二五三—二七五頁参照。

4　国際人権規約の制定過程における報告制度をめぐる議論については、前掲拙稿『国際法外交雑誌』七一巻三号、六八—七四頁参照。

5　主要人権条約の実施報告の総合的理解のためには次の本が有用である。*Manual on Human Rights Reporting*, U N Human Rights Publication, 91/1, 1991.

6　See., *ibid*, pp.13-16

7　前掲の *Manual* は、各条約毎に条文に関するコメントとガイドラインに触れている。See, *ibid*, pp.39-198.

8　主要人権条約の実施機関長間の協議は、一九八四年八月に最初に行われ、一九九六年九月までに六回の協議を重ね、主要人権条約の締約国の拡大、報告制度の改善、他の人権条約実施機関及びＮＧＯとの関係などについて協議してきている。 Cf., *Follw-up Action on the Conclusions and Recommendations of the Sixth Meeting of Persons Charing the Hnman Rights Treaty Bodies.* U N Doc. HRI/MC/1996/2 (15 Aug. 1996).

9　See, *op.cit Manual* pp.35-36. なお、前掲の条約実施機関長会議の報告によれば、一九九六年末には改正された *Manual* が公にされることになっている。

10　See, *ibid* paras. 38-58. and *Report of the Committee on the Elimination of Racial Discrimination* (以下 CERD と略称) (GAOR., 51st Sess., Suppl., No.18) para. 603.

11　自由権規約委員会については、前掲 Manual pp.120-122.また、佐分晴夫「国際人権条約と人権専門委員会」『現代人権論』(法律文化社、一九八二年)一二一—一三九頁参照。

12　See, *ibid Manual* pp.140-141. and cf., *op.cit Report of CERD.*, Paras. 595-598.

13　Cf. Michael O'Flaherty, *Human Rights and the UN*, Sweet & Maxwell 1995, pp.180-186.

14　たとえば、自由権規約委員会は日本政府が提出した報告を審査し、部落差別、韓国・朝鮮人差別、女子差別、代用監獄制度など、規約に抵触する状況を指摘し、その是正を求める提案と勧告を行っている。 See. *Report of the Human Rights Committee* Vol.l, GAOR., 49th Sess. Suppl., No.40 (A/49/40) pp.24-26.

15　一九九六年三月までに各人権実施機関が採択した一般的合意は、次の文書の中にまとめられており、たいへん有用である。 See, *Compilation of General Comments and General Recommendation adopted by Human Rights Treaty Bodies,* HRI/Gen/1/Rev.2 (29 March 1996).

16　人権条約の実施とりわけ報告制度の実効性を高めるために、ＮＧＯの果たす役割と寄与は測りしれないことはいうまでもなく、実施機関長の会議もＮＧＯとの協議と協力をひとつの課題として掲げ、議論してきていることも当然のことである。 See *op.cit., Report of Persons charing Human Rights Treaty Bodies*, Paras. 63-70. and cf., Michael O'Flaherty, *op.cit.*, pp.1-15.

17　Cf., *ibid*, pp.185-186. Cf., Fiona Blyth-Kubota, "Suggestions on the Utilisation of United Nations Human Rifhts Mechnisms by Non-Govemmental Organizaton (NGO) Concerned with Children's Rights", in *Rights of the Child,* (*Report of a Training Programme in Asia*), International Commission of Jurists, 1993. pp.23-44.

18 自由権規約委員会は、個人通報に関する報告書をすでに二巻出版しており、それらは日本語にも翻訳・出版されている。宮崎繁樹代表編『国際人権規約先例集』(東信堂、一九八九年)、『国際人権規約先例集Ⅱ』(東信堂、一九九五年)参照。

19 自由権規約に個人通報の受理・審査の権限を認めている締約国は、規約委員会の九五年報告によれば、一二七締約国のうち七七カ国であり、人種差別撤廃委員会の九六年報告(*Report of the Committee on the Elimination of Racial Discrimination*, A/51/18)によれば、個人通報の受理と審査を認めている締約国は、一四八の締約国のうち二三カ国にとどまっている。

20 この問題に関する議論と発展については、cf., *Status of the International Covenants on Human Rights, Draft optional protocolto the International Covenant on Economic Social and Cultural Rights*, E/CN.4/1997/105(18 Dec. 1996).

21 安藤仁介「B規約人権委員会の個人通報審査」『法学論叢』一二八巻四・五・六合併号、八一—一〇二頁参照。

22 See, *National Human Rights Institurions*, U N Center for Human Rights Pub.(Professional Training Sereies NO.4.)1955.

23 たとえば、一九九六年二月ネパールのカトマンズで開かれた第四回アジア太平洋の地域的人権の取決めに関するワークショップの結論でも、国内人権機関の協議の重要性を確認している。See, *Report of fourth workshop on regional human rghts arrangements in the Asian and Pacific Region*(E/CN.4/1996/46/Add.1.Annex1)p.5.

『アジア・太平洋人権レビュー一九九七』ヒューライツ大阪発行 所載

第一章　マイノリティの地位と権利

1　国際人権法とマイノリティの権利

一　国際社会におけるマイノリティ問題

1　マイノリティとは

マイノリティ(minority)とは、マジョリティ(majority)の反対語つまり多数(者)に対する少数(者)を表わす言葉であるが、人権の国際的保障もしくは国際人権法の発展過程において用いられてきたマイノリティは、必ずしも数の問題に止まらない。いいかえると、マイノリティは、一国の国内社会に所在する民族的または種族的(national orethnic)、言語的(linguistic)もしくは宗教的(religeous)に異なる少数の集団を表わすが、マイノリティの定義をめぐる議論は、数だけではなく被差別もしくは被抑圧という要素と外国人を含むか否かの問題に及んだ。[1] しかし、定義についての合意はいまだ達成できず、定義に関する議論はペンディングのまま、マイノリティの権利に関する国際人権文書の具体的実施もしくは適用との関連で議論され理解されているのが実状である。[2]

そして、本章1が検討の対象とするマイノリティは、マイノリティ権利を国際的に保護する目的と趣旨に照らしつつ、国連が採択し成立させてきた宣言と条約の実施をめぐる議論と努力を検証し、日本国内社会に存在するマイノリティ集団についても考えることにする。とりわけ、マイノリティの権利保障のための法的基礎となっている国際人権規約B規約第二七条の具体的実施過程及び保障されるべき権利内容の強化のために進められている作業すなわち「人権の伸長と保護に関する小委員会」のワーキング・グループによるマイノリティ権利宣言の実施と発展に向けた作業を吟味しマイノリティ保護の今後を展望したい。

つぎに、マイノリティの権利は、基本的には当該マイノリティ集団が所在する国家の国内問題もしくは国内事項であるが、国際社会と国際法の最重要問題でもあり、国際連合の目的であり存在理由である国際平和と安定の維持、人民の自決権及び人権と基本的自由の尊重の達成と不可分の関係を有する国際事項になっている。つまり、後に触れるように、人権の国際的保障が理論的にそして制度的に発展する前の時期、すなわち第一次大戦の戦後処理と国際連盟の設立過程、さらには第一次大戦前から国際政治の問題になっていた。そのために、一国の国内問題であるマイノリティの権利が国際問題へと発展し、国際人権法の重要課題へと変容し発展する歴史的過程を吟味することが必要である。そして、国連設立後半世紀にわたって発展してきた国際人権基準もしくは国際人権法の規範とその実施の努力との関連において、マイノリティの権利を保護もしくは保障するための議論についても可能なかぎり検討したい。

そして最後に、「単一民族国家」というイデオロギーにより、マイノリティの存在さえ否定されてきた日本国内社会に存在するマイノリティとりわけエスニック・マイノリティであるアイヌ民族と韓国・朝鮮人その他のマイノリティの地位と権利をめぐる議論と克服すべき課題を国際人権基準の内容と実施に照らしかいつまんで確認することにしたい。

2　第一次大戦までのマイノリティ問題

マイノリティが国際政治さらには国際法上の問題として浮上するのは、周知のように、キリスト教の分裂と対立を直接的契機となる宗教改革にはじまる。つまり、宗教改革の過程で、ヨーロッパ・キリスト教国の中には宗教的少数者というマイノリティとして存在するプロテスタントの地位と権利の保護が外国の干渉を招く問題となり、二国間もしくは多数国間条約の規定対象となる。こうした宗教的マイノリティをめぐる国家間の実行については、マイノリティ問題に関する既存の研究によって明らかになっており、本稿で詳細に考察することは割愛したい[3]。ただ、マイノリティ問題の本質と課題の正しい理解にとって必要なことに限定して触れておきたい。

まず、二国間条約の中でマイノリティの権利について定めたものとして多数の研究者がとりあげるものとしては、一六〇六年にハンガリーの君主とトランシルバニアの皇太子との間で締結されたウィーン条約が、トランシルバニアのプロテスタント・マイノリティに自己の宗教を実践する権利を賦与したことである。そして次に、多数国間条約によるマイノリティ権利の保障は、一六四八年のウェストファリア条約で、ドイツ国内のプロテスタント教徒に対し、ローマ・カソリック教徒と平等に宗教的自由を保障している。この他にも、たとえば、一七六三年に、フランス、スペインそして英国との間で締結されたパリ条約は、英国に譲渡されたカナダ領内のローマ・カソリック教徒に、礼拝自由の賦与を英国が約束している。以上きわめて限られた事例だけに言及したが、キリスト教がローマ・カソリック教とプロテスタントとの分裂に伴い、そのいずれかが、特定国内に少数者すなわちマイノリティという立場を余儀なくし、戦争処理もしくは領土割譲の条約の中で、宗教の実践または礼拝する自由を保障するようになったのが、マイノリティ問題の国際化のはじまりであったのである。いいかえると、マイノリティ問題は、宗教的マイノリティの権利保護をめぐる問題にその端を発したといえる。

そして、一九世紀に入ってからのマイノリティ問題は、一八世紀までの宗教的マイノリティから民族的マイノリティへと保護の対象を拡大することになる。たとえば、一八一五年のウィーン会議最終議定書は、締約国であるオーストリア、フランス、英国、ポルトガル、プロシア、ロシアそしてスウェーデンは、自国内のポーランド人にその民族性維持の保障を約束している。さらに、一八五六年のパリ条約の締約国は、ギリシャの独立を承認する条件としてモスレム教徒に信仰の自由を認めることを定め、一八七八年のパリ条約締約国は、ルーマニアとブルガリアなど新生独立国を承認する条件として、宗教の違いに基づいて、市民的及び政治的権利の享有を排除し否定しないことを規定した。

このように、宗教改革に伴うキリスト教分裂にはじまる宗教的マイノリティの問題は、一九世紀後半に、キリスト教徒だけでなく、モスレム教徒の宗教的自由をも保護の対象とし、保護する権利の内容も、宗教・礼拝の自由だけでなく、民族的アイデンティティの維持と市民的政治的権利にまで及ぶようになる。ただ、言語的少数者に関しては、一八一五年のウィーン最終議定書が、ポズナン地方のポーランド人にポーランド語をドイツ語と並んで公用語として使用を認めたことを除けば、多数国間条約による保護の対象になっていなかった。そして、西ヨーロッパの国際秩序形成に支配的影響力を有する大国間の条約によって保護もしくは保障された宗教的及び民族的マイノリティの権利は、一国内に所在する個人集団の問題、つまり内政不干渉という一般国際法上の基本原則が直接的に適用されるべき国内事項であったことは否めない事実である。しかも、当該マイノリティが所在する国家が参加しない条約の中で、自国内の個人集団に対する管轄権を制約され、差別の禁止と権利保護の義務が課されたことの評価はそれほど容易ではない。つまり、第一次大戦までのヨーロッパ国際社会において、二国間そして多数国間とりわけ主要大国間の条約により、マイノリティ権利の保護義務が課されたのは、キリスト教の分裂と対立により一国の中でマイノリティの地位におかれた分派の保護が国家間の直接的関心事項となり、戦後処理と領土帰属変更もしくは国家独立の承認問題と関連して、主要ヨーロッパ大国側が一方的に押しつけた結果ともいえるものであった。そのため、宗教の自由が普遍的に尊重されるべき価値であるという考えではなく、宗教的マイノリティ問題が国際問題とりわけヨーロッパ平和問題への発展を食い止めることを意図したものであったともいえる。[4] マイノリティ問題を人権の保護または保障という視点ではなく、国際社会つまりヨーロッパ平和と秩序維持という西ヨーロッパ大国の基本的態度は、次にみる国際連盟の成立とその実践過程におけるマイノリティ保護制度にも維持されつづけることになる。

二　国際平和機構の発展とマイノリティ

1　国際連盟とマイノリティの保護

(1)　マイノリティ保護義務の国際化

戦争の規模と地理的範囲の拡大そして膨大な数の犠牲者など、人類史上未曽有の戦争であった第一次大戦を経験した国際社会は、「国交断絶に至るおそれのある紛争」を国際社会の関心事項とし、紛争の平和的解決と集団的制裁措置による安全保障を第一次的機能とする一般的国際平和機構である国際連盟を誕生させた。そして、戦後処理つまり平和条約の締結と国際連盟の設立に関する話し合いの場であったヴェルサイユ会議では、第一次大戦前のヨーロッパ諸国によるマイノリティ保護に関する実行の発展的継続と維持が主要連合国によって進められた。つまり、第一次大戦の結果、ドイツの支配を離れた領域そして解体されたオーストロ・ハンガリーの領土に新しく成立したポーランドとチェコスロバキアなど、多数の領土帰属の変更が発生し、ヨーロッパのマイノリティ状況も変るようになった。こうした新しい状況に当面して、ヴェルサイユ会議におけるアメリカ合衆国と英国など主要連合国は、第一次大戦前のマイノリティ保護システムを戦後のヨーロッパ国際秩序に導入することを意図し、新しく設立される国際組織の関与を含む国際的マイノリティ保護制度も発足させた。[5]

このマイノリティ保護制度は、中央ヨーロッパ・東ヨーロッパ諸国の中で、新生独立と領域拡張の恩恵にあずかる諸国に、独立と領土拡張を認める条件として、国内所在のマイノリティの権利保障を義務づけ、その義務履行については国際連盟が監視もしくは保証する機能と権限を有するものであった。[6] より具体的にいえば、ポーランド、チェコスロバキアそしてセルビア、クロアチア、スローバン国とルーマニア及びギリシャは、ヴェルサイユ条約とサンジェルマン条約などの中でそれぞれマイノリティ権利の保護義務を負い、オーストリア、ブルガリアそしてハンガリーとトルコは、それぞれ連合国と締結した平和条約の中で保護義務を受諾した。さらに、オーランド諸島住民に関する連合国と同盟国及びリトアニアの三国間の条約などにより、関連領域所在のマイノリティ権利が規定された。[7] また、ポーランド・ダンチヒ条約、上部シレジアに関するドイツ・ポーランド条約そしてメメール(Memel)地域に関する連合国と同盟国及びリトアニアの三国間の条約などにより、関連領域所在のマイノリティ権利が規定された。[7] また、条約形式ではないが、国際連盟への加盟に際して行われた一方的宣言により、アルバニア、リトアニア、ラトビアそしてエストニアとイラクが自国内のマイノリティ権利保護を約束した。以上みたように、第一次大戦後のヨーロッパ国際秩序の中で、それぞれ受諾形式は異なるが、一七の国家と地域の人種、宗教及び言語的マイノリティが国際的保護制度の下におかれた。

しかし、第一次大戦の戦後処理過程において独立と領域拡張の承認を受けた国と敗戦国の国内に所在するマイノリティ・グループの権利保護について、多数国間条約と二国間条約そして一方的宣言により国際的義務を課されたことは、前にみたように、新しい発展とはいえず、第一次大戦までに主要大国が主張し維持した実行を踏襲したものでしかなかった。ただ、条約義務の履行もしくは実施については国際的な手続も制度もなく、当事国の努力と関連国の干渉に委ねられ、その履行をめぐる紛争の発生が危惧された第一次大戦までの実行とは異なり、国際連盟が義務履行に関与したのであった。つまり、自国内のマイノリティ保護義務を負った諸国は、その国内法制度の中で、マイノリティ保護規定を基本法と承認し、この基本法を破るいかなる法律と規則そして公的行為も認めないことを約束すると共に、その義務履行について次のような国際連盟の権限を受諾している。それはまず、マイノリティ権利の保護を定めた関連条約の規定は、国際連盟理事会の同意に基づくことなくして修正もしくは変更できないこと、そして次に、連盟理事会の理事国は、この義務違反または違反の危険が存在すると認めるときは、連盟理事会の注意を喚起し、理事会は適切かつ有効と認められる行動を取り指示を与えることができることであった。さらに、マイノリティ保護関連規定をめぐって発生する法律もしくは事実に関する意見の違いは、国際連盟規約第一四条でいう国際的性質を有する紛争と看做《みな》し、一方の当事国の要請に基づき、史上はじめて設立された常設国際司法裁判所に付託されることにしたのである。

(2)　マイノリティ保護義務と国際的実施

右にみたように、第一次大戦の戦後処理と国際連盟の設立過程において、さまざまな条約により数多くのマイノリティ保護義務が特定のヨーロッパ諸国に課されたが、保護されるマイノリティ権利と保護義務の履行に対する国際的関与システムを簡単にふれておくことにする。

まず、保護義務の内容は、人種、宗教そして言語的マイノリティに他の人びととりわけ多数者の人びとと平等な地位が確保されること、そしてマイノリティグループがその人種的独自性と伝統さらに自己の宗教と言語の維持に必要な手段を確保するというマイノリティ保護制度の基本目的達成に欠かせないものである。それらは、国籍の取得、生命身体の自由の保護と宗教の実践、法の下の平等と処遇の平等さらに公務に就く権利と自己の言語に対する権利などである。そして、これらの権利を保障し保護する義務は、第一次的に当該国の立法と行政措置など国内的努力によって履行される[8]。しかし、これらの国内的措置が保護義務の違反もしくは不十分な履行であるときは、当該マイノリティ構成員からの「請願(Petition)」と国際連盟の「マイノリティ委員会(Minorities Committees)」の関与によって保護義務の履行が担保された。まず、すでにふれたように、マイノリティ保護義務の違反もしくは違反の危険があるときは、国際連盟の理事会が関与できるようになっている。そしてこの関与は、連盟理事会の独自の判断に基づいて行われるが、当該マイノリティ構成員からの通報によることも認められた。この通報は、マイノリティの請願権(rifht of petition)として保障され、その法的性質と受理可能性及び取扱いの手続が連盟理事会の決議によって定められた[9]。この手続について詳細にふれることは割愛するが、第二次大戦後に国連の下で一般化し制度的に発展する人権の国際的保障と特に関連する点にしぼって述べることにする。

まず、請願は、それ自体当該問題を連盟理事会に付託し理事会の介入を要求するものではなく、文字どおりの請願であり、「純然かつ簡潔な報告(a report pure and simple)」であると確認された。そして、請願の受理可能性についてはかなり詳細に定めており、それによると請願は、①条約に従ったマイノリティ保護の目的を有し、②マイノリティとその所在国との政治的分断を要求するものではないこと、③匿名もしくは無署名でないこと、③暴力的言語を慎しむこと、④すでに提出された請願の内容に含まれた情報・事実と同一のものでないこと、などが要件とされた。これらの受理可能の要件には、今日では基本的要件として確立されている「国内救済手続の完了」が含まれていないことは興味深い。この原則は、人権条約の実施に関する個人通報制度と国家の主権もしくは国内管轄権との調和を保つために不可欠のものと理解されるにもかかわらず、国際連盟によるマイノリティ保護制度には導入されなかったことは、保護義務が平等な立場で参加し締結された一般的条約ではなく、戦勝国もしくは大国と保護義務受諾国との力関係によって課されたことに基因するかも知れない。

さて、上の手続に従って提出された請願を受理した連盟理事会の取扱いについて簡単にふれてみたい。マイノリティ構成員から提出された通報の理事会による審議を助けるために、理事会の議長は理事国の中から二カ国を選出し、議長とこの二カ国代表からなる「マイノリティ委員会」を設立することが理事会によって決定された。このマイノリティ委員会の主要な機能は、連盟のマイノリティ局(Minorities Section)の協力をえて、当該通報を理事会の審議事項にするかどうかを協議することであるが、正式の議題にすることを避けて関係当事国との友誼的協議による改善をはかった場合が多いようである。[10] そして、マイノリティ委員会によって連盟理事会の議題となった請願は、通常の手続に従って審議されるが、審議の結論は法的拘束力はなく道義的圧力に止まるものと理解され、関係当事国との直接協議による改善を期待する他なかったようである。[11] 最後に、マイノリティ権利の国際的保護は、国家に保護義務を課した条約と条約実施に対する国際連盟の関与を主要な内容とするが、史上最初に設置された常設国際司法裁判所の果す役割も大きかった。それは、前にふれたように、マイノリティ条約の規定に関する争いは常設国際司法裁判所の義務的管轄事項となったことに加えて、連盟理事会の要請がある場合はもちろん、連盟規約第一四条に基づく勧告的意見の範囲に、マイノリティ条約とその実施に関する事項が含まれた。その結果、ポーランドのドイツ住民(一九二三年)、ポーランド国籍取得問題(一九二三年)、ギリシャ住民とトルコ住民の交換問題(一九二五年)、ギリシャ・トルコ間条約の解釈問題(一九二八年)、ギリシャ・ブルガリア共同体問題(一九三〇年)、ドイツ系マイノリティ学校就学問題(一九三一年)そしてアルバニアのマイノリティ学校問題(一九三五年)と七件の勧告的意見を出している。[12] これらの勧告的意見は、マイノリティの定義とマイノリティ権利の内容など、その後のマイノリティ権利保護の発展に大きく寄与したことは周知のとおりである。

(3) 国際連盟によるマイノリティ保護の評価

以上、第一次大戦の終結と国際連盟の設立過程で議論され定立したマイノリティ保護をかいつまんで一瞥した。そして、その意義と問題点については、筆者を含め既存の研究の中で確認されてきたが、本章1でも今一度確めておくことにしたい。その一つは、国際連盟のマイノリティ保護制度も、第一次大戦までのヨーロッパにおける実行と同じく、戦後処理に伴う新生独立国家と領土帰属変更の対象となる国家に対する強大国との力関係つまりパワーゲームによって保護義務を強制されたものである。そしてこのことは、保護されるべきマイノリティ権利の普遍性と国家の主権平等という一般国際法上の基本原則に照らして考えるとき、保護されるマイノリティ及び保護義務を負う国家のいずれにとっても差別的制度であるという批判を免れることはできないものであった。つぎに、その二つは、保護制度とりわけ国家の保護義務の一般化による差別性の是正には失敗したが、条約上の保護義務の実施について、史上初の一般的国際平和機構である国際連盟が関与し、情報提供に止まるものではあったが、マイノリティ構成員に請願権が認められたことは、その後の国際人権保障の制度的発展にとって貴重な経験であったことは否定できないことである[13]。さらに最後に、前述のように、国際裁判の発展に画期的出来事である常設国際司法裁判所の設立と管轄権がマイノリティ保護制度と深く関わっていたことである。つまり、マイノリティ保護を定める条約規定の解釈・適用をめぐる争いは、当初から裁判所の強制的管轄権が認められ、当事国の一方の要請に基づいて裁判管轄権が成立し、連盟理事会は、マイノリティ条約と実施について必要があれば裁判所の勧告的意見を求めることができたのである。このことは、一国内の個人集団であるマイノリティ保護の国際化が、ややもすれば国外からの干渉とりわけ大国の政治的強制による保護義務受諾国の主権侵害による政治的紛争に発展しかねないため、中立的立場にある国際裁判所による司法的判断は、政治性の高いマイノリティ保護問題にとってきわめて重要な意義を有するものであった。

2　国際連合の成立とマイノリティの保護

第二次大戦の終結に伴う戦後の世界秩序とりわけ、戦争の再発防止と国際社会の平和維持に必要な新しい機構の設立、つまり国際連盟に代る機構として国際連合の設立に向けた作業が、戦争勃発後の早い時期に主要連合国すなわち米英中ソの四カ国間で始められていたことは周知のとおりである。そして、第一次大戦の終結と戦後処理及び国際連盟の設立過程にみられた「特定国家に所在するマイノリティ」の権利保護義務を独立と領土拡張の承認と引き替えに特定国家に強制するという議論ではなく、人権の普遍的尊重が連合国の戦争目的であり、新しく設立される国際連合の目的の一つとして掲げられた。つまり、第二次大戦中のナチスト及びファシスト国家による人権侵害とりわけナチス・ドイツによるホロコーストもしくは大量殺りくの衝撃が、特定国内のマイノリティの権利ではなく、すべて個人の人権と基本的自由の尊重を戦後の国際社会が取り組むべき重要課題とせしめたのである。それは、さまざまな議論と修正が加えられながらも、一九四五年春のサンフランシスコで採択された「国際連合憲章」の中に具体的に表現されることになる。つまり、「基本的人権と人間の尊厳及び価値……に関する信念をあらためて確認し」(憲章の前文)、「人種、性、言語または宗教による差別なくすべての者のために人権及び基本的自由を尊重するように助長奨励することについて、国際協力を達成すること」(憲章第一条三項)を国連の目的の一つに謳った。[14]

このように、人類もしくは国際社会は、第二次大戦というもう一つの戦争の惨害と犠牲を経験した後に、特定国内のマイノリティという個人集団から、すべての個人の人権に目を向けて課題にしたのである。そして、マイノリティという特定個人集団の権利には言及していないが、憲章第一条三項そして第五五条(c)の規定が、いずれも「人種、性、言語又は宗教による差別なくすべての者の人権と基本的自由の尊重」と謳っており、人種的言語的及び宗教的マイノリティに対する差別と権利侵害からの保護は当然に包含されるものと理解されるものであった。したがって、国連の設立とその機能と権限とりわけ人権と基本的自由の普遍的尊重の達成との関連で主要な事項であるマイノリティ権利にふれる必要はなかった。もっとも、第二次大戦の戦後処理過程では、ヨーロッパ諸国間の条約そして植民地の独立に関する合意文書の中には、第一次大戦後のマイノリティ権利保護に類似する事項が導入され、また、国連発足直後の国連活動には、マイノリティの権利をめぐる議論と対応がいくつか見えたこともたしかである。

まず、対ブルガリア、フィンランド、ハンガリー、イタリアそしてルーマニアとの平和条約は、人種、性、言語及び宗教の差別なく、その管轄の下にある者に人権と基本的自由の確保に必要な措置をとることを約束しており、オーストリア・イタリア間の協定は、ボルザノ地方のドイツ系住民に母語による教育を保障した。そしてさらに、トリスティ自由地域に関するイタリア、英国、米国そしてユーゴスラビアとの覚書では、イタリア支配地域におけるユーゴ系民族集団とユーゴ支配地域のイタリ系民族集団に、民族的独自性と文化的発展を妨げないことを定めており、一九五五年オーストリアの再建と独立に関するウィーン条約は、スロベニアとクロアチア系の人びとに他のオーストリア系の国民と平等な権利を保障し、自己の言語教育を含むさまざまな権利が保障された。[15]

そしてさらに、平和条約ではないが植民地支配から独立する諸国が、独立に関連する合意文書の中で、マイノリティの権利保護を約束する事例が見られた。[16] それらはたとえば、インドとパキスタンは、その独立直後である一九五〇年四月にニューデリーで署名された協定の中で、生命の安全、文化と財産そして礼拝の自由などすべての権利享有において、マイノリティに完全な平等を相互に保障し、シンガポールは一九五七年に英国との協定の中でマレー系の住民について、また、キプロスは一九五九年に英国、トルコそしてギリシャとの間にロンドンで交した覚書では、トルコ系住民について、それぞれ言語を含む権利の保障を約束している。同じようなことは、一九六二年アルジェリアがフランスから独立する際に、独立戦争の休戦協定の中で、フランス系アルジェリア住民の保護に関する規定が設けられた。以上いくつかの事例を既存の研究成果によって紹介したが、第二次大戦後においても、国際連合による人権の普遍的もしくは包括的尊重によりマイノリティを含むすべての個人の権利保護が国際社会の課題に据えられることになるが、他方では、個別的平和条約または国家独立に関連する合意文書の中で、マイノリティの地位を余儀なくされた人びとの権利保護に向けた関係国間の努力が見られたのである。これは、直接確認することはできないが、第一次大戦後のヨーロッパにおけるマイノリティ保護に何らかの影響を受けたものと推測できる。

つぎに、国際連合が、人権と基本的自由の尊重についての国際協力をその目的の一つに掲げて発足するが、この目的達成のために、憲章(第六八条)に基づいて設立された「人権委員会(Commission on Human Rights)」の機能として、国際人権章典及び人権に関する宣言と条約などと並んで、「マイノリティの保護」と「人種、性、言語もしくは宗教に基づく差別の防止」が明示され[17]、人権委員会は、その下に「マイノリティ保護及び差別防止に関する小委員会(sub-commission on the protection of minorities and on the Prevention of Discrimination)[18]を設立し、その機能遂行に必要な研究と、討論し勧告する機能を持たせた。人権小委員会として知られるこの委員会は、加盟国政府代表から構成される人権委員会(Commission on Human Rights)とは異なり、個人資格で選出される専門家から構成され、その会議には政府代表とＮＧＯ代表が共にオブザーバーの資格で出席し発言できる国連人権機関としてその役割が注目された。しかし、この「小委員会」は、マイノリティ保護に必要な積極的役割よりも、差別の防止という一般的かつ消極的役割に、より多くの時間と労力を費したといえるが、差別と抑圧の犠牲者となったマイノリティの問題が、ＮＧＯの努力により国際的議論の対象となり国際社会の注意を喚起してきた意義は大きい。そして後にみるように、マイノリティ権利保護に関する人権基準の定立過程において重要な役割を果しつづけている。

三　国際人権基準とマイノリティの権利

1　一般的考察

一九四八年一二月一〇日、人類史上はじめて国際人権基準として採択された世界人権宣言を皮切りに、個人及び個人集団の権利と自由を保障しあらゆる差別を撤廃するために多数の宣言と条約が採択され制定されてきたことは周知の事実である[20]。これら人権に関する宣言と条約には、本章1の主題であるマイノリティの権利保護に関連する文書が数多いが、それらは次の三つのカテゴリーに分けて考えることができる。

その一つは、すでにみた国連憲章の人権関連規定のように、マイノリティという文言を用いて直接的に言及していないが、人権保障の基本原理である非差別・平等原則すなわち「人種、皮膚の色、性、言語、宗教……国民的もしくは社会的出身……出生又はその他の地位などによるいかなる差別」も禁止することが、世界人権宣言とその他の全ての人権文書が明文規定で定めることにより、民族的、言語的又は宗教的マイノリティが差別から保護されることになったといえる。そして次に、「国民的、人種的、民族的又は宗教的集団を全部又は一部破壊する意図をもって行われた行為」を国際法上の犯罪として締約国に抑止と処罰を義務づけているジェノサイド条約、及び「一つの人種的集団が他の人種的集団に対する支配を確立・維持し並びに他の人種的集団を制度的に抑圧する目的で行う非人道的行為」を国際犯罪であるとして、締約国にその防止と抑止さらには処罰を義務づけている「アパルトヘイト条約」[21]がある。さらには「人種、皮膚の色、門地(descent)又は国民的もしくは種族的出身(national or ethnic origin)に基づくあらゆる区別、排除、制限又は特恵」を人種差別であると定義し、差別の禁止と撤廃に止まらず(第二条)、実質的平等の実現に必要な特別措置」(第二条二項)、さらには人種的優越又は憎悪に基づく差別と暴力の扇動を犯罪として処罰することを締約国に義務づけている人種差別撤廃条約がある。[22] そして、これらの条約はいずれも、狩定の人種的、民族的、言語的もしくは宗教的集団、とりわけマイノリティの立場にある人びとに対する差別と抑圧そして殺害を防止・抑止し処罰することを国家に義務づけることによって、マイノリティの国際的保護をより実効的なものにしている。

そして、最後に、マイノリティの権利保護を直接目的とする人権文書と条約規定が存在する。それらは、「民族的又は種族的、宗教的及び言語的マイノリティに属する者の権利に関する宣言」(以下『マイノリティ権利宣言』[23]と略称)及び「市民的及び政治的権利に関する国際規約」(以下『自由権規約』と略称)第二七条[24]が民族的もしくは種族的マイノリティ並びに言語的又は宗教的マイノリティが、自己の言語使用と文化享有さらには宗教を信仰し実践する権利などを保障しており、この二つの文章はマイノリティ権利の基本文書であり、今後の発展が注目かつ期待されている。そのため、自由権規約の実施とマイノリティ権利宣言の強化に関する努力についてはより詳細に吟味することにする。そして、自由権規約第二七条が保障する権利と同じ内容の権利を、子どもの権利条約第三〇条がマイノリティの子どもに保障しており、教育における差別禁止に関するユネスコ条約が、その第五条(c)において、国内の民族的マイノリティが自己の言語の使用もしくは授業を含む教育活動を実施する権利を認めている。子どもの権利条約と教育における差別禁止に関するユネスコ条約がマイノリティに保障する自己の言語を使用し教授する権利は、マイノリティ権利保護だけでなく、世界人権宣言第二六条二項及び社会権規約第一三条一項そして子どもの権利条約第二八条が共に、教育が、人格の完成と並んで、「諸国民の間及び人種的、種族的又は宗教的集団の間の理解、寛容及び友好を促進すること」、そしてさらに、子どもの権利条約第二九条(c)が、教育の目的の一つとして掲げている「子どもの父母、子どもの文化的アイデンティティ、言語及び価値観、子どもの居住国及び出身国の国民的価値観並びに自己の文明と異なる文明に対する尊重を育成すること」を達成するために欠くことのできない重要な要件である。そのために、外国人の立場で在住する人びとが、その言語を使用し文化的アイデンティティを維持する権利は、「移住労働者とその家族の権利に関する国連条約」(第三一条)及びいわゆる「外国人権利宣言」が共に保障している。[25] さらに、同じような権利は、一九八九年、ＩＬＯ総会が、一九五七年の一〇七号条約(先住民及び部族民に関する条約)を改正する条約として採択した一六九号条約(先住民及び部族民に関する条約)も、その第五条(社会的、文化的、精神的及び慣行の保護)において保護されるべき権利として保障している。[26]

2　自由権規約第二七条が保障するマイノリティの権利

前述のように、国連憲章そして世界人権宣言のいずれも、人種、性、言語、宗教そして民族的出身その他のいかなる地位に基づく差別もなく、マイノリティの地位にある人びとを含むすべての個人に、人権と基本的自由を平等に享有する権利の一般的保障に止り、マイノリティの権利を特別かつ明示的に保障していない。これは、マイノリティ保護義務の一般化に失敗した国際連盟の経験とマイノリティ問題が有する政治的困難から、人権の普遍的尊重の達成を目指す国際社会の努力にマイノリティ権利保護も当然に包含されるとの理解に問題の克服を見出そうとしたといえる。

このことは、世界人権宣言を採択した国連総会の状況からも理解できる。つまり、世界人権宣言の中に「民族的マイノリティ(national minority)」の権利を挿入すべきかどうかについて議論が行われ、その際に、ソビエトによって「…

…民族的マイノリティは、自己の言語を使用し、自己の民族学校、図書館及びその文化的並びに教育的機関を保持する権利が保障される」[27]という提案が行われた。このソビエト案を拒否した総会は、「マイノリティの運命（Fate of Minorities）」というタイトルを冠した決議を採択した[28]。同決議は、国際連合はマイノリティの運命に無関心であることはできないとしながらも、各国において特殊な側面を有し、複雑かつ微妙な問題に関して統一的な解決を採用することは困難であると謳い、マイノリティ権利を世界人権宣言に挿入できない理由を確認している。その結果、マイノリティの権利を明示的に保障する国際人権基準は国際人権規約の成立をまたねばならなかった。

(1) 自由権規約第二七条の成立とマイノリティ問題

自由権規約にマイノリティの権利保障に関する規定を設ける議論は、早い時期にはじまり、前述の「マイノリティ運命」という決議を採択した国連総会は、経済社会理事会に対し、人権委員会と小委員会が、国連によるマイノリティ保護の効果的措置を可能にするために、マイノリティ問題の徹底した研究を行わせることを要請している。この要請に基づいて人権小委員会は、一九五〇年会期においてマイノリティ問題に関する議論をはじめる[29]。小委員会及び人権委員会における詳細な議論は既存の研究に譲って割愛し、いくつかの重要なことの言及に止めることにする[30]。まず、小委員会は、複数の委員によって出されたいくつかの提案に基づいて議論した後の決議の中で、マイノリティ保護の最も効果的な手段は、国際人権規約の中に次のような規定を設けることであるというのが小委員会の見解であるとし、現在の自由権規約とほぼ同じ内容の草案を提案している。この小委員会の決議を基礎に、人権委員会においても、国際人権規約に挿入すべきマイノリティ規定の内容と理解をめぐる討議が展開された。まず、ソビエトは、世界人権宣言との関連で行った提案をくり返し行ったのに対して、ユーゴスラビアは、すべて人は（every persons）自己の種族的または言語的集団（ethnic or linguistic group）の一員であることを自由に表明し、自己の氏名と言語そして文化に対する権利を有することを詳細に謳う規定を提案していることが注目された。このユーゴスラビア案は、先の小委員会の提案と異なり、まずマイノリティという文言ではなく、種族的または言語的集団という文言を用いており、言語と文化に対する権利の享有主体も 'every person' という文言を用いることによって、集団の権利ではなく個人の権利と位置づけていることが注目された。しかし、小委員会が提案した条文案の導入部分に "In those States in which ethnic, religous or linguistic minorities exist" という文章を加えるべきだとするチリの提案が採択され、総会での議論をへて自由権規約第二七条として成立した。このチリ提案に基づいて小委員会の原案に追加された「……マイノリティが存在する国家……」という文言は、自由権規約の実施過程において、マイノリティの存在自体を否定することにより、第二七条の義務を逃れようとする国家に口実を与え、第二七条の効果を阻害することになる。[31]

そして次に、締約国の国内社会に存在するマイノリティという集団に、その民族的もしくは種族的アイデンティティを保持するために必要な言語と文化に対する権利の保障について国際人権条約上の義務を負うことに、さまざまな危惧と抵抗を示す議論が目立ったことである。つまり、マイノリティの権利を国際的に保障することにより、国内社会に多数者と異なる集団、すなわち独自の分離した共同体を形成することが、国家の国民的統合と安全を脅かすことになることを惧れ、マイノリティの権利保護が統合(integration)又は同化(assimilatation)を遅らせることになると主張している。そしてさらに、国連総会の第三委員会においても、とくに国外からの移民を受け入れている国家は、自らの意思で移住している人びとはマイノリティと認めるべきではないと主張し、ラテン・アメリカ諸国は、先住民はマイノリティと認めることはできないと主張している。[32] このように、国家がその国民的統合と安全を理由に、国内社会に独自の共同体形成につながる権利、とりわけ民族的アイデンティティの維持に止まらず、自治もしくは自決の権利保障には、執拗に抵抗してきていることは、国際連盟によるマイノリティ保護そして国際連合による人権保障の歴史において一貫してみられることである。[33] ソビエトが提案した'national minorities'が多数の支持をえられなかったのも、マイノリティの政治的集団化を危惧する国がいかに多かったかを物語っているといえる。

(2) 自由権規約第二七条の実施過程におけるマイノリティ問題の発展

周知のように、自由権規約第二七条が保障する権利の享有主体は「種族的、宗教的又は言語的マイノリティに属する者」と定めているが、その成立過程において提起された「移住者」、「先住民」だけでなく、在住外国人が適用除外の対象になるかどうか、同規定がいうマイノリティは明確に定義されなかった。さらに、同規定がマイノリティに「自己の文化を享有し」、「自己の宗教を信仰しかつ実践し」そして「自己の言語を使用する」権利など三つの異なる権利を保障しているが、文化の享有と宗教の信仰と実演及び言語の使用に伴う具体的な行動と生活の範囲も、実施過程において提起される具体的問題を扱う規約委員会による適用と解釈を待たねばならなかった。最後に、同規定の法的性質と重要な関連を有する問題として、右に挙げた権利を「否定されない(shall not be denied)」とした規定の形式が、第二七条の法的効果すなわちマイノリティの権利保護にどのように作用するかも大きな関心事の一つであった。[34] そして、これらの問題は、自由権規約の実施措置である実施に関する締約国の報告及び個人通報の審査とそれに基づいて表明される同規約委員会の見解と勧告、さらには、同規約の個々の規定の解釈もしくは理解にとってガイドラインともいえる一般的意見(general comment)[35]をまって解明されるものであった。したがって、同規約の発効(一九七六年三月)から四半世紀の間、締約国の報告と個人通報の審査過程を詳細に検証することなくして、実施過程における発展の内容について言及できないともいえる。しかし、詳細は本章2で触れることにし、本章1においては、いくつかの事例から可能な発展の確認に止めることにする。

まず、自由権規約第二七条が保障する権利を享有するマイノリティの範囲もしくは定義について考えることにする。

すでにみたように、第二七条の成立過程においては、'national minorities'(民族的もしくは国民的マイノリティ)という文言が採用されず、国外からの移住者そして先住民は同規定のいうマイノリティではないとする主張が多くの国によって行われた。そのため、移住者または先住民とりわけ外国人が同規定の適用対象であるマイノリティに含まれるか否かについて実施過程においてどのように解釈され理解されるかが注目された。その後、自由権規約委員会は、締約国報告と個人通報の審査とその後に示した見解及び勧告の中で示してきた理解もしくは立場に基づき、一九九四年(第五〇会期)第二七条に関する一般的意見を採択した。それによると、第二七条が権利を保障するマイノリティには、同規定が保障する「文化を享有する権利」が土地及び資源と密接に関連する生活様式から成り立つものといえるから、先住民が同規定のマイノリティであることは間違いないとし[36]、その後の個人通報審査をとおしても同じ立場をとってきている[37]。

そしてつぎに、外国人をマイノリティと理解し第二七条が保障する権利を享有できるかどうかという疑問について先の一般的意見はつぎのような解釈を明示している。つまり、第二七条規定のマイノリティが「存在する」という文言は、定住の度合(degree of permanence)とは関連せず、第二七条の権利享有にとって当該国の国民もしくは市民であることも必要とせず、永住者(permanent residents)であることも必要としない。したがって、締約国内に滞在する移住労働者すなわち外国人労働者あるいは一時的な訪問者であっても、第二七条が保障する権利の享有を否定されないと述べ、すべての外国人が、その地位に関係なくマイノリティとしての権利を享有できると明示している[38]。こうした自由権規約委員会の理解もしくは立場は、たとえば日本政府のように外国人はマイノリティではないと主張する締約国に在住する外国人に、その民族的文化的アイデンティティの維持を権利として承認し締約国の義務であることを明らかにしたものとして極めて重要な意義を有する。

そして最後に、第二七条の規定が、周知のように、マイノリティが自己の文化と宗教そして言語に対する権利を「否定されない」という消極的な文言を用いていることが、マイノリティに対する締約国の義務は、権利を否定さえしなければよく、積極的な措置を取る義務はないとする解釈を可能にする危惧を抱かせるものであった。しかし、自由権規約委員会は、先の一般的意見の中で、「締約国は権利の存在と行使につき、否定もしくは侵害からの保護を確保する義務を負っている。したがって、立法、司法または行政機関による積極的保護措置が、国家自身の行為だけでなく、当該国内の他の人びとの行為に対して求められる」とし、さらに、「国家による積極的措置は、マイノリティのアイデンティティとその構成員がその文化と言語を享有し発展させる権利並びにその宗教を実践する権利を保護するために必要である」[39]と述べている。これは、第二七条が締約国に履行を求めている義務が「否定しなければよい」という消極的不作為義務に止まらず、権利の享有を妨げ又は損なう諸条件を是正するために必要な措置を取る積極的作為義務を伴うことを明らかにし、マイノリティがその権利を享有し行使することを当該マイノリティの能力と努力に委ねるだけでは義務を履行しているとはいえないことを明らかにしたものと理解できる[40]。そして、こうした積極的措置は、自由権規約第二条一項が保障する非差別・平等原則に抵触する差別的内容であってはならないことも、実施過程で確認されている[41]。

3　マイノリティ権利宣言の意義と課題

右にみたように、国連が中心に推し進めてきた人権の国際的保障の中で、マイノリティ権利の保護と直接または間接に関連する宣言と条約は数多く、とりわけ自由権規約第二七条は、種族的、宗教的又は言語的マイノリティの権利保護を直接目的とし、実施過程における同規約委員会の努力により、マイノリティの権利保護にとって重要な法規範として機能しているといえる。しかし、人種差別、女子差別そして子どもの権利など、それぞれ国際人権章典とは別個の宣言と条約が採択され成立しているが、マイノリティの権利保護を直接目的又は存在理由とする宣言も条約も存在しなかった。その理由は、マイノリティの権利保護が国家の主権、領土保全そして安全の維持と密接に関連する問題と捉える国家の危惧もしくは不安が、歴史的にそして今日においても根強いことに基因することは容易に確認できる。しかし、人権と基本的自由の普遍的な遵守と尊重の実現という国際人権法の目的又は理念は、世界のすべての国家に存在するといっても間違いではないマイノリティの権利保障なくして達成できない[42]。さらに、冷戦体制の崩壊後に世界の各地で生起する民族紛争と宗教紛争の解決と防止、そして異なる民族的宗教的集団とりわけマイノリティとマジョリティが共生する国際社会の構築なくして、人権の普遍性も国際平和と安全の確立も達成できないことは誰ひとりとして否定できない[43]。

こうしたマイノリティ権利の国際的保護が過去のどの時代にもまして重要であり、既存の国際人権基準とくに自由権規約だけでは不十分であるという認識が、マイノリティの権利保護だけを直接目的とする宣言の採択を促すことになる。一九七八年、人権小委員会がその第三四会期において設立したワーキング・グループが草案の作定と議論を重ねて、人権委員会と経済社会理事会の審議を経て、一九九二年一二月一八日には、『マイノリティ権利宣言』を採択した。この宣言の採択過程と内容については既存の研究に委ね、ここでは、同宣言が定めるマイノリティの権利と国家の義務の中で、特徴的もしくは重要な内容そしてワーキング・グループによる実施に向けた努力に限定してふれることにする[44]。

マイノリティ権利宣言は、前文と九カ条の規定によって構成されているが、自由権規約第二七条に比して、国家の一般的義務(第一条)と国家がとるべき措置(第四条)、マイノリティの権利(第二条)及び権利の行使(第三条)など詳細かつ具体的内容が定められている。つまり、まず同宣言は「民族的又は種族的、宗教的及び言語的少数者に属する者」が、自己の文化を享有し、自己の宗教を信仰しかつ実践しそして自己の言語を使用する権利、社会生活及び公共生活に参加する権利そして自己の居住する地域に関する決定に参加する権利並びに自己の団体を設立し維持する権利と他のマイノリティと接触する権利を有すると謳っている。そして、マイノリティに属する者は、この宣言に定める権利を含むその他の権利を行使することができる（第二条一項）だけでなく、権利の行使または不行使のいずれの場合にも不利益を生じさせない（第三条二項）と定める。以上、マイノリティ権利宣言が謳う権利の中で注目されることは、自由権規約第二七条が定める権利の範囲を超えるものではないが、社会生活と公共生活そして自己の属するマイノリティ及び自己の居住する地域に参加する権利（the right to participate）など、マイノリティがそのアイデンティティの保持と社会参加に必要な権利を保障している。そして特に、自由権親約第二七条が、「権利を否定されない」と消極的な文言を用いているのに対して、同宣言は「権利を有する（have the right）」と積極的な文言を用いており、マイノリティ権利の保護もしくは保障に必要な特別措置をめぐる議論に終止符をうつものと理解される。[45]

つぎに、マイノリティ権利宣言は、自由権規約第二七条が全く言及していない国家の義務について、九カ条の中の五カ条を割いて規定していることは、宣言という法的拘束力を有しない文書とはいえ重要な意義を有するものである。つまり、同宣言は、「国家は……マイノリティの存在並びに……アイデンティティを保護し、またそのアイデンティティを促進するための条件を助長（encourage）しなければならない」（第一条一項）と定め「……それらの目的達成のために適切な立法その他の措置をとらなければならない」（同条二項）と謳い、マイノリティがそのアイデンティティを保持し存在するために必要な保護と措置を国家に義務づけている。このような一般的義務に加えて、国家がとるべき具体的措置として、マイノリティに属する者が、人権と基本的自由の効果的行使の確保に必要な措置（第四条一項）、特性(characteristics)を表現し、その文化、言語、宗教、伝統と習慣の発展を可能にする措置(同条二項)、その母語を学び教授する機会を得るための措置(同条三項)そしてマイノリティの歴史、伝統、言語及び文化についての知識を助長するための教育分野での措置(同条四項)と経済的な進歩と発展に参加できるための措置(同条五項)など詳細に定めている。また、国家の政策と計画及び国家間の協力と援助の計画もマイノリティの正当な利益に考慮を払って立案し実施することを義務づけている(第五条)。

以上きわめて簡単にふれたが、マイノリティ権利宣言は、マイノリティの権利保護を直接目的とし、保護すべき権利と国家のとるべき保護措置を定めた一般的な国際文書であり、自由権規約第二七条を含む既存の国際文書の解釈・適用と実施を補完し促進することが期待される人権基準であるといえる。もっとも、自由権規約第二七条の成立過程では採用されなかった'national minorities'が加えられながらも、マイノリティの定義が行われず、その具体的実施を確保するための措置についても触れていない。そのため、この宣言の規定が既存の人権条約の実施過程に積極的な影響を及ぼすようにする努力とその実施を促し「マイノリティ権利条約」の制定に向けた継続的な作業が必要である。そして、こうした課題を克服するための作業の一環と理解できるのが、人権小委員会のワーキング・グループによる活動である。以下かいつまんでワーキング・グループの活動にふれておくことにする。

右のマイノリティ権利宣言が採択された後、人権小委員会は、人権委員会及び経済社会理事会の支持と許可の下に、同宣言が定めるマイノリティ権利の伸長を図るために、五人の委員から構成されるワーキング・グループを設置した[46]。このワーキング・グループには、ⓐマイノリティ権利宣言の伸長と具体的実現の検証、ⓑマイノリティと政府間の相互理解の促進を含むマイノリティに関連する問題の可能な解決の検討、そしてⓒ民族的または種族的、宗教的及び言語的マイノリティに属する者の権利の伸長と保護のために、適切な場合は、さらなる措置の勧告、などの任務が課された。同ワーキング・グループは、これらの任務遂行のために、マイノリティ権利宣言の註釈を作定し、委員各自が特定のテーマについて作業文書を準備して討議を進めてきた。このテーマ別の作業文書は、ⓐマイノリティの関連する状況における紛争の防止、ⓑマイノリティの存在と承認、ⓒ多文化教育及び文化間教育、ⓓ市民及び非市民(non-citizen)の権利、そしてⓔマイノリティ保護のための国際的及び地域的メカニズムに関する事項である。二〇〇〇年五月に第六回の会期を終えたワーキング・グループは、ノルウェー出身のアイデ(Asbjorn Eide)委員が作成したマイノリティ宣言の註釈及びテーマ別の作業文書を基礎に、委嘱された任務に従って討議し勧告を行ってきている。そしてワーキング・グループの会合には、多数の政府代表、国連専門機関そして世界各地のNGO代表が参加し、「宣言」の実施に関連する実態と課題についてさまざまな意見を表明している。ワーキング・グループの作業過程について触れる紙幅の余裕はないため、詳しくは小委員会の報告に譲り、二〇〇〇年六月会期での議論の中からいくつかの問題に限って紹介することにする。[47]

まず、アイデ委員によって作成された「宣言」の註釈の内容をめぐる議論の中で、マイノリティ保護を支える要件として①存在の保護、②排除の抑止(non-exelusion)、③非差別(non-discrimination)そして④非同化(non-assimilation)が指摘され、自決権をめぐっては、マイノリティは「外的自決(external self-determination)」の権利はないが「内的自決(internal self-determination)」もしくは自治(autonomy)の権利を有するとする意見、さらに、マイノリティの統合(integration)と同化(assimilation)の違いに関する議論が注目された。[48] そして、「宣言」の各規定の実施に関する討議には、NGOだけでなく政府代表からも、マイノリティに関する実状と関係国政府の対応をめぐる紹介と議論が展開された。たとえば、ハンガリーやルーマニアのロマ(Roma)民族、イラクのクルド族さらにはインドのダリートなど、世界各地のマイノリティの状況が紹介された。そして、討論の後に採択された「結論と勧告」[49]では、マイノリティの実効的社会参加に関する議論を深めることを第七会期のテーマとし、ロシアとフィンランドにおけるマイノリティの自治についての研究と文化的自治さらには統合的アプローチによる研究を行うことなどが決定された。なかでも特に注目されるのは、国連人権委員会が、各国政府、政府間機構とＮＧＯに対し、マイノリティ権利に関する条約(Convention)の草案作定について の意見を求めるよう人権小委員会に勧告することを決定したことである。[50] マイノリティ権利保護を直接目的とする条約制定には、まだ否定的もしくは消極的な国家が多いが、右の勧告はその実現に向けて踏み出した第一歩として評価できる。

おわりに――日本社会のマイノリティの実状と課題

日本の近代化一〇〇年が掲げた脱亜入欧と富国強兵という国家目的を達成するために必要な国民の統合と総動員を図る恰好のイデオロギーとして唱導された単一民族社会観は、天皇中心の大和民族主義の形成と高揚を支える役割を果してきた。そしてこの単一民族社会観は「日本社会には日本民族だけが存在する」という論理的帰結として、他の異なる民族の存在を否定する排他的民族主義に根差した政策へと発展する。つまり、日本列島の先住民族であるアイヌ民族さらには日本の植民地であった朝鮮半島の人びとに対して、日本民族そして天皇の皇民であることを強要する同化政策もしくは皇民化政策を強行したことはまだ記憶に新しい。より具体的にいえば、朝鮮民族固有の言語・文化そして歴史を学校教育の内容から排除し、日本語使用の強制と民族的氏名の使用を禁止する徹底した同化政策を強行した。

そして、こうした単一民族社会観に基づく同化＝皇民化の思想と政策は、アジア・太平洋戦争の終焉と平和主義・

民主主義を基本原則とする新しい憲法の下でも払拭されることなく温存された。それは、アイヌ民族の民族性を否定し、在日する韓国・朝鮮人の民族的アイデンティティ形成に必要な民族教育を否定しつづけた日本政府の政策に端的に表われている。さらにこうした政策は、すでに見たマイノリティの権利を保障した国際人権規約の自由権規約を批准し締約国となった(一九七九年九月二一日)後においても取りつづけたことも周知のとおりである。つまり、自由権規約の実施に関する日本政府報告の提出と規約委員会による審査の過程では、第二回報告の提出まではアイヌ民族のマイノリティ性を否定し、韓国・朝鮮人に対しては第四回報告の提出に至っても、自由権規約第二七条でいう民族的マイノリティであることを認めていない。そして、アイヌ民族に対する差別を支えた「旧土人保護法」を廃止し、アイヌ民族の文化振興を目的とする新しい立法措置がとられ、少なくともアイヌの人びとが自己の文化を享有し発展させるために、日本政府と地方公共団体の責務を明確にしたことは、日本政府が固執してきた単一民族社会観に終焉を告げる画期的出来事であったと評価できる。しかし、日本国籍を保持する者だけでも二〇万を超え、外国人として在住する者は六〇数万を数える韓国・朝鮮人の他に台湾出身を含む五万以上の中国人など、日本の植民地主義と軍国主義によって形成された民族的マイノリティについては、自由権規約第二七条の適用を受けるマイノリティとさえ認めていない。こうした日本政府の態度は、自由権規約委員会がくり返しその懸念を表明しているように第二七条の規定に抵触するだけでなく、アイヌ民族と他の民族との差別的処遇を維持することにより、法による保護の平等を求める同規約第二六条の規定にも違反することは明らかである。そしてさらに、自由権規約の締約国による義務履行もしくは実施について権限と機能を有している規約委員会が、①マイノリティが存在するか否かは締約国が恣意的に決定すべき問題でないこと、②外国人もマイノリティの権利を享有することを明らかにした一般的意見をも否定することにもなる。このような態度は、たしかに規約委員会の意見及び勧告は法的拘束力は有しないが、自由権規約の実施について監視し促すために締約国によって選出された唯一の中立かつ独立の機関であり、締約国としてこの委員会の意見と判断を尊重する道義的義務に反するものである。

また、自由権規約の締約国は、その国内に存在するマイノリティの権利に関して、規約第二七条の実施過程において確認された規約の解釈及び締約国の義務を誠実に遵守し、前述の「マイノリティ権利宣言」の実施と条約化のための議論と努力に日本政府の積極的な協力が強く望まれる。

1 マイノリティの定義に関する議論の経緯については次の研究が詳しい。Cf. *Study on the Rights of Persons belonging to Ethnic, Religious and Linguistic Minorities*, by Capotorti, Francesco, Special Reporter of Sub-Commission, United Nations Pub.（1991）, paras.20-81. また、人権小委員会は、その第三八会期（一九八五年）において、マイノリティの定義に関する報告を受けて議論を行ったが結論に至っていない。See, Proposal concerning a difinition of the term "minority" submmitted by Mr. Tules Deshnênes, E/CN. 4/sub. 2/1985/31.

2 人権小委員会が設けた「マイノリティワーキング・グループ」においても、移住労働者と難民を含む外国人を新しいカテゴリのマイノリティと考えるべきであるとの議論が多く見られた。Cf. *Report of the Working Group on Minorities on its sixth session*, E/CN. 4/Sub. 2/2000/27. 一九九五年にヨーロッパ評議会が採択した「民族的マイノリティの保護に関する枠組条約」も、一九九三年のヨーロッパ議会草案では national minority には外国人が含まれないと定義づけたが、最終的に採択された条約には定義に関する規定を設けていない。

3 Cf. Macartney, C. A., *National States and National Minorities*, Oxford Univ. Press（1934）pp.155-211. Capotorti, F., *op.cit. supra* n.1, paras,1-20.

4 第一次大戦までのマイノリティ保護に関する西ヨーロッパ諸国の実践については、cf., *ibid*., Macartney, C. A., pp. 165-167. Capotorti, F., *op.cit. supra* n.1, paras.1-19. また、田畑茂二郎『国際化時代の人権問題』（岩波書店、一九八八年）一三―二二頁参照。

5 国際連盟の設立とマイノリティ保護に関する問題は次の研究が詳しい。Cf. Capotorti, F., *op.cit. supra* n.1, paras. 82-105, Sohn, L. B. and T. Buergenthal, *Int'l Protection of Human Rights*, the Bobbs-Merrill company Pub.（1973）pp.213-355.

6 第一次大戦の戦後処理との関連で、マイノリティ保護義務を受諾させるための政治的圧力については、金東勲『人権・自決権と現代

国際法』(新有堂、一九七九年)一〇九—一一六頁参照。

7 なお、これらの条約の中で、ポーランド、メメールそしてダンチヒに関連する条約は次の文献が詳しい。See, Hannum, Hurst (ed.), *Documents on Autonomy and Minority Rights*, Martinus Nijhoff puls. (1993) pp.591-682.

8 国際連盟とマイノリティ保護に関する国際文書の履行に関する問題は、See, *League of Nations Official Journal, Special Supplement* No.73 (*Documents relating to the protection of Minorities*) p.43, and cf., Capotorti, F., *op. cit. supra* n.1, paras. 81-122.

9 たとえば、ポーランドと連合国との間で締結された条約は、国籍取得(第四、五及び六条)、言語及び宗教に対する権利(第七、八及び九条)さらに条約の違反について連盟理事会の注意を喚起する権利(一二条)などが詳細に規定している。See, Hannum, Hurst (ed.), *op.cit. supra* n.7, pp. 682-687.

10 マイノリティから送付される請願に対する連盟理事会の処理手続については、cf., Sohn. and Buergenthal, *op.cit. supra* n.5, pp.224-233.

11 マイノリティから送付される請願の受理とマイノリティ委員会の権限については、cf., Capotorti, F., *op. cit. supra* n. 1, paras. 111-122, and Sohn, L. B., *op.cit. supra* n.5, pp.255-267.

12 マイノリティ問題に関する常設国際司法裁判所の勧告的意見の中でも、一九三五年四月の「アルバニアにおけるマイノリティ学校」問題に関する勧告的意見はマイノリティの地位と権利について重要な意見として頻繁に引用されてきた。See, *PCIJ Series A/B*, No.64 (Minority Schools in Albania). 横田喜三郎著『国際判例研究』(有斐閣、一九七〇年)二九〇—三〇一頁参照。

13 金東勲『前掲書』二四—二五頁参照。また cf., Capotorti, F., *op.cit. supra* n.1, paras.128-133.

14 国連の設立過程とりわけ憲章の制定と人権をめぐる議論については、金東勲『前掲書』四四—七〇頁参照。

15 第二次大戦の戦後処理過程でマイノリティ保護を義務づけた一連の条約については、cf., Capotorti, F., *op.cit. supra* n.1, paras.155-164.

16 第二次大戦後独立を達成した諸国が自国内のマイノリティ保護について定めた独立協定または憲法については、cf., Hannum, Hurst (ed.) *op.cit. supra* n.7, pp.115-496. 及び Capotorti. F., *op.cit. supra* n.1, paras. 159-163. 及び Sohn, Louis B., *op.cit. supra* n.5, pp.306-310.

17 See, ECOSOC. Resolution 9 (II), June 21, 1946.

18 国連人権小委員会と知られているこの委員会は、一九九九年には、その名称を「人権の保護と伸長に関する小委員会(Sub-Commission on Protection and Promotion of Human Rights)」と改めた。

19 たとえば、日本国内のマイノリティである在日韓国・朝鮮人の人権及び差別状況につき、一九八四年八月一四日の小委員会において、筆者自身が訴えた。『朝日新聞』(一九八四年八月一五日朝刊)参照。

20 国連がその設立から五〇周年になる一九九五年までの人権活動を、宣言と条約そして決議など九項目の文書を一冊に納めた次の出版物は、国連の歩みと成果を教えてくれる。Cf. *The United Nations au Human Rights*, 1945-1995, The UN Blue Book Series, Vol.VII.

21 なお、一九九八年七月一七日に採択された「国際刑事裁判所に関するローマ規程」は、処罰されるべき犯罪として、集団殺害(同規程六条)及びアパルトヘイト罪(同規程七条(i))を明示している。

22 金東勲「人権の国際的保護と人種差別撤廃条約」『大阪経済法科大学法学論集』二号(一九七八年)〔本書第三章1所収〕及び斉藤・村上共訳『人種差別撤廃条約』(解放出版社、一九八三年)参照。

23 この宣言の内容及び意義については、パトリック・ソーンベリ(Patrick Thornberry)「民族的又は種族的、宗教的及び言語的少数者に属する者の権利に関する国連宣言—背景、分析及び観察」金東勲監訳、反差別国際運動日本委員会編『国際社会における共生と寛容を求めて』(解放出版社、一九九五年)三—七六頁参照。

24 自由権規約第二七条の成立と背景については、cf., Capotorti, F., *op.cit. supra* n.1, paras.165-193. また、大竹秀樹「少数者の国際的保護について—第二七条の起草過程を中心として—(一)(二)」『同志社法学』一八二号三五巻四号及び一八三号三五巻五号参照。

25 移住労働者権利条約については金東勲編著『国連移住労働者権利条約と日本』(解放出版社、一九九二年)参照。「外国人権利宣言」の正式名称は、「在住する国の国民でない個人の人権に関する宣言」で一九八五年一二月一三日第四〇回国連総会で採択された。同宣言第五条は、外国人が享有する権利を定めているが、「自己の言語、文化及び伝統を保持する権利」(同条(f))を明示している。なお、この宣言が採択された背景については、cf., *International Provisions Protecting The Human Rights of Non-Citizens*, Study prepared by the Baroness Ells, United Nations: Pub. (E/CN. 4/Sub. 2/392/Rev.1).

26 Cf. Lerner, Natan, 'The 1989 ILO Convention on Indigenous Populations: New Standards', Dinstein, Y. and M. Tabory (ed.), *The Protection of Minorities and Human Rights*, Mavtinus Nijhoff (1990).

27 See, GAOR, 3rd Session Part I, Annex. Doc.A/787.

28 GA Resolution 217(III) 10 December 1948. ※また、国際人権章典とマイノリティ問題との関連については、cf., lauterpacht, H., *An*

International Bill of The Rights of Man, Colombia Univ. Press (1945), pp.215-224.

29 See, *Report of the Sub-Commission* (E/CN. 4/358) paras.39-48.

30 大竹秀樹「少数保護と国際連合―差別防止・少数者保護小委員会報告書を中心として」『同志社法学』一九〇号八七―一三四頁参照。また、cf., Caportort, F., *op.cit. supra* n.1, paras.165-171.

31 人権委員会における議論については、cf., *ECOSOC Offcial Records,* Sixth Session, Suppl. No.8 (E/2447) paras.51-56 and E/CN. 4/SR. 368-371.

32 たとえば、自由権規約の実施に関する報告の中で、第一回報告(CCPR/C/10/Add.1)では第二七条でいうマイノリティの存在を否定した。第二回報告(CCPR/C/42/add.4)からは、アイヌ民族はマイノリティと認めているが、第四回報告(一九九七年一〇月)の提出に至っても、在日韓国・朝鮮人をマイノリティとは認めず、規約委員会からの是正を促されている。See, CCPR/C/70/Add. and Corr., 1 and 2, (The third Periodic Report of Japan) para.112, and CCPR/C/115/Add. 3 (4th Periodic reports of Japan) para.13. なお、自由権規約委員会は第二七条に関する一般的意見の中で、締約国内にマイノリティが存在するか否かは、「締約国の決定ではなく客観的基準(objective criteria)によって確認することが必要である」との立場を明らかにしている。See, General Comment on Art. 27 (1994) in Compilation of General Comments and General Recommendations adopted by Human Rights Treaty Bodies (HRI/GEN/2/Rev.1) p.40.

33 Cf., GAOR, 16th Sess. Annex, doc. A/5000, paras. 116-126. and Capotorti, F., *op.cit. supra* n.1, paras, 186-193.

34 マイノリティの権利と国家主権との関係については、cf., Capotorti, F., 'Are Minorities entitled to Collective International Rights?' in Dinstein, Y. (ed.), *op.cit. supra* n.26, Book, pp.505-511.

35 もっとも、自由権規約第二七条の適用範囲及び法的性質については詳細な分析が行われている。しかし、こうした研究も、規約の実施過程で確認されることによって評価されることになる。Cf., Capotorti, F., *op.cit. supra* n.l, paras.195-241.

36 自由権規約委員会の一般的意見は、See. Compilation of General Comments, *op.cit. supra* n.32, pp.2-41.

37 See. *ibid.*, p.39 (para.3. 2).

38 たとえば、カナダのインディアン出身者が、規約第二七条違反を訴えた通報(Communication No.24/1977 and No.358/1989 など)及びフィンランドの原住民であるサミ(Sami)族の通報(Communication No.671/1/1995).

39 See. *op.cit. supra* n.32, General Comment 23 (1994) paras.6.1 and 6.2.

40 国際人権法における非差別・平等原則とアファーマティブ・アクションとのバランスもしくは均衡の維持に関する問題については、cf., The concept and practice of affirmative action: Preliminary report submmitted by Mr. Marc Bossuyt (E/CN. 4/Sub. 2/2000/11).

41 たとえば、カナダのオンタリオ州政府が宗教的マイノリティであるカソリック系学校に付与している公的支援は、他のマイノリティに対する差別であり規約第二六条違反であると訴えたユダヤ人の通報(Communication No.694/1996)を受理・審査した規約委員会は、マイノリティの権利保障に必要な特別措置であると主張するカナダ政府の主張を斥けて通報者の主張を認めた。

42 世界の主要地域と主要国におけるマイノリティの存在と保護については、マイノリティ研究会編『世界のマイノリティと法制度』(解放出版社、一九九二年)参照。

43 たとえば、民族もしくは種族の問題を平和と人権の両面から行った研究として、cf., Stavenhagen, Rodolfo, *The Ethnic Question Conflicts, Development, and Human Rights*, United Nations University (1990).

44 この宣言の採択をめぐる経緯については、cf., Commission on Human Rights, *Report of the 48th Session, ECOSOC Official Reords*, 1992, Suppl. No.2 & UN Doc. E/1992/22. E/CN. 4/1992/84.

45 パトリック・ソーンベリー(金東勲監訳)『前掲書』(注4)報告書二四—四三頁参照。

46 このワーキング・グループの設置及び構成については、cf., *Report of the Working Group on Minorities on its 5th Session*, E/CN. 4/Sub. 2/1999/21 (24 June 1999) paras.1-15.

47 Cf., *ibid.*, Report and *Report of the Working Group on Minorities on 6th Session.*, E/CN. 4/Sub. 2/2000/27 (30 June 2000).

48 Cf., *ibid.*, Report paras.31-37.

49 *Ibid.*, Report paras.109-124.

50 *Ibid.*, Report paras.21.

日本と国際法の百年 第四巻『人権』二〇〇一年、三省堂刊 所載

2　自由権規約の実施過程にみるマイノリティの権利

はじめに――自由権規約第二七条の意義

一国家の国内社会に所在する民族的または種族的(national or ethnic)、言語的及び宗教的マイノリティの国際的保護は、宗教改革後の西ヨーロッパにおいて、講和条約と戦後処理の過程における国境の再画定などによって派生する国家間もしくは国際的な問題としてクローズ・アップされ、第一次大戦の戦後処理と国際連盟が設立される過程において、重要な国際的関心事項の一つとなったことは本章1で見たとおりである。つまり、第一次大戦の終結に伴う国境の再画定と政治的独立などの恩恵もしくは利益に預かる国家及び敗戦国に、当該国内に所在するマイノリティの権利を保護する義務を、講和条約または個別条約さらには連盟理事会における一方的宣言によって受諾させ、これらの義務履行について当該国からの報告とマイノリティ構成員からの請願を受理・審査する機関を設けるなど、国際連盟の関与による国際的保護が導入されたことは画期的な事件であった。ただ、この国際連盟によるマイノリティ保護は、普遍的もしくは一般的義務ではなく、特定の数カ国にのみ保護義務を課した差別性と、国内に所在する個人の権利に関する問題は当該国の排他的国内事項であるとする国家の主張が支配的であった当時の国際的潮流に阻まれて目的を達成できないまま第二次大戦の勃発と国際連盟の崩壊を迎えた。[1]

こうした国際連盟の関与によるマイノリティ保護の試みの挫折は、第二次大戦を経験することによって人権の国際的保障へと発展することになる。つまり、ナチズムとファシズムによるホロコーストなど非人道的行為の衝激が直接的契機となって、戦後の国際平和維持に必要な新しい国際機構の設立を目指す連合国にとって人権の国際的保障は重大な関心事項となり、人権と基本的自由の普遍的尊重は国際平和の維持と並んで国連が達成すべき目的と掲げられた。国連憲章が掲げたこの目的を達成するための努力は、世界人権宣言と国際人権規約を基本的文書とする数多くの宣言そして条約からなる人権文書が採択・成立され、個人または集団の権利保障を目指す国際人権法を確立させてきた。しかし、人権の普遍的尊重を達成するための共通基準として採択された世界人権宣言及び人種または民族の集団的殺害を抑止・処罰するジェノサイド条約など、マイノリティの権利保護にとって重要な人権文書が早い段階から実現したことは否めないが、マイノリティの権利保護を直接目的とする人権文書の誕生は一九六六年一二月一六日に採択される国際人権規約をまたねばならなかった。つまり、市民的政治的権利をすべての個人に保障することを目的とする自由権規約(B規約)第二七条が「種族的、宗教的又は言語的マイノリティ」の権利保護を目指す実効的規範として存在するようになり、当該規約の締約国に法的義務を課すことになった。[2] その結果、国際連盟の下で実現しなかったマイノリティ保護義務の普遍化が可能になり、歴史的にそして今日においても、国内事項とマジョリティの論理で差別的に排除されてきた一国内のマイノリティが、そのアイデンティティと権利の保持・享有を実定国際法により直接保障されることになった。そのため、殆どすべての国家に所在するさまざまなマイノリティの人びとが右の規定に寄せる期待は測り知れないものであるといっても過言ではない。そして、こうした期待とは対照的に、マイノリティを国内に抱える国家にとっては、領土保全、国家の統合そして国内管轄権といった伝統的国際法の保護する権利の領域もしくは範囲が制限・縮少されることに対する危惧と抵抗の事態に当面することになる。

したがって、マイノリティ権利の尊重と保護について法的義務を課している自由権規約については一四九に達する国が締約国となり、個人通報の権利を保障する選択議定書の締約国も一〇四カ国に達しているとはいえ、自由権規約第二七条が有する真の意義は、当規約と選択議定書の実施過程の検証をまって評価されるものである[3]。本章2は、こうした実施過程にみる具体的事例に関わるマイノリティと締約国の主張そして規約委員会の対応を検証し、その意義を確認しかつ展望することを意図するものである。

一　自由権規約第二七条が保障する権利を享有するマイノリティとは

右に触れたように、一国内に所在するマイノリティ問題が国家間そして国際社会の関心事項になったのは、国際連盟の誕生から数世紀をも遡るヨーロッパの国際政治舞台においてである。ところが、人権の国際的保障が法的にそして制度的に発展した今日に至っても、国際的保護の対象となるべきマイノリティの定義をめぐる議論はいまだに結論に達していない。マイノリティ(minorities)という言葉は、マジョリティ(majorities)すなわち多数者の反対語である少数者を意味し、一国内に所在する人びとを、国籍、民族、言語そして宗教を同じくする個人集団をその数によって区分する表言でしかないように理解しがちである。しかし、国際人権法の適用もしくは保護の対象となるべきマイノリティの定義は、数の多少で区分すればよいという単純な作業に止まらず、当該個人集団がおかれている「被差別」または「被抑圧」を重要なファクターとして考慮すべきであるとの主張が見られた。たとえば、第二次大戦後の国際社会が、国連を中心にほぼ半世紀にわたって取り組み、一九九〇年代に入ってその解決をみた南アフリカのアパルトヘイトの犠牲者であった有色人とアフリカ人は全人口の七〇パーセントを超える多数者を構成していたにもかかわらず、その被抑圧性を理由にマイノリティに含まれるべきとの主張がなされた。また、人類の半数を超える女性も、歴史的にそして今日の差別と抑圧の対象になっているとして、やはりマイノリティと認めるべきとする議論がみられた。[4]

さらに、マイノリティとは所在する国家の国籍を保持する国民であって、民族・宗教そして言語的に多数者とは異なる個人集団であるとする伝統的なマイノリティの定義に固執し、外国人は含まれないとする主張がみられる。さらに、マイノリティの地位と権利の享有主体と認められる要件として、右の国籍の他にも、national（国民もしくは民族）、ethnicity（種族または民族）そして言語と宗教を同じくする集団への帰属という客観的要件に加えて、マイノリティへの帰属とその権利享有の意思の有無すなわち当該個人の主体的意思の尊重が必要であり、マイノリティの地位を強制されてはならないとする立場も、マイノリティの定義もしくは決定にとって重要な要件である。また、難民と労働者などの国際的移動が急増する国際的潮流が反映して、マイノリティの権利保護を目指して努力を重ねている国連人権小委員会のワーキング・グループでの議論は、移住労働者と難民を「新しいマイノリティ」と捉えて国際的保護の必要性を強調する議論もみられるのが今日の状況である。[5]

さて、以上かいつまんでみたように、一国内のある個人及び集団を国際人権法が保障するマイノリティの地位と権利を享有する主体であるか否かの判断は容易ではないことが理解できる。こうした議論の状況から、自由権規約第二七条の適用と実施の過程でも克服すべき最初の課題は締約国内に所在する個人及び集団をマイノリティであるとの判断であることも当然のことと予想された。なかでも、自由権規約第二七条が適用されるためには、「種族的、宗教的又は言語的マイノリティが存在する国」であることが必要条件であるため、自国内にマイノリティの存在を認めない締約国に所在するマイノリティの地位と権利の享有が困難になる。たとえば、フランスのように、自由権規約の批准そして実施の過程においても、マイノリティの存在を認めることが被差別・平等を謳うフランス憲法に抵触すると主張し、[6] 第二七条の適用自体を拒みつづけており、ナイジェリアの場合は、締約国内のマイノリティを国際的に保護しようとする第二七条は「分断し支配する(devide and rule)」という植民地主義支配の論理と軌を一にするものであると主張して、第二七条の存在理由自体を否定する締約国が存在する。[7] さらに、日本政府も、自由権規約の実施に関する第一回報告とその審査過程において、日本列島の先住民族であり、種族的そして言語的マイノリティであるアイヌ民族の存在を否定して、アイヌの人びとは日本人であると主張し、外国人の立場で所在する六〇数万人及び日本国籍を取得して朝鮮半島出身の日本国民という立場で所在する二〇万人を超えようとする在日韓国・朝鮮人のマイノリティ性を認めず、さらには、数こそ少ないが中国人とその他の人びとが日本社会のマイノリティとして存在するという厳然たる事実をも否定したことはまだ記憶に新しい。そして、いわゆる「単一民族国家」というイデオロギーに支えられた日本政府の態度は、アメリカ合衆国内のマイノリティの存在を否定的に捉え、日本が単一民族国家であることを誇らしげに語った「中曾根発言」が招いた国内外の抗議とりわけアイヌ民族の強い反発に抗しきれず、第二回の実施報告ではアイヌ民族をマイノリティと認めたことは周知のとおりである。しかし、その他のマイノリティとりわけ韓国・朝鮮人を、自由権規約委員会の度重なる注意喚起を無視して第二七条の適用対象であるマイノリティと認めようとしない姿勢を固持しつづけている。[8]

右に触れたいくつかの事例が示すように、マイノリティの存在自体を否定し、あるいは第二七条の規定が依拠する法理もしくは存在理由を否定する締約国に当面した自由権規約委員会は、第二七条に関する一般的意見の中でその基本的見解を明らかにして「マイノリティの存在」を含む当該規定の適用と実施をめぐる意見の違いを解消しようとした。つまり、自由権規約委員会は、実施報告の審査と個人通報の受理・審査を通して締約国の義務履行を監視し促進する任務と権限を有する立場から、規約の各規定に関する委員会の理解を「一般的意見（general comment）」として採択・公表して規約の適用と実施をめぐる解釈の統一を目指してきた。そして、本章2の課題である規約第二七条についても、一九九四年の第五〇会期において「一般的意見二三号」として採択し、第二七条に関する委員会の理解を明らかにしている。[9] この一般的意見の中で、後にみるマイノリティが享有する権利の性質と内容などと並んで、規約第二七条が保障する権利享有の適格性についてふれ、同規定の定める権利を享有するマイノリティには、締約国の国民であることを必要とせず、定住外国人の他に移住労働者及び一時的滞在者（visitors）も含まれるとの理解を示している。そしてさらに、締約国内にマイノリティが存在するか否かの判断は当該締約国の決定に委ねるべきではなく「客観的な基準（objective criteria）」によってその必要々件が確立されるべきであるとの理解も明らかにした。[10]

このように、自由権規約委員会は、自由権規約第二七条が保障する権利の享有主体を伝統的マイノリティ、すなわち在住国の国民である種族的、言語的及び宗教的マイノリティに属する者に限定せず、永住もしくは定住する外国人だけでなく短期的滞在者さらに一時的訪問者（visitors）も含まれることを明らかにしたことは、マイノリティ保護制度が国籍その他の理由による差別の撤廃と人権の普遍的尊重を理念とし目的とする国際人権法に基づく当然の論理的帰結でもある。したがって、在日韓国・朝鮮人は外国人であるから自由権規約が適用されるマイノリティではないとする主張を固持する日本政府のような姿勢はその合理性に乏しく、規約委員会の見解を尊重しその主張を改めることが強く求められる。

つぎに、自由権規約第二七条が適用されるマイノリティの範囲をめぐって議論となったもう一つの問題は、連邦国を構成する州政府の管轄下においてマイノリティの地位にある者が保護の対象になるかという問題である。こうした問題は、たとえば、フランス語を公用語と定めるカナダのケベック州において英語を母語もしくは常用語とする者が、英語の広告を禁止する法律は自由権規約違反であり、その犠牲者であると主張する個人通報の審査過程で提起された。この個人通報審査に当った委員会は、カナダ全国においては多数者の立場にある英語使用者は、ケベック州で少数の立場にあっても、規約第二七条の適用対象にならないとの判断を多数の意見として採択した。[11] しかし、この多数意見に対し、日本出身の安藤委員を含む五名の委員は個別的意見の中で異なる見解を示した。つまり、個別的意見は、一国家の自治州(autonomous province of a State)内のマイノリティが当該国全体では少数者ではないという理由で第二七条の適用村象から除外されるとの狭い意味で理解するならば、自治州内でのマイノリティに対する締約国の保護義務を回避することになるとの懸念を表明している。[12] こうした懸念は、連邦国家を構成する自治州もしくは地方政府の管轄下においてマイノリティの立場にある人びとを第二七条の保護対象から除外されるとの見解が、自由権規約第二七条の存在意義を大きく損うことに対する危惧であると理解され、今後の実施過程における委員会の姿勢が注目される。

以上概観したように、自由権規約第二七条が保障する権利を享有するマイノリティには先住民族を含む伝統的マイノリティに加えて外国人が含まれるとの理解が明らかになったが、一国内の自治州もしくは地方政府に存在するマイノリティの保護については不確実な側面も呈している。[13] そしてさらに、後に触れるように、マイノリティが享有する具体的権利は必らずしも一様ではなく、先住民族から外国人または移住労働者にいたるまで、それぞれの歴史的背景と置かれている状況が異なり、享有する権利の内容も異ることは必至であるといえる。

二　自由権規約が保障する権利の内容と性質

1　権利の性質と享有

自由権規約第二七条は、「種族的、宗教的又は言語的マイノリティ……に属する者は、その集団の他の構成員とともに自己の文化を享有し、自己の宗教を信仰しかつ実践し又は自己の言語を使用する権利を否定されない」と定め、「否定されない」という文言だけをみるならば、締約国に課される法的義務は、マイノリティの権利を否定しなければよいとの消極的不作為の義務に止まり、積極的作為義務ではないと理解できる。そのため、当該規定によりマイノリティ権利保護がどれほどの実効性を伴うかについては多数の人が危惧を抱いたことも事実である。しかし、規約実施過程はこうした危惧をある程度まで払拭してきたことはつぎにみるとおりである。つまり、すでに触れた、自由権規約委員会の第二七条に関する一般的意見は、この規定による「権利保護は、当該マイノリティの文化的、宗教的及び社会的アイデンティティの保持(survival)と継続的発展を確保し、社会構造全体を豊かにすることを指向する」ものであるとして第二七条が目指す目標を明らかにしている。そして「これらの権利は、右の目的のために保護されるべきであり……締約国はこれらの権利行使を十分に保障する義務を負い、そのために取った措置を実施報告の中に示さねばならない」ことも確認している。[14] このような規約委員会の理解は、規約第二七条の文言だけを捉えてマイノリティの権利を否定しなければよいとする消極的義務だけでは、当該規定の目的は達成できず、マイノリティの権利行使を可能にする積極的措置を取る義務があるとの解釈を明確にしたものである。しかし、マイノリティがそのアイデンティティを保持し、その文化を持続的に発展させるために必要な権利もしくは要件は、マイノリティである集団とそれに属する個人によってきわめて多様であることが規約の実施過程で明らかになっている。そのいくつかについてふれてみることにする。

まず第一に、自由権規約第二七条が「マイノリティに属する者は、その集団の他の構成員とともに」享有する権利と明文で規定し、規約委員会の一般的意見も確認するように、マイノリティが享有する権利は集団の権利という性質を有する。したがって、マイノリティを構成する者が自己の集団に帰属する権利、すなわち法・制度上だけでなく社会的にも、自己の意思に反してその集団への帰属と接触を否定もしくは妨げられないことがマイノリティとしての権利享有のために欠かせない要件である。規約実施過程において、この「自己の集団に帰属する権利」が争われ確認された事例は、いわゆる「ラブレイス事件（Lovelace Case）」である。つまり、カナダ・インディアン出身の女性であるラブレイス（Sandara Lovelace）は、非インディアン出身である男性との婚姻を理由にインディアンの地位を喪失し、規約第二七条が保障する権利を侵害されたとする内容の個人通報を規約委員会に提出した。通報の中でラブレイスは、非インディアン男性との婚姻関係にあるインディアン女性のインディアンとしての地位を喪失させる「インディアン法」は、女性差別を構成するだけでなく、マイノリティの権利享有を否定しているとの苦情を申し立てた。[15] 苦情の中で通報者は、右のインディアン法により「インディアン社会における生活の文化的利益の喪失、家庭、家族、友人及び隣人との情緒的結合の喪失ならびにインディアンとしてのアイデンティティの喪失」などの不利益を受けることになると主張している。こうした通報者の主張に対し、規約委員会は、右のインディアン法が「ラブレイスがその属する集団の他の構成員とともに自己の文化及び言語に接する権利が妨げられつづけている」と認め、規約第二七条に基づく権利の不当な否定であるとの判断を示した。[16] このラブレイス事件は、規約第二七条が保障する権利とりわけ「自己の文化を享有する権利」は、「その属する集団」に属し「他の構成員とともに」存在し触れあうことが不可欠の要件であり、これを妨げてはならない締約国の義務が確認された事例であり、カナダ政府は規約委員会の判断に従って、インディアン法を改正したことの意義は大きい。

2　「自己の文化」を享有する権利

つぎに、規約第二七条がマイノリティ構成員に保障する「……その集団の他の構成員とともに自己の文化を享有する」権利は、文化という概念が包括で広範囲の内容もしくは意味を有するために、第二七条が享有を保障する文化を確認することはきわめて重要であり困難でもある。ただ、先にふれた自由権規約委員会の一般的意見が明らかにしたように、マイノリティが文化的アイデンティティ(cultural identity)の保持と継続的発展を指向することと不可分の関係にある文化の享有でなければならない。そのために、文化それ自体に止まらず、文化の創造または形成に関連する行動・活動そして生活などに及ぶ多様な享有形態の保障が必要であることが、規約の実施過程とりわけ個人通報の受理と審査をとおしてかなり明らかになっている。

まず、マイノリティが享有する「自己の文化」を理解する場合、やはり自由権規約委員会の一般的意見を拠りところにして吟味することにする。規約委員会は、右の一般的意見の中で、規約第二七条が保障する文化の享有について「……特定文化の享有は、領土及びその資源と密接に結合している生活様式(a way of life)の中に認められることがある。とくにマイノリティである先住民共同体の構成員の場合は確実である」として、生活様式と文化享有との密接な関連を明らかにし、さらに文化享有の権利には「漁業、狩猟など伝統的活動及び法的に保護される居留地に居住する権利が含まれる」とし「これらの権利享有は、積極的な法的保護措置(positive legal measures of protection)及び彼(女)らに影響する決定にマイノリティ共同体構成員の効果的参加(effective participation)を確保することが求められる」ことを確認している。[17] つまり、規約委員会は、マイノリティが「自己の文化を享有する権利」は、領土とその資源の利用、漁業・

狩猟など伝統的活動を含む生活様式と密接に関連していることを確認し、その享有のためには積極的な措置と決定への参加を確保することが必要であるとの理解を示している。一九九四年に採択・公表されたこの一般的意見は、後にみる個人通報の審査過程で議論し確認されたことと、一九九二年に採択された「マイノリティ権利宣言」[18]の中で、①マイノリティのアイデンティティ促進を助長する国家の義務、②マイノリティ構成員は、文化的、社会的、経済的及び公的生活に参加する権利、ならびに、③自己の居住する地域レベルの決定に効果的に参加する権利、を明らかにしていることを反映したものであると推測される。

マイノリティの文化享有と伝統的生活様式との不可分性が争われ確認された具体的事例は、一般的意見も強調している先住民の権利が争われた個人通報の審査である。たとえば、右の一般的意見が採択される一〇年前である一九八四年、規約委員会が受理・審査したカナダ・インディアンに属する部族の指導者による通報の中で文化享有をめぐる問題が提起された。[19]この通報の具体的かつ詳細なことは割愛するが、かいつまんでいえば、カナダの州政府が進めているパルプ材の開発そして石油の採掘が、当該地域に居住するインディアン部族の自決権と伝統的生活の維持を脅かし、規約第二七条に違反すると主張して開発の中止を求めるものであった。通報者とカナダ政府の間では、国内救済手続の完了と通報の受理、自決権と個人通報をめぐって異なる主張が展開されたが、本案の審理では、州政府の管轄の下で進められる開発がインディアンの生活様式と文化の享有を脅かし回復不能な損害を招くことになり、規約第二七条の違反を構成するか否かが、規約委員会の検討すべき中心的テーマであった。そして通報審査後に採択した見解の中で規約委員会は、開発行為がインディアン部族の生活様式と文化を脅かしていると認定し、開発が継続する限り規約第二七条違反を構成すると判断した。ただ、損害に対する金銭補償の提供などによる事態改善の努力は、規約第二六条が求める救済措置に相当することも認めた。[20]さらに、この通報の審査過程で問題とされたもう一つの問題は、開発をめぐる決定もしくは合意への当該先住民の参加手続の正当性、つまり州政府との合意に関係先住民の意思が正しく反映されたか否かについて通報者とカナダ政府との間で争われた。もっとも、この参加問題は委員会の本案審査では検討の対象にはならなかった。

このカナダ・インディアンの事例のように、マイノリティと認められる先住民の伝統的生活様式が自由権規約第二七条が保障する文化享有の権利との関連で主張され、規約委員会の審査に委ねられた個人通報は、ニュージーランドのマオリ族による漁業権侵害の主張[21]（一九九三年）及びフィンランドの原住民であるサミ族出身者によるトナカイ飼育が森林伐採によって妨げられているとの主張[22]（一九九五年）などがあげられる。そして、これらの個人通報の受理と審査の中で規約委員会は、その見解には違いが認められるものの、マオリ族の漁業とサミ族のトナカイ飼育のいずれも、伝統的生活様式であり、その文化の基本的要素(essential element of their culture)であり、規約第二七条によって保護される権利であることを確認している。

以上かいつまんでふれた自由権規約第二七条に関する規約委員会の一般的意見とマイノリティの立場にある先住民が提出した個人通報の受理・審査の事例は、マイノリティの文化は伝統的生活の様式もしくは形態と不可分の関係にあり、規約第二七条が保護する権利であることは疑問の余地さえ認められない理解であることを教えてくれる。そして、こうした理解は、日本社会の先住民であるアイヌ民族がダム建設をめぐって争った「二風谷ダム訴訟」に反映されたものと推測される。つまり、一九九七年五月二七日、北海道の札幌地裁は、ダムの建設がアイヌ文化の享有を妨げるとして建設工事の中止と原状回復を求めたアイヌ出身者の訴えを認める判決を下した。札幌地裁は同判決の中で、アイヌ民族が自由権規約第二七条の保障する権利を享有するマイノリティを構成する先住民族であることを認め、「アイヌ文化は、自然と共生し、自然の恵みと神を崇める中から生れたものであるから、当該地域のこれらのアイヌ文化とそれを育む土地を含む自然とは切っても切れない密接な関係にある」として、アイヌ文化と自然そして土地との不可分性を認めた[22]。そしてさらに同判決は、問題のダム建設の結果「二風谷地域は広範囲にわたり水没し、アイヌ民族の民族的、文化的、歴史的、宗教的諸価値を後世に残していくことが困難である」としてその違法性を認めたのである。この「二風谷判決」は、自由権規約の実施過程で確認された先住民族のマイノリティ性とその享有する文化の意味と同じ認識を示し、日本政府の態度とは異ってアイヌ民族の先住性を認めた司法的判断として画期的な意義を有するものと評価できる。

3　「自己の言語」を使用する権利

自由権規約第二七条が、「自己の文化の享有」と共に保障する「自己の言語を使用」する権利は、ひとり締約国内に存在する言語的マイノリティだけでなく、種族的もしくは民族的マイノリティがそのアイデンティティ保持のために必要な権利、すなわち右にみた文化の享有にとって欠かすことのできない要件である。つまり、文化の創造と維持そして継承にとって言語というメディアは最重要かつ必要であり不可欠の要素である。そのため、先住民族と外国人を含む種族的及び言語的マイノリティが、自己の言語を使用する権利は、自由権規約第二七条の他に、マイノリティ権利宣言(第二条)、子どもの権利条約(第三〇条)、国連移住労働者権利条約(第四五条三項)さらには外国人権利宣言(第五条(f))など多数の国際人権基準によって保障されている。自由権規約第二七条が保障する「自己の言語を使用する権利」について、同規約委員会は、その一般的意見の中で、「言語的マイノリティに属する個人が、その構成員間において、私的に又は公的に、自己の言語を使用する権利は、同規約によって保護される他の言語に対する権利とは異る」[23]とし、とくに同規約第一九条が保障する表現の自由に対する一般的権利及び第一四条三項(f)が刑事上の罪に問われている者に保障する、自己が理解し話すことのできる言語によって裁判を受ける権利とも異なることも明らかにした。つまり、言語的マイノリティが自己の言語によって裁判を受ける権利まで保障するものでなく、理解し話すことができる言語である限り自己の言語を主張できないことを確認している。しかし、後にみるように、言語的マイノリティが存在する国家においては、裁判用語を含む他の国家機関において使用される言語をめぐっては争いが絶えないのが実状である。つまり、公用語(official language)の指定、言語教育さらには商業上の言語などをめぐって、マイノリティ言語の地位と取扱いは規約締約国によって異なる多様な問題を惹起している。そして、規約の実施過程においてもマイノリティ言語をめぐる苦情と議論がくり返されてきたことも事実である。

まず、国家がその公用語指定に際して、ある特定の言語を公用語と決定することは当該国の主権的権利であり国内事項であることは否めないが、公用語指定に伴って不利益を受け権利侵害の犠牲者であると主張するマイノリティの存在は自由権規約の実施義務との抵触を生起させる。言語的マイノリティが存在する締約国の多くは、憲法または特定の立法措置により、公用語の地位を与えるか、公的もしくは社会的分野における使用の権利を保障することによって、マイノリティ言語問題の克服に努力している。しかし、たとえばスリランカのように、マジョリティの言語であるシンハリ語を公用語とし、マイノリティ言語であるタミル語は、「ナショナル語(national language)と憲法によって規定し[24]、国家機関における使用言語とりわけ公務員採用試験とか裁判用語などを、公用語であるシンハリ語に限定した結果、タミルに属する者の職業選択の自由と裁判を受ける権利が差別的に侵害されていると主張しその是正を求める運動が起爆剤となり、長年つづいている分離独立をめぐる内戦にまで発展した。もっとも、一九八七年一一月になって、スリランカ政府は憲法の改正を行い、行政と司法を含む国家機関においてタミル語も公用語と認める改善措置を取ったが分離独立をめぐる内紛はいまだに終息していない。

つぎに、公用語とマイノリティ言語をめぐる他の一つの苦情は、長年南アフリカの支配下にあった旧南西アフリカが、一九九〇年三月に独立を達成したナミビア(Namibia)政府の言語政策に基因するものである。つまり、南アフリカ統治時代には自治が認められ、自己の言語であるアフリカン(Afrikaans)語が公用語と指定されていたと主張するレホボス・バスタ部族出身者が、ナミビア独立後に取られた措置により、同部族が存在する地域の分割と財産の剥奪により、共同体が崩壊し自決権が侵害されたとする苦情と共に、英語を公用語と指定し行政機関にアフリカン語使用の禁止と英語の使用を指示したことが、自由権規約第二六条と第二七条に違反すると主張する通報を提出した[26]。通報者は、英語を公用語とする政府決定により、裁判において英語の使用を強制され、マイノリティ言語使用を保障する「言語立法(language legislation)」の不在が、行政、司法、教育及び公的生活において自己の母語使用が否定されているとも主張した。こうした通報を受理・審査した規約委員会は、規約第一四条(公平な裁判を受ける権利)及び第二七条が保障する自己の言語を使用する権利の侵害は認めなかったが、締約国が公務員に対し、あらゆる文書と対話とりわけ電話による対応までも、アフリカン語の使用を禁止する通達に限定して、法の保護の平等を保障する規約第二六条違反を認定し是正措置を求めた。しかし、こうした規約委員会の意見に対しては、六人の委員が反対意見を、五人の委員が個別的意見を提出し、委員たちの意見が大きく分れた[27]。なかでも、反対意見の中には、公用語の指定は国家の主権的行為であり、英語を公用語とすることにより通報者の属する部族の言語と他のマイノリティ言語が平等な立場におかれたから第二六条違反にはならないとする主張が注目された。

なお、この通報に対するナミビア政府の反論もしくは情報提供がなかったために、規約委員会は、通報の主張する事実内容に基づいて審査したが、規約第二七条の理解に関する示唆と課題を呈したように思われる。まず、マイノリティの文化享有が伝統的生活様式または資源の利用と不可分の関係にあることはくり返し確認されたが、通報者が属する部族の家畜飼育と主張される牧草地の排他的使用（exclusive use）との関係は認められないために第二条の規定を援用できないと判断し、「文化」の理解がよるべき基準を示している。そしてつぎに、締約国がある特定の言語を公用語と定める場合、公用語以外の言語とりわけマイノリティ言語の取扱いは、状況によっては困難を伴うが、自由権規約が保障する他の権利と自由の享有に重大な影響を及ぼすことになる。たとえば、公用語の普及なかでもマイノリティ構成員の理解度によっては、規約が保障する裁判を受ける権利（第一四条）、表現の自由（第一九条）そして自国の公務に携る権利（第二五条(c)）が否定されることが危惧されるだけでなく、マイノリティが自己の文化を享有しアイデンティティを保持するために欠かせない「自己の言語を使用する権利」を否定されると懸念されることが想定される。このことは、自由権規約委員会も、その一般的意見の中で「……第二七条によって保護される権利は個人の権利であるが、これらの権利はマイノリティ集団がその文化、言語または宗教を維持する能力に依存している。そのため、マイノリティのアイデンティティ及びその構成員が、その集団の他の構成員と共に、その文化と言語を享有し発展させる権利を保護するために締約国による積極的措置が必要である……」[28]とする理解を明らかにしている。このような理解に照して、右の通報と規約委員会の見解を考えると、ナミビアが独立後間もないこと、通報者が属する部族がアパルトヘイトを維持した南アフリカ統治の下では、その言語を公用語とされるなどの優遇という歴史的特殊性は認められるが、英語を公用語と定めることに伴う通報者の言語であるアフリカン語を含む他のマイノリティ言語が、私的生活だけでなく、締約国の教育、文化その他の公的分野における使用の保障についての判断を示すべきであったように思われる。なお、右の一般的意見がいう積極的措置の内容と問題については後に改めて検証することにしたい。

三　自由権規約第二七条の実施過程が提起する今後の課題

以上、自由権規約の実施過程における締約国の報告と権利侵害を主張する個人の通報を、第二七条の適用に関連する具体的事例を吟味し、同規定が保障もしくは保護する権利の享有主体であるマイノリティの範囲ならびに種族的、言語マイノリティが享有する権利とくに文化の意味または内容について確認された理解を知ることができたといえる。しかし同時に、実施過程においては、マイノリティの権利享有にとって重要と思われる多くの問題と課題もクローズ・アップされた。本章2の終りにおいては、これらの課題の中、自決権・参加権そして積極的措置の三点にしぼって考えることにする。

1　自決権とマイノリティの権利

すでに見たように、自由権規約の締約国内に所在するマイノリティに属する者が第二七条の保障する権利侵害を主張する個人通報、なかでも先住民族出身の個人から提出される通報の多数が、自由権規約一条の規定が「すべての人民(all peoples)」に保障する自決権侵害の犠牲者であることを主張している。

国際人権規約の制定過程において、すべての人民が「その政治的地位を自由に決定し並びにその経済的、社会的及び文化的発展を自由に追求する」ことを保障する自決権は、規約が保障する基本的自由と権利の享有と不可分もしくは基本的な法的基礎であることがくり返し確認されてきたことは周知のとおりである。ところが、規約が定める権利を侵害されたと主張して規約委員会による審査のために通報する権利を、締約国の管轄下にある個人(individual)に認めているために、人民という集団に保障する権利つまり集団の権利(group rights)である自決権の侵害を主張する通報は受理・審査の対象にならないと理解されてきた。[29] しかし、規約が保障する権利とりわけマイノリティの権利享有にとって、政治的地位の決定は暫くおくとしても、経済的、社会的及び文化的発展を自由に追求する権利は欠かすことのできない必要条件であることは疑う余地のないことである。さらに、こうした自決権を保障する規約一条二項が定める「すべての人民は……自己のためにその天然の富及び資源を自由に処分することができる」権利は、歴史的に特定の土地と天然資源に密着した生活と文化を営む先住民族の文化享有にとってとくに重要であることも容易に理解できる。

右にみた締約国内の先住民族からの通報の多くが自決権侵害を主張していることは当然の論理的帰結であるともいえる。たとえば、一九八四年、カナダ・インディアンである部族(Lubicon Lake Band)の代表である個人から、カナダ連邦を構成するアルバータ州政府の許可に基づく石油開発とパルプ材の伐採が同部族が居住する地域の環境と経済生活を破壊し、回復し難い損害を発生させていることが、自由権規約第一条二項が保障する「自己の資源を自由に処分する権利」を侵害していると主張する通報を提出した。こうした主張に対し、カナダ政府は、通報者が国内救済手続を完了していないことと並んで、自決権の侵害を主張する通報は規約委員会の審査対象ではないと主張し通報の不受理の決定を求めた。こうした通報者と締約国の主張に村して規約委員会は、人民の自決権と自己の資源を処分する権利の承認と保護が「個人の人権の効果的保障と遵守及びこれら権利の伸長と強化にとって基本的要件である」が、個人は自決権侵害の犠牲者であることを議定書に基づいて主張できないことを再確認している。[30] しかし、通報者が自決権侵害の主張と関連して提出している事実が規約第二七条またはその他の規定に関連して問題を生起する可能性があるとして受理し審査した。このように、規約委員会は、自決権侵害の主張に対する検討は回避し、第二七条違反の有無を審査の対象にしたが、権利侵害によって同じように影響を受ける個人の集団が集団的に(collectively)通報を提出することに異論はないとした。これは、規約第一条が定める自決権を第六条から第二七条までの実体規定に違反する権利侵害の同じ犠牲者であると主張する個人集団の通報により、集団の権利である自決権の侵害にも個人通報制度の利用が実質的に可能であることを示唆するものと理解できる。

締約国内のマイノリティである先住民に属する個人からの通報で、自決権の侵害を主張した他の一つの事例は、一九九二年一二月に、ニュージーランド政府が、同国の先住民族であるマオリ族が歴史的に携ってきた漁業と関連し、漁獲の割当と漁業の規制に関する立法措置により、マオリ族の漁業資源を剥奪して生活様式と文化を脅かすとの主張と並んで、自決権は人民がその資源を利用しコントロールできる場合にのみ効果的であるとも主張した。この通報者の主張に対し、ニュージーランド政府は、自決権は集団の権利であるから個人がその侵害を通報できないとの主張と共に、自決権の享有主体である「人民」とは一国内に所在する人びと全体であって、マイノリティでも先住民でもないと主張していることが注目された。規約委員会は、先の事例と同じように、自決権に関する問題の検討は避けて第二七条に照して通報を検討したが、同じ権利侵害を主張する個人が集団的に通報することが可能であるとの理解を再確認している。[31]

以上、自決権の侵害を主張する二つの事例を吟味したが、通報者、締約国そして規約委員会との間にみられた主張及び委員会の見解から、自決権とマイノリティの権利との関係について次のことが確認できると思われる。つまり、自決権は規約の保障する権利とりわけマイノリティが「……その集団の他の構成員と共に」自己の文化を享有する権利にとって重要かつ基本的要件であり、他方マイノリティの文化享有の権利は自決権の効果的な享有にとって欠かせないことも、また明らかである。つまり、自決権とくに文化的発展を自由に追求する権利と自己の資源を自由に処分する権利は、マイノリティが伝統的生活様式と資源の利用を含む先住民族の文化享有と相互依存もしくは相互補完的関係にあることが確認できる。もちろん、事例検証はできなかったが、先住民族でないマイノリティの文化享有と言語使用の権利は、自決権に基づいて文化の発展を自由に追求する権利とも、やはり不可分で相互依存的関係にあり表裏の関係にあることも明らかである。

さらに、マイノリティが享有する自決権は、右にみた文化的発展と資源の自由な処分だけでなく、自決権の主要な構成要件である政治的地位を自由に決定する権利をも含むものと理解すべきかは、締約国の領土保全及び政治的統合と密接に絡む困難な問題である。しかし、たとえば米国とカナダの先住民族に認められる「自治(self-governance)」[32]は、政治的自決であるとの理解が可能であり、マイノリティの状況に応じて認められる多様な政治的自決権の保障が求められるといえる。

2　マイノリティの文化享有と参加権

すでにみたように、自由権規約第二七条に基づいて締約国内のマイノリティが享有する文化は、伝統的生活様式及び土地と天然資源の利用を含むなど、きわめて多様な内容と形態を伴うことが確認された。そして、これらの文化享有に関連する活動と文化享有に影響を及ぼす決定に当該マイノリティが参加することが必要であることも明らかになった。規約第二七条は「自己の文化を享有する権利」を一般的には謳っているが、文化の内容と範囲そして享有に付随する権利について具体的に定めていないことは周知のとおりである。しかし、一九九二年一二月一八日、国連総会の決議として採択された「マイノリティ権利宣言」(以下「宣言」と略称する)は、国家の保護義務とマイノリティの権利及び権利享有に必要な事項について詳細に規定している。この「宣言」は自由権規約第二七条の適用・実施とに直接的な法的効果を及ぼす文書とはいえないが、「宣言」採択後の実施過程には自由権規約委員会の理解もしくは見解に反映されているように思われる。つまり、まず、マイノリティの権利を謳っている「宣言」第二条は、「マイノリティに属する者は、文化的……公的活動に効果的に参加する権利を有する」こと、さらに、「……自己の居住する地域に関する全国的及び、適当な場合には、地域的レベルでの決定に……効果的に参加する権利を有する」ことを明らかにしている。こうした「宣言」の内容は、「宣言」採択から二年後の一九九四年四月に自由権規約委員会が採択した第二七条に関する一般的意見にも認められる。すなわち、同一般的意見は、第二七条が保障する権利の享有は、積極的な法的保護措置と共に「……効果的な参加を確保する措置(measures to ensure the effective participation)」の必要に言及している[33]。先の「宣言」と一般的意見がマイノリティの効果的参加の権利もしくは必要性を同じく認めたのは偶然の一致とは考え難い。

そして、こうした効果的参加は、すでにみた個人通報の受理・審査の過程において、マイノリティである先住民の居住地域に進められる資源開発と伝統的に携ってきた漁業資源の確保に関する決定に参加する権利が、関係締約国と規約委員会との対話の中で確認されている。さらに、マイノリティの参加する権利を前提に権利の具体的行使と手続をめぐって通報者と締約国の間で議論が交された。たとえば、先述のカナダ・インディアンである一部族出身者からの通報(一九八四年)の受理・審査過程では、政府との解決交渉に当たる部族の構成つまり開発に関連する問題の決定に参加する関係先住民の構成と代表の適格性をめぐって対立する主張が見られた[34]。そして同じ問題は、一九九三年に、ニュージーランドのマオリ族出身者からの通報が、同部族が伝統的に従事する漁業に関する立法・行政措置の決定に参加する代表の適格性を争う通報者の主張によって生起した[35]。こうしたマイノリティの参加手続と方法をめぐる争いに、規約委員会による通報の受理・審査及び結論の中で直接に触れることはなかったが、参加の合理性及び効果的参加が問われる可能性は容易に予測できることは否めない。つまり、マイノリティ構成員の個別的参加はともかく、マイノリティ共同体の代表による間接的参加の場合は、締約国による立法措置などによる参加手続に基づく参加が確保されることが求められる。

3　マイノリティの権利享有に必要な積極的措置

周知のこととなっているように、自由権規約第二七条は、マイノリティに属する者は、自己の文化を享有し、自己の言語を使用する権利を「否定されない」と消極的な文言を用いているために、同規定の存在意義と同規定が保障する権利の性質について懸念と危惧が持たれていた。しかし、こうした懸念は、すでにくり返し触れた第二七条に関する規約委員会の一般的意見によって払拭されたといえる。つまり、一般的意見は、①締約国はマイノリティの存在と権利を否定もしくは侵害からの保護を確保する義務を有し、したがって、その立法、司法または行政の当局により、締約国の行為だけでなく締約国内の他の者の行為に対する積極的保護措置が必要であり、②マイノリティの権利享有は積極的立法措置が必要であることを明らかにしている。ただ、これらの積極的措置は、自由権規約第二条一項（差別の禁止）及び第二六条（法の保護の平等）を尊重し、他のマイノリティ構成員ならびにその他の人びとの間に差別を生じてはならず、積極的措置は権利を妨害し損う条件の是正を目指しており、合理的かつ客観的基準に基づくものである限り、正当な差異（legitimate differentiation）であると延べ、積極的措置に伴って生起すると危惧される逆差別（reverse discrimination）についても明確な立場を示している。[36] また、こうした規約委員会の見解は、先の「マイノリティ権利宣言」が、マイノリティのアイデンティティを保護し促進する条件を助長するために、立法その他の措置を取ること（第一条二項）、マイノリティに属する者が完全に平等にかつ効果的にその人権と基本的自由の行使を確保するために必要な措置（第三条二項）、及び母語を学び又は母語を教授する機会を得るよう適当な措置を取ることを求め、国家が取るべき積極的措置を具体的に言及している。

自由権規約の締約国内に存在するマイノリティの保護と権利享有を確保するために求められるこれらの積極的措置は、権利を否定し侵害する行為を抑止する人権擁護もしくは差別撤廃を目的とする立法措置[37]、マイノリティ言語の使用と教育を保障する立法措置[38]、さらには個人通報の具体的事例が教えるように、先住民族の伝統的生活と資源利用を含む文化の享有を確保するための立法・行政その他の措置など、マイノリティの歴史と現状によって異なり多様である。そして、第二七条の実施過程における個人通報と締約国の実施報告により、多くの締約国がその憲法またはその他の法律で、マイノリティの言語を保障し、特別立法措置による差別の撤廃と人権享有を確保していることが確認できる。しかし、他方では、マイノリティがその種族的または文化的アイデンティティの持続的な維持・発展のために必要な積極的措置が取られないか、あるいは取られても不十分であったり、他のマイノリティとの間に不合理的差別を招来することになったりしている。たとえば、日本の先住民族であるアイヌについて取られた立法措置といえる「アイヌ文化振興法」は、自由権規約が保障する文化と言語に対する権利を保障し民族的アイデンティティの維持を確保する立法措置とはいえない。ばかりか、アイヌ民族と同じように、日本政府の植民地支配と同化政策により、民族的アイデンティティを奪われた在日韓国・朝鮮人に対しては、特別措置どころか、自由権規約と社会権規約の両規約委員会及び人種差別撤廃委員会からの懸念と勧告[39]をも黙殺して、マイノリティとさえ認めていない。その結果、アイヌ民族と韓国・朝鮮人との間、つまり日本国内のマイノリティの間に差別的処遇さえ導入している。

また、特別措置がその目的である平等の確保が実現した後にも維持されることは不合理な差別であり廃止すべきであるとした具体的事例に触れて本章2を閉じることにする。こうした事例は、一九九六年、カナダのオンタリオ州に在住するユダヤ系のカナダ国民である個人から、一八六七年のカナダ憲法に基づいて維持されているローマ・カソリック系の学校に対する財政上の支援措置が自由権規約第二条、第二六条そして第二七条に違反して他の学校教育及びマイノリティに対する差別を構成すると主張する通報を提出した。通報者は、一八六七年の憲法が、当時は一七パーセントに過ぎなかったカソリック宗派の教育を保護するために取った特別措置は、一九九一年にはカソリック宗派が三六パーセントを占めるまでになっており、特定宗教に対する優遇措置でありその合理性は失っていると主張した。このような通報者の主張に対してカナダ政府は、右の措置はマイノリティの権利保護のために必要な特別措置であり規約に違反することにはならないと反論した。こうした両者の主張に対して規約委員会は、オンタリオ州のカソリック宗派に属する者の共同体は、ユダヤ共同体に比して不利な立場(disadvantaged position)にあるとは認められず、憲法規定を根拠に維持されているカソリック系学校に対する優遇措置が差別ではないとする締約国の主張を斥き、規約第二六条に違反すると判断した。そして、規約第二条三項に基づいて差別を撤廃するために効果的救済措置を取る義務を有するとの注意を喚起した。[40]

以上かいつまんで、自由権規約第二七条が保障するマイノリティの権利享有をより効果的に確保するために必要な課題を、自決権、参加権そして積極的措置にしぼって吟味した。そして、「権利を否定されない」という文言を用いたために、締約国の履行義務は消極的性質に基因するマイノリティの権利の保護もしくは保障に関する実効性の危惧が実施過程においてある程度は払拭されたように思われた。つまり、締約国の実施報告と個人通報の審査過程及び規約委員会の一般的意見そして「マイノリティ権利宣言」の採択などの努力により、マイノリティとりわけ先住民族の文化と自決権との結合、マイノリティの地位と権利に関する決定過程への参加する権利さらにはマイノリティのアイデンティティ保持と権利享有の確保に必要な積極的措置が締約国の義務として確認された。もっとも、これらの事項が締約国の実施努力に充分に反映されているということは時期尚早であり、むしろ今後の課題として締約国と規約委員会の努力によるその克服がまたれる。

1 マイノリティ保護の歴史的過程については、金東勲「国際人権法とマイノリティの権利」国際法学会編、日本と国際法百年第四巻『人権』(三省堂、二〇〇一年)一〇三—一一四頁参照〔本書第1章1に所収〕。

2 大竹秀樹「少数者の国際的保護について—第二七条の起草過程を中心として(一)(二)」『同志社法学』一八二号三五巻四号及び一八三号三五巻五号を参照。

3 規約と選択議定書の締約国の数は、二〇〇二年三月一二日現在、別掲の一覧表(xiv頁)参照。

4 たとえば、国際人権小委員会での議論については、cf., Proposal concerning a difinition oftheterm "minority"., submmitted by Mr. Tules Deshnênes, E/CN. 4/sub. 2/1985/31.

5 See, *Report of the Working Group on Minorities on its fifth Sessinon*, E/CN.4/Sub.2/1999/21 (24 June 1999).

6 このようなフランス政府の態度は、自由権規約の実施報告とその審査過程でも維持された。See, *the Report of States Parties: France in Annual Report of the Cttee to the General Assembly-Seventh report* (A/38/40) para.178-179.

7 See, Second periodic reports of Algeria (18/05/98. CCPR/C./101/Add.1) paras.178-179.

8 こうした経緯については、日本政府の実施報告第一回(CCPR/C./10/Add.1)、同第二回報告(CCPR/C/42/Add.4)及び第三回報告(CCPR/C/20/Add. and Corr. 1 andz.)

9 See, CCPR General comment 23 (08/04/94): The rights of minorities.

10 See, *ibid* General comment, paras 5.1-5.2.

11 See, Communications Nos. 359/1989 and 385/1989: Canada. 05/05/93. CCPR/C./47/D/359/1989 and 385/1989. paras 11.1/14.

12 See, *ibid* Doc. Appendix (Individual opinions).

13 たとえば、オランダ政府はその実施報告の中で、規約第二七条が適用される「種族的(ethnic)マイノリティ」の中に、移住労働者(migrant workers)が含まれるとの認識を示している。See, Initial of States parties due in 1980: Netherlands (CCPR/C./10/Add. 3.16 March 1981) Page 37.

14 See, *op.cit*, General Comment 23, parasb. 2-9.

15 See, Communication 24: Sandara Lovelace v. Canada (1997, CCPR/C./OP/1 at 83).

16 See *ibid* Communication paras 11-19.

17　See *op.cit.,* General Comment 23, paras 7-9.

18　この宣言については、パトリック・ソーンベリ(Patrick Thornberry)「民族的又は種族的、宗教的及び言語的少数者に属する者の権利に関する国連宣言の背景、分析及び観察」金東勲監訳、反差別国際運動日本委員会編『国際社会における共生と寛容を求めて』(解放出版社、一九九五年)三―七六頁参照。

19　See, Communication No.167/1984: Canada v. Lubicon Lake Band(10/05/90. CCPR/C./38/D/167/1984).

20　See, *ibid* Communication paras 32.1-32.3. なお、委員会の見解に対する個別的意見は、cf., *ibid* Annex.

21　See, Communication No.547/1993: New Zealand(15/11/2000. CCPR/C./70/D/547/1993). See, Communication No.431/1990: Finland(24/03/94. CCPR/C./50/D/431/1990).

22　なおこの判決の要旨と解説は、アジア・太平洋人権情報センター編『アジア・太平洋の先住民族―権利回復への道』(アジア・太平洋人権情報センター、一九九八年)八七―八九頁、参照。

23　See. *op.cit.,* General Comment 23 para.5.3.

24　スリランカ憲法第四章(言語)第一七条、第一九条。

25　改正憲法第二二条―二三条参照。

26　See, Communication No.760/1997: Namibia.(06/09/2000./CCPR/C./69/D/760/1996).

27　See, *ibid* Communication paras.109-10.10. and Annex(Individual opinious).

28　See, *op.cit.,* General Comment 23, para 6.2.

29　このことは規約委員会の一般的意見の中でも明らかにしている。See, *ibid* Comment para 3.1.

30　See, *op.cit.,* Communication No.167(1984), paras 2.1(通報者の主張)、paras 6.1-6.3(カナダ政府主張)、paras 13.2-13.3(委員会の見解)。

31　See, *op.cit.,* Communication No.547/1993(New Zealand)paras 6.1(通報者の主張)、para 7.6(ニュージーランド政府の反論)、para 9.2(委員会の意見)。

32　Cf., Initial reports of USA due in 1993(24/08/94.CCPR/C./81/Add.4)para 33. 同報告は一九七〇年にはIndian Salf-Determination Actを施行していることを明らかにしている。また、cf, Core document of the reports of State Parties: Canada(12/01/98.HRI/CORE/1/Add. 91. para 89.

33　See, *op.cit.*, General Comment 23, para 7.

34　See, *op.cit.*, Communication No.167/1984 (Canada v. Lubicon Lake Band) paras 21.1 and 23.1.

35　See, *op.cit.*, Communication No.547/1993 (New Zealand) para 9.5.

36　See, *op.cit.*, General Comment para 6.2.

37　こうした立法措置は、英国の「人種関係法」その他多数の国にみられる人権法が指摘できる。金東勲「英国の人種関係法と人種平等委員会」マイノリティ研究会編『各国の人権擁護制度』(解放出版社、一九九五年)一九―四八頁参照〔本書第三章3に所収〕。

38　マイノリティ言語に関する立法措置も、すでにみたスリランカ憲法、ニュージーランドのマオリ言語法など枚挙にいとまがない程多数にのぼる。

39　たとえば自由権規約に関する日本政府報告審査後の最終見解(CCPR/79/Add.102)、同じく社会権規約実施報告審査後の最終見解(E/C.12/1/Add.67)さらに人種差別撤廃条約の実施報告審査後の最終見解(CERD/C./58/Misc.17/Rev.3)を参照。

40　See, Communication No.694/1996: Canada (05/11/99. CCPR/C./694/1996) paras. 9.2-10.6.

『世界人権問題研究センター紀要　七号』二〇〇二年三月　所載

3 西ヨーロッパのマイノリティ

一 西ヨーロッパのマイノリティ

ヨーロッパにおけるマイノリティ問題は、宗教的、民族的及び言語的マイノリティが殆どの国家に存在しており、他のどの地域よりも早くから国際政治そして国際法と関連する事項として取り扱われてきたのがその特徴である。そして、ヨーロッパのマイノリティ問題は、宗教改革以後に各国の国内における異教徒弾圧に対する外国の介入が発端になって、一六世紀から一七世紀にかけて締結された多数国間の条約の中で、国内の宗教的マイノリティを保護する条項がとりいれられるようになった。たとえば、一六〇六年ハンガリ王とトランシルバニア王子との間に結ばれたウィーン条約の中で、トランシルバニア国内のプロテスタントの信教の自由が保障され、また、一六四八年のウエストファリア条約では、ドイツ国内のプロテスタントにローマ・カソリック教徒と平等な信教の自由が与えられた[1]。そして、ヨーロッパの市民革命とブルジョア民主主義の潮流の中で信教の自由が国内的にも保障されるようになり、イスラム世界においても、異教徒の信仰が認められるようになった。

しかし、一九世紀になると、マイノリティ問題は宗教的マイノリティの信教の自由に加えて市民的政治的権利を保障するようになり、一八一五年、ヨーロッパ九カ国が集まって開かれたウィーン会議で採択された最終文書は、その第一条において、各締約国がその国内のポーランド人に民族性の維持を保障し政治的組織を認めるもので、宗教的マイノリティ以外の民族的マイノリティの権利保護について定めた最初の多数国間条約であり、画期的なものであった。その後も、一八五六年のパリ条約、一八七八年のベルリン条約など多数国間条約の中で、宗教的または民族的マイノリティに対する非差別・平等を保障されるようになった。そして、第一次大戦後に設立された国際連盟の下では、マイノリティ保護条約、平和条約の中の保護規定あるいは個別条約、さらには連盟理事会における一方的宣言によって、中央ヨーロッパと東ヨーロッパの一八カ国が自国内のマイノリティに非差別・平等の処遇を約束し、連盟がその履行について関与するようになった。これは特定の国家内のマイノリティとはいえ、国際組織がその保護に関与したことは、マイノリティの権利保護だけでなく、人権の国際的保護の発展においても、歴史的意義が認められるものであった。[2]

このように、他の地域に先がけてマイノリティの国際的保護が進んでいたヨーロッパであるが、第二次大戦勃発前後に始まるドイツのナチス政権によるユダヤ民族やシンティ・ロマなど、マイノリティの集団的迫害と虐殺を防止できなかったことはまだ記憶に新しい。こうした悲劇は、国連を中心とする人権の国際的保障を促す契機ともなるが、戦後の西ヨーロッパ諸国間における地域的人権保障制度を確立させる要因としても作用した。そして、一九五〇年に採択されたヨーロッパ人権条約は、その第一四条に非差別・平等の基本原則を定めているが、差別禁止の事由として、人種、性、言語など他の人権条約がひとしく掲げるものの他に「民族的少数者への帰属(association with a national minority)」を明記している。そして、全欧安全保障会議に関するヘルシンキ宣言及び一九八八年のウィーン会議の最終文書によっても、法的拘束力はないが、民族的マイノリティに対する非差別・平等の条項を設けている。また、こうした西ヨーロッパまたはヨーロッパ全体に適用される保障制度の他に、たとえば、南チロールに関するオーストリアとイタリア間の条約、デンマークのドイツ人とドイツのデンマーク人に関するデンマークとドイツ間の条約、さらにはフィンランド領オーランド諸島住民に関するスウェーデンとフィンランド間の条約など、二国間条約による保護措置がとられている。[3]

こうしたマイノリティの非差別・平等な地位に関する国際的保護の歴史と制度を有する西ヨーロッパ諸国は、国内法制上も、他の地域に比較して憲法その他国内立法措置によって、言語的及び民族的マイノリティを含むさまざまなマイノリティの権利が、種々の問題と課題を残しつつも、保障されているといえる。そのため、西ヨーロッパ諸国内のマイノリティ法制すべてを検討することは紙幅の余裕もなく困難であるために、いくつかの特徴ある国内法制に限定して吟味することにする。それらは、まず、差別を禁止し平等を達成するための包括的国内法を有する英国、そして次に、マイノリティの自治を保障しているスペイン、さらには、言語的マイノリティ保護について特有の制度を有するベルギーを取りあげてみることにした。そして最後に、特定の国家ではなく、ドイツをはじめとする他の諸国にも存在している民族的マイノリティとしてのシンティ・ロマの問題についてふれてみることにする。

二　英国におけるマイノリティと国内法制

1　英国におけるマイノリティの状況

英国のマイノリティは、宗教的、言語的及び人種的もしくは民族的マイノリティなど多様な側面と問題を有している。そして便宜的に大別すれば、歴史的に存在する古いマイノリティ問題である言語的もしくは地域的マイノリティであるウェールズとスコットランドの問題と北アイルランドの宗教的マイノリティ問題が今日においてもさまざまな社会的政治的様相を呈している。次には、第二次大戦後、旧植民地と英連邦諸国からの大量移住とヨーロッパ統合によるEC諸国からの移住によって形成された新しいマイノリティの問題である[4]。

そして、歴史的マイノリティ問題については、それぞれ個別的な法制による措置が取られてきており、また、新しいマイノリティ問題についても、さまざまな社会分野における差別禁止と平等の達成を目的とする立法措置が取られている。以下、まず歴史的マイノリティ問題を、そしてつぎに新しいマイノリティ問題に対応した立法措置について吟味してみたい。

2　歴史的マイノリティと法制

(1)　ウェールズ語問題

ウェールズは、イングランド、スコットランドそして北アイルランドと共に英国を構成する一地域で、西部山岳地帯に位置する。その人口は二六四万五〇〇〇ぐらいでその約二〇パーセントに当る五〇万三〇〇〇を超える人々がウェールズ語を話す。また、宗教的には、プロテスタント諸派に属している。一三世紀の末にイングランドの支配下に入るまでは、ウェールズ地方の支配的言語はウェールズ語であったが、一五三六年及び一五四二年の統合法(Acts of Union)によって英語が公用語となる一方、それから約三世紀にわたって、ウェールズ語は宗教生活の主要言語としての地位が保たれる。しかし、産業革命後には多数の英語使用者が南ウェールズに移入し、一八七〇年及び一八八九年の教育法によって英語による教育が徹底し、ウェールズ語を話す子どもが懲罰の対象になったために、一九〇〇年には全人口の五〇パーセントであったウェールズ語使用者は一九八一年には一八・九パーセントにまで急減するようになった。ウェールズ語使用者のこうした急減は、教会における英語の使用、そしてラジオ、テレビなど英語によるマスコミの影響が大きい。

こうした状況にもかかわらず、一九六七年に制定されたウェールズ語法(Welsh Language Act)は、ウェールズの政府及び行政において、ウェールズ語は英語と同等の効力を有すると定め、ウェールズの北部においては、公的文書及び書簡は当然のこととして英語とウェールズ語の両言語を用いている。そして、地方公共団体はその採用条件としてウェールズ語を求めているが、これは逆に英語しか話せない人びとの反感を招き、人種平等委員会(Commission for Racial Equlity)[5]もこの制度について、英語とウェールズ語を話せる者より英語しか話せない者が専門的に優れている場合は後者を採用すべきであるとする判断をしている。そして、学校教育においても、子どもたちは自由にウェールズ語の使用が認められるばかりでなく、英語とウェールズ語の両言語による教育が多数の学校で行われている。ウェールズでは、ウェールズ民族主義的政党と団体があり、イングランド人による支配的財産所有に反対し、ウェールズ語の保護と自治あるいは独立を主張する団体もいる。しかし、一九七九年三月にウェールズ地方で実施した、いくつかの行政権限をウェールズ議会に委譲することに対する住民投票の結果は、四対一の割合で反対する者が多く、この計画は失敗に終わった。そして大部分のウェールズの人びとは、ウェールズ語を話せず自治に反対であるが、経済的不利益の克服に対する一般的願望とウェールズ固有のアイデンティティと文化を保持したいとする強い願望があるようである。[6]

(2)　スコットランドのゲール語問題

スコットランドのゲール人は、ほぼ全地域にまたがって存在するが、主として、一九八一年現在でゲール語を話す者が七九・五パーセントであるWestern Isles Region（西部諸島管区）と五三・六パーセントを占めるスカイ（Skye）とロカルシュ（Lochalsh）に集中している。英語とゲール語の両方を話すのは七万九三〇七人で、全人口の一・六四パーセントにすぎない。スコットランドの主要都市では依然かなりの人びとがゲール語を話し、全体的には稀薄なマイノリティである。

スコットランドでは、九世紀から一三世紀まではゲール語が主要な言語であったが、その後は、たとえば子どもたちの英語教育を強制した一六〇九年のイオナ法（Iona Act）などの抑圧政策によってその地位は低下し、ゲール語使用を時代錯誤的であるとする風潮が高まった。特に一七四五年のジャコバイト（Jacobite）の決起が鎮圧された後、北部高地のハイランド（Highland）における羊毛政策による農民の追い出しと、それに続く国外脱出によって、西部海岸と島々のゲール語使用者だけが残ることになった。

しかし、こうした歴史的背景に比べれば、今日のゲール語をめぐる政治的環境は随分と改善されたといえる。一九八〇年に制定されたスコットランド教育法（The Education Act［Scotland］）は、教育当局にゲール語使用地域においてはあらゆる段階でゲール語教育を施すよう義務づけている。裁判所及び公共機関においてはゲール語の使用が認められていないが、スコットランド民族主義の高まりもあってゲール語復活に対する関心が拡がっており、政府側も抑圧的姿勢を取っていない。また、ゲール語で書かれた教材や書物も、政府の援助を受けているゲール語テキスト協会によって出版されており、ゲール語によるラジオとテレビの放送も行われている。ただ、ゲール語を話せる者達の死亡に伴って、前述の西部諸島以外においてゲール語使用を拡大することは非常に困難であるようにみえる。[7]

(3)　北アイルランドの宗教的マイノリティ

別名アルスタ（Ulster）とも称する北アイルランドの六州は、一九二一年のアイルランド分割に関する条約以後、英国の一部でありながら独自の政治的実体として存在しつづけている。そして三〇〇年以上にわたって、二つの主要宗教集団、つまり多数のプロテスタントと少数のカソリックとの間で紛争が絶えない。その歴史的要因は一七世紀にはじまった英国の植民地支配にある。つまり、英国王は、植民地支配に対する反乱を鎮圧するために、鎮圧行動に参加する者に土地を与える政策を取り、スコットランド人とイングランド人の多くが土地取得目的でアイルランドに移住する、いわゆるプロテスタント植民(Protestant Plantation)が行われた。これらのプロテスタント移植者はアイルランドの北東部に定着して多数派を形成するようになり、先住民のカソリック系住民と敵対するようになった。そして、一六四九年、クロムウエルによる残虐な軍事行動、一六九〇年、オレンジ公ウイリアムⅢ世によるカソリック軍の撃滅は、今日においてもカソリックとプロテスタントの争いを惹起する遠因になっている。

一八〇一年には王位承継法(Act of Settlement)により、アイルランドが英国の一部になるが、一九世紀の中頃からアイルランドの自治を求める主張を認めようとする英国政府に対し、カソリックの支配を嫌うプロテスタントは独自の軍隊を組織して抵抗した。他方、アイルランド共和国軍は、一九一六年のイースタ決起(Easter Uprising)とよばれる抵抗を英国軍によって鎮圧された後も、ゲリラ闘争をつづけ、一九二一年には前述の分割条約を締結し、アイルランドの七五パーセントを占める南部の自由国と六州からなる北アイルランドとを分離させ、一九三六年から一九四九年まではエール共和国として、一九四九年からはアイルランド共和国として今日に至っている。

さて、分離された北アイルランドには、北アイルランド議会が設立されたが、過去五〇年間、プロテスタント集団に支配され、カソリック側は公共住宅への入居及び企業への雇用に対する差別ばかりでなく選挙における投票でさえ阻まれてきた。こうした差別に反対するカソリック側の抵抗は、プロテスタント側の反撃と両側の衝突予防のために介入した英国政府軍によるカソリック・デモ隊の射殺、とりわけ、「血の日曜日」といわれた一九七二年一月に一三人のカソリック教徒が射殺された事件の後には、ＩＲＡ(Irish Republican Army)による武力テロが北アイルランドだけでなく、英国本土においても続発している。英国政府は、こうしたテロ行為に対し、一九七六年、テロ防止法(the Prevention of Terrorism Act)を制定し、テロリストの疑いがある者は起訴されないまま長期間拘束できる権限を警察に与えた。しかし、その後も武力テロは後を絶たない。

なお、こうした事態を回避するために、まず人種的、宗教的憎悪の煽動を抑止し、差別を撤廃するために、一九七三年北アイルランド憲法附則六の規定で宗教的信条または政治的意見に基づく差別を内容とする法と規則が無効であるとし、一九七六年には、均等雇用法(Fair Employment <Northern Ireland> Act)による雇用差別の防止をはかっている。さらに北アイルランド議会の構成を是正する努力が何度か試みられたが、プロテスタント側の反対にあって失敗しており、事態克服のためにアイルランドと英国間の協定が一九八五年一一月には両国議会で承認される。この協定は北アイルランドの地位は過半数の住民投票の賛成によってのみ変更されることと、アイルランド政府に北アイルランドに対する諮問の権限を認めて、事態の解決をはかろうとするが、アイルランド共和国の介入に強く抵抗するプロテスタント側の反対にあって機能しないままである。

以上のような概略をみたが、北アイルランドの宗教的マイノリティ問題は、英国の植民地支配にその原因があり、移植者が多数を占めるプロテスタント側の優位による差別が暴力テロと武力衝突にまで発展し、英国とアイルランド両国の外交交渉による解決が試みられている。こうした状況にあって、雇用差別によるカソリックの失業率は高く、子どもたちも、対立する両宗派に隔離された教育が続いている[8]。

3　戦後のマイノリティと国内法制――人種関係法(Race Relation Act)による差別の禁止

すでにふれたように、英国のマイノリティは、英国の国家的統一と植民地支配によって形成された歴史的なマイノリティと、第二次大戦後の海外植民地の独立と英連邦の拡大そしてヨーロッパ統合の過程で入国・定住するようになった民族もしくは外国人によって形成されたマイノリティに分類できる。そして、この後者のマイノリティは、主として旧植民地の西インド諸島出身の黒人、インド、パキスタン人を中心とするアジア人、アフリカ人、さらにはシーク教徒[9]とユダヤ人など、非ヨーロッパ地域出身とEC諸国出身のヨーロッパ人など、人種、民族そして国籍など多様性を呈している。そして、これらのマイノリティの中で特に旧植民地出身の黒人とアジア人のマイノリティに対するさまざまな差別が社会的、経済的及び政治的な問題を惹起させ、失業と貧困などに基因する人種暴動が何度も起こっていることは周知のことである。こうした事態に対する英国政府の対応は、差別抑止の立法措置と雇用、教育などの分野における積極的措置による差別撤廃と実質的平等の達成をめざしている。[10]

英国政府は、戦後の英国が人種的文化的に複合社会であり、多様な人種・文化間の調和と統合による新しい社会作りを国民に呼びかけ、人種もしくは民族の多様化に伴う問題の解決に取り組んできている。こうした政策の基礎となるのが一九六五年に制定され、一九六八年そして一九七六年の二度にわたって改正された人種関係法である。[11]

この法律の提案は、有色人種の圧倒的多数が、この地に定住し、その殆どの人びとがこの国の国民であり、そして、人種、皮膚の色あるいは民族的出身のいかんに関係なく、すべての人びとに公平かつ平等な処遇を保障するために、政府、企業そして組合、さらに一般的男性と女性によって決然とした努力を行うべき時期が到来していることを認識し、人種差別と皮膚の色または民族的出身のため体験する不利益は道徳的に容認できないだけでなく、見逃すことのできない経済的社会的浪費の一形態をなすものであるという認識に基づいている。[12] そして同法律は、雇用、教育、物品と便宜、そしてサービスの提供、動産及び不動産の取引、その他さまざまな社会生活における差別の禁止と、人種的憎悪に基づく差別と暴力の煽動に対する処罰を予定し、被害者の救済と法の実施を確保するために必要な機関を設けている。以下、人種関係法の内容と現実的効果を簡単にみることにする。

(1)　人種差別になる行為

この法律は、三つの人種差別の類型を設定している。その一つは、直接差別(direct discrimination)になるもので、皮膚の色、人種、国籍または種族的もしくは民族的出身(nationality or ethnic or national origin)を理由にした不利な取扱いである。その二つめは、間接的差別(indirect discrimination)を構成するもので、ある条件または要件が、それに従うことのできる特定の皮膚の色、人種または種族的もしくは民族的出身に属する人びとの割合が他の人びとに比べて著しく少なく、苦情申出者にとって不利であり、人種的理由によることなく正当であることが差別者によって立証できない場合である。そして三つめは、同法に基づく差別を告発し、証拠または情報を提供したことなどを理由に不利な処分を行うこと、つまり差別の告発・証言などの犠牲にされる行為を規制対象とするVictimizationという場合である。[13]

このように、人種関係法は、まず、禁止される差別の事由として、人種、皮膚の色または民族的出身などの他に、他の差別禁止規定には明記されない国籍(nationality)を掲げていることは注目される。[14] たとえば、日本における韓国・朝鮮人差別が、実際には民族を理由にしながら、表面的には国籍を理由にしていることを考える時、非常に重要な意味をもつといえる。そして、直接的差別だけでなく、たとえば、日本語の堪能な者という条件を出すことによって日本語能力が劣る外国人を実質的に排除することになるような間接的差別も禁止しており、とくに第三番目のVictimizationの場合は、雇用主など差別者による報復を恐れて差別を黙認したり証言を拒否するようなことを防止することを目的とする者で、法律の履行を実効あらしめるために必要不可欠のことだといえる。そして、こうした差別が禁止されるのは、雇用分野においては、募集及び労働条件など細かい事項に及び、雇用主だけでなく労働組合による差別をも禁止しており、教育の分野においても、学校側だけでなく教育行政による差別をも禁止し、日本では、契約の自由もしくは営業の自由という美名の下に放置されているゴルフ会員資格さらにはマンションなどへの入居拒否は、同法が禁止する人種差別になることはいうまでもない。

(2)　被差別者の救済と人種平等委員会

人種関係法が禁止する差別の被害者になった者は、当該被害者が個別的に救済を求めるか、あるいは同法によって設けられた人種平等委員会に訴えて救済を求めるか、どちらかの手続きによることができる。

まず、個別的救済についてみると、雇用分野における差別は、労働審判所(Industrial Tribunal)に訴えるか人種平等委員会に訴えて助言と援助を受けることができる。この他に、雇用保護法(Employment Protection Act 1975)の手続きによる調停による解決も認められる。また、雇用分野以外の差別の被害者は、すべて普通の裁判所に訴えることができる。ただ、教育行政当局による差別については、裁判所に訴える前に文部大臣に苦情を申立て、二カ月経過後も苦情処理が行われないか満足する結論をえられないときにのみ裁判所は手続きを開始する[15]。

つぎに、人種平等委員会は、具体的被害者がいない場合でも、間接的差別の慣行が認められる場合、差別的広告あるいは雇用主など他の者の指示又は圧力によって差別した場合などは、委員会の判断で直接裁判所に訴える権限が認められている。さらに、被害者個人が求めてきた場合は、その判断に基づき、助言、調停そして法的助言と援助その他被害者救済のために必要な支援措置を取ることができる。詳細な救済の手続と条件については省略するが、差別が認められる場合は、民事法上の救済と同じく、原状回復、損害賠償の支払が命ぜられる。この損害賠償には物的損害ばかりでなく、精神的損害に対する賠償つまり慰謝料も含まれる。[16]

(3)　人種主義の抑止

最後に、人種関係法は、その第九部七〇条に、「人種的憎悪の煽動(Incitement to Racial Hatred)」の禁止と処罰に関する規定を、一九三六年の「公共秩序法(The Public Order Act)」の改正規定として挿入している。そして、英国内の人種集団に対し、出版または文書の配布さらには公衆の場所あるいは会合において、脅迫し侮辱する言葉を使用した場合は、軽い場合は六カ月以下の懲役または四〇〇ポンドの罰金、そして扇動の罪を構成する場合は二年以下の懲役に処せられることになっている。[17]

国内立法によるこうした人種主義の抑止は自由権規約第二〇条及び人種差別撤廃条約第四条が締約国に求めている措置であり、西ヨーロッパ諸国の多くがこうした国内立法を有していることは周知のとおりである。[18]

(4)　積極的措置による差別撤廃

英国の人種関係法は、いわゆるアファーマティブ・アクション(Affirmative Action)について直接定めないが、英語の理解または技術の未修練のために不利な立場にある人種集団に対し、特別な訓練または教育を行うこと、また、学校教育において行われるマイノリティの子どもたちのために行われる特別教育が、人種差別にならないと定めていわゆる積極的差別(positive discrimination)を認めている(第三五条参照)。

また、特に注目されることは、地方公共団体に対し、①不法な人種差別を除去し、②異なる人種集団に属する人びとの間に機会の均等と善隣関係を促進することの必要性に留意した職務遂行を目指して適切な措置を取ることが、その義務であることを明文で定めている(第一〇部附属規定第七一条、参照)。そして、雇用及び教育の分野における特別措置はその殆どが地方公共団体に取られていることを考えるとき、この規定の存在意義は、大きい。たとえば、筆者の体験によると、マイノリティの子どもに対する母語教育のためには、ロンドン、オクスフォードなどに「多文化教育センター（Multi-Cultural Education Centre）」が設けられ、必要な教材の備置と民族講師の派遣などの活動を行っている。そして、人種主義と人種差別に反対する学校教育のために、地方教育行政当局がさまざまな努力を行っているのが実状である。[19]

三　スペインにおけるマイノリティと国内法制

1　スペインのマイノリティ

スペインのマイノリティは、地域的に分離し、異なる言語と文化を有するバスク人、カタロニア人そしてガリシア人とシンティ・ロマが存在している。宗教的には殆どがローマ・カソリック教徒で、約三万人のプロテスタントとモルモン教徒そしてエホバの証人教徒を含む約一〇万人の非カソリック教徒が存在する。

こうした状況の中で、歴史的に政治的社会的に問題となっているのは、地域的に集中して存在するバスク人、カタロニア人そしてガルシア人である。こうしたマイノリティは、特定の地域に集中し、独自の言語と文化を保持しているということが幸いして、スペインの民主化と共に、民族的にその独自性が保障されているばかりでなく、政治的にも自治（Self-government）が認められている。

つまり、フランコ体制の下では、厳しい抑圧状況の下にあったマイノリティの言語と文化そして政治的地位は、まず一九七八年の憲法の下においては、憲法の規定そして自治法（Autonomy Statute）によって、言語的文化的独自性と政治的自治が保障された。[20]

2 憲法とマイノリティの自治

長いフランコ独裁体制からカルロス王への政権移譲をもたらした一九七八年のスペイン憲法は、その前文の中で、スペインのすべての人々が、人権とその文化及び伝統、言語ならびに制度が保護されることをうたい、二条では、スペイン国民の堅固な統合に言及しつつ、民族の自治権ならびに民族が構成する地域とその連帯を保障し承認すると定める。また、言語制度について三条は、カスティリヤ語がスペイン国家の公用語(official language)であり、すべてのスペイン国民は習得し使用する義務を負うと定めると同時に、同条二項では、スペインのその他の言語も、各自治共同体においては、それぞれの法律によって公用語になると明記している。

そして、自治共同体(Self-government Communities)には、第一四九条が中央政府の管轄権に留保している国際関係、防衛、一般的立法と司法の運営、通貨制度などを除いて、広範な権限と管轄権が認められることを、第一四八条に定めている。それらは実に二二項目に及ぶもので、自治制度の組織、行政区画の確定、自治共同体内の鉄道、農林漁業などについて自治が認められる。なお、こうした権限が認められている憲法第二条の自治共同体は、共通の歴史的、文化的及び経済的特徴によって画定される行政区域と歴史的地域的地位を有する島及び区域によって構成される(第一四三条一項)。この自治体構成の手続をはじめる権利は、関連地方評議会またはこれに相当する島しょ区域の機関と各地域または島の選挙民の過半数を代表する地方議会の三分の二の賛成によって行使できる(第一四三条二項)。つまり、自治は、中央政府の決定ではなく当該地域または島の機関と住民代表の意思に委ねられている。

3　カタロニア及びバスクの自治

以上のように憲法が認める地方または島の自治制度によって、言語的及び民族的なマイノリティから構成される自治制が、カタロニア、バスク及びガルシアそしてアンダルシア地方に認められ、部分的自治を認められている地域を含めると一七の自治地域が存在する。本章3では、紙幅の制約もあり、カタロニアとバスクについて簡単にふれることにする。

まず、カタロニア地方はスペインの東北に位置し、人口五七〇万でその八〇パーセントがカタロニア語を話す。スペイン全人口の一四・五パーセントを占め、カソリック教徒が殆どである。カタロニアは、大多数が話すカタロニア語と共通の文化が民族的アイデンティティ形成に大きく作用し、はやくから自治的体制を維持した。スペイン内乱では、共和軍側を支援したこともあって、中央集権的国家統合の崩壊を恐れたフランコ政権により、政治的にそして文化的にも抑圧され、自治制の廃止とカタロニア語の禁止措置がとられた。[22]

つぎに、バスク地方は、スペインの北西部に位置し、人口は二二〇万でその五〇パーセントがバスク語を話す。スペイン全人口の五・五パーセントを占め、カソリック教徒が大部分である。バスク地方も、カタロニアと同じく、スペイン内乱時には、共和軍側を支持し、民族主義的風潮が強いことから、フランコ政権の下では、バスク語の使用とバスクの文化的教育的活動が厳しく抑圧された。[23]

このように、フランコ政権の下で政治的文化的に抑圧されながらも、その自治を求める要求を絶やさなかったカタロニア及びバスク地方は、一九七五年フランコの死亡に伴って、王制そして共和制へと政治的民主化の過程では、その自治要求を一層強くした。たとえば、バスクの場合、一九七七年に実施した選挙においては七五パーセントを越える支持が自治制を主張する政党に寄せられた。また、カタロニアの場合も、一九七五年フランコ死亡直後に自治を求める大規模なストライキを行い、一九七七年選挙ではカタロニア支持党がスペイン国会の下院議会で一〇席を確保した。

こうした両地方の自治要求は、すでにふれた一九七八年に憲法の規定が保障し、翌年の一九七九年には、カタロニア自治法及びバスク自治法により確立されることになる。自治の内容は先述のように、政治的経済的そして文化的に広範囲の管轄権を認めるもので、両地方とも、その民族的アイデンティティの維持とそれに必要な言語と文化の振興が、それぞれの自治政府によって活発に行われている。

以上かいつまんでみたように、スペインの主要なマイノリティであるバスク及びカタロニアは、スペインの政治的民主化と共に、その自治が確立されたといえるが、バスク地方の場合は、自治だけでは満足せず、分離独立を主張する過激派によるゲリラ闘争も、散発的に起こっており、最終かつ完全に解決されたといえるためには、いま暫く時間を要するようである。また、シンティ・ロマなどのように、数も少なく地域的にも分散しているマイノリティの権利を保障する国内法制は、むしろ今後の課題のようである。

四　ベルギーの言語的マイノリティ

1　言語グループの一般的状況

ベルギーは、一八三〇年オランダから分離した独立国として発足し、西ヨーロッパでは比較的新しい国家であり、国家間の争いと妥協の結果誕生した当初から、多言語・多民族の複合国家である。つまり、全人口（約五五〇万人）の五七パーセントを占めるフラマン人(Flemings)は北部ベルギーに集中し、オランダ語を話し、フランデル人とも知られている。そして、ベルギーの南東部に居住するワルン人(Walloón)は、全人口の四二パーセントを占めフランス語を話す。さらに、全人口の僅か一パーセントを占める少数であるがドイツ語を母語とする人びとがいる。

一八三一年当初の憲法では、特定の言語を公用語とする規定はなかったが、法律、政治、行政そして軍事的事項に関して、フランス語が実質的に公用語の地位にあった。そのため、ベルギーの上級官僚はフランス語を話すワルン人によって占められ、一九三〇年代には軍隊の将校の七五パーセント、外交官の八〇パーセント以上がフランス語使用者であった。つまり、人口的には、オランダ語を話すフラマン人が多数者であるが、政治的社会的には、フランス語を話すワルン人が支配的な地位にあった。これに対するフラマン人の抵抗は強くフラマン民族と文化維持のためにさまざまな対抗措置を取ったが、フラマン人内部の方言とオランダ語に対する反感もあって、フラマン人の言語統一化に失敗している。そして第一次大戦と第二次大戦中にはドイツによって占領され、フラマン人の民族主義を扇動したドイツは、大学の中にオランダ語科を設けるなどしたが、終戦後はこれが裏目に出て、フラマン人がナチスと協力したとする非難を受ける結果となる。他方、ワルン人は、フランスとの連邦関係をめぐる内部対立と、当該地方が戦後の鉄鋼と石炭の産業が不況に陥ってしまい、外国からの投資がフラマン人の地方に集中したこともあって、ワルン人の経済的社会的地位が低下した。しかし、ヨーロッパ共同体本部がブラッセルに設けられたこともあって、フランス語の支配的風潮は一層高まり、これに抵抗するフラマン人によって、言語による区画分割が進められるようになった。[24]

2　ベルギー憲法における言語的グループの地位

言語によって行政区域を画定する試みは、一九六〇年代に入ってはじまるが、憲法が直接この問題について規定するようになるのは、一九七一年憲法改正そして現行憲法である一九八〇年の憲法改正による。まず、一九七〇年の憲法規定は、国民議会の議席をオランダ語使用集団とフランス語使用集団に割当て、オランダ語、フランス語及びドイツ語の単一言語区域とオランダ語とフランス語の二言語区域のブラッセル首都区域の三つの言語区域に分割し、ワルン地方とフラマン地方そしてブラッセルの三つの地方がベルギー国家を構成するとした（第一〇七条）。しかし、後者の地方関連事項を管轄する地方評議会の設置が三分の二の賛成を得られなかったために失敗に終った。そして、一九八〇年になって新しい改革が行われることになる。

一九八〇年の憲法規定は、ベルギーを、オランダ語を話す住民から構成するフラマン語共同体（The Flemish Community）と、フランス語を話す住民からなるフランス語共同体（The French Community）、そしてドイツ語を話す住民からなるドイツ語共同体（The German-language Community）の三つの共同体（ベルギー憲法第三条）と、さらに、北部のフランデル地方を包含するフラマン地方（the Flemish Region）、南東部のワロン地方（the Walloon Region）そしてブラッセル地方（the Brussels Region）の三つの地方に分割した（同第一〇七条）。

そして、三つの共同体（Communities）は、スポーツ、ラジオとテレビ放送などを含む文化的事項、一般的教育組織を除く教育関係事項そして行政事項における言語の使用と衛生と公的扶助など言語が重要な部分を占める私生活と文化的協力について、排他的管轄権を有する（ベルギー憲法第五九条）。つぎに、三つの地方（Region）は、環境、住宅、水利そして経済政策とエネルギー政策などについて管轄権が認められている。なお、フラマン語共同体とフラマン地方の管轄事項を処理する行政機関は、同地方出身の国会議員とブラッセルのオランダ語区域出身の国会議員から構成されるフラマン評議会(Flemish Council)であるが、フランス語関係は、共同体事項については、同共同体出身の国会議員からなるフランス語共同体評議会(Council of French Community)とワルン選挙区出身とベルビエ区域のドイツ語出身の国会議員からなるワルン地方評議会(Walloon Regional Council)の二つの行政機関が別個に設けられている。また、ドイツ語共同体についても、ドイツ語住民によって直接選出される者からなる評議会が管轄事項の処理に当る。なお、ブラッセルについては、内閣の中に設けられるブラッセル委員会によって処理される。[25]

以上みたように、多言語多民族国家であるベルギーは、言語と地域を基礎にした言語の文化行政区域と一般行政区域を分割し、各言語・民族集団の自主性と平等を保障している。この制度は、全人口の僅か一パーセントを占めるドイツ語集団にも適用され、多数者と少数者間の共存を積極的に認めている。こうした言語集団の平等な地位は、ドイツ語の場合を除いて、国会議席の割当と内閣の構成にも徹底し、憲法もオランダ語とフランス語の両方をその本文としていることは非常に注目される。なお、ベルギーは、歴史的に最も重要かつ困難な言語集団の問題を、憲法の規定で直接定めているが、その他の人種、皮膚の色あるいは民族的もしくは種族的出身に基づく差別を犯罪化する立法措置も取っている。

五　西ヨーロッパのシンティ・ロマ

約千年以上の昔に北部インドが発祥の地とする遊牧民といわれているシンティ・ロマの人たちは全世界に散在しており、西ヨーロッパ諸国に多数在住している。人種的にアジア系であることと遊牧というその生活様式によって、「ジプシー」として軽蔑と偏見の対象とされ、とくに、第二次大戦中にはナチス政権によって、ユダヤ人と共に、少なくとも四〇万人が虐殺の犠牲になったといわれる。

第二次大戦後も、人権の国際的保障とりわけ西ヨーロッパにおける人権保障の制度的な発展にもかかわらず、偏見と差別による抑圧的状況はあまり改善されていないことが報告されている。こうした状況に対し、ヨーロッパ審議会は、一九六九年、ロマ民族の権利改善について提案を行っている。それは、施設の整ったキャラバン地域の建設、寒冷地帯における恒久的住居、そして、ロマの子どもたちの学校教育とロマ問題を扱う国内機関の設立と国籍取得などの内容になっている。しかし、提案に積極的に対応する国家は少なく、国家によってさまざまな措置がとられている。以下、いくつかの国内事例を簡単に吟味して問題の理解に供したいと思う[26]。

まず、一九八六年現在、西ヨーロッパでは最も多く他の遊牧民一五万と六〇万のロマが在住しているスペインについてみると、その半数が失業状態にあり、成人の八〇パーセントが識字能力を有せず、子どもの五〇パーセントだけが学校教育を受けているという状況である。そして、一般市民による暴力事件も頻発している。しかし、フランコ死亡後、ロマ出身の国会議員の働きかけで、フランコ政権時代の反ジプシ法が廃止され、一九八一年には、一二四カ所の政府助成によるセンターが設けられ、約四〇〇〇人の子どもが参加している。しかし、貧困と差別という状況は依然改善されないままである。

つぎに、二六万にのぼるシンティ・ロマが、スペインに次いで多数在住するフランスの場合は、一九八三年「チガヌ問題に関する国家機関(Office National des Affairs Tsiganes)」(TsiganesはRomanyの別称)が設けられてロマ問題に対する諸問を行っているが、法律上の差別さえあまり改善されていない。たとえばロマは旅行の許可が必要で、特定の居住区にのみ移動の自由が認められている。また大多数の子どもたちが識字能力がなく、キャラバン地の提供を中央政府がよびかけているものの、提供を拒んでいる地方公共団体がいる。もっとも、一九七〇年以後、三〇カ所のキャラバン地域が設けられ、二つの居住区域が建設された。

最後に、ナチス政府による大量虐殺という悲しい歴史をもつ統一前の西ドイツには、八万四〇〇〇人のロマニが在住している。ドイツのロマ民族は歴史的偏見と差別の除去の他にナチス政権による虐殺と迫害に対する謝罪と補償という問題がある。西ドイツ政府がロマ民族の虐殺に対してその犯罪性をみとめ謝罪をしたのは、一九八二年当時のシユミット首相とドイツ・シンティ・ロマ中央委員会との会議においてである。シンティ・ロマ中央委員会は、戦時中にロマの人びとが強制労働を課され、現在も生き残っている一万五〇〇〇人に対する補償を請求しているがまだ受けいれられていない。さらに、ロマに対する偏見と差別は今日においても除去されておらず、警察・裁判所など国家機関によってさえ、ロマを犯罪者視する態度がとりつづけられていると報告されている。これに対し、ドイツ・シンティ・ロマ中央委員会は、ロマは、国際人権規約を含む人権条約に従って権利を享有するマイノリティであると主張して、マイノリティ保護に関する国内法の制定を要求して運動をつづけている[27]。

1　西ヨーロッパのマイノリティ概要に関する基本的状況については、Minority Rights Group ed, *World Directory of Minorities*(The High Harlow, Essex, UK: Longman, 1989)pp.65-103.

2　See, Francesco Capotorti, *Study on the Rights of Persons Belonging To Ethnic, Religious And Linguistic Minorities*, United Nation, 1979, pp.16-23.

3　第二次大戦後の発展については、See, *idid* Study pp.30-31.

4　英国のマイノリティ状況については、Patrick Thornberry, *The Legal Position of Minority Groups in some States of the World*, の United Kingdom 項目、及び Européan immigration policy a comparative study, ed. by Tomas Hammer(Cambridg Univ. Press 1985)pp.89-126.

5　この委員会は後にみる人種関係法(Race Relatious Act)によって設けられた機関である。

6　See, *World Directory of Minorities*, op at, pp.102-103. *The Legal Position of Minorities*, pp.15-16.

7　See, *ibid* World Directory p.82. *Ibid*, Legal Position: UK, p.12. cf., Elizabeth Wily, "The Scottish Gaels," in *World Minorities in the Eighties* edited by Georgna Ash worth (1980) pp.144-147.

8　See, *ibid* World Directory pp.88-92. *Ibid*, Legal Position: UK, pp.18.-20.

9　英国のシーク教徒については、"Sikh Immigrants in England" in *op.cit*, *World Minorities in the Eighties*, pp.147-151.

10　英国の人種問題については、cf., Zig Layton-Henry, *The Politics of Race in Britain*, London 1984, John Stone, *Racial Conflict in Contemporary Society*, London, 1985. 〔また詳細は、本書第三章3を参照〕。

11　この法については、次の本が規定の内容と注釈共に有用である。IAN A. Macdonald. *Race Relations The New Law*, London 1977. また、英国の反差別法の実態と適用については、Michael Malone, *A Practical Guide to Discrimination*, London 1980.を参照。

12　See, Macdonald *op.cit*, pp.7-8.

13　See, *ibid* pp.9-16.

14　国籍が差別禁止事由として定められたのは一九七六年の改正による。See, *ibid*, pp12.

15　被害者個人による救済については、See, *ibid*, pp.105-126.

16　人種平等委員会の構成及び権限については、See, *ibid* pp.226-230. この委員会は毎年人種関係法に関する年次報告を出しており、一九八五年には、同法の再検討を提案した *Review of The Race Relations Act 1976: Proposals for Changes* というタイトルの報告を出版している。

17　See, Macdonald *op.cit*, pp.215-216.

18　人種差別撤廃条約第四条については、拙著『解説：人種差別撤廃条約』(部落解放解研究所発行)参照。

19　See, *ibid* pp.71-72.

20　スペインのマイノリティの概要については、*op.cit*, *Legal Position of Minority Groups* のスペイン項目参照。

21　See, *ibid* pp.2-5.

22 カタロエア地方については、*op.cit, World Directory of Minorities*, pp.75-77and See “The Catalans” in. *op.cit*, Ashworth ed, World Minorities,

23 バスク地方については、*ibid* pp.68-70.

24 ベルギーの言語問題に関する概要は、*op.cit, Legal Position of Minority Groups* のベルギー項目参照。また、各言語集団については、*World Directory of Minorities*, pp.70-74 参照。

25 See, *op.cit, Legal Position of Minority Groups*; Belgium; Consti-tutioual Law And Implementing Legislation.

26 西ヨーロッパのシンティ・ロマの状況については *World Directory of Minorities*, pp.93-95.

27 ドイツのシンティ・ロマの状況及び活動については、ロマニ・ローゼ「今も続く民族差別の伝統」『部落解放研究』第二七一号二六—三二頁及びドイツ・シンティ・ロマ中央委員会「ドイツ統一と少数民族—ドイツ少数民族解放基本法のための覚書」『ヒューマン・ライツ』三〇号(一九九〇年九月)八—一六頁参照。

『世界のマイノリティと法制度』一九九二年、解放出版社 所載

第二章　外国人の地位と権利

1 国際人権規約と定住外国人の生存権

はじめに

国際人権規約が国連総会において採択されてから一二年になる。この文書は、周知のように、国連憲章並びに世界人権宣言に盛られた、人権と基本的自由の普遍的尊重の促進を、さらに具体化することをその目的とするものであった。しかし、この国際人権規約は、憲章及び世界人権宣言よりも、さらに明確かつ具体的に人権の保障について国家を義務づけるものであるために、各国の国内事情も手伝って、採択されてから一〇年の歳月を経て発効した。つまり経済的・社会的・文化的権利に関する国際規約(以下A規約と略称)が一九七六年一月三日に、そして市民的・政治的権利に関する規約(以下B規約と略称)とその選択議定書が同年三月二三日に発効し、現在A規約は五一カ国が、B規約は四九カ国が、そしてB規約の議定書は一八カ国が、各々の当事国となっている。[1]

ところが、経済的・社会的又は文化的その他の多くの分野において、国際社会の指導的役割を果すべき立場にあるという声が、国の内外において高くなっている日本は、採択時には賛成していながら、署名も批准もしていなかったことから、国際人権規約批准促進大阪府民会議、同長野県民会議が結成されるなど、その批准を求める世論が規約発効を契機に急速に盛り上ってきたことは周知の通りである。このような世論の盛り上がり及び精力的な促進運動に促され、日本政府もようやく批准の意思を固めたようである。つまり、国連軍縮特別総会に出席した園田外相が、五月三一日A規約及びB規約に署名し、その批准のため国会に提出して承認を求めることが明らかになった[2]。これは、やや遅きに失した感は拭いえないが、その批准を強く求めまた待ち望んできた者にとってよろこばしいだけでなく、日本及び日本国民の国際的地位と信頼を高めるための大きな布石になることは疑いえない事実だろう。そして、国際人権規約が批准された暁には、国内におけるさまざまな人権問題の改善が図られるだけでなく、国民ひとりひとりの人権意識をより広くかつ高いものにすることが期待されるのである。

このように、国際人権規約の批准は、日本国及びその国民にとって意義深い出来事であるが、それ以上に、日本に定住している外国人、なかでもその殆んどを占めている在日韓国・朝鮮人にとって意義が大きいといえるだろう。つまりこれらの人々は、長い間「市民」としてまたは「地域住民」として日本国民と全く同じ役割と義務を果してきながら、国籍が違うというただそれだけの理由で、不合理な差別に基づく人権の制約に泣かされてきているからである。とくに、今日においては、いわゆる自由権的基本権よりも、より重要であり本質的な権利であるといわれる生存権的基本権が、国籍を理由に保障されていないことから、このような差別の撤廃が強く求められているのである[3]。そして、国際人権規約は、国籍を超越してすべての人間に、差別することなく平等に人権を保障することを義務づけており、国籍に基づいて行われてきたこれまでの不合理な差別的取扱いの撤廃は、人権規約批准後の最優先的課題であるべきだといえるだろう。

しかし、はたしてそのようになるかは必ずしも楽観し難く、とくに、在日韓国・朝鮮人にとって最も重大な関心事項である生存権、なかでも社会保障を規定しているA規約が、権利の「漸進的」達成を謳っていることもあずかって「政府が自分に都合よく解釈することで、外国人差別の現状を改善しないのではないかと疑わせる」と指摘されるように、批准後も差別の撤廃が早急かつ完全に行われるとみるのは楽観的過ぎるようである。[4]

そのため、本章1では今日の国際社会が当面している重要課題の一つである人権の国際的保障の基本目的ないしは精神を再確認しつつ、規約が拠って立つ人類平等の理念から内外人平等の原則を吟味し、国際人権規約における生存権的基本権の位置及びその保障に関する基本問題を検討した後、現実の差別的取扱いを人権規約の規定に照しながら、その撤廃もしくは改善の可能性を考えることによって、人権規約の国会審議ならびに批准後の具体的実施を正しく見守って行きたいと思うのである。

一　伝統的国際法と外国人の地位

本章1の基本問題を考える前に、まず、伝統的国際法において外国人はどのような地位におかれ、またどのように扱われてきているかを簡単に眺めておくことにしよう。

「国家関係を規律する法」または「国家相互間の権利義務を定める法」と定義づけられてきた国際法は、今世紀に入ってから、国家の他に国際機構、そして、限られた場合ではあるが個人をも、その法主体として加えるようになった。しかし、国際法は依然として、国家をその主要な法主体としており、国際機構はともかく、とくに個人の場合は、国家間において締結される条約によってそして当該条約が定める範囲に限って法主体となりうるに過ぎない。つまり国内社会においては、独立の法人格が認められ人権が保障される個人も、国際社会においてはその法人格が当然には認められず、国家に埋没され、国家主権の属性としてのみ看做されてきた。これは、領土及び人民を国家（＝主権者）の財産として考える近世の家産国家的論理が、国際社会ではそのまま通用してきていることを物語るものである。そのため、国家はその主権が及ぶ範囲内の個人を外国その他の第三者に干渉されることなく、自由に取扱えるというのが、これまでの国際法の立場である。したがって、個人の地位又は権利が国際法上の問題になることがあっても、それは当該個人の問題ではなく、国と国との間の問題としてのみ争われるのがつねであった。[5]

そして、外国人の国際法上の取扱いも、以上のような基本的立場に基づいてなされてきており、国家はその領域内にいる外国人に対しても、自国民と同様排他的管轄権を有し自由に取扱うことができるとされてきた。在日韓国・朝鮮人の処遇に関連して聞かれる「煮て食おうと焼いて食おうと勝手だ」という論理は、このような伝統的国際法の立場に帰因するものである。[6] もっとも、誤解をしてはならないことは、伝統的国際法が、外国人の取扱いについて全く無法の状態であり、国家の完全な自由に委ねているのでは決してないことである。

つまり、国家はその領域内に居住する外国人に対して、公法上の権利はともかくとして、私法上の権利は自国民と同じ程度に保障しなければならず、外国人の身体及び財産を不法な侵害から保護し、侵害されたときはその救済を講じなければならないというのが、国際慣習法の原則として認められてきていることは確かである。[7] しかし、その具体的取扱いは、当該外国人の本国との間に締結される条約によって取り決められる場合を除いては、各国の自由裁量に委ねられているのが実状であり、私法上の権利であっても、たとえば、財産権又は職業の選択について、さまざまな制約がみられる。[8] また、外国人の権利が侵害され、居住国の国内救済手続によっても救済されない時は、被害者の本国はいわゆる外交的保護権を発動してその救済を要求できるがこれは被害者個人の権利又はその代理権に基づくものではなく、国家自身の権利として認められるものである。そのため、この外交的保護権を発動するかしないかは、国家の都合次第ということになる。[9] このように、伝統的国際法における個人の地位又はその取扱いは、個人の立場からではなく、国家の論理もしくはその都合によって決められてきたのである。

そのために、個人なかでも外国人の取扱いは、古くから国際法だけでなく国際政治的にも、さまざまな物議をかもしてきている。今日においては、あらゆる分野における国家間の協力と相互依存関係の進展に伴って、人的交流も頻繁になり、すべての個人が潜在的外国人であるといえるようになった。しかし、以前には、外国に居住する者は限られた個人であり、その殆どは、ヨーロッパ諸国の国民であり、ヨーロッパ以外の他の地域の人々が外国に居住するようになるのは、外国人としてではなく、奴隷又は労働力として本人の意思と関係なく移住させられたことによる場合が殆どであった。[10] その結果、伝統的国際法上の問題となった外国人の取扱いは、大部分がこのようなヨーロッパ諸国の国民であって、中南米・アジアのような後進地域に居住する者の取扱いをめぐって惹起するものであった。そして、右にみた外国人の取扱いに関する国際法上の原則の形成とその適用の過程においては、他の多くの国際法規がそうであるように、大国による弱小国への内政干渉と差別的取扱いの押しつけを伴うことがしばしばであった。

それは、たとえば、外国人をどの程度保護すればいいかという場合に、その基準の一つとして援用された「国際標準主義」は、自らを「文明国(civilized nations)」と称するヨーロッパ諸国が、他の地域の諸国との関係において、当該国の内国人とは違った、自国内において与えているのと同じ程度の保護を押しつけるためのものであり、また、自国民保護のために用いられる外交的保護権は、被害者個人の権利救済を「隠れミノ」にした内政干渉であったことがしばしばみられた。さらには、不平等条約を押しつけては領事裁判権、治外法権などを認めさせ、自国民に対する居住国の主権の行使を制限してきたことは、日本自身が被害者として又は加害者として経験してきたことからも周知の通りである。[11] これに対して非ヨーロッパ地域諸国、なかでも中南米諸国は、条約の改正、国内標準主義そして国内救済手続完了の原則、さらには外交的保護権を認めない「カルボ条項」などにより、外国人の取扱いをめぐる内政干渉又は主権の制限を阻止しようとしてきたことは当然である。

以上簡単にみたように、伝統的国際法における外国人の取扱いは、いくつかの原則が見出せるものの、実質的には国家の自由裁量に委ね、具体的問題の処理においては、外国人という個人の権利ではなく、国家とくに大国側の論理と都合によって左右されてきているのである。そして、今日、日本に居住する在日韓国・朝鮮人の場合も、これらの人々の意思又は権利とは関係なく、国家の論理と都合によって、一方的に国籍の付与又は剥奪が行われ、さらにはその法的地位と取扱いが決定されてきていることも否定し難い事実であり、しばしば指摘されてきている通りである。しかし、個人もしくは外国人の取扱いを国家の自由に委ねてきた国際法も、第二次大戦後の国際社会が推し進めてきた人権の国際法保障の制度的確立に伴って、その再検討を余儀なくしていることも否めない事実である。こうした再検討は、外国の一部の学者によって試みられてはいるが、むしろ今後の課題であろう[12]。また国連人権委員会の差別防止及び少数者保護に関する小委員会が、一九七五年、外国人の人権保護をその研究課題としてとりあげ検討を行っていることも、外国人の地位又は人権の保護に関する国際的努力の現れとして注目すべきことであろう[13]。

二　人権の国際的保障と人類平等

右にみたように、国家をその主要な法主体とする伝統的国際法の下においては、個人もしくは外国人の権利を国際法が直接その規律対象にすることはなく、すべて国家の問題として又は国家の論理と都合によって処理され、まさに「死ぬも生きるも国家次第」というのが偽らざる実状であった。

ところが、第二次大戦後の国際社会は、個人の取扱い殊に人権に関する問題を、一国だけの国内問題ではなく国際社会全体の関心事項として把え、一方では、人権の侵害を防止し保護することに努力し、他方では、国内法だけでなく国際法による保障を確保するために、「国際人権章典(Intenational Bill of Rights)」の制定に取り組んできたことは広く知られている通りである。これすなわち、今日の国際社会を特徴づけ「人権の国際的保障の時代」といわれる所以である。[14]

このように、個人の人権と基本的自由の尊重に関する問題を、国際社会全体の関心事項として考えるようになったのは、第二次大戦後ではなく、大戦中からである。つまり人権を蹂躙し民主主義を否定するファシズム、そしてユダヤ民族の抹殺を公然と主張し、その実現を図ったナチズムを相手に戦った連合国は、当然のことであっただろうが、ローズベルト大統領の「四つの自由」、「大西洋憲章」、そして「連合国宣言」などにおいて、人権と基本的自由の確保を戦争目的の一つとして掲げ、戦後の国際社会の平和と安全を維持するために設立された国際連合の目的の一つとしても掲げたのである。そしてさらに、一九四八年に国連総会が採択した世界人権宣言が、その前文の中で「人類社会のすべての構成員の固有の尊厳と平等で譲ることのできない権利とを承認することは、世界における自由、正義及び平和の基礎である」と謳っているように、人権の国際的保障は、第二次大戦中そして戦後の国際社会において、国際平和の問題と密接な関連において進められてきたのである。いいかえると、一国内の人権侵害といえども国際社会の平和維持と不可分の関係にあるという基本的立場に基づいて人権の国際的保障の努力はなされてきたのである。[15]

なかでも、人種的、民族的又はその他の事由に基づく差別によって、人権が侵害されることは、国際的摩擦を惹き起し、国家間の紛争の原因となることから、人権を国際的に保障するための努力は、世界人権宣言、国際人権規約といった国際人権章典と共に、人種差別の撤廃に関する国連宣言と国際条約、そして、女性に対する差別、教育における差別及び雇用と職業における差別などを禁止する各々の条約を、さらには、特定の人種又は民族の抹殺を意図する集団的殺害の防止と処罰に関する条約並びにアパルトヘイト犯罪の抑圧及び処罰に関する国際条約の採択または成立に傾けられてきた。[16] また、国連がその発足以来今日までかかわってきており、それをやめさせることが国際社会の焦眉の課題とされている、南アフリカのアパルトヘイト政策も、南ア政府による制度的人種差別であることは周知の通りである。さらに、歴史的にも、一七・八世紀のヨーロッパにおいてみられた「人道的干渉」も、人種的または宗教的少数者に対する差別の阻止を理由にしたものであったし、また、国際連盟の下における少数者保護制度も、東ヨーロッパにおける少数者を差別的取扱いからその権利を保護しようとしたものであった。[17]

このように、歴史的にもまた今日においても、国際的社会の関心事項となってきた人権問題は、その殆どが、人種、民族その他の事由に基づく差別による人権侵害であったといっても誤りではないのである。いいかえるならば、人権の国際的保障は、あらゆる事由に基づく差別と人権侵害を廃絶することを目的とするものであり、全人類の平等をその理念とし、その達成のために今日の国際社会は努力しているといえるのである。したがって、人権の国際的保障は国籍、人種及び民族その他あらゆる地位の如何にかかわらず、すべての人々、あらゆる個人を対象とするものであり人間であること以外のいかなる根拠も理由も必要としないのである。

国連憲章が「……人種・性・言語又は宗教による差別なくすべての者のために人権及び基本的自由を尊重するように助長奨励すること」を目的として謳い、国連加盟国が、このような人権及び基本的自由の普遍的な尊重及び遵守を達成するために、国連と協力して「共同及び個別の行動を取ることを誓約」（憲章第五五条）しており、また、世界人権宣言が「すべての人間は、生まれながらにして自由でありかつ、尊厳と権利とについて平等である」（第一条）とし「すべての人は……いかなる事由による差別をも受けることなく、この宣言に掲げるすべての権利と自由とを享有することができる」(第二条)とし、さらには「すべての人は法の下において平等であり、また、いかなる差別もなしに法の平等な保護を受ける権利を有する」(第七条)と謳って、すべての人間の平等と無差別に基づいた人権と基本的自由の尊重を執拗なまでにくり返し確認しているのである。それだけでなく、人種差別撤廃条約では、あらゆる人種差別を禁止し廃絶することを当事国に義務づけ、また、人種優越主義に基づく差別及びその煽動を犯罪であるとし、その処罰をも要求しており、さらに、アパルトヘイト犯罪の抑圧及び処罰に関する国際条約も、アパルトヘイト政策を犯罪と断定し、そのような行為に従事する者の処罰を予定しているのである。

以上、かいつまんでみたことからも分るように、今日の国際社会が国連を中心に推し進めている人権の国際的保障は、すべての人の人権と基本的自由の尊重と遵守を普遍的に達成することをその究極的目標としているが、当面の最重要課題は、あらゆる差別を国際社会から排除することであるといっても間違いではないだろう。それはつまり、今日の国際社会が、国内の政治体制及び経済発展段階の異なる主権国家の並存という多元的構造の社会であることから、保障すべき人権の内容及び程度について、すべての国家に統一的基準をいま直ちに適用するよう要求することはむしろ不可能に近く、国情に応じた漸進的適用を求めつつ、いますぐ可能であり、また平和維持問題と密接に関連している差別をまず除去しようということに他ならない。そして、この除去されるべき差別には、すでにみたように、人種・民族・性その他のいかなる事由に基づくものであれ、あらゆる差別であって、当然のことながら、国籍に基づく差別も含まれることはいうまでもない。換言すれば、いわゆる内外人平等の原則は、人権の国際的保障がその基本理念としている「人類平等」又は「人間平等」の当然の論理的帰結であり、国籍だけを理由にした差別は、その合理的理由が明示されない限り、このような理念に反することは誰一人として否定できないだろう。

したがって、人権と基本的自由の尊重の促進を目的として掲げている国連の加盟国となり、またこの目的達成のための行動を誓約し、さらには、世界人権宣言の基本精神並びにその規定の尊重を約束している国家は、他の人権条約をまつまでもなく、あらゆる人権の完全な保障は暫くおくとしても、現在保障しており、もしくは保障可能な人権については、差別なくすべての人に等しく保障しなければならないというべきだろう。そして、このような立場に立つならば、基本的人権に関する憲法規定の外国人に対する適用可能性をめぐる論議ははじめから起りえない筈である。なぜなら、憲法の解釈もこのような人権の国際的保障の理念によって導かれるべきであるからである。

たとえば、日本は、国連に加盟する以前から、つまり一九五一年の平和条約の中で「あらゆる場合に国際連合憲章の原則を遵守し、世界人権宣言の目的を実現するために努力し、国際連合憲章第五五条及び第五六条に定められた安定及び福祉の条件を日本国内に創造するために努力」(同前文)する意思を宣言しており、これは一九五六年日本が国連に加盟することによって再確認されたことになり、国内法の制定、適用及び解釈は、この基本的立場によって導かれなければならなかったといえる。そして、たとえば最高裁判所が、一九六四(昭和三九)年一一月一八日、法の下の平等を謳っている憲法第一四条とその外国人への適用について「……わが国も加入した国際連合が一九四八年の第三総会において採択した世界人権宣言の七条においても、『すべて人は法の前において平等であり、また、いかなる差別もなしに法の平等な保護を受ける権利を有する。……』と定めているところに鑑みれば、わが憲法一四条の趣旨は、特段の事情の認められない限り、外国人に対しても類推さるべきものと解するのが相当である。……」(傍点筆者)と判示し[18]、また、人権の国際的保障に伴う人権の拡大と普遍化の傾向に触れ、このような潮流と照合しながら、基本権条項の適用と解釈が考察されるべきであることが学者によっても指摘されているのは[19]、右のような立場に沿ったものとして評価できよう。

しかし、国連憲章の人権尊重に関する規定が、加盟国に対し直接的義務を課したものではなく、努力目標を掲げているに過ぎないという立場、または世界人権宣言は条約ではなく宣言であるから、加盟国を法的に拘束するものでなく道徳的な拘束力しかないという考えも手伝ってか、国際人権規約を批准することによってはじめて、内外人平等の原則が基本的人権の保障について適用されるという考えが一般的に定着しているようである。つまり、後にみるように、自由権的基本権については内国人と平等に保障すべきであると主張する学者も、生存権的基本権については保障しなくてもよいとし[20]、また、国際人権規約の早期批准を求める主張の殆どが、当規約の内外人平等の原則に触れ、在日韓国・朝鮮人の処遇に関する国内法の整備を促しているのである。[21] ところが、すでにみたように、日本は平和条約の調印そして国連への加盟によって、内外人平等を包含する人類平等の原則に基づいたすべての人の人権の尊重を促進することを国際的に約束している。そして、たとえ国連憲章と世界人権宣言が法的義務を創設するものではなかったとしても、この事実によって差別が許されるという論理を導き出すことは、到底無理であるといわねばならない。なぜなら、実定国際法上の責任を問われないということと差別が是認されるということとは全く別の問題であるからである。国際人権規約は、国連憲章そして世界人権宣言をその内容においてより具体化し、法的義務づけをさらに明確にしたものであって、世界人権宣言では許される差別が人権規約においてはじめて禁止されるものでは決してないのである。

このように、内外人平等の原則は、国際人権規約の批准をまつまでもなく、国連加盟国が遵守すべき行動原則の一つであり、国内法の解釈もこの原則に従ってなされるべきであったのである。そして、人権規約の批准によって、この原則は国際実定法上の原則として受け入れられるのであり、外国人の本国との間において締結される条約の有無にかかわらず、規約が認める人権に関する限り、内外人を問わずすべての人に平等に保障しなければならないのである。

三　国際人権規約と生存権的基本権

さて次に、自由権的基本権と違って、外国人には保障しなくても差しつかえはないといわれてきている生存権的基本権の法的性質ならびに自由権的基本権との関係を、国内的保障及び国際的保障の両側面から眺め、果たして両基本権は異質でありかつ切り離すことのできる権利であるかを考えてみることにしよう。

生存権的基本権は二〇世紀憲法の特徴をなすといわれ、その保障の実態においては諸国家間に相異がみられても、憲法がそれを保障することは自由権的基本権と並んで当然のこととされている。[22] このような「自由権から生存権へ」という今日の人権状況を創り出した歴史的背景又は社会的理由については、ここに詳しく触れる紙幅の余裕もなければ、筆者の能力をはるかに超える問題である。[23] にも拘わらず次のことだけはいえるように思われる。つまり、人はすべて人間として生まれながらにして平等であるにも拘わらず、経済的社会的その他あらゆる諸環境においては「生まれながらにして不平等である」ことを捨象してしまい、形式的平等の観念に基づいて自由権を保障したことの当然の帰結として、実質的不平等は増々拡大し、自由競争の落伍者である一般大衆にとって自由権とは、「飢える自由」または「死の選択の自由」に他ならず、これは同時に資本主義社会の「死」への道でもあった。そのため、市民の大多数を占める「落伍者」達の形骸化された自由権を実質的なものにし、形式的平等から実質的平等へと近づけ、そして資本主義社会も生き残るためには、国家権力の制限を内容とする自由権的基本権だけでなく、国家の配慮と関与により社会権を含む広い意味での生存権を保障することが必要であったのである。このように、生存権的基本権は、形式的自由と平等を基礎にした資本主義社会が生み出した自己矛盾の必然的結果でもあるといえるが、その社会に生活を営む大多数の市民にとっては、生存権的基本権がまず保障されることによってはじめて自由権的基本権の享有も可能であり、平等の意味も知ることができるのであった。いいかえるならば、生存権的基本権と自由権的基本権は、その歴史的背景はともかく、今日では相互補完的関係にある不可分の権利であるといえる。これすなわち、現代憲法の殆どが生存権的基本権を保障する所以でもある。

そして、人権の国際的保障においてもまた、自由権的基本権だけでなく生存権的基本権を保障するために努力が払われてきているのも、このような理由によるものであるといえる。つまり、国連憲章第五五条が「一層高い生活水準、完全雇用」を促進し、「経済的社会的及び保健的国際問題」の解決を促進しなければならないと謳い、世界人権宣言が、社会保障、労働の権利そして生活の保障などのために第二二条から第二七条までの規定を割いている他、ＩＬＯそしてＵＮＥＳＣＯによって採択された条約の殆どが、このような生存権の保障に関するものである。このように今日の人権保障は、国内社会においてもまた国際社会においても、自由権と同様あるいはそれ以上に、生存権が重要な位置を占めている。これは、国内社会と同じく、国際社会においても、富の不公平な配分による貧富の隔差の増大は、「人類平等の理念や人権の原則に反するだけでなく、国際社会の不安定の原因ともなっている」[24]という認識に基づくものといえよう。

このように考えるならば、定住外国人の人権保障に関して、自由権は内国人と同じく保障するが生存権は保障しなくてもよいという論理はでてこない筈である。ところが、この問題に関する憲法学者達の諸学説の中、人権の性質に応じて外国人に保障すべき人権とそうでない人権を区別して「例えば選挙権、被選挙権あるいは生存権等は、事の性質上、国家構成員としての国民にのみ限定される」と考えるのが多数説であるといわれている。[25]そしてこの「事の性質上」とはどのような性質であるか明らかではないが、「……からの自由」を内容とする自由権的基本権と違って、生存権的基本権は、国家の積極的な配慮又は関与によって保障される権利であるから「それらを保障する責任は、もっぱら彼(女)の所属する国家に属する」[26]ということであるようだ。こうした考えについて、ここに詳しく検討する余裕はないが、いくつかの疑問点だけを指摘することに止めておこう。

まず第一に疑問に思われることは、すでにみたように、自由権と生存権は相互不可分の関係にあり、生存権を保障しないことは実質的に自由権の享有も拒否することになるということである。つまり生存権が保障されることによってはじめて自由権もその実質的内容が裏づけられるのである。次に、憲法学者自ら認めているように、生存権は、「上からの恩恵的な配慮ではなくて、憲法上の基本権であり」[27]、その中心的位置を占める社会保障は、「高福祉・高負担」といわれるように、社会構成員の負担つまり税金又は拠出金によって支えられた相互扶助または共済的性質を有するものであって、国家主権あるいは国家権力の行使とは無関係の性質のものである。長期にわたる労働と納税を通して、内国人と何ら変りのない社会生活を営んでいる定住外国人にのみその保障を拒み続けることは、内国人の「高福祉」のために、外国人は「高負担」だけを背負うことを強いられていることを意味するのである。このような「人間らしい生活を営む権利」を否定し、ひいては人間の尊厳をも否定することになる生存権保障の拒否は、国籍だけをその理由にする合理性はどこにもみあたらないのである。

最後に、生存権の保障に関する国内法学者の議論も、人権一般に関するそれと同様、国際的保障つまり国連憲章及び世界人権宣言の存在を全く考慮することなく行われているということである。日本がまだ批准していない他の人権文書はともかく、すでにみたように、国連加盟によって国連憲章上の義務と世界人権宣言の基本精神の尊重を約束している限り、憲法規定の解釈も当然このような約束によって導かれなければならない筈である。そして、こうした国内法学者の議論に終止符を打つためにも、やはり国際人権規約の批准をまつ他ないようである(日本は一九七九年九月二一日を期して締約国になった)。

さてそれでは次に、国際人権規約における生存権の位置または性質についてみることにしよう。人権規約は、周知のように、自由権的基本権と生存権的基本権について、各々別個の規約を設けている。これは、自由権的基本権は、国家の経済発展又は財政事情とあまり関係なく保障できるのに対して、生存権的基本権は、ある程度の経済発展と国家財政の裏づけなしには、その保障が事実上不可能であるという考えに基づくものであった。[28]

そして、当事国の国内実施義務についても、自由権規約の当事国は「……規約に認められた権利を実現するために必要な立法その他の措置を採択するために、その憲法上の手続き及びこの規約の規定に従って、必要な措置を執ることを約束」（第二条）しているが、A規約の当事国は「……この規約に認められた権利の完全な実現を漸進的に（progressively）達成するために、その利用しうる資源の最大限度まで、個別的に又は特に経済的及び技術的な国際的援助及び協力を通じて、措置を執ることを約束」している。つまり社会権規約の当事国は、規約が認めている権利の完全な保障を、今直ちにではなく、漸進的な方法又は措置によって達成すればよいことになっている。これは、今日の国際社会が当面しているもう一つの重要課題である、いわゆる「南北問題」に象徴されるところの、各国間の経済的不均等発展により、国家財政の乏しい発展途上国にとって、規約が認める諸権利なかでも社会保障の如き生存権の保障は、物理的に不可能であるという現実に基づいているものである。いいかえるならば、A規約が「漸進的達成」を認めているのは、各国の国内保障の現実的可能性の差異に因るものであって、生存権と社会権がその性質上まったく別個の権利であるという考えに因るものではないのである。

このことは、両規約のいずれも、その前文において、「世界人権宣言に従い、恐怖及び欠乏からの自由を享有する自由な人間たることの理想は、すべての人がその市民的及び政治的権利とともに、経済的・社会的及び文化的権利を享有することができるような状態が作り出される場合にのみ達成することができるものであることを認め」て、両規約の認める権利が不可分のものであり、いずれか一方の権利だけでは、世界人権宣言が掲げる理想は達成できないことを明らかにしていることからもわかるのである。そしてこのような理解によるならば、「国家の関与」という保障態様の違いを理由に、定住外国人に対して、自由権は保障すべきだが生存権は保障しなくてもよいという論理が認め難いことは、国際人権規約によって一層明らかになったというべきだろう。

このことは、さらに国際人権規約が「……人種・皮膚の色・性・言語・宗教・政治上その他の意見、民族的又は社会的出身、財産、門地又はその他の地位によるいかなる差別もなく」A規約に掲げられた権利を保障して、いわゆる「内外人の平等」を超えて「人類平等の原則」を打ち出していることからもいえる。たしかに、規約が禁止する差別の事由には国籍が明示されてはいないが「…その他の地位」には国籍も含まれることは否定できないことはすでに一般に理解されているのである。このように、内外人平等の原則が当然に認められているという理解は、社会権規約が、その第二条三項において「発展途上にある国は、人権及びその国の経済を十分に考慮して、この規約に認められた経済的権利をいかなる程度までその国の国民でない者に保障するかを決定することができる」(傍点は筆者)として、この原則の例外を認めていることからも裏づけられるのである。このような例外規定は、過去植民地主義支配の下にあった発展途上国の多くが、その国内に居住する外国人の経済的地位の方が内国人よりも高いという現状、あるいは外国資本の導入の過程において、外国人又はその企業がそのような地位におかれる可能性があるため、経済的に低い地位あるいは不利な立場にある自国民を保護する必要がある、という考えに因るものである。そして、このような例外規定は、内国人と外国人との差別を公然に認め、人権規約の基本精神に反するとした日本を含めた先進諸国の反対にもかかわらずとり入れられたのである[29]。その結果、社会権規約が認める内国人と外国人との違った取扱いは、発展途上国における経済的権利の保障にのみ限定されることになったのであり、日本が発展途上国といえない限り、定住外国人に対する差別的保障が認められないことは当然であるといわねばならない。

次に、「漸進的達成」と「無差別原則」との関係について考えてみよう。すでに触れたように、社会権規約の第二条が「この規約に認められた権利の完全な実現を漸進的に達成する」ことを認めているのは、諸国間の経済的発展の不均等、殊に発展途上国の経済的事情に因るものであった。つまり、各国間の経済的発展の隔差に因る国内保障能力の差異を考慮して採り入れられた語句である。したがって、先進国なかでも経済大国であると自ら誇示してはばからない日本にとって、この規定は無縁のものであるというべきであり、百歩譲って先進国もこの規定を援用できるとするならば、経済的理由以外の社会的政治的理由により、今直ちに完全な実現の達成が困難である場合に限るのである。たとえば、日本が規約批准に際して留保することが明らかになっている、公務員三公社五現業及び地方公共団体の職員のスト権、公休日の報酬そして高校、大学教育の無償化などがこれに該当するといえよう[30]。したがって、こうした問題は日本が将来には実現する意思があるならば、留保によらずまさにこの「漸進的達成」によって努力すればよいのである。しかし、このように内国民に新しく保障する権利ではなくもうすでに内国民に保障している権利であって、外国人には保障していない権利、いいかえると国籍に基づいて行われてきた不合理な差別的取扱いを延引させるために、A規約第二条一項が認める「漸進的達成」を援用することはできないのである。くり返すならば、A規約第一条一項の「漸進的達成」と同条第二項の「無差別原則」とは無関係であり、第一項によって第二項が禁止する差別を維持しようとすることは、国連第三委員会で同条第三項(発展途上国に内外人の区別を認めた規定)が審議された際に、日本を含む先進諸国が主張したように、人権規約の基本精神に反するといわねばならないだろう。

しかるに、A規約と定住外国人の権利に関する日本政府の考えは、外国人に対する差別的適用も、規定の趣旨が「漸進的に平等化を進める」ことであるから、直ちに撤廃しなくても差し支えはないということである[31]。このような考えは、規約批准に関する新聞報道によっても伺えるが、国会における政府側の答弁においても明らかになってきている。たとえば、人権規約の批准に対する政府の見解をただした上田卓三議員の質問に対する答弁の中で「……特にA規約につきましては、批准の時点では国内法制が必ずしも条約の内容と完全に合致していなくてもいい、努力目標ということになっておりますので……」[32]といっており、「漸進的達成」規定によって差別撤廃を引き延ばそうとする態度を伺わせている。しかし、このような態度は、すでにみたように、A規約第二条一項の立法趣旨と同条二項が掲げる無差別平等の原則に反することは否定し難いだろう。このことは、規約の成立過程に参加した日本政府が、よもや知らない筈はなく、このような政府態度の真の意図が那辺にあるかは定かでないが、国内法の整備などで時間を要するということに因るならばまだしも理解できようが、差別撤廃を引き延ばすための「隠れミノ」にしようということであれば、厳しい非難を免れえないだろう。いずれにせよ、規約批准の後においても、差別的取扱いを維持しようとするならば、誰もが納得しうる合理的理由を明示しなければならず、従来のように国籍だけを理由にした差別は、A規約第二条二項が禁止している差別であり、認められないということだけは否定できないだろう。

四　国際人権規約と差別の撤廃

以上みたように、人権の国際的保障は、国籍、相互主義又は内国民待遇といった個人あるいは外国人の取扱いに関する諸原則を超えて、人間であることだけを根拠にした「すべての人」の人権と基本的自由の保障を目的又は理念とするものである。しかるに、在日韓国・朝鮮人の場合は、こうした理念に導かれた取扱いではなく、国籍だけを理由に基本的人権なかでも生存権的基本権の享有が制約されてきており「国民はおろか住民でもなく……人でさえなくなっている」[33]と指摘される程である。そして、内外人平等を包含する人類平等の原則を実定法上の原則として承認している国際人権規約が批准された暁には、従来の差別的取扱いが廃絶されるものと期待されるが、その可能性はあるかどうか、次のいくつかの問題に焦点をあてて考えてみることにしよう。

1　労働の権利と職業選択の自由

A規約第六条は「この規約の当事国は、働く権利を認めかつ、この権利を保障するため適当な措置を執る」とし「この権利は、すべての者が自由に選択し又は承諾する労働によって生活費を得る機会を求める権利を含む」と謳って働く権利と職業選択の自由を保障している。しかし、在日韓国・朝鮮人の場合、まず法律によって一定の職業又は事業から排除され、そして次に法律の明文規定はないが、一般公務員及び公共の性格を有する職種の殆どから閉め出され、さらには、民間企業による実質的採用拒否によって職業選択の自由が著しく制約され、働く権利と職業選択の自由を奪われてきている。[34]

まずはじめに、法的に就業又は事業が禁止されている場合であるが、それらは、鉱業権、租鉱権の禁止(鉱業法第一七条、一八条)、船舶、航空機所有の禁止(船舶法第一条、航空法第四条)、そして、放送事業(電波法第五条)、航空運送(航空法第一〇一条、一一一条、一二二条の二)、遠洋漁業(漁業法第五二条、六二条)、銀行業(銀行法第二条、三二条)、保険事業(外国保険事業に関する法律第三条、八条)、証券業(外国証券業者に関する法律)、海上運送(船舶法第三条、海上運送法第四二条の三)等の事業について厳しく制約されている。このような禁止または制約は、国家の政治的経済的利益を保護するという一般的な理由は認められようが、それらがすべての場合に合理的なものといえるかどうか、人権規約批准を契機に再検討が必要であろう。特に、船舶所有の禁止などは果して合理性を有するものか疑わしいのである。

次に、いくつかの職種を除いた一般公務員及び公共性を有する職業は、日本国籍を有することをその採用条件とするいわゆる「国籍条項」がないにもかかわらず、在日韓国・朝鮮人の採用が拒否または制約されてきた。つまり、外務公務員、公証人そして水先人などは、はじめから外国人の就業を排除しているが、その他の職種についてはこのような明文規定による除外はなく、人事院の見解又は通達と関係機関の判断だけで就業が制約されている。つまり、一般公務員の場合は、一応の制約基準として「公権力の行使又は国家意思の形成への参画にたずさわること」が示されてきているが、このような基準による排除の合理的理由は勿論、具体的にどのような職種または職務がこれに該当するのか明らかにされることなく、制約だけが一方的に行われてきている。[35]

しかもこれは、法律ではなく行政機関の見解又は通達だけで、生存権の主要な権利である労働権そして職業選択の自由が制約されてきたものであり、法治主義の基本原則にさえ抵触するといわねばならないだろう。[36]そしてこのような問題は、最近、国公立大学における定住外国人の教員任用の差別撤廃要求が契機となり、その疑問点と再検討の必要について議論が惹起している。[37]特に外国人の教員任用問題については、国会レベルでその改善のための具体案が準備されつつあるが、大学教員という職種が先の制約基準に該当するかどうかという基本問題は検討されることなく進められ任用の門戸を開くことと引替に教授会における権利行使の制限だけが目立っている。[38]そのため、たとえ国公立大学教員への任用が可能になるとしても、従来の制約基準による一般的排除が内包する問題が解決される可能性は少ない。したがって、外国人の任用を認める法案が国会に提出されるのを機に、「公権力の行使と国家意思形成への参画」という基準が具体化され客観化されることが強く望まれる。そしてこのような作業が行われない限り、生存権を制限する合理的基準としてこれを援用することは困難であろう。なお、一九八二年には、「国立又は公立の大学における外国人教員の任用等に関する特別措置法」が制定され、外国人の任用が可能になった。

　また、このような一般公務員の他に、弁護士の場合も、弁護士法では国籍による除外がないにもかかわらず、最高裁判所が定める司法修習生の募集要綱だけでその門戸が閉ざされていたが、一九七七年、金敬得氏の司法修習生採用拒否を機に問題とされ、「特例」とはしながらも採用の道が開かれるようになった[39]。しかし、「特例」という表現にみられるように、外国人に対する弁護士への道の閉鎖が職業選択の自由を侵害し生存権を制約するものであるという立場に基づいた反省による門戸開放でなく、世間の批判をかわすという消極的理由によるものであるようである。このように、一般公務員又は弁護士の場合にみられるように、外国人であっても内国人と等しく享有する生存権により、職業選択の自由と働く権利を有するという一般原則に基き、例外的に国籍による制約を認めるというのではなく、逆に「例外を一般となし、一般を例外となす」結果になっているのが実状である[40]。したがって、人権規約の批准はこうした「一般原則」と「例外」の逆用の是正も、早急に解決されるべき課題とするのである。

　最後に、一九七〇年、朴鐘石(バクチョンソク)青年に対する日立製作所の採用拒否によって明らかになり、社会的に問題となったように、日本の民間企業による就職差別は、在日韓国・朝鮮人の労働権を奪い職業選択の自由を制限するという側面において、さきにみた公務員採用の制約以上に重要であり深刻な問題であることは周知の通りである[41]。しかも、自由主義経済を標傍する日本の社会にあっては、国籍に基づく採用拒否が企業側によって公然と主張されまたは事実によって明白にされない限り、「契約の自由」の名の下に、就職差別は維持されかつ放置されるのが実状である。そのため人権規約が批准された後においても、政府の積極的な関与による差別の解消はあまり期待できない。ただ、公務員その他の公共性を有する職種への門戸を積極的に開放すると共に民間企業に対する強力な指導によって改善される可能性がないとはいえない。そしてこのような政府の努力は、A規約が保障する労働の権利と職業選択の自由だけでなく同規約第一一条が保障する「……すべての者が十分な食料衣服及び住宅を含めて、自己及び家族のために十分な生活水準を享受し並びに生活条件の不断の改善を求める権利」をも確保するためにも必要であり、かつ当然の義務でもあるといえるだろう。

2　社会保障

A規約の当事国は、その第九条において「すべての者が社会保険を含む社会保障を受ける権利を有することを認め」ている。社会保障は、先にみた労働の権利と共に、生存権的基本権の本質的内容をなすものである。つまり、労働の権利は、働ける者に保障する権利であるのに対して、社会保障は、疾病、傷害、失業又は死亡など、自己の意思によらない事由により働けなくなった者又はその家族が生活の保障を受ける権利であるといえる。いいかえるならば、労働の権利か社会保障の権利のいずれか一方の権利が保障されない限り、「健康で文化的な最低限度の生活を営む権利」すなわち生存権は享有できないのである。A規約が労働の権利に関する規定の後に社会保障に関する規定を設けているのもこのような理由によるものといえるだろう。

ところが、在日韓国・朝鮮人は、労働の権利がそうであるように、社会保障の権利もさまざまな制約を受けており、これはA規約の規定に抵触することはいうまでもない。ここに具体的な制約の事例を細かく検討する余裕はなく、政府所管の三九項目にのぼる社会保障の中、厚生年金と生活保護の二項目だけが一律に適用されることになっていることだけを指摘しておこう[42]。そして、地方自治団体所管の社会保障も、近年活発になった行政差別撤廃運動により、児童手当など地方自治体の判断で改善できるものは、その適用が拡大されつつあるが、まだ日本国民なみの適用までは程遠く一方では働く権利を制約され、他方では社会保障も適用除外になることによって、在日韓国・朝鮮人の生存権は否定されっ放しになり、不安定な生活を余儀なくしている。

このような社会保障の適用除外は、外国人の生存権的基本権の保障はその本国が責任を有するという基本的考えによるものであるが、このような考えが認められないことはすでにみた通りである。ただ一点だけをここでくり返し指摘しておきたいことは、社会保障の基本的性格は、市民又は地域住民の負担、つまり税金もしくは拠出金に基礎をおく相互扶助制度であり、国民年金法第七条が、被保険者の資格について「日本国内に住所を有する……日本国民」といっているように、日本国籍の保持者でも日本に居住しない者は被保険者になれないのである。つまり、国民年金の被保険者資格の要件は、国籍だけではなく居住でありかつ納税と拠出金の負担である。

そして、国会審議の場でも明らかになったように、在日韓国・朝鮮人が支払っている税金は、約一五〇〇億円に達しており、税負担率も、日本国民平均一三％に対し二八％にも達しているといわれる[43]。また、国民年金の適用を除外している理由として、最も強調される「二五年間掛金」の条件も、在日韓国・朝鮮人の殆どは、二五年以上の居住歴を有しまたは有するであろう人達であることを考えるならば、適用除外の合理的理由とは認め難い。このことは、日米通商航海条約において約束した「内国民待遇」[44]に基づいて、在日アメリカ人には国民年金法第七条が適用され、当然に被保険者になれると解されていることからもいえるのである。このように、国民年金をはじめとする社会保障の適用は、国籍よりも居住を根拠にしているとみるのが正しいように思われる。そして、一方で所得税法が納税義務者を「居住者」としながら、他方で国民年金法が被保険者資格を「国民」としているのは、あまりにも虫がよすぎる論理である[45]といわざるをえない。このような怪奇な論理は、A規約の批准に伴って払拭されるべきは当然であり、「居住」だけを適用条件にすべきであろう（一九八二年国民年金法の改正により、外国人も加入資格が認められた）。

また、現在地方自治体のレベルで解決されつつある児童手当の給付も「……すべての児童及び年少者のために、特別な保護及び援助の措置が執られるべきである」と謳っているA規約第一〇条の規定に従って、児童手当法の改正を含む政府レベルでの全面的解決によって、まだ給付されていない地方自治体においても手当の給付が行われることが期待される。同時にまた、母子家庭の保護も日本国民と同様に、母子福祉法に沿った措置が執られることが望まれるのである。

最後に、公営住宅の入居問題であるが、公営住宅法第一条が「……健康で文化的な生活を営むに足りる住宅を建設し……国民生活の安定と社会福祉の増進に寄与する」と謳っているように、住宅問題も生存権的基本権の享有において重要な位置を占めるものであり、A規約第一一条が認める「……住宅を含めて、自己及び家族のために十分な生活水準を享受……」する権利の確保のためにも欠かせないものであるといえる。そして、この問題も差別撤廃運動に促されて改善の方向にあるものの、まだ十分とはいえずA規約批准の後は当然の権利としてその入居が認められるべきであろう。ただ、現在大阪において問題となり、国会においてもとりあげられた個人経営住宅の入居拒否[46]は、政府側の答弁[47]にもみられるように、民間企業による採用拒否と同様これまた「契約の自由」が問題解決のネックになっておりこのような問題を含む私人関係における差別の根絶は、「あらゆる形態の人種差別撤廃に関する国際条約」の批准によって達成が可能であるかも知れない。

3　教育に対する権利

A規約第一三条は、教育に対する権利について詳細に規定し、初等、中等教育だけでなく、高等教育の無償化についても触れ、さらには、奨学金制度の設置並びに教育職員の物質的条件の改善、私設の学校又は教育施設における教育などについても細かく定めている。在日韓国・朝鮮人にとっての教育に対する権利は、職業選択の自由と社会保障に劣らず、あるいはそれ以上に重要な問題であることはここにいうまでもない。そしてこれに関連する問題は大きく分けて二つあるように思われる。つまり、その一つは、普遍的な学校教育についてであり、他のもう一つは、民族教育の問題である。

まず、普遍的な学校教育であるが、これは本人又はその親が望む限り、少くとも表面的には、日本人と全く同じ教育を受けることができる。ところがその実は、すでにみたように、働く権利と職業選択の自由を含む生存権が制約されているため、家庭の困窮化に伴い義務教育までは何とか受けられるとしても、それ以上の教育は学費負担の増大に伴いなお一層困難になり、教育の機会均等は多くの人々にとってただの歌い文句に過ぎなくなっている。また、たとえ経済的能力を有して高等教育を受けることができるとしても、採用拒否などの現実社会における差別構造を前に、勉学の意欲が減退し教育に対する権利を自らかなぐり捨てる場合が多くみられる。

さらに、小学校の就学通知に伴う差別的取扱い、幼稚園から大学に至るまでの私立学校においてしばしばみられる入学拒否などにみられるように、在日韓国・朝鮮人の教育に対する権利は、基本的人権として保障されてきたのではなく、恩恵的な施しとして考えられてきたといっても誤りではないのである。したがって、こうした問題の根本的解決は教育に対する権利を正当かつ当然の権利として認めるだけでなく、働く権利と社会保障を含む生存権の保障によってはじめて可能であるといえる。

次に、民族教育問題であるが、在日韓国・朝鮮人の教育が、これらの人々の自らの教育機関ではなく、その殆どを日本の教育機関に委ねていることの当然のコロラリーとして、民族教育は皆無に等しい程行われていないのが偽らざる実状である。これは、韓国・朝鮮人側の自覚と力量不足によることも否めないが、日本政府並びに教育当局者が民族教育に対して正しく理解しようとしていない態度に因るといっても誤りではないだろう。そのため、日本の教育機関による教育は、同化教育であるという批判がくり返し行われてきている。[48]もっとも大阪においてみられるように、現場の教員の働きかけと自主的な努力によって、本名を名のらせる運動、民族の言葉と歴史の学習などによる民族教育への接近は高く評価されるべきであろうし、その成果が期待されることはいうまでもない。[49] しかし、日本の教育機関における日本人教員による努力には、やはり限界があることは認めねばならない。

したがって、まず、民族教育は教育に対する権利であると同時に国際人権規約のA規約及びB規約のいずれによっても認められている「自決権」に基づいた民族の基本的権利であることを認め、民族的教育機関を法的に承認しかつ財政的にも支援する一方、日本の教育機関における民族教育を、民族教員の採用などの具体的措置によって、積極的に進めるべきであると考える。

そして、そのためには、従来よくみられたように、民族教育即反日教育と考えるのではなく、在日韓国・朝鮮人の民族教育は、ひとりその当事者のためだけではなく、日本人の教育にとっても有益であると理解する、発想の転換がまず必要であるかも知れない。つまり、正しい民族教育とは、決して自民族のエゴもしくは他民族の否定ではなく、他民族の正しい理解からはじめねばならない筈である。いいかえると、民族教育と国際教育は矛盾するものではなくむしろ正しい民族教育から国際教育ははじまるのである。そして、日本の教育機関における韓国・朝鮮人の民族教育は、日本の生徒にとって絶好の国際教育であることも忘れてはならないのである。

そして、こうした民族教育の積極的推進によってはじめて、A規約第一三条がいうように、在日韓国・朝鮮人にとって「教育が、人格及びその尊厳の意識の十分な発展に向けられ、人権及び基本的自由に対する尊重を強化し」さらには「教育によって、すべての者が効果的に自由な社会に参加し、各国民及びすべての人種的、種族的又は宗教的集団の間の理解、寛容及び友好を促進」することが可能になるのである。

おわりに

以上本章1では、国際人権規約と定住外国人、その大部分を占める在日韓国・朝鮮人の生存権にしぼって考えてみたが、次のいくつかの点を再確認して結ぶことにしよう。

つまり、まず第一には、伝統的国際法は、家産国家的論理によって、個人は国家主権の属性としか看做されず、国家の管轄権内にいる個人そして外国人も、原則的には自由に取り扱えるとされていたが、第二次大戦後の国際社会が進めてきている人権の国際的保障の過程においては、個人の人権と基本的自由の尊重に関する問題は、一国だけが取り扱う排他的国内問題ではなく、国際関心事項となって、さまざまな国際的介入を受けるようになってきたのである。

そして第二には、人権の国際的保障は、あらゆる人権の完全な保障の実現をその究局的目標にしながらも、政治的経済的その他あらゆる面において多元的構造をその本質とする今日の国際社会にあっては、各国の国情に応じた人権の保障を実現し、まずいかなる事由による差別も認めず、少なくとも実現可能な範囲の人権は「すべての人」に等しく保障することを当面の目標としているといえる。いいかえると、国情によって人権の不十分な保障はやむをえないとしても、内外人平等を含むすべての人の人権の平等化を図ることを焦眉の課題としているのである。

そして第三に、このような「人間平等」又は「人類平等」は、国際人権規約によって実定国際法上の原則となっており、人権規約の批准はこの大原則の承認を前提にするものである。そして、A規約が権利の「漸進的達成」を謳っているのは、各国間の経済的不均等発展、殊に発展途上国の事情を考慮したことに因るものであって、先進国がしかも従来行ってきた差別の維持を図るために援用することは、規約の立法趣旨にも反するだけでなく、差別を禁止したA規約第二条二項にも抵触するということである。

そして、最後に、従来外国人に認めなくてもよいといわれてきた生存権的基本権は、自由権的基本権と不可分の関係にあることは、その歴史的背景又は社会的理由からもいえることであり、国際人権規約もこのような基本的立場に基づいているといえるのである。したがって、従来からその撤廃が求められている、社会保障、職業選択などを含む生存権的基本権の制約又は差別的取扱いは、A規約の批准に伴って、廃絶又は解消されるべきであり、国籍に基づく区別は明示された合理的理由に基づいた最少限の範囲内に止められるべきであろう。

ところが、日本政府による人権規約批准に際して、さまざまな留保と共に適用過程における差別の温存に対する危惧が表明されている。すでにみたように、本来は国際人権規約をまたなくとも、国連憲章、世界人権宣言の尊重を約束した時から、人権の国際的保障の理念つまり人類平等の理念によって、国内立法及びその適用は導かれるべきだったのである。いわんや、法的義務を明確にしている人権規約を批准した後においては、当然であり、そうでなければ今日まで批准を延ばしてきた理由が何か理解できないのである。くり返していうならば、人権規約を国内法に合せようと努めるのではなく、国内法を人権規約に合致させるために努力しなければならないことは、国際法規と条約の遵守を謳った日本国憲法第九八条二項の規定をまたずとも、当然の義務であろう。そして、このような基本的立場に立つならば、本章1で検討した問題の他に、たとえば人権侵害につながるとして従来からその改善が強く求められている出入国管理の問題なども、人権規約の基本原則に従って、現行法の改正又は適用の是正が必要であることはいうまでもない。さらにまた、すでに触れたように人権の国際的保障は、人権一般を保障した国際人権規約がその中心であるといえるが、人種、民族などの事由に基づく差別の撤廃を焦眉の課題としていることから、「あらゆる形態の人種差別撤廃に関する国際条約」「教育における差別禁止条約」そして「雇用及び職業における差別禁止条約」など具体的差別の撤廃に関する国際条約も早急に批准することによって、人権の国際的保障に対する日本の積極的参加の姿勢を示すことが強く望まれるのである。そうする事が、「人権後進国」から脱却し、名実共に、「指導的役割」を果しうる先進国への道につながるものと信ずるのである。

（一九七八年六月七日）

1 国際人権規約の内容及び意義については、和島岩吉編『国際人権規約と人間解放』改訂版（部落解放新書、一九七八年）参照。
2 『朝日新聞』夕刊（五月三〇日）。
3 差別の実態及びその撤廃要求については、ひとまず、在日本大韓民国居留民団中央本部編『差別白書』第一集「なにが問題なのか」（一九七七年）、同第二集「権益運動のすすめ」、「行政差別撤廃運動」（一九七八年）在日朝鮮人の人権を守る会編『在日朝鮮人の基本的人権』（二月社、一九七七年）参照。
4 『朝日新聞』朝刊社説（六月三日）。
5 宮崎繁樹『国際法における国家と個人』（未来社、一九六三年）。
6 このような論理に対する批判については、和田英夫「在留外国人の権利」『ジュリスト 憲法の判例』（第二版）九一頁参照。
7 前原光雄「国際法と外国人の地位」国際法学会編『国際法講座』第二巻（有斐閣、一九五三年）三―一三頁参照。
8 日本における外国人一般の取扱いについては、大田益男『日本国憲法下の外国人の法的地位』（啓文社、一九六四年）参照。
9 田畑茂二郎『国際法新講 上』（東信堂、一九九〇年）二四六―二四九頁参照。
10 アメリカの黒人又はアフリカのアジア人などはこの典型的な例であろう。
11 日本がアメリカと結んだ安西条約と朝鮮に押しつけた江華条約を対比して見よ。
12 たとえば、Mynes S. McDougal, H. D. Lasswell, The Protection of Aliens From Discrimination and World Public Order: Responsibility of States conjoined with Human Rights, Am., Jr. *Int'l Law* Vol.70, No.3.
13 これについては、国連経済社会理事会の文書、E/CN. 4/Sub. 2/L. 628, *ibid* Add. 1/3 (The Problem of the Applicability of existing international

provisions for the protection of human rights to individuals who are not citizens of the country in which they live). 参照。

14 人権問題が国際的関心事項となった過程については、拙稿「国連における人権保護と国内管轄権」(一)『国際法外交雑誌』第七〇巻第六号、同(二)第七一巻第三号、参照。

15 田畑茂二郎『人権と国際法』法学理論篇(日本評論社版)、芹田健太郎「国連における人権問題の取扱い」『国際問題』一九六八年一〇月号参照。

16 小谷鶴次編『基本的人権と国際平和―資料と研究―』(有信堂高文社、一九七二年)、及び拙稿「人権の国際的保護と人種差別撤廃条約」及び資料「あらゆる形態の人種差別撤廃条約」『大阪経済法科大学法学論集』第二号(一九七八年)参照(後者は、本書第三章1に所載)。

17 これについて詳しくは、前掲、田畑『人権と国際法』三〇―六九頁参照。

18 祖川武夫・小田滋編著『わが国裁判所の国際法判例』(有斐閣、一九七八年)一一八頁参照。

19 小林直樹『憲法講義』(改定版)上(東京大学出版会、一九八〇年)二五五―二五六頁参照。

20 小林『右掲書』二六四頁、作間忠雄「外国人の基本的人権」『ジュリスト』臨時増刊 法律学の争点シリーズ2(憲法の争点)五九―六〇頁参照。

21 たとえば、二月二日から三日にかけての各新聞は、政府の規約批准を伝え、内外人平等の実現を強く訴えている。とくに二月三日の日本経済新聞を見よ。

22 我妻栄『新憲法と基本的人権』(国立書院、一九四八年)二五―三三頁参照。

23 この点については、我妻『右掲書』八〇―一四〇頁、小林直樹『現代基本権の展開』(岩波書店、一九七六年)二〇五―二五〇頁参照。

24 小林『前掲書』二三九頁。

25 作間忠雄「前掲論文」五九頁。なお、この考えに、やや批判的な考えとしては、尾吹善人「外国人の基本的人権」『ジュリスト』四八三号(一九七一年七月)及び奥平・杉原編『憲法学Ⅰ 人権の基本問題』(有斐閣双書、一九七六年)、萩野芳夫「外国人の人権」一―一四頁参照。

26 宮沢俊義『憲法Ⅱ』(有斐閣、一九七一年)二三五頁。

27　小林直樹『憲法講義(改訂版)上』(東京大学出版会、一九八〇年)四二二頁。
28　この点については、外務省国際連合局社会課『国際人権規約成立の経緯』(一九六八年刊)二一七頁及び二三頁参照。
29　同『右掲書』二四―二五頁参照。なお、国連第三委員会におけるこの規定の審議について詳しくは、国連第一七回総会公式記録、第三委員会一一八一―一一八五回会議参照。
30　たとえば、イギリス代表の発言を見よ。右掲、公式記録、一一八五回会議、パラグラフ四一。
31　五月三〇日の毎日新聞夕刊はこのように伝えているが、すでにみたように、規定の趣旨は「権利の漸進的達成」であって、平等化の漸進的達成ではないのである。
32　第八〇回国会衆議院・予算委員第二分科会議録。
33　田中宏「在日朝鮮人差別の構造」『アジアレビュー』(一九七七年冬号)七九頁。
34　これは、有職者が全体の二三%に過ぎず、無職者又は職業不詳の者が実に四九万人を超えている事実によっても裏づけられる。法務省入国管理局編『出入国管理―その現況と課題―』(一九七六年三月)一〇九頁参照。
35　このような制約の歴史的経緯については、岡崎勝彦「外国人の法的地位に関する一考察」名古屋大学『法政論集』第七五号、一九七八年、一八〇―一九四頁参照。
36　岡崎「右掲論文」一九六頁参照。
37　在日韓国・朝鮮人大学教員懇談会・財団法人日本クリスチャン・アカデミー編『定住外国人と国公立大学』(在日韓国・朝鮮人大学教育懇談会、一九七七年)、岡崎「右掲論文」二〇六―二二〇頁参照。
38　『読売新聞』四月三日朝刊。たとえば、自民党の法案第三条は「……外国人である教授は、教授会の会議に出席し、発言することはできるが、議決に加わることはできない」と規定している。
39　この問題について詳しくは、原後山治・田中宏編『司法修習生=弁護士と国籍』(日本評論社、一九七七年)参照。
40　岡崎「前掲論文」二〇二頁。
41　朴君を囲む会編『民族差別』(亜紀書房、一九七四年)及び小沢有作・和田純「在日朝鮮人と就職差別」『朝鮮研究』一〇九号参照。
42　その実態については、前掲『差別白書』第二集「権益運動のすすめ」三四八―三五〇頁、また、吉岡増雄「在日朝鮮人の社会保障」

『三千里』一二号(一九七七年冬)五四—五九頁、在日朝鮮人の人権を守る会編『在日朝鮮人の基本的人権』(二月社、一九七七年)三九七—四四六頁参照。

43 第八〇回国会、衆院予算分科会議(一九七七年三月一五日)での上田卓三議員の発言による。

44 同条約第三条。

45 国民年金適用に関する具体例については前掲『差別白書』第二集四二—六九頁参照。

46 一九七八年三月二四日衆院内閣委員会における上田卓三議員の質問、同委員会記録第九号参照。

47 同委員会における川合宏之建設省住宅局住宅総務課長の答弁参照。

48 これらの問題については、前掲書『行政差別撤廃運動』五八—六二頁及び、『在日朝鮮人の基本的人権』(二月社、一九七七年)三二九—三六六頁参照。

49 特に、大阪市外国人教育研究協議会の皆さんによって作られた教材『サラム』は、注目すべきことであろう。

『部落解放研究』一四号　一九七八年六月、部落解放研究所　所載

2　国際人権法と在日外国人の人権

はじめに

国家だけをその法主体とし、個人もしくは個人集団に関する問題は本質的に当該個人が所在する国家の主権または国内管轄権に属する問題とする伝統的国際法においても、外国人の立場にある個人は、はやくから国家間の問題すなわち国際法上の問題となっていた。[1] つまり、宗教活動または経済活動などの目的で外国に在住する個人すなわち外国人の法的地位及び享有すべき権利は、一般国際法上の原則そして関係国間の合意に基づいて定められた。しかし、私的生活を営むために必要な最少限の権利の享有が認められるとする一般国際法上の原則及び相互主義または関係国とりわけ外国人の国籍国と所在国との合意のいずれの場合も、当該外国人の権利よりも国家の力関係と国家利益の論理が優先された。その結果、二国間の合意が存在しない場合は、所在国の自由裁量もしくは恣意的取扱いに委ねられるのが実態であった。[2] このことは、在日外国人とりわけ旧植民地住民であり、対日平和条約の発効（一九五二年四月二八日）に伴う日本国籍喪失により外国人の地位を余儀なくした在日韓国・朝鮮人に対して、「煮て喰おうが焼いて喰おうが勝手だ」と公言した法務省当局者の態度が端的に教えてくれる。

また、相互主義そして二国家間の合意のいずれによる場合も、外国人の本国＝国籍国と所在国との力関係に左右されるために、外国人が保持する国籍によって享有できる権利の内容が異なり、いわば国籍による差別を認めることになる。そしてこうした伝統的国際法上の外国人処遇は、第二次大戦後の国際社会つまり現代国際法の下においても維持された。これに関連する具体的事例もまた、日本に所在する外国人とりわけ韓国・朝鮮人とアメリカ合衆国の国民との処遇の差異に確認できる。いいかえると、日米友好通商航海条約により内国民待遇を認められた合衆国の国民と、二国間条約さえ存在しなかった時期そして日韓法的地位協定（一九六五年）が締結された後の時期においても、不合理な差別を強いられた韓国・朝鮮人との差異が典型的に示してくれる。

そしてさらに、国家がその国内に所在する外国人を保護する義務を定める国際法も、欧米諸国が主張する国際標準主義もしくは文明国標準主義に基づく最低基準(minimum standard)は[3]、非ヨーロッパ地域とりわけ中南米諸国に所在する欧米諸国国民に対する特別処遇を要求する差別性を内包するものであるため、国内標準主義を主張する中南米諸国の抵抗にあい合意形成に失敗したことは周知のとおりである。さらに、国家が外国に所在する自国民を保護するために国際法上認められる「外交保護権」も、当該外国人の権利保護よりも、欧米大国がその政治目的を達成するために弱小国に対して行われる内政干渉の「隠れミノ」として悪用されてきた[4]。いわゆる「カルボ条項」[5]は、外交的保護権に隠れた内政干渉に対する中南米諸国の抵抗を示すものであった。しかも、外交的保護は個人が自己の国籍国に対して要求できる権利ではなく、当該国家の権利であるために、その行使・不行使は相手国との友好関係その他の政治的理由に左右されるのが実状である。そのためとりわけ弱小国の国民である外国人の権利がその国籍国の外交的保護権の行使によって保護されることは殆ど期待できない。

以上かいつまんでみたように、外国人の権利保護に関する伝統的国際法そして現代国際法上の原則と規範は、国籍による差別的処遇と国家の力関係そして政治的利益によって大きく左右されるため、外国人の人権を保護するために機能しえないことが再確認できる[6]。そのため、外国人の権利が、その所在国と国籍国との力関係と政治的利益ではなく、人権の普遍性と非差別・平等の原則に基づきすべての個人がその人権と基本的自由を平等に享有できる国際社会の実現を目指す国際人権法の発展をまたねばならなかったのである。

一　国際人権章典と外国人の人権

二〇世紀のうちに「二度まで言語に絶する悲哀を人類に与えた戦争の惨害」(国連憲章前文)を経験した国際社会は、とりわけ人種的優越主義と排他的民族主義そして国粋主義に基づくホロコーストもしくはジェノサイドなど、その他の人権侵害の衝撃から、国際平和を維持するために設立された国際連合は人権と基本的自由の普遍的尊重をもう一つの目的として掲げた。つまり、国連憲章第一条は、国際の平和と安全の維持、人民の同権と自決の原則に基礎をおく諸国間の友好関係の発展と並んで、「……人種、性、言語または宗教による差別なくすべての者のために人権及び基本的自由を尊重するように助長奨励すること……」を国際連合の目的もしくは存在理由と謳っている。第二次大戦後の国際社会の発展を特徴づける人権の国際的保護すなわち国際人権法の発展は、この憲章規定を基礎にはじまり具体化した。

1　世界人権宣言が謳う人権の普遍性と在日外国人の人権

一九四八年一二月一〇日、パリで開催された第三回国連総会は、国際社会の歴史上はじめての国際人権基準である「世界人権宣言」を採択した。この「宣言」は、「……すべての人民とすべての国とが達成すべき共通の基準(common standard)」であると位置づけ、尊重され保障されるべき市民的政治的権利及び社会的文化的権利を詳細に定めると共に、これらの権利享受を支える基本原則として非差別・平等を数カ条にわたって定めている。つまり、「すべての人間は(all human beings)、生れながらにして自由であり、かつ、尊厳及び権利について平等である」(第一条)こと、「すべての者(every one)は、人種……国民的もしくは社会的出身(national or social origin)、財産、出生又は他の地位等によるいかなる差別もなしに、この宣言に規定するすべての権利及び自由を享有する権利を有する」(第二条)と定めて、人権(human rights)が、古今東西すなわち時と場所を超えて、すべての人間もしくはすべての個人が享有する権利であることを明らかにしている。これすなわち人権の普遍性の国際的確認である。そしてさらに、「すべての者(all)は、法律の前に平等であり、いかなる差別もなしに法律による平等の保護を受ける権利を有する」(第七条)ことを明らかにしている。世界人権宣言が国際的に確認し宣明した人権の普遍性と非差別・平等の原則は、その後に採択・成立される数多くの宣言と条約によってくり返し確認されたことは周知のとおりである。[7]

もっとも、人権の普遍性と人権享有の非差別・平等は、一八世紀後半に欧米諸国の市民革命の過程で採択・宣布された権利章典や人権宣言の中で確認され、その後は人権と民主主義を標榜する国家の憲法によっても、自明の原理として表明され確認されてきた。にもかかわらず、人権は、歴史的にそして今日に至っても、人(human)の権利ではなく、有産階級もしくはブルジョア階級、社会的身分の高い者、男性そして健常者の権利であり、労働者もしくは無産階級、女性そして障害者などの権利ではなかったのである。とくに、人権と基本的自由そして民主主義の発展に先駆的役割を果たしたアメリカ合衆国、フランスそして英国の国内社会と植民地においても、先住民、黒人そして非ヨーロッパ系の有色人は、人権を享有する「人間」ではなく、迫害と差別さらには虐殺の対象としてしか処遇されてこなかったことは周知のとおりである。つまり、人権の普遍性は観念上もしくは概念上の次元に止まり、その実は特定の個人と集団だけが享有する差別性＝不平等を内包する相対性を維持しつづけてきた。そのため、人権の歴史は、享有すべき権利の拡大と共に、さまざまな差別の撤廃と権利享有の平等の実現、すなわち人権の普遍性達成を目指した努力もしくは戦いの歴史であった。

ところが、本章2の主題である外国人は、人権の普遍性＝非差別・平等を達成するための努力とりわけ国内社会で展開される運動もしくは闘争の課題にさえなりえなかった。それは、第二次大戦までの時期そして第二次大戦後も暫くの時期までは、外国人の立場にある個人の殆どが、アジア、アフリカそして中南米など非ヨーロッパ地域に所在する欧米諸国出身であったことに基因する。そのために、伝統的または近代国際法の下で、領事裁判など不平等条約によってむしろ特権的地位を享有し、あるいは外国資本と共に進出して所在するために経済的に優位な立場にある人びとが多かったことから、外国人の権利は人権の普遍性達成の課題とはならなかったといえる[8]。しかし、第二次大戦後の国際社会を特徴づける非植民地化＝植民地の独立に伴って急増した旧植民地住民、西ヨーロッパの統合に象徴される地域社会の統合により国境を超える人と資本の自由な移動に伴って外国人が急増してきた。そしてさらに、国際化もしくはグローバリゼーションの潮流に伴って、国籍国または自国を離れて外国に所在する人びと、とりわけ就労と雇用を国外に求める移住労働者(migrant workers)もしくは外国人労働者の急増、あるいは地域紛争と国内紛争によって生命と生活を脅かされ国外に庇護を求める難民の増大が、現代国際社会における外国人の状況であり特徴でもある。こうした外国人の殆どは、労働者、難民そして女性と子どもなど、法的社会的に脆弱な立場にあるため、人権の保障または差別の撤廃という現代の国内社会と国際社会の課題克服にとって外国人の人権保障が重要課題の一つとなっているとの基本認識が必要である。[9]

2　日本国内社会の外国人

以上、第二次大戦後に激しく変動する国際社会の過程で生起した外国人の状況にふれたが、日本国内に所在する外国人の状況も同じ変化を辿ってきている。つまり、日本の敗戦で終結したアジア・太平洋戦争後に、日本帝国の植民地支配から開放された朝鮮半島と台湾すなわち旧植民地の出身者、とりわけ平和条約の発効(一九五二年四月二八日)と同じ日に日本国籍を剥奪されて外国人となった在日韓国・朝鮮人が、一九八〇年代なかばまでは在日外国人の八〇パーセントを占めていた。[10]その結果、日本経済の高度成長、冷戦体制の崩壊さらにはグローバリゼーションの過程で急増する東南アジアと中南米からの労働者を中心とする新しい外国人が急増するまでは、韓国・朝鮮人の処遇が在日外国人問題の中心でありつづけた。いいかえると、国籍と権利保障そして歴史的責任と戦後補償など、外国人の法的地位と処遇に関する日本の法制と行政のありようが、韓国・朝鮮人の人権と処遇との関連で問われつづけた。[11]以下、国際人権基準の受容に伴って漸次に是正された一九八〇年代までの在日外国人の人権状況をかいつまんで確認しておくことにする。

「差別・同化・追放」と三つのキー・ワードで表現される戦後の日本政府が維持しつづけた外国人法制は、植民地政策の中心であった皇民化=同化政策の延長ともいえる民族教育の否定、自ら強制した日本国籍の一方的剥奪、雇用と職業選択の自由並びに国民年金をはじめとする社会保障と社会福祉に対する権利の制約、さらには日本の皇民としての忠誠を強制して日本軍または軍属として戦場に駆りたてられ死亡し負傷した者に対する援護対象からの除外など、日本国籍を有しないことを理由に権利享有を否定しつづけた[12]。また、日本の外国人法制の根幹を成す「出入国管理及び難民認定法（改正前は出入国管理令）」及び「外国人登録法」は、歴史的定住原因、居住歴の評価と尊重に基づいた法的地位と権利の保障ではなく、管理と支配だけを突出させて指紋押捺と登録証の常時携帯を強制し、再入国許可制度を永住者にまで義務づけるなど、外国人の尊厳と権利を侵害する状況がつづいた[13]。

このような外国人法制は、本章2の冒頭に触れた伝統的国際法が、外国人の国籍国との間にその処遇に関する特別合意がない限り、所在国の恣意的もしくは自由な決定に委ねているとする法理に基づくものであった。とりわけ外国人の出入国と滞在に関する問題は、国家主権に帰属する国内管轄事項であり、一般国際法規範の適用を受けない事項であるとする論理は、国際人権法の発展をまってはじめて再検証を迫られることになる。もっとも、国際人権法の国内受容がはじまる一九八〇年代以前の時期において、日本国憲法が保障する人権の享有主体と外国人に関連して、憲法もしくは公法の分野において議論が重ねられ、裁判所によっても、具体的問題の司法的判断の過程において争点となってきたことも事実である。つまり、外国人の人権享有主体性をめぐる議論は、人権の権利性あるいは憲法規定が「国民」または「すべての個人」のいずれを享有主体と定めるかによって、外国人の権利享有の可能性もしくは合法性をめぐって展開された。また、司法的判断も、憲法が保障する人権は、「特段の事情がない限り」外国人も享有することを示してきた[14]。しかし、学界の議論さらには司法的判断は、本章2の直接目的でもないために他の研究に譲ることにするが、前述の外国人とりわけ旧植民地住民である在日韓国・朝鮮人に対する不合理な差別の撤廃を促すことにはならなかった。ばかりか、むしろ社会権的基本権とりわけ社会福祉・社会保障に対する権利については、国庫負担を伴う権利保障であるから外国人には保障しなくても差し支えないとして、国籍に基づく差別を正当化する役割さえ果たしていたのである。[15] いいかえると、学会の議論、司法的判断さらには差別撤廃を求める市民運動など国内的努力によっては、国籍に基づく不合理な差別の撤廃は遅々として進展しなかった。

3　国籍に基づく外国人差別と国際人権規約

日本政府は、一九七九年になって国際人権規約のA・B両規約の批准手続を取り、同年九月二一日には日本国に対して効力を発生した。その際、個人通報の権利を保障する選択議定書の批准は先送りにし、A規約に関しては、休日の報酬(第七条(d))、同盟罷業(第八条(d))、そして高等教育の無償化(第一三条二の(c))については留保を行ったのも周知のことである。しかし、内外人平等を含む非差別・平等を基本原則とし、規約が保障する権利の平等な保障を締約国に義務づけ、具体的国内措置による義務履行を定める国際人権規約により、日本国内の国籍に基づく差別の合法性・合理性が問い直され、差別の撤廃を促すことにもなる。[16]

(1)　社会権享有における国籍差別

国際人権規約のA規定すなわち社会権規約の日本国内受容による差別の是正と権利享有の平等に最大かつ実効的な影響を及ぼしたのは在日外国人とりわけ定住外国人の人権享有である。それらは、右にふれた問題はもちろん、たとえば公営住宅入居、児童手当そして国民年金加入など枚挙にいとまがないほどに、数多くの社会保障、社会福祉関連の国籍差別が撤廃されるようになった。また、社会権規約が保障する働く権利と職業選択の自由との関連では、在日外国人に対する公務員就任及び私企業による雇用拒否が規約違反であると主張する当事者及び運動体によって差別の防止と撤廃が規約締約国である日本政府の義務であるとする議論が提起された。そうした議論の過程においては、たとえば国公立大学の教員任用は特別措置法により門戸が開放され、地方公務員の任用については、いわゆる「公権力の行使または国家意思の形成に携る職種」であるかどうかの判断を地方公共団体に委ねるとする政府とりわけ首相と自治相の意見表明もあずかって、多くの地方公共団体においては、職員採用要綱に設けていた国籍条項を撤廃し外国人を採用してきた。しかし、すでにふれたように、老齢者と障害者の年金、戦争犠牲者に対する援護法の適用そして公務員任用差別の維持、外国人学校に対する法的財政的処遇の差別など、合理性に乏しく規約違反の疑いのある外国人差別がまた維持されているのも実状である。[17] こうした不合理な差別は、社会権規約の実施に関する日本政府報告の審査に基づく社会権規約委員会の所見の中でも指摘されその是正が求められた。[18]

(2) 自由権規約と在日外国人

自由権規約が保障する権利と自由は、社会権規約と異なり、その殆どが国家の立法・行政とくに財政的措置をまって享有するものではなく、むしろ国家の不介入もしくは不作為によって享有できることから、外国人も当然享有するものと理解されてきた。しかし、自由権規約が日本国内に効力を発生した後に、規約違反であると主張される事象が数多く生起した。それらすべてに触れることはできないが重要と思われる問題だけに触れることにする。

まず一つは、すでにふれた外国人登録法によって強制させる指紋押捺と登録証の常時携帯さらには出入国管理法が永住者に対してさえ求める再入国許可制度が規約の規定に違反すると主張されその是正が求められたことである。つまり、外国人の意思に反して指紋押捺を強制することが、自由権規約が禁止している非人道的取扱いと並んで「品位を傷つける取扱い」(第七条)であり、私生活に対する干渉すなわちプライバシーの侵害(第一七条)であると主張された。そして指紋押捺の拒否、裁判所への提訴さらには国連の人権小委員会におけるアピールと自由権規約実施に関する日本政府の報告に対するカウンターレポートによる問題提起など、さまざまな方法と手続によってその是正が求められてきた。[19] また、出入国管理及び難民認定法が定める再入国許可制度は、自由権規約第一二条が保障する「何人も、自国に戻る権利を恣意的に奪われない」権利、とりわけ永住者が日本に戻る権利を奪うことになり、一二条に違反するとされ、再入国許可を受けずに出国した外国人の再入国をめぐる裁判においても争われた[20]。そしてこの問題は、日本政府の実施報告に対する自由権規約委員会の勧告によっても指摘され、規約一二条が保障する「自国に戻る権利」は国籍国だけでなく常居国もしくは永住国も含まれることを明らかにした規約第一二条に関する一般的意見(General Comment No.27: Freedom of Movement, 1999)の立場から、永住者に対する再入国許可制度の適用は規約違反になるとしてその是正が求められた[21]。

そして次に、在日外国人の人権享有における差別と関連して、当事者によって頻繁に援用され、規約委員会による違反の指摘と是正の勧告が根拠とした自由権規約第二六条の規定である。つまり、前にふれた外国人登録と出入国管理に伴う人権問題に加えて、社会保障と教育を受ける権利など社会権規約が保障する権利の享有における外国人差別が、規約第二六条が保障する「法の前の平等」または「法による保護の平等」に違反するとの主張が行われてきた。たとえば、旧日本軍もしくは軍属であった人びとに、現在は日本国籍を有しないとして「戦争犠牲者援護法」が適用除外になっている問題、永住外国人に外国人登録証の常時携帯を義務づけ、不携帯者に刑事罰を課していること、さらに朝鮮人学校の不認可などは、自由権規約第二六条に抵触する差別であると指摘しその是正を求めてきた[22]。

以上かいつまんでみたように、国際人権法の基本法的性質を有する「世界人権宣言」と「国際人権規約」すなわち国際人権章典の定立と日本国内受容により、「差別・同化・追放」という言葉で象徴されるように、国家主権の論理に支えられた管理と抑圧だけが突出し、外国人の尊厳と権利を差別的に侵害する日本の外国人法制は、さまざまな課題を残しながらも漸進的に改善もしくは是正されてきたといえる。そして今後の重要課題は、日本の法制だけでなく、社会のあり方自体が問われる問題でもある自由権規約第二七条が保障するマイノリティの権利保障を早期に実施することである。つぎに、民族的マイノリティという視点から在日外国人の権利を考えることにする。

二　民族的マイノリティの権利と在日外国人

第二次大戦後の国際社会が、国際連合を中心に進めてきている人権の国際的保障すなわち国際人権法の発展は、特定の民族的グループつまり民族的マイノリティに対する差別、迫害さらには集団的殺害など非人道的行為を直接的契機とし背景とすることは周知のことである。[23]そして、今日の国際社会及び国内社会の潮流となっている国際化もしくはグローバリゼーションによって問われる「共生(living together)」という課題の実現も、各国の国内社会に所在する民族的マイノリティと宗教的マイノリティなど政治的社会的に脆弱な立場にあるマイノリティとの共生なくしては不可能でさえあるといえる。そして、「単一民族社会観」という幻想もしくはイデオロギーに基づき、国内の民族的マイノリティであるアイヌ民族そして韓国・朝鮮人の民族性を、歴史的にそして戦後半世紀が過ぎた今日に至るまで否定しつづけた日本も、国際化の潮流とりわけ人権保障の国際化に対応する努力の中で「共生」を課題とするようになった。そして、地域社会における国際化と共生の実現は、外国人と日本国民との共生を重要な課題と掲げる地方自治体が目立ってきている。[24]しかし、外国人を民族的マイノリティと認め、その民族的アイデンティティ保持に必要な権利の享有を積極的に尊重し保障しているとはまだいえないことは次にみるとおりである。以下、マイノリティの権利享有を確保するために採択・定立された国際基準に照らして在日外国人が享有すべき民族的マイノリティの権利を吟味することにする。

1　自由権規約第二七条と在日外国人

自由権規約は、その第二七条で「種族的、宗教的又は言語的マイノリティ(ethnic, religeous or linguistic minorities)」が存在する国において、当該マイノリティに属する者は、その集団の他の構成員と共に(in community with the other members of their group)自己の文化を享有し、自己の宗教を信仰しかつ実践し又は自己の言語を使用する権利を否定されない(shall not be denied)」と定めて、種族的もしくは民族的マイノリティが自己の文化を享有する権利を保障している[25]。しかし、自由権規約の締約国の国内社会に所在するマイノリティが、この規定が保障する権利を享有するためには、次のような問題の克服が必要であると考えられた。

まず第一の問題は、自由権規約第二七条が、「……マイノリティが存在する国において……」(傍点は筆者)と定めているため、締約国が同規定でいうマイノリティが存在することを認めることがその前提になるとする理解もしくは主張である。いいかえると、マイノリティの存在自体を否定しようとする締約国は、第二七条の適用をも認めないことになり、当該国内のマイノリティは同規定が保障する権利を享有できない。このことは、自由権規約の実施報告と規約委員会による報告審査の過程における日本政府の態度が如実に示してくれる。つまり、日本政府は、自由権規約の実施に関する第一回定期報告の中で、日本国内には規約第二七条でいうマイノリティは存在せず報告することは何もないとし、アイヌ民族と在日韓国・朝鮮人のいずれも第二七条が保障する権利を享有するマイノリティと認めなかった[26]。しかし、「日本は単一民族国家である」とする中曽根首相の発言を契機にアイヌ民族をはじめとする国内外の抗議が殺到して議論が高まり、アイヌ民族の存在を認めることになる。その結果第二回定期報告の中ではアイヌ民族が第二七条でいうマイノリティであることを認めるようになる。ところが、在日韓国・朝鮮人については、外国人であってマイノリティではないとする主張を固持しつづけている。こうした日本政府の態度は、マイノリティとは所在する国の国籍を有する者で多数者とは異なる民族集団であって外国人は含まれないとする伝統的な考えに依るものである。[27] しかし、自由権規約の締約国内に所在する個人もしくは個人集団とりわけ外国人が同規約第二七条がいうマイノリティであるか否かについては、締約国の自由もしくは恣意的判断に委ねられるものではないことが、自由権規約委員会がその一般的意見の中で明らかにしている。

自由権規約委員会は、本書第一章2でみたように、一九九四年第五〇会期において、規約第二七条に関する一般的意見(General comment 23)[28]を採択し、同規定の適用に関連する問題についてその基本的理解を明らかにしている。それは、マイノリティに保障する権利の享有主体、権利の内容と性質など、同規定の解釈と適用そして実施にとってきわめて重要な意義を有するものである。ここではまずはじめに、外国人がマイノリティの権利を享有できるかどうか。つまり外国人はマイノリティであるかという問題に関する一般的意見によって再認識することにする。

同一般的意見は、まず、第二七条によって保護される人びととは共通の文化と宗教そして言語を分ち合う集団に属する者であり、締約国の国民(citizens)であることを必要としない。したがって、締約国は第二七条が保障する権利をその国民にのみ限定してはならないとして、外国人も第二七条でいうマイノリティの権利が保護されることを明らかにしている。そして、第二七条が用いている「存在する(exist)」という要件は、滞在の程度によって左右されるべきでなく、永住者(permanent residents)であることも必要とせず、移住労働者(migrant workers)と一時的訪問者(visitors)でさえ、第二七条が保障する権利を享有できるとする見解を明らかにしている。また、ある特定国家におけるマイノリティの存在は、当該締約国の決定に依拠するものでなく、客観的基準(objective criteria)によって確認されることが求められるとして、締約国の恣意的判断によるマイノリティの存在が決定されるべきでないとの理解を示している。[29]

さて、以上かいつまんで確認した自由権規約委員会の一般的意見に照らして日本政府の態度を考えると、共通の文化と言語を分ち合う民族集団に属し、その数六〇万を超える韓国・朝鮮人が外国人であるからマイノリティでないとする主張は、明らかに規約第二七条と両立しないといわざるをえない。自由権規約委員会も、日本政府の実施報告を審査する度に、在日韓国・朝鮮人は第二七条が適用されるマイノリティであるとして、日本政府の注意を喚起し実施を促してきている。[30] したがって、在日外国人とりわけ在日韓国・朝鮮人を自由権規約第二七条によって保護される権利を享有する「種族的マイノリティ(ethnic minority)」と認めることは、規約締約国である日本国の法的義務であるとの認識が改めて求められているといえる。

そして規約委員会の一般的意見が権利の性質について、第二七条がマイノリティに保障する権利とくに自己の文化を享有し自己の言語を使用する権利は「否定されない(shall not be denied)」という一見消極的表現であるが、マイノリティによる権利の行使を確保すると共に権利行使の否定または侵害から保護する義務を締約国は負っており、したがってマイノリティのアイデンティティ保護は積極的措置さえ必要であると指摘している。さらにこれらの権利保護は、マイノリティの生存と持続的発展さらには社会全体の構造を豊かにすることにもつながるとの認識を表明して、マイノリティ権利保護が有する意義を指摘している。[31]

さて以上みたように、日本政府の執拗なまでの否定的態度にもかかわらず、在日外国人とりわけ永住外国人は、間違いなく自由権規約第二七条が保護するマイノリティであり、その民族的アイデンティティ保持に欠かせない自己の文化享有と自己の言語使用を権利として享有できる。にもかかわらず、すでにふれたようにアジア・太平洋戦争の終結までに植民地政策の中心であった同化政策により言葉と文化そして民族的アイデンティティを奪われ、戦後は植民地支配から開放されはするが、日本国籍を剥奪され外国人の地位を強いられて法制度的に管理・支配されるだけではなく、奪われた民族的アイデンティティを回復し民族としての生存と発展に欠かせない民族教育を否定されてきた。なかでも戦後間もない時期、連合軍の占領下にあった一九四八年四月二四日に頂点に達した民族教育の弾圧に抗議する闘い、つまり「阪神教育闘争」は民族教育の権利を銃剣で抑圧した象徴的な出来事であった。[32] そして皮肉なことに、現在、地方自治体レベルの小・中学校において行われている「民族教育」は、法制度的に保障されたものとはいえないが、阪神教育闘争によって獲得したものである。詳細なことは既存の研究に譲るが、この民族教育さえ、いまだに在日外国人が民族的マイノリティとして享有する権利とは認めず、正規の教科ではなく放課後のサークルもしくは課外活動としか認められていない。[33] このような日本政府の態度は、外国人をマイノリティと認めないことと並んで、自由権規約第二七条が保障する権利の享有を否定するものであり締約国の義務に違反することは火をみるより明らかである。[34]

さらに、すでにふれたように、日本政府は自由権規約を批准した後もマイノリティの存在を否定しつづけたが、国内外の批判と世論に抗しきれず、アイヌ民族をマイノリティと認め、アイヌ民族にとって差別的屈辱的な法律であった「旧土人保護法」を廃止し、アイヌ民族の文化振興に関する法律を制定した。こうした措置は、単一民族社会観から脱皮し多民族社会観への態度変化と評価できるが、しかし他方で、韓国・朝鮮人を含む在日外国人をマイノリティと認めず権利享有を否定しつづけることは、自由権規約第二六条が保障する法による保護の平等に対する権利を侵害しマイノリティ間に差別を維持することになったことに日本政府の注意を喚起したい。

2　マイノリティ権利宣言と外国人

国連総会は、一九九二年一二月一八日「民族的又は種族的、宗教的及び言語的マイノリティに属する者の権利に関する宣言」(以下『マイノリティ権利宣言』と略称する)を採択した。この宣言は先にみた自由権規約第二七条をさらに発展させ補完することを意図して採択されマイノリティ権利の保障もしくは保護を直接目的とする人権文書である。この「マイノリティ権利宣言」は、法的拘束力を有しない宣言ではあるが、国家の保護義務(第一条)、マイノリティの権利(第二条)、国家が取るべき措置(第四条)について詳細に規定しており、自由権規約第二七条の適用と実施を補完する役割を期待できる[35]。だけでなく、宣言に止めるのではなく条約への発展を目指した努力が国連の人権の伸長と保護に関する小委員会が設けたワーキング・グループによって作業が進められている。この作業過程について触れる余裕はないが、マイノリティの権利保護もしくは権利享有にとって重要な意義を有すると思われるいくつかの点に限定してふれることにする[36]。

まず、同宣言が国家に課している義務と取るべき措置について、きわめて具体的文書を用いて謳い詳細な内容を定めている。つまり、国家は、マイノリティの存在とそのアイデンティティを保護し、アイデンティティ促進のために必要な条件を助長することを義務づけ、この目的達成のために適当な立法とその他の必要な措置を取らなければならない(第一条)と定め、マイノリティにとって最重要かつ基本的課題であるアイデンティティ(独自性)の維持・保護を国家の義務としている。これは、自由権規約第二七条の「……権利を否定されない」という消極的文言に比して、積極的な文言で義務づけており注目される。が、しかし、すでにみたように、自由権規約委員会が、第二七条に関する一般的意見と実施の監視過程で発展させてきたことを「宣言」が確認したとも理解できるが、マイノリティのアイデンティティ保護を明文規定で国家に義務づけることにより、マイノリティの存在を否定し消滅を意図する同化政策を抑止し防止する効果が期待できる。もっとも、宣言であるために法的拘束力を有しないことは否めないが、少なくとも自由権規約の締約国に関する限り、単なる道義的義務に止まるとはいえず、第二七条が課している一般的義務を具体化する文書と理解すべきである。したがって、日本が歴史的にそして今日にも、マイノリティに対して取ってきた態度と政策が根本的に問い糾されることは必至である。つまり、マイノリティの存在自体を否定することはいうに及ばず、存在は認めたとしても、民族的文化的アイデンティティの維持に必要な措置を取らなければ課された義務を履行しているとはいえないのである。

次に、マイノリティが自己の文化を享有し自己の言語を使用する権利に加えて、社会生活と公的生活さらに社会の決定に効果的に参加する権利並びに自己の結社を設立・維持し他のマイノリティ構成員と接触し関係を維持する権利の保障を求めている(第二条)。つまり、民族的または文化的アイデンティティの維持だけでなく、社会的生活の参加とマイノリティに関する決定への参加、そして自己の結社に対する権利を保障し、国家の政策をまって自己のアイデンティティを保持するだけに止まらず、マイノリティが自らの意思と努力による社会参加と政治参加をとおして、そのアイデンティティを保持し発展させるために必要な権利を定めている。そしてこの「参加する権利」との関連で、現在日本で議論されている外国人の参政権が含まれるかはさだかではないが、人権小委員会のワーキング・グループの議論では永住者に参政権を認めるべきとの主張が行われており、今後の推移が注目される。[37]

最後に、国家がその義務を履行し右の権利を保障するために取るべき措置にふれることにする。「宣言」は、その第四条において、四項目にわたって取るべき措置を定めているが、①その特性(characteristics)を表現し、文化と伝統・習慣の発展を可能にする条件の創出、②母語を学び教授する機会を得るための措置とマイノリティの歴史、伝統、言語及び文化に関する知識を助長する教育分野での措置、などを取るように義務づけている。

これらの措置はいずれも、マイノリティがその民族的アイデンティティを育み保持するために欠かせないものであるが、そのいずれも、とりわけ日本のように単一民族社会観が支配し、マジョリティが圧倒的に多数を占める国家の場合は、特別措置もしくはアファーマティヴ・アクションの形態を取る必要がある。これらの措置は、日本のマイノリティである在日韓国・朝鮮人が民族教育の制度的保障を求める運動の正当性を裏づけるものであり、他のマイノリティがそのアイデンティティを保持するために必要な措置を求める権利の保障につながることを期待させるものでもある。

3　子どもの権利条約及びその他の国際人権文書とマイノリティの権利

マイノリティの権利を直接的に保障している国際人権文書は、自由権規約第二七条とマイノリティ権利宣言の他に、子どもの権利条約がその第三〇条において自由権規約とほぼ同じ内容の権利をマイノリティの子どもに保障している。そして、日本政府がまだ批准していない国連移住労働者権利条約及び教育における差別禁止に関するユネスコ条約が、それぞれマイノリティがそのアイデンティティ維持に必要な権利を保障する規定を設けており、一九八五年一二月に国連が採択した「外国人の権利宣言」にも同じ趣旨の規定がみられる。以下、かいつまんでこれらの人権文章にふれてみることにする。

まず、子どもの権利条約第三〇条は、「種族的、宗教的若しくは言語的マイノリティ又は原住民である者が存在する国において、当該マイノリティに属し又は原住民である子どもは、その集団の他の構成員とともに自己の文化を享有し、自己の宗教を信仰しかつ実践し又は自己の言語を使用する権利を否定されない」と定め、マイノリティに属する子どもに、自由権規約第二七条が保障する権利と同じ権利を保障している[38]。子どもの権利条約が自由権規約第二七条のマイノリティに保障する権利をマイノリティの子どもに重ねて保障していることは、一国内のマイノリティが同化政策によってその存在とアイデンティティが否定されることなくマイノリティとしての持続的な生存の確保を意図したものといえる。つまり、先にみた自由権規約第二七条に関する規約委員会の一般的意見が言及したように「権利保護がマイノリティの生存(survival)と文化的社会的アイデンティティの継続的発展の確保を目指すものであり」この目標を達成するためには、とりわけマイノリティに属する子どもに保障することが何よりも必要であることは容易に理解できる。

さらに、子どもの権利条約は、とりわけマイノリティに属する子どもにとって重要と思われる「子どもの父母、子どもの文化的アイデンティティ、言語……自己の文明と異なる文明に対する尊重を育成すること」(同条約第二九条(c))を教育が目指すべき目的とすることを締約国に義務づけていることが注目される。この規定は、単一民族国家観に支えられた日本の学校教育法によって、戦後半世紀にわたって施行されてきた日本の公教育制度を根本から問い直すことを求めていると理解される。[39] つまり、すでにふれたように、日本国内のマイノリティの自己の文化と言語に接する機会を学校教育の課程で保障せず、とくに日本の学校教育法が日本の文化と言語だけの教育による「国民教育」を目指しており、現在の教育制度によっては子どもの権利条約二九条が求める教育目的の達成は殆ど不可能である。ただ、地方自治体レベルでは、国際理解教育、多文化共生教育が外国人の教育との関連で議論され、多文化間の共生を教育目的に据えようとする努力がいくつかの地域において認められるのも事実であり、こうした地方の努力が中央政府の態度変化へと進展することを期待したい。

次に、法的拘束力を有しないが外国人が享有する権利の保障を直接目的として国連総会が一九八五年に採択した「外国人の人権宣言」[40]が「自己の言語、文化及び伝統を保持する権利」(第五条一項(f))を、そしてまだ効力を発生しておらず、日本も批准していないが、外国人労働者とその家族の権利を保障するために採択された「すべての移住労働者及びその家族構成員の権利保護に関する国際条約」が、「締約国は、移住労働者及びその家族構成員の文化的アイデンティティの尊重を確保……」(第三一条)することを義務づけている。[41] さらに、ユネスコ総会が一九六〇年に採択した「教育差別禁止条約」が、国内の民族的マイノリティの構成員が自己の言語の使用または授業を含む教育活動の実行を認めることを義務づけている(第五条一項ⓒ)。[42] 以上かいつまんで言及した三つの文書は、いずれも日本に法的義務を課してはいないが、外国人がその所在国において、その民族的文化的アイデンティティ保持に必要な権利の保障は、国際人権法上の一般原則になっていることを教えるものである。したがって、日本政府が在日外国人をマイノリティと認めるか否かに関係なく、在日外国人がその民族的文化的アイデンティティを保持する権利を有し、日本政府はこの権利の行使を保障するために必要な措置を取る義務を国際人権法によって課されていることは否定しようがない。したがって、日本国内には、アイヌ民族だけでなく、韓国・朝鮮人及び中国人その他の外国人がマイノリティとして存在することを認め、国際人権法が求める必要な措置を早急に取ることが求められている。

三　人種差別撤廃条約と在日外国人差別

国際人権法の理念と課題は、あらゆる差別を根絶しすべての個人が人権と基本的自由の享有を可能にし人権の普遍的尊重を達成することであるとの理解は誰一人として否定できない。なかでも、国籍、民族または種族の違いに基づく差別を含む人種差別(racial discrimination)と人種主義(racism)の撤廃・抑止は右の理念を達成し課題を克服するために不可欠でありかつ重要であることも周知のことといえる。そして本章2のテーマである外国人の人権保障の確保にとっても、すでに確認を重ねてきているように、国籍、民族もしくは種族の違いを理由にした不合理な差別の撤廃または抑止は避けて通れない課題である。当然のことながら、国際人権法はこの課題克服のために数多くの宣言と条約を採択し定立させてきた。まず、集団殺害犯罪の防止及び処罰に関する条約（ジェノサイド条約）とアパルトヘイト犯罪の抑圧及び処罰に関する国際条約（アパルトヘイト条約）は、人種または民族を理由にする差別的人権侵害と非人道的行為を国際法上の犯罪と認定し処罰することを定めて、いわゆる人種主義の根絶を目指している。そしてつぎに、国籍と民族もしくは種族などを事由にする差別を含む広い範囲の差別を撤廃すべき「人種差別」であると定義し、締約国に差別の禁止と撤廃の義務を課している「人種差別撤廃条約」が採択・成立され、一六〇を超える締約国を擁している。さらに、上記の人種主義の抑止と人種差別の撤廃を目指す条約の定立とその実施に止まらず、世界会議の開催、人種主義、人種差別、外国人排斥主義（xenophobia）に反対する国連一〇年の設定と行動計画の策定などの努力が行われてきている。[43]

さて、以上かいつまんでふれた国際条約と国際社会の努力に対応する日本の立場は、ジェノサイド条約とアパルトヘイト条約の締約国ではないが、人種差別撤廃条約の締約国になっており、二〇〇〇年には日本政府の実施報告が提出されている。なお、ジェノサイドとアパルトヘイトは、現代国際法上の強行規範（jus cogens）であり、新しく設立された国際刑事裁判所によって裁かれるべき犯罪と定められていて、条約の締約国に限らず日本を含むすべての国家が抑止と防止の義務を有していることはいうまでもない。[44]しかし、本章2では、日本政府が人種差別の撤廃と人種主義の抑止について条約上の義務を受容した人種差別撤廃条約に照らして在日外国人に対する差別の問題を検証することにする。

1　外国人差別は人種差別である

人種差別撤廃条約は、その第一条において撤廃すべき「人種差別」を定義している。つまり「この条約において人種差別とは、人種、皮膚の色、門地(descent)又は国民的出身もしくは種族的出身に基づくあらゆる区別、排除、制限又は特恵であって、政治的、経済的、社会的、文化的またはその他すべての公的生活(public life)の分野における人権及び基本的事由の平等な立場における承認、享有または行使を無効にしもしくは害する目的または効果を有するものをいう」と定めて、広範囲に及ぶ差別の事由と差別行為が人種差別になると定義している[45]。そのため、たとえば日本社会では「部落差別」が同規定のいう人種差別であるかをめぐってはやくから議論されているが、本章ではこうした定義をめぐる問題は別稿に譲り、外国人差別もしくは国籍差別が人種差別であるといえるかについての確認に止めておくことにする。いわゆる外国人差別とは、日本社会における差別事象が教えるように、当該外国人の国籍を理由にする差別だけでなく、その民族的もしくは種族的出身(national or ethnic origin)、いいかえるとある国家の国民もしくは市民(citizen)という事由よりも、「何人《なにじん》」つまりその民族もしくは種族を理由にする民族的差別または偏見である場合が多い。そのため当然のことであるが、人種差別撤廃条約が撤廃の対象とする人種差別には外国人に対する差別が含まれるとの理解が一般的であったといえる。ただし、同条約第一条がその二項の規定で「この条約は、この条約の締約国が市民権を持つ者と持たない者との間に設ける区別、排除、制限または特恵については適用しない」と謳い、市民権(citizenship)を有しない者すなわち外国人に対する区別または排除による差別は撤廃もしくは禁止される人種差別としないことを明らかにしている。そのため、法制上または政策的に、市民権もしくは国籍の保持を人権享有の条件とする差別は除外されるのではないかとの危惧が持たれたが、この規定が認める市民権を理由にする区別と排除は、たとえば自由権規約二五条の規定が、市民(citizen)の権利と認める参政権及び自国の公務就任権など、客観的具体的理由に基づく合理的区別と排除だけが例外的に認められると理解される。いいかえると外国人に対する差別は一般的もしくは原則的に、人種差別の範ちゅうに含まれることは、同条約の実施過程とくに同条約の実施機関である人種差別撤廃委員会による締約国の報告審査と採択した一般的意見の中でくり返し確認されてきている。たとえば、一九九三年、人種差別撤廃条約一条と外国人もしくは非市民(non-citizen)に関する締約国の実施義務について、一般的勧告(General Recommendation XI)[46]を採択している。同勧告の中で委員会は、上記の第一条二項にもかかわらず、「……締約国は外国人に関する立法とその実施について十全に報告する義務を有する」とし、さらに「一条二項の規定は、他の人権文書とりわけ世界人権宣言、自由権規約及び社会権規約によって承認され宣明されている権利と自由を、いかなる方法においても損なうものと解釈されることがあってはならない」ことを確認している。

したがって、外国人に対する差別が同条約一条でいう人種差別であることは明らかであり、外国人と国民との間に区別と排除を認める第一条二項の規定にかかわらず、外国人の権利と差別について締約国は実施報告を有することも確認ずみのことである。この理解は日本政府によっても受けいれられていることは、日本政府の第一・二回定期報告が、在日外国人の状況について詳細に報告していることによって裏づけられたといえる。[47]

2　締約国の差別撤廃義務と外国人差別

つぎに、人種差別撤廃条約の締約国は同条約二条で、人種差別の撤廃と人種間の理解を促進する政策の遂行を約束している。そしてこの約束履行は、①すべての国家機関が人種差別に従事しないこと、②個人または団体による人種差別を支持しないこと、③人種差別を創出し永続化する効果を有する法律及び規則を改正・廃止し無効にする措置を取ること、④必要なときは立法措置を含むあらゆる手段により、個人、集団または団体による人種差別を禁止し終らせること、⑤人種間の融合を奨励し人種間の分断を抑止することを義務づけている。そして、これらの締約国の義務履行と密接に関連することとして、差別なく平等に享有すべき権利を列挙している同条約第五条の規定が注目される。

つまり、市民的政治的権利及び経済的、社会的及び文化的権利そして一般公衆の使用を目的とする場所とサービスを利用する権利など、一九項目にのぼる権利の平等な享有の保障を締約国に義務づけており、在日外国人に対する差別を検証する基準を明示したものと評価できる。

さて以上にみた差別撤廃を義務づけている第二条の規定と平等な享有を保障すべき権利を列挙している第五条に照らして在日外国人の状況を以下かいつまんで検証することにする。[48] まず、在日外国人の人権が不当もしくは不合理に制限されまたは侵害されていると思われる法律は、すでに国際人権規約に照らしてふれた。それらは、自由権規約委員会によってその不合理性と規約違反を指摘されているもので、永住外国人にさえ強制している外国人登録証の常時携帯、同じく永住外国人にも適用している再入国許可制度そして旧日本軍と軍属に対する援護法の適用除外と国民年金法の改正後も年金の給付を拒否されている外国人老齢者と障害者などの問題は、人種差別撤廃条約に照らしてその合理性もしくは差別性の再検証が必要である。そして、在日外国人とりわけ永住外国人を民族的マイノリティと認めず、その民族的アイデンティティの保持に必要な自己の文化享有と自己の言語使用をとくに公教育の課程で保障しないことは、自由権規約第二七条に反するだけでなく、人種差別にもなることが、後述のように、日本政府の報告に対する人種差別撤廃委員の見解の中で指摘されている。加えて、地方自治法が市町村の区域内に住所を有する外国人を住民と認めながら、住民として権利を享有し役務の提供を受ける法的基礎である「住民基本台帳法」の適用から、地域社会に定住し納税義務も負担している定住外国人を除外していることの合理性もしくは差別性も問われなければなるまい。[49]

つぎに、立法措置を含むあらゆる手段を用いて禁止し終らせることを義務づけている同条約第二条一項の(d)規定は、在日外国人差別の撤廃にとってきわめて重要な意義を有する。日本社会に滞在し生活を営む外国人が遭遇する差別は、上にふれた法制度上の問題以上に、個人もしくは民間企業など私的生活の中で当面する差別事象が頻発している。それは、個人または企業が所有する賃貸住宅への入居拒否、クレジット会社などによる商品提供の拒否及び民間企業による雇用拒否さらには入店拒否と公衆浴場の利用拒否など枚挙にいとまがない。[50] そしてこうした私人または私的企業による外国人差別は、資本主義経済を支えてきた契約の自由、営業の自由さらには当事者自治の論理によって放置されてきたのが実状である。もっとも、国籍または民族を理由にした差別であることが明らかであり当該犠牲者が司法的救済を求めた場合には、公序良俗に反する契約は無効であると定める民法第九〇条さらには故意または過失により他人の権利を侵害した不法行為に損害賠償の責任を課している民法第七〇九条さらには国籍を理由にした労働条件の差別的取扱いを禁止している労働基準法第三条の適用によって救済が認められた事例もある。[51] とくに一九九九年静岡地裁の浜松支部が宝石店への入店を拒否されたブラジル女性の主張を認め宝石店側に損害賠償を命じた事件で、裁判所が人種差別撤廃条約を直接適用して入店拒否は人種差別であると認定したことが注目された。[52] しかし、こうした司法的判断はきわめて例外的で日本の司法当局が国際人権法の適用に非常に消極的であることはくり返し指摘されてきた。[53] つまり、先述の私的差別を明示的に禁止し加害者の法的責任を問う反差別立法措置が取られない限り、司法的救済は期待できず、行政指導の名で放置されつづけることになる。こうした状況は明らかに人種差別撤廃条約第二条一項(d)の規定と両立するとはいえず、人種差別の被害者を救済するためには裁判所の他に人権委員会など国内機関の設立を求める同条約第六条の規定にも抵触することは明らかである。[54]

3　人種主義による外国人排斥(Xenophobia)

歴史的にそして今日においても、在日外国人の圧倒的多数を占める韓国・朝鮮人及び近年労働者として入国・滞在している東南アジアの人びとに対する偏見と差別は、本章の冒頭にもふれたように、単一民族社会観そして脱亜入欧論によって形成されたアジア蔑視を正当化する日本民族優越主義に根差すものであることは容易に理解できる。いいかえると、在日外国人とりわけ朝鮮半島出身と東南アジア出身の人びとに対して執拗なまでに維持されつづけている偏見と差別は、人種差別撤廃条約四条が犯罪として処罰することを含め抑止することを義務づけている人種主義である。[55] つまり同条約第四条は、同規定の導入部で、人種または皮膚の色もしくは種族的出身(ethnic origin)からなる人びとの集団の優越性の思想または理論(ideas or theories of superiority)に基づく団体または人種的憎悪及び差別(racial hatred and discrimination)を正当化し助長する団体を非難し、あらゆる差別扇動と差別行動を根絶するために即時かつ積極的措置をとることを締約国に義務づけている。そしてさらに、人種的優越思想に基づく人種差別の扇動及び他の人種集団に対する暴力行為と暴力の扇動を法律によって処罰されるべき犯罪とすることを締約国に求めている(同条a項)。人種的優越思想もしくは人種主義に基づく差別と暴力に対して処罰を含む厳しい対応を締約国に義務づける同規定は、人種差別撤廃条約の採択が、ネオ・ナチストによる差別的暴力事件の頻発を直接的契機としたことの論理的帰結でもあり、同条約の存在理由でもあるといえる。人種差別撤廃委員会が四条の性質と履行に関する一般的意見を二度も採択して締約国の注意を促したのもこうした考えに基づくものである。[56]

さて、四条の規定に関連する日本国内の状況は、日本政府の第一・二回定期報告が具体的に言及しているように、在日朝鮮人に対する民族差別と外国人排斥主義に基づく暴力事件が続発している。また、外国人労働者に対する暴力行為も、外国人を潜在的犯罪者とする考えに起因するものである。そして近年には、東京都知事が自衛隊に対する公式の訓示の中で、緊急時の外国人騒擾《じょう》に対する備えが必要と言及したことが、外国人に対する差別を公然と扇動するものと非難されたのは記憶に新しい。[57] こうした外国人排斥主義(xenophobia)に基づく外国人に対する差別と暴力及びその扇動は、外国人の急増に伴いさらに多発することが予想される。したがって、四条が求める積極的措置による人種的優越思想に基づく差別を根絶するためには、反差別立法の中で禁止するか、刑法の中に新しい犯罪類型を設けて抑止する必要がある。ところが日本政府は、同条約への加入手続に従って締約国になるとき、同条約四条が課している義務は、日本国憲法が保障する思想・言論の自由及び表現の自由と結社の自由など基本的人権の保障と抵触しない範囲内で履行するとの留保を行っている。ただ、人種差別撤廃委員会は、その一般的意見の中で、四条の義務履行は意見及び表現の自由を保障している世界人権宣言第一九条同条約第五条(d)(vii)の規定と両立するという理解を明らかにしている。[58] そのため、日本政府が第四条の規定に従って行う積極的措置による差別と暴力の防止と抑止は既存の法律によるだけでは不十分であることは明らかであり、新しい立法措置を含む積極的措置が在日外国人とＮＧＯだけでなく、人種差別撤廃委員会からも強く求められつづけることは間違いない。

たとえば、二〇〇一年三月、日本政府の実施報告を審査後に採択した最終所見の中で、人種差別撤廃委員会は在日外国人に対する差別問題について懸念を表明し是正を勧告している。[59] それらは、①先述の石原東京都知事の発言に関連して、「高い地位にある公務員による差別的性質の発言、及び、特に第四条ｃの違反(差別の扇動)の結果に対して当局が取るべき行政上または法律上の措置が取られていないこと、②在日韓国・朝鮮人、主として子どもと児童・生徒に対する暴力行為及びこのことに対する当局の対応が不適切であると懸念し、政府が同様の行為を防止し、抑止するためにより断固とした措置をとるよう勧告する。③日本に居住する外国籍の子どもに初等・中等教育を義務教育と認めていないことに懸念を表明し、締約国(日本)が、人種、皮膚の色または民族的もしくは種族的出身に基づく差別なく、第五条(e)が定める(経済的社会的及び文化的)権利の保障を確保するよう勧告する。④朝鮮語による学習が認められていないこと、及び在日韓国・朝鮮人生徒が上級学校への進学に関連して不平等な取扱いを受けていることに懸念を表明し、締約国(日本)が、韓国・朝鮮人を含むマイノリティに対するこのような差別を撤廃し、公立学校においてマイノリティの言語による教育を受ける機会を確保するために適切な措置を取るよう勧告する。⑤日本国籍を申請する韓国・朝鮮に対して日本名への変更を求める法制上の義務は存在しなくなったが、当局により名前の変更が強く求められているとの報告及び韓国・朝鮮人が差別をおそれて日本名への変更を余儀なくしていることへの懸念を表明し、個人の名前が文化的及び種族的アイデンティティの基本的側面であることを考慮し、締約国(日本)がそのような慣行を防止するために必要な措置を取るよう勧告している。

人種差別撤廃委員会が懸念を表明し是正を勧告した以上の問題は、いずれも本章で指摘し確認した問題であり、日本政府の対応が注目される。当委員会の意見と勧告が法的拘束力を有しないことを理由に、他の人権条約実施機関の勧告に示してきた消極的対応が予測されるが、在日外国人及びＮＧＯによる是正要求を強めていくことが期待される。

おわりに

以上本章では、日本国内に存在する外国人つまり在日外国人の人権状況を国際人権基準とりわけ日本が批准または加入の手続によって締約国となりその実施について国際法上の義務を負っている国際人権条約に照らして検証した。そして、在日外国人の人権保障ならびに差別撤廃に関する実状と問題さらに克服すべき今後の課題について次のいくつかのことを確認できたことに触れて本章2をむすぶことにする。

それらは、第一に、日本国内に在住する外国人は、一九八〇年代に急激に高まる国際化の潮流の中で新しく入国し滞在するようになる外国人が急増するまでは、旧植民地住民である朝鮮半島出身と台湾出身がその殆どを占めていた。

そして、日本の植民地支配から開放され、対日平和条約の発効に伴う一方的国籍剥奪によって外国人になった旧植民地住民とりわけ韓国・朝鮮人に対する日本政府の対応は、その歴史的責任と人権の尊重ではなく、外国人の管理と支配という国家の論理を優先させるものであった。そして、外国人登録法と出入国管理法を適用し、指紋押捺及び登録証の常時携帯さらには退去強制の適用と再入国の許可制が象徴する管理・抑圧の法制、さらには日本国籍を有しないことだけを理由にする不合理な差別を維持しつづけた。こうした不当で不合理な管理と差別には、当該外国人と日本市民による是正要求運動にもかかわらず維持されつづけたことである。

そして第二に、一九七九年九月二一日に日本に対して法的効力を発生した国際人権規約のA・B両規約の基本原則つまり非差別・平等もしくは内外人平等原則により、社会福祉と社会保障における数多くの不合理な差別が撤廃された。そして、指紋押捺と登録証の常時携帯さらには再入国許可制など、外国人管理行政の象徴的制度も、人権規約の規定からその正当性と合理性が問われつづけてられており、戦後補償と民族教育権の保障についても、その違法性が指摘されつづけ、その是正が国際社会から求められており、日本政府の国際人権法に対する姿勢が問われるようになっていることである。

また、第三に確認できたことは、在日外国人は、他の民族集団と同じく、固有の文化と伝統そして言語を保持する民族的マイノリティであり、国際人権規約B規約第二七条がマイノリティに属する人びとに保障する権利を享有できることが、自由権規約委員会によって明らかにされてきたことである。にもかかわらず、締約国になって二〇年が経過し、四回にも及ぶ実施報告の提出と審査そして規約委員会の最終的見解によりくり返し指摘されながらも、いまだに、その数六〇万を超える韓国・朝鮮人をエスニック・マイノリティと認めていない。ばかりか、民族的文化的アイデンティティの保持にとって欠かせない民族教育が制度的に保障されず、日本社会に潜在する民族的偏見と差別により、民族名の使用など民族的表現さえ困難にしている状況は、地方自治体レベルの努力が地域によっては認められるが、中央政府による取組みはまだ見えてこないことである。国際化、グローバリゼーションと共生の達成という二一世紀の課題は、在日外国人をエスニック・マイノリティと認め、そのアイデンティティ保持に必要な権利の尊重と保障なくしては克服できないことを今一度指摘しなければならない。

さらに、脱亜入欧論と共に富国強兵を目指した近代化とアジア侵略を支えた単一民族社会観は、平和主義と民主主義そして人権の尊重を標ぼうする日本国憲法の下にあっても、外国人とりわけ韓国・朝鮮人に対する差別と暴力を支えるイデオロギーでありつづけていること。さらには、こうした差別と暴力は、日本も締約国となり撤廃と抑止を約束している人種差別撤廃条約の禁止する人種差別であり、人種主義であることが、人種差別撤廃委員会によって指摘され具体的な撤廃措置が求められているということである。

そして最後に、国際人権規約をはじめ一〇を数える人権条約の国内受容とその実施によって数多くの差別が撤廃されたことにより、在日外国人の人権状況は過去二〇余年の間に刮目《かつもく》するほどに改善されたことは否定できない。しかし、実施報告の審査とそれに基づく条約機関の見解と勧告が締約国を法的に拘束できないという報告制度に内在する限界が、人権条約に違反する外国人の人権侵害を温存させる口実になっていることもまた否めない。そのため、多くの市民とNGO、そして自由権規約委員会によってその必要性が指摘されつづけているように、自由権規約及び人種差別撤廃条約が締約国の国内に所在する外国人を含むすべての個人に保障する個人通報による実施措置の受けいれが急がれることを再確認しておきたい。

1　一般国際法上の個人の地位については、田畑茂二郎『国際法新講 上』(東信堂、一九九〇年)二三五—二五〇頁、及び、金・芹田・藤田共著『ホーンブック国際法』(北樹出版、一九九四年改定版)一二四—一六三頁参照。また、cf., *Status of the Individual and Contemporary International Law: Promotion, Protection and Restoration of Human Rights at National, Regional and International Levels*, Study by Erica-Irene A. Daes, UN Publication (1989), Paras.126-229.

2　Cf., Richard B. Lillich, *The Human Rights of Aliens in Contemporary International Law*, Manchester Univ. Press (1984), pp.5-40. *International Provisions protecting the Human Rights of Non-citizens*, Study prepared by the Barones Elles, UN Publication (1980) para.,35-43.

3　Cf., Andreas H. Roth, *The Minimum Standard of International Law* Applied to Aliens, (Leiden 1949) pp.81-97.

4　Cf., Edwin M. Borchard, *Diplomatic Protection of Citizens Aboad or The Law of Internatinal Claims*, (New York 1928) pp.350-352.

5　Cf., Donald R. Shea, *The Calvo Clause-A Problem of Inter-American and International and Diplomacy*, University Minesota Press (1955), pp.16-22.

6　第一次大戦後の国際連盟の下における外国人の処遇をめぐる議論については、畑野・倉島・田中・重見・石崎『外国人の法的地位』(信山社、二〇〇一年)一〇—二四頁参照。

7　国際社会における人権保障の発展については、田畑茂二郎『人権と国際法』法学理論篇(日本評論社、一九五二年)及び、国際連合と人権については、田畑茂二郎監修、金東勲訳『国際連合と人権』国連広報局(解放出版社、一九八三年)参照。

8　日本が経験した不平等条約と領事裁判などについては、松井芳郎「条約改正」福島正夫編著『日本近代法体制の形成(下)』(日本評論社、一九八二年)一九三—二二五頁を参照。

9　このことは、二〇〇一年八月から九月にかけて南アフリカにおいて開催が予定されている「人種主義、人種差別および外国人排斥主義(Xenophobia)に反対する世界会議」において外国人に対する差別が主要な議題と据えられ準備作業が進められていることからも理解できる。Cf. Reports, studies and other Documentation for the Preparatory Committee and the World Conference, A/conf.189/pc.1/3(27 March 2000). また、国連人権小委員会の審議のために準備された報告書が、外国人の権利を国際人権文書に照らして検証している。Cf. Comprehensive Examination of Thematic Issues Relating to the Elimination of Racial Discrimination, the rights of non-citizens, submitted by Mr. David Weisbrodt, E/CN.4/Sub.2/1999/7(11 May 1999).

10　平和条約の発効に伴う在日韓国・朝鮮人の国籍処理の問題については、法務研修所編『在日朝鮮人処遇の推移と現状』(湖北社、一九七五年)一一〇—一二六頁、及び、拙稿「人権保障の国際化と在日朝鮮人」『季刊三千里』二八号(一九八一年冬)二六—三五頁。

11　姜在彦・金東勲共著『在日韓国・朝鮮人——歴史と展望』(労働経済社、一九九四年改定版)第一章から第四章までを参照。

12　在日外国人の人権状況に関する学者の研究と法務省官僚による研究を各々一点ずつ紹介しておくことにする。手塚和彰『外国人と法』(有斐閣、一九九五年)、及び、法務総合研究所編『在日韓国人の法的地位をめぐる諸問題の研究』『法務研究』第七四集五号(一九八五年)、また、田中宏『在日外国人』新版(岩波新書、一九九五年)参照。

13　戦後の出入国管理体制の成立とその問題点については次の研究が詳しい。大沼保昭「出入国管理体制の成立過程—一九五二年体制の前史」寺沢一他編『国際法学の再構築 下』(東京大学出版会、一九七八年)二五七—三二八頁。

14　たとえば、尾吹善人「外国人の基本的人権」『ジュリスト』四八三号(一九七一年七月一日)二二一—二二七頁、萩野芳夫「外国人の人権」『憲法学I』人権の基本問題(有斐閣双書、一九七六年)一—一四頁参照。また、国際法学の立場から外国人の人権を検証した研究として、大沼保昭「外国人の人権論再構成の試み」『法協会百周年記念論文集』第二巻、三六二—四一七頁。

15　たとえば、小林直樹『憲法講義 上』改定版(東京大学出版会、一九八〇年)二六四頁。

16　社会権規約との関連については、金東勲「国際人権規約と定住外国人の生存権」『部落解放研究』第一四号所収(本書第二章1に収録)及び、姜・金共著『前掲書』二一八—二四二頁、また吉岡増雄編著『在日朝鮮人と社会保障』(社会評論社、一九七八年)二一五—二五一頁参照。

17　金東勲「在日韓国・朝鮮人と同化・差別・追放政策」部落解放研究所編『日本における差別と人権』第三版(解放出版社、一九九五年)二三一—四四頁及び、手塚和彰『前掲書』第九章(「外国人の雇用・就労と労働法」一九一—二〇三頁)、第一〇章(「外国人と医療、社会保障、社会福祉」二四一—二六六頁)、さらに在日韓国人問題研究所発行『ＲＡＩＫ通信』第五三号(一九九八年三月一日)「外国人住民基本法を提案する」一八—二二頁各々参照。

18　See, Concluding Observation of the Committee on Economic Social and Cultural Rights: Japan. 31/08/2001. E/C. 12/1/Add. 67.

19　外国人登録法による指紋押捺の強制については、「特集 在日朝鮮人と外国人登録法」季刊『三千里』三九号、二八—六三頁参照。

20　日本国在住の外国人とりわけ永住外国人の再入国をめぐる問題については、芹田健太郎『永住者の権利』(信山社、一九九一年)二〇二—二三四頁参照。

21　See, Concluding observations of the Human Rights Committee: Japan. 19/11/98. CCPR/79/Add. 102., Para. 18.

22　See, *ibid* Concluding observations, Para.17.　なお、自由権規約の実施に関する日本政府の報告に対するＮＧＯのカウンターレポートは、部落解放研究所編『国際人権規約が問う日本の人権』（第三回日本政府報告へのカウンターレポート）（解放出版社、一九九二年）、同じく『第四回日本政府報告へのカウンターレポート』（解放出版社、一九九八年）各々参照。また、自由権規約の実施に関する日本政府の報告とその審査及び最終見解の分析については、国際人権ＮＧＯネットワーク編『ウォッチャ！　規約人権委員会』（日本評論社、一九九九年）、とくに外国人に関連しては九六—一四三頁参照。

23　田畑茂二郎『人権と国際法』法学理論篇（日本評論社、一九五二年）七〇—九一頁及び、金東勲『人権・自決権と現代国際法——国連実践過程の分析』（新有堂、一九七九年）一〇三—一六三頁参照。

24　たとえば、一九九七年七月に日本政府が策定した「人権教育のための国連一〇年に関する行動計画」は、その「基本的考え」の中で、「…近年著しく国際化、ボーダレス化が進展している状況下において、広く国民の間に多元的文化、多様性を容認する『共生の心』を醸成することが何よりも要請される」との認識を示している。そして大阪府・大阪市など多くの自治体が、国際化・外国人施策などに関する指針の中で、多文化共生の地域社会の構築の必要性を強調している。「人権教育国連一〇年」の国内的推進に関連する状況を示す資料については、とりあえず、人権フォーラム21編『日本の人権白書』（解放出版社、一九九八年）二一八—二八三頁参照。

25　マイノリティの保護に関する歴史的経緯そして国際人権規約の制定過程については、cf., Fracesco Capotorti, *Study on the Rights of Persons belong to Ethnic, Religious and Linguistic Minorities*, UN Publication (1979). を参照。また、自由権規約第二七条の成立過程については、大竹秀樹「少数者の国際的保護について（一）」『同志社法学』第一一八二号一一三—一二七頁及び、同『同志社法学』第一八三号、一六九—一九七頁参照。

26　See, Initial Report of Japan: CCPR/C/10/Add.1 (14 November 1980) pag 12.

27　マイノリティの定義をめぐる議論については、cf., *op.cit.*, Study by F Capotorti, paras.20-81.

28　See, Compilation of General Comments and General Recommendations adopted by Human Rights Treaty Bodies: HRI/Gen/1/Rov.1 (29 July 1994) pp.38-41.

29　See, *ibid* paras.5.1 and 5.2.

30　See, Comments on the third periodic Report of Japan: CCPR/70/Add. 1 and Corr. 1 and 2(October 1993) para.112, and Concluding observation of Human Rights Committee on Forth peridic Report of Japan: CCPR/C/79/Add. 102(19 November 1998) para 13.

31　See, *op.cit.*, Compilation of General Comments para.6.1-9.

32　日本政府の在日韓国・朝鮮人に対する民族教育の抑圧と同化教育については、小沢有作『在日朝鮮人教育論』(亜紀書房、一九七三年)一三九―三〇一頁を参照。

33　在日韓国・朝鮮人の民族教育の現状については、民族教育ネットワーク編『教育改革と民族教育シンポジウム』(四・二四阪神教育闘争五一周年記念集会資料：一九九九年四月二四日)参照。

34　金東勲「国際人権基準と民族教育」『季刊　青丘』二〇号(一九九四年夏)六〇―六七頁参照。また、cf., Kim Dong-hoon 'International Human Rights Standards and Minorities', in *Voices* vol.18 No.4(Dec. 1994) pp.35-39. 社会権規約委員会も、日本政府報告に対する所見の中で言語的マイノリティ(linguistic minorities)に公教育のカリキュラムに母語教育の導入を求めている。Cf., *op.cit* Concluding Observation (E/C. 12/1/Add. 67), para 60.

35　マイノリティ権利宣言の内容と意義に関する研究及び「宣言」の日本語訳文は、パトリック・ソーンベリー著、金東勲監訳「民族的又は種族的、宗教的及び言語的少数者に属する者の権利に関する国連宣言·背景、分析及び観察」反差別国際運動発行『国際社会における共生と寛容を求めて』(解放出版社、一九九五年)八―九〇(研究)、三―七(宣言の訳文)。

36　このワーキング・グループの作業に関する報告は、とりあえず Progress report submitted by Mr. Asbjon Eide: E/CN.4/Sub.2/1990/46 (30 July 1990) and Report of the Working Group on the Rights of persons belonging to National, Ethnic, Religious and Linguistic Minorities, by Zagorka Ilic: E/CN.4/1991/53(5 March 1991).

37　Cf., Report of the Working Group on Minorities by Chairman-Rapporteur: Mr. Asbjon Eide, E/CN.4/Sub.2/1998/18(6 July 1998) paras 54-61.

38　この規定に関する註釈については、波多野里望『逐条解説 児童の権利条約』(有斐閣、一九九四年)二一七―二二〇頁参照。

39　『同上書』二〇八―二一六頁参照。

40　この宣言の正式名称は UN Declaration on the Human Rights of Individuals who are not Citizens of the Country in which they live である。

なお、同宣言の採択背景と内容については、宣言の日本文は、田畑茂二郎・竹本正幸他編『国際人権条約・宣言集』第二版（東信堂、一九九四年）一九七―一九九頁。

41　この条約の背景と意義及び日本国内状況に照らした研究と日本語訳文は、金東勲編著『国連・移住労働者権利条約と日本』（解放出版社、一九九二年）、二―三四頁（背景と意義）、一三二―一六三頁（日本語訳文）（本書第四章に収録）。

42　この条約規定は、堀尾・河内編『教育国際資料集』（青木書店、一九九八年）一四三―一四七頁、または田畑茂二郎・竹本正幸他編『前掲書』七〇―七三頁参照。

43　この世界会議の目指す目標及び議論の内容については、とりあえず、cf., Report of the sessional opended working group review and formulate proposals for the World Conference against Racism, Radical Discrimination, Xenophobia and Related Intolerance: E/CN.4/1999/16 (16 March 1999).

44　非差別・平等原則を一般国際法上の強行規範とする議論については、cf., Warwick Mckean, *Equality and Discrimination under International Law*, Clarendon Press. Oxford (1983), pp.264-288.

45　人種差別撤廃条約の成立過程及びその意義と課題については、拙稿「人権の国際的保護と人種差別撤廃条約」『大阪経済法科大学』第二号（一九七八年）（本書第三章1に収録）、及び「人種差別撤廃条約と国内実施に関する一考察」『国際人権法学会年報』（一九九六年）七―一三頁（本書第三章2に収録）参照。またこの条約の包括的研究としては、ナタン・レルナ著、斎藤恵彦、村上正直共訳『人種差別撤廃条約』（解放出版社、一九八三年）参照。

46　See, *op.cit.*, Compilation of General Comments and General Recommendations, Part III (General Recommendations adopted by the Committee on the Elimination of Racial Discrimination) p.66.

47　たとえば、日本政府報告の中で一七頁にわたる「総論」は外国人についての言及が半分以上を占めている。

48　在日韓国・朝鮮人の人権状況に照した条約の検証は、拙稿「人種差別撤廃条約と在日朝鮮人」『季刊 三千里』三九号（一九七五年二月）六四―七一頁参照。なお日本政府報告の外国人問題に対するＮＧＯのカウンターレポートは、『ＲＡＩＫ通信』第六六号（二〇〇一年二月一日）に所収されている。

49　この問題は、今日日本社会の課題となっている外国人の地方参政権をめぐる議論の中で指摘されている。たとえば、金東勲『外国人

住民の参政権』(明石書店、一九九四年)二五—三九頁参照。

50 外国人に対するこれらの差別事象については、拙稿「在日韓国・朝鮮人差別の現状と人権施策の課題」人権フォーラム21編『当事者から見た日本の人権白書』(一九九八年)八一—九一頁、及び、高橋徹「移住労働者の現状と課題」『同白書』一八三—一九五頁参照。

51 たとえば、一九七四年六月横浜地方裁判所は、在日朝鮮人である朴鐘碩氏を入社試験の際に、日本名を使用したことを理由に解雇した日立製作所の措置を民法第九〇条及び労基法第三条に基づいて無効とした。金・姜共著『前掲書』一九七—二〇五頁参照。

52 平成一一(一九九九)年一〇月一二日静岡地方裁判所浜松支部判決(第三三二号損害賠償請求事件)。

53 たとえば、自由権規約の実施に関する日本政府の第四回定期報告の審査後、日本の裁判官、検察及び行政職員に規約が定める人権に関する研修が行われないことに懸念を表明し、そのような研修を受けられることを可能にするよう勧告している。See, Concluding observations of the Human Rights Committee: Japan(CCPR/C/79/Add. 102)para. 32.

54 国内人権機関の設立は、後述する人種差別撤廃委員会による指摘だけでなく、自由権規約委員会によっても強く求められている。See, *op.cit.*, Concluding observations paras.9 & 10.

55 人種主義の定義に関する最近の研究については、See, The definition of racism: background paper by Mr. Iou Diaconu for World Conference 2001, E/CN. 4/1999/WG. 1/BP.10(26 February 1999). なお、単一民社会観と日本の外国人行政を検証した研究としては、大沼保昭『単一民族社会の神話を超えて』(東信堂、一九八六年)とくに三一六—三六〇頁参照。

56 See, *op.cit.*, Compilation of General Recommendations: General Recommendation VII(1985) and *ibid* XV(1993)on Artic 4 of the Convention.

57 たとえば、内海、岡本その他三人による批判を所収した『三国人発言と在日外国人——石原都知事発言が意味するもの』(明石書店、二〇〇〇年)参照。

58 See, *op.cit.*, Recommendation XV, para 4.

59 See, Concluding observation of the Committee on the Elimination of Racial Discrimination: Japan. 20/03/2001. CERD/C/58/Misc. 17/Rev. 3.

3 現代国際法における外国人の法的地位
——西ヨーロッパにおける発展

はじめに

国家相互の関係及び国家の行為を規律する法規範として定義し、国家だけをその法主体と看做《みな》す近代国際法は、たとえ個人の問題が国際法上問題になったとしても、それは国家の権利・義務に関する問題としつつも、一国内に在住する外国人の取扱いをめぐる問題をその重要な一分野としてきた。つまり、国家責任または外交的保護に関する問題は、家産国家の論理を踏襲した近代国際法における重要な問題としてはやくから国際法学者の議論の対象とされてきた。[1] しかし、この問題を規律する国際法規範は、必ずしも確立したとはいえず、二国間協定と国際慣習法に委ね、実質的には国家の自由裁量による取扱いを認めてきた。もっとも、条約の採択には失敗したが、一九三〇年には、外国人の処遇に関する国際会議が国際連盟によって開催され[2]、米州諸国は「締約国の領域における外国人の地位に関する条約」を一九二八年に締結[3]し、また、西ヨーロッパ諸国も、「定住に関するヨーロッパ条約」(European Convention on the Establishment)[4]を一九五五年に締結して、地域的に限定されるものではあるが、外国人の取扱いに関する共通基準の定立を試みてきた。しかし、これらの文書は、国家の自由裁量を大幅に認める伝統的国際法の再確認に止まるものであった。そのため、第二次大戦後の現代国際法の下においても、外国人の取扱いは、二国間協定もしくは国家の自由裁量に委ねられているとする見解が多い。しかし、現代国際法の発展を特徴づける人権の国際的保障は、外国人の取扱いに関する問題にも大きく影響を及ぼしている。つまり、国家責任、外交的保護権といった国家の権利・義務に関する問題という側面だけではなく、外国人の人権尊重とりわけ内外人平等の原則もしくは非差別・平等の原則に基づく取扱いという観点からの見直しが迫られているのである。[5]

従来の外国人の取扱いをめぐるさまざまな議論、たとえば国際標準主義か国内標準主義か、あるいは最恵国待遇か内国民待遇かといった従来の議論、さらには外国人の出入国に対する国家の裁量権も、世界人権宣言及び国際人権規約さらには人種差別撤廃条約など、国際人権法の諸原則と諸規定に照らして再検証することが必要である。こうした必要は、国際法学ばかりでなく、国家関係の緊密化とそれに伴う人の往来の急激な増大により、「国民の権利」という観点に立つ従来の人権保障では、すべての個人に人権と基本的自由を平等に保障しようとする国際人権法の目的は達成できないということにもよる。そして、条約ではないが、「居住国の国民でない個人の人権に関する宣言」(Declaration on the Human Rights of Individuals who are not Nationals of the Country in which They Live)が一九八五年一二月に国連総会において採択されており、移住労働者(Migrant workers)及びその家族の権利に関する条約が、ILOそして西ヨーロッパ諸国において採択・成立しており、国連においても採択に向けて準備作業が進められている。[6] こうした宣言ならびに条約は、一般的国際人権条約よりもさらに外国人の処遇に関する国家の立法・行政あるいは司法に大きく影響を及ぼすものであることはいうまでもない。

本章3では、右のような視点から、一般国際法における外国人の法的地位を再検討するてがかりとして、国際的人権保障の先駆の役割を果たしている西ヨーロッパとりわけ「ヨーロッパ評議会(Council of Europe)」の事例を概観してみることにした。

一　西ヨーロッパにおける外国人と人権諸条約

1　西ヨーロッパにおける外国人

人と物の国際的交流が頻繁かつ増大していることは、第二次大戦後の国際社会にみられる一般的現象であるが、西ヨーロッパ諸国においては他の地域以上にこうした現象は顕著であり、過去三〇数年間に一五〇〇万以上の人びとが一国から他の国へ移住したといわれ、西ヨーロッパ先進諸国は全人口の七―一〇パーセント以上の外国人が在住しているのが実状である。その理由はさまざまであるが、主要な理由は、まず高度成長を達成する一九七〇年代、不足する国内労働力を補うために、トルコ・ギリシャさらには北アフリカの諸国から多数の労働者を受け入れたことであり、そしてつぎに、旧植民地諸国(たとえばイギリスの場合は、カリブ海諸国、インド及びパキスタンそしてアフリカ諸国)からの移住が急増したこと、さらには、他の地域にも共通することであるが交通機関の発達とヨーロッパの統合に伴うEC諸国間における移動の自由が保障されたことが指摘できる。

このようにして大量に入国し定住した西ヨーロッパ諸国における外国人は、今日さまざまな困難な問題を惹起している。なかでも、一九八〇年代に入って低成長化もしくは経済的不況という状況にあって、外国人の失業者が急増し、人種紛争と社会的不安を増長していることは、西ヨーロッパ先進諸国が当面している最も困難な問題の一つである。

そしてつぎに重要なもう一つの問題は、移住労働者の定住化と世代交代に伴う問題である。つまり、一九七〇年代に移住した外国人労働者は、第二世代の時代を迎えることによって、本国への帰国よりも定住を志向し、人種または民族的少数者を形成しているということである。そして、こうした問題は、定住する外国人の取扱いに止まらず、人口管理政策にも大きく影響を及ぼしている。[7]

移民問題の権威のひとりであるロンドンのキングス・カーレッジのプレンダー(Plender)教授によると、一九八〇年代に入ってから、イギリス、フランスなど主要西ヨーロッパ諸国は、出入国の管理体制を強化し、とくに居住を目的とする入国を厳しく規制するようになったという。[8] つまり、国内企業による外国人労働者の雇用を規制し、雇用契約によって入国、滞在する外国人労働者の長期滞在を厳しく規制し、さらには、家族の再結合と結婚による配偶者の入国・居住をできるだけ制限する傾向にある。また、国内法・行政による締めつけも段々厳しくなり、人種主義による差別あるいは暴力事件も続出し、外国人労働者の法的・社会的状況はますます難しくなっているのが実状である。このような状況におかれている外国人は、集団的実力の行使または暴力に訴えて現状を打開ないしは克服するか、あるいはヨーロッパ人権諸条約の手続に訴えて差別的人権侵害の救済を求めるか、いずれかの手段の選択を余儀なくしている。[9] 前者に訴えることによって惹起する問題は政治的社会的性質を有する問題であるため、ここでは後者の場合、つまりヨーロッパ人権諸条約と外国人の権利もしくは法的地位について触れることにする。

2　ヨーロッパ人権諸条約と外国人

ヨーロッパ評議会諸国に在住する外国人が、その人権侵害及び差別を防止し、侵害された権利を救済するために援用できる国際条約は、地域固有のものと国際社会に普遍的に適用されるものとがある。まず、西ヨーロッパ地域固有のものとしては、ヨーロッパ人権条約およびその議定書、一九六一年に採択された「ヨーロッパ社会憲章」(European Social Charter)[10]そして一九五五年に採択された「定住に関するヨーロッパ条約」及び一九七七年に締結された「移住労働者の法的地位に関するヨーロッパ条約」[11]さらには「ヨーロッパ評議会加盟国間の人の移動を規律する法律に関するヨーロッパ協定」(European Agreement on Regulations governing the Movement of Persons between the Member States of Council of Europe)などがある。つぎに、普遍的なものとしては、国際人権規約と人種差別撤廃条約をとくに指摘できる。なかでも人種差別撤廃条約[12]は、差別の防止もしくは禁止に関する国内法の制定を義務づけており、たとえばイギリスの人種関係法(Race Relations Act)[13]などのように、雇用・教育及び社会的サービスなどの分野における外国人差別を撤廃するため多大な効果を発揮している。

(1) ヨーロッパ人権条約

ヨーロッパ人権条約は、その第一条において「締約国は、その管轄に属するすべての者に対して、この条約の第一節に明定する権利及び自由を保障する」と謳い、締約国が外国人を含むすべての個人に権利と自由を保障する義務があることを明らかにしている。また、その第一四条においては、性、人種、民族的出身または民族的少数者への所属その他の地位など、いかなる理由に基づく差別もなく、権利及び自由が確保されると定め、人権確保における非差別・平等原則を謳っている。このように、国際人権規約同様、ヨーロッパ人権条約が保障する権利と自由に関するかぎり、第一六条がその制限を明文で認めている政治活動を除いて、外国人も内国人と平等に享有できる。

(2) ヨーロッパ社会憲章

ヨーロッパ社会憲章は、右の人権条約が主として自由権的基本権を保障しているのに対して、経済的社会的権利を主に保障する。この憲章が保障する権利と外国人との関係について、憲章はその付属文書の中で、締約国の領域に合法的に居住しているか、もしくは、日常的労働に従事している外国人は、憲章が保障する権利を享有できると謳っている。そしてさらに外国人の就業の権利を確保し（第一八条）、外国人労働者の労働条件、組合活動及び住居などに関する内国民待遇の確保、そしてさらに、家族の再結合及び国外追放からの自由の保障なども締約国に義務づけている。このように、ヨーロッパ社会憲章は、それが保障する権利は国際人権規約のA規約とほぼ同じものであるが、外国人に対する権利保障と締約国の義務を明文規定によって定めていることがその特徴であるといえる。

(3)　定住に関するヨーロッパ条約

定住に関するヨーロッパ条約（以下、「ヨーロッパ定住条約」と略称）は、右の二つの条約がヨーロッパ評議会諸国内に在住するすべての個人に対する権利と自由の保障を目的としているのに対して、外国人の法的地位もしくは取扱いに関する共通基準の設定を直接目的としており、外国人の地位に関する多数国間条約としては、米州諸国間で締結された条約に次ぐものである。この条約は、一九三〇年、国際連盟によって開催された、外国人の取扱いに関するパリ会議における議論を基礎に、西ヨーロッパ諸国の間で議論が続けられた後、一九五五年ヨーロッパ評議会によって採択され、一九六五年に効力を発生したものである。[14]

さて、この条約は、外国人の出入国及び在留など、外国人取扱い全般を包括的に規定している。そして、就業もしくは職業選択、教育などの分野における内国民待遇を原則としており、後にみるように、入国または国外追放に関する国家の裁量権について制約を設けているが、外国人の取扱いについて国家の自由裁量権を認める伝統的国際法を変える内容には達していない。もっとも、この条約が採択された時期を考慮するならば、外国人の権利保障における内国民待遇が大幅に認められたことは、漸進的発展として評価できるといえる。

(4) 移住労働者の法的地位に関するヨーロッパ条約

この条約は、一九七〇年代、移住労働者問題に関与しつづけたＩＬＯが、一九七五年採択した「移住労働者条約」に倣《なら》って、一九七七年ヨーロッパ評議会が採択し、一九八三年には効力を発生したものである[15]。この条約は、経済的社会的分野における内国民待遇を移住労働者に保障するばかりでなく、家族の再結合、母語による教育の保障さらには失業した場合の再雇用など、移住労働者固有の必要性に対応した権利をも保障している。そして、個々の問題については後にみるように、先にみたヨーロッパ定住条約の内容を大きく発展させたものであり、移住労働者という特定外国人ばかりでなく、外国人一般とりわけ定住外国人に対するヨーロッパ評議会諸国の政策に影響することは必至であり、高く評価される文書である。そして、この条約は、現在国際連合が準備作業を進めている「すべての移住労働者及びその家族構成員の権利保護に関する国際条約」(一九九〇年一二月一八日に国連総会で採択された)にも、さまざまな影響を及ぼすことも確かである。また、現在日本において高まっている外国人労働者問題の議論にとっても多くの示唆を与えてくれる重要な文書であることは間違いないだろう。

二　外国人の出入国と国家の裁量権

一般国際法上、国家は外国人の自国への入国を認める義務はなく、入国を認めるか否かは当該国家の自由裁量に委ねられているとする見解が、今日においても一般的に認められている。もっとも、難民条約または入国査証に関する条約などによって、外国人の入国と居住を義務づけられる場合が多くなっていることも事実であり、また、世界人権宣言が「何人も、自国を含むいずれの国をも去り、及び自国に帰る権利を有する」(第一三条二項)と謳っていることもあって、一国への出入国を国家の自由裁量権の問題ではなく、当該個人の基本的人権に関する問題として考える必要性が強調されてきたことも事実である。しかし、こうした発展にもかかわらず、外国人の出入国に関する問題は当該国家の排他的管轄権に属する事項であるとする考えが依然支配的である。このことは、一九八五年一二月、国連総会が採択した「居住国の国民でない個人の人権に関する宣言」が、その第二条において「この宣言のいかなる規定も、外国人の入国に関する法律及び規則を公布する国家の権利を制限するものと解釈されてはならない」と謳っていることからもわかる。[16] そして、ヨーロッパ人権条約も原則的に同じ立場を維持しているといえる。しかし、右にみた諸条約の規定により、国家の裁量権が制約されることは避けられない。以下これらの問題を概観することにしよう。

1　外国人の入国

外国人の入国について直接触れている条約は、右にみたヨーロッパ定住条約とヨーロッパ移住労働者条約の他に、ヨーロッパ評議会加盟国間の人の移動を規制する法律に関するヨーロッパ協定と労働者の自由移動を定めるEC条約第四八条がある。これらの条約はいずれも、ヨーロッパ評議会諸国またはEC諸国間における人の自由な移動とりわけ労働者の自由移動を確保するために、締約国に対し入国の便宜を提供することを義務づけている。もっとも、公の秩序、公共の安全及び公衆衛生を理由にした入国の拒否を認めており、依然として、国家の裁量権を大幅に認めている。ただ、注目すべきことは、移住労働者条約が、その四条において、締約国は、自国民の出国する権利と自国に入国する権利(the right to admission)を保障しなければならないと定めていることである。この権利も、他の条約同様、法律による規制の他に国家の安全、公の秩序、公共の安全及び公衆衛生の確保の必要によって制約されると謳っているが(同条二項)、入国を外国人の権利として認めていることは画期的といえる。これは、一国家への出入国を国家の管轄事項としてだけでなく、むしろ当該個人の基本的人権として考える国際人権法が反映したものと理解すべきであろう[17]。

つぎに、外国人の入国に関する国家の裁量権は、長期滞在者もしくは永住者のような定住外国人の家庭または婚姻に対する権利によっても制約を受ける。家族の保護及び婚姻に対する権利は、殆どすべての人権条約によって保障されており、その当然のコロラリーとして、ヨーロッパ社会憲章及びヨーロッパ移住労働者条約のいずれも、移住労働者に家族との結合を保障している。つまり、ヨーロッパ社会憲章は、移住労働者及びその家族の保護と扶助に対する権利を定める第一九条の六項において、締約国は「その領域国に定住を認められた外国人労働者にその家族との再結合を可能な限り便宜をはかること」を約束している。そして、ヨーロッパ移住労働者条約も、その第一二条において、労働者の配偶者及びその扶養を必要とする子供たちの入国を保障している。

こうした家族の入国と結合は、ＥＣ理事会規則一六三(六八)号第一〇条が外国人労働者の配偶者及び二一歳未満の被扶養者の入国を保障している他に、ヨーロッパ人権条約第八条が保障する「家庭生活の尊重を受ける権利」によっても保障されることが、ヨーロッパ人権委員会において確認されている。つまり、イギリス植民地であった地域のアジア人がイギリスへの入国を拒否され、ヨーロッパ人権委員会に申立が行われた、いわゆる「東アフリカのアジア人事件(The East African Asians Cases)[18]において、すでにイギリス国内に在留している妻と結合しようとする夫の入国を拒否することは、家庭生活の尊重を保障しているヨーロッパ人権条約八条に違反すると判断している[19]。

外国人の入国に対する国家の裁量権は、右の家庭生活尊重の保障の他に、非差別・平等原則によっても制約されることが、右の「東アフリカのアジア人事件」において確認されている。つまり、イギリス政府による旧イギリス植民地出身のアジア人の入国を拒否することは、ヨーロッパ人権条約一四条に反する人種差別であり、三条が禁止している

「品位を傷つける取扱い」であると判断した。[20]

2　外国人の追放

一国に在住する外国人がその意思によって出国することは自由であり、納税義務違反または犯罪容疑などの理由による他は、国家は外国人の出国を禁止してはならないことは、世界人権宣言(第一三条二項)、国際人権規約(B規約一二条二項)さらにはヨーロッパ人権条約第四議定書(第二条)によっても、基本的人権として保障されている。他方、一国に在住する外国人がその意思に反して出国を強制される場合がある。一般国際法上、国家は、国家の利益、公序または安全を維持するために必要である場合は、外国人の出国を強制することが認められる。このように、国家がその国内に在住する外国人を、その国外に追放する権利は、国家利益、公序など非常に曖昧かつ包括的理由に基づくために、国家に認められる裁量権は広く、外国人の人権と基本的自由を侵害する危険性を孕む問題である。[21]

右の諸条約の中でこの問題に直接触れているのは、ヨーロッパ人権条約第四議定書が外国人の集団的追放を禁止している(第四条)他に、ヨーロッパ定住条約及びヨーロッパ移住労働者条約が、外国人の国外追放もしくは在留許可の取消について詳細に規定している。まず、ヨーロッパ定住条約はその三条において外国人の追放が認められる場合を三つのカテゴリーに分類して規定している。その第一は、二年以下の滞在者で、外国人の行為が「国家の安全を危うくし、もしくは公序または公徳に反する場合にのみ(……only if they endanger national security or offend against public ordre or morality)」追放できるとしている。第二のカテゴリーは二年以上の滞在者で、「避けられない国家安全上の理由(inperative consideration of national security)」による追放を認めている。そして第三の場合は、一〇年以上の滞在者の追放について「国家安全の理由もしくは第一項の定める理由が特に重大な性質のものである(a particularly serious nature)」

場合に限られるとしている。このように、ヨーロッパ定住条約は、外国人の滞在期間によって、追放される理由を制約しており、外国人の居住権及びその他の既得権を尊重する立場をとっているように思われる。つぎに、ヨーロッパ移住労働者条約は、その第九条五項において、(a)国家利益、公共の政策もしくは道徳上の理由により、または(b)公共医療機関が公衆の健康を保護するために、外国人に対して取られた措置に従うことを拒否した場合は、外国人労働者の在留許可を撤回できるとしている。

以上かいつまんでみたように、国家が自国に在住する外国人を追放することは、集団的かつ差別的追放を除いては禁止されておらず、ヨーロッパ定住条約のように滞在期間により多少の制約があるとはいえ、依然国家の大幅な裁量権に委ねられているようにみられる。とくに、国家利益もしくは公序といった概念の具体的な判断は非常に困難であり、いかにして裁量権の濫用に歯止めをかけるかというのが大きな課題である。この問題と関連して注目されるのが、一九七七年、ヨーロッパ共同体裁判所が行った判断である。つまり、同裁判所は、「ブーシェロー(R. V. Bouchereau)事件」において、外国人を追放する理由として用いられる「公共政策(public policy)」の概念は、「社会の基本的利益に影響を及ぼす公共政策の要件に対する真正かつ十分にして重大な脅威(a genuine and sufficiantly serious threat to the requirement of public policy)を前提にする」と判示している[22]。この判断をもってしても、なお公共政策の具体的かつ客観的判断は困難であるが、国家が外国人を追放する理由として用いる右の諸概念は、一般的かつ主観的に用いられることは認められず、外国人の行為または在留が国益とか公序に対し実際に重大な脅威となると判断される場合にのみ正当化されることを示唆したものとして注目される。

つぎに、ヨーロッパ人権条約は、先にも触れたように、外国人の集団的追放は禁止しているが、追放されない権利を外国人に保障する規定は含んでいない。しかし、国家が外国人を追放する権利は、入国の場合と同様に、人権条約が保障する権利と自由の享有との関係で制約されることも当然である。つまり、たとえば、追放が、家族の離散を招来し、差別的でかつ品位を傷つけるものである場合など、条約が保障する権利と自由の侵害を結果するものであってはならないことは、ヨーロッパ人権委員会によっても示唆されている。[23] たとえば、一九七〇年、西ドイツ政府によって追放された平和主義者であるエジプト人が、エジプトへの追放は、兵役の強制もしくは投獄を余儀なくするものであり、人権条約に違反する措置であるとして訴えた事件において、ヨーロッパ人権委員会は、兵役を務めることが条約違反にならないとしながらも、追放が条約の保障する権利侵害を伴う場合は違法となりうるという見解を示した。[24]

以上みたように、外国人の出入国に関する国家の裁量権は、依然として幅広く認められているとはいえ、個人の権利と自由を保障しているヨーロッパ人権諸条約及び外国人の処遇もしくは法的地位に関する条約によって制約を受けていることは否定できない。つまり、入国の拒否または国外追放がこれら諸条約の基本原則と規定に反する場合は、条約上の義務違反であり、国際法上の責任を問われることになるといえる。[25]

三　在留外国人の法的地位

一国の領域内に在留する外国人は、外交使節など国際法上特権免除を享有する者を除いて、当然に当該国家の領土主権に服し、原則的に排他的管轄権に基づく支配の対象になる。したがって、国家は、自国内に在留する外国人の法的地位を、一般国際法上の原則に反しない限り、自由に決定できる。もっとも、現実には友好通商航海条約など、外国人の国籍国との間で締結される二国間条約に基づいて定められてきている。つまり、一般国際法上、外国人も、通常の私生活を営むために必要な最少限度の権利と行為能力が認められるが、国家の実行は、二国間の条約または協定の中で、外国人が享有する権利について自国民と同じ待遇を与える「内国民待遇(national treatment)」と第三国国民に与えるのと同じ待遇を賦与する「最恵国待遇(most-favoured-nation treatment)」を約束している。[26] そして、二国間協定が存在しない場合は、原則的に自由に処遇してきている。いいかえると、伝統的国際法の下における外国人の法的地位とりわけ権利享有は、国際慣習法上の原則によるとはいえ、具体的には、外国人の国籍によって異なり、国家の大幅な自由裁量に委ねられてきた。[27] そのため、外国人の処遇に関する国際基準の設定が試みられたが、米州諸国で締結された一九二八年の「外国人の地位に関する条約」の他は、第二次大戦終結までは普遍的合意に達することができなかったことは、本章3のはじめに触れたとおりである。そして第二次大戦後、個人の人権と基本的自由の普遍的尊重の達成を目指す国際人権法の発展過程において、外国人の人権もしくは法的地位についても議論が重ねられ、一九八五年には「居住国の国民でない個人の人権に関する宣言」が国連総会において採択されたことも右に触れたとおりである。この宣言は、諸国が依拠すべき基準の設定として一応評価できるが、国家に法的義務を課す条約ではないためその効果はあまり期待できない。したがって、現段階において、外国人の法的地位もしくは処遇について直接規定している多数国間条約は、すでにみたように、ＩＬＯが採択した移住労働者条約及びその後に採択された国連の「全ての移住労働者及びその家族の権利保護に関する条約」があり、ヨーロッパ定住条約とヨーロッパ移住労働者条約がある。もっとも、国際人権規約または人種差別撤廃条約などの国際人権条約は、内外人平等を原則にしており、これら諸条約の締約国は条約の規定に従って外国人を処遇する義務があることは当然である。そして、国際人権規約が認める異なった処遇、たとえば発展途上国における外国人の経済的権利(A規約第二条三項)及び参政権と公務に携わる権利(B規約第二五条)のように明文規定によって外国人による享有を除外している場合を除いては、少なくとも法的には、外国人も内国人と同じく権利と自由を享有できる。また、ヨーロッパ定住条約及びヨーロッパ社会憲章さらに移住労働者条約のいずれも、外国人の処遇について、内国民待遇を原則としており、内国民待遇が一般的に定着しつつあるといえる。しかし、在留する国家に長期的に滞在し、住民として定住する外国人が急増することになって、従来外国人には保障しなくても差し支えがないとする、公務につく権利及び自己の言語と文化に対する権利さらには参政権を外国人にも認めるべきであるとする議論が高まっており、外国人とりわけ定住外国人の法的地位を考える場合避けられない重要な問題になりつつあることは間違いなさそうである。そのため、本章3ではこの三つの問題に限定して、西ヨーロッパの実状を吟味することにする。

1　自己の言語と文化に対する権利

特定の人種または民族という個人集団が、その集団固有の言語・文化そして伝統を継承・維持し発展させる権利の保障が国際的関心事とされ、国際条約によって規定されるようになるのは、ヨーロッパ国際社会においてはやくから問題となったマイノリティ(少数者)の国際的保護にはじまることは周知のとおりである。そして今日においても、国際人権規約B規約第二七条にみるように、民族的または言語的少数者の権利として保障される[28]。そしてこの場合の少数者とは、その定義についてはまだ議論の多いところではあるが、在住国の国民でありながら多数者と異なる言語または文化を保持している集団であって、外国人はこれに含まれないとするのが従来の支配的考えである。しかし、一国内に言語または文化など民族性を同じくする多数の外国人が集団的に居住する場合が急増することにより、国籍と関係なく、民族の権利としてこれを保障することが不可避になってきていることが実状である。このことは、国際人権規約が、両規約共にその一条において、すべての人民が、自決権に基づきその文化的発展を追求することを保障し(第一条)、言語的民族的少数者に自己の言語を使用し文化を享有する権利を保障しているB規約第二七条の実施につき、規約人権委員会がその一般的意見(General comments)の中で、「外国人が第二七条の意味における少数者を構成する場合は、当該社会において、その集団が他の構成員と共に自己の文化を享有し……自己の言語を使用する権利を否定されない」と言及していることからも理解できる[29]。そして、一九八五年の「居住国の国民でない個人の人権に関する宣言」が、その五条において、外国人が「自己の言語・文化及び伝統を維持する権利(The right to retain their own language, culture and tradition)を享有する」(同条一項ⓕ)と謳っていることは右のことを確認したものとして注目される。

このように、一国内に集団的に居住する外国人が、自己の言語を使用し文化を享有する権利は、他の少数者同様、国際人権規約を含む国際人権法によって保障されている権利であることは否定できない。しかし、日本に在住する韓国・朝鮮人にみられるように、国内法によって十分保障されているとはいえない。この問題は、民族的少数者の存在が国民的統合を阻害し社会的困難を惹起するものと考え可能な限り同化を進めようとする在住国の立場と相容れない場合が多く、国内的保障を確保することは困難を伴うことも事実である。しかし、ヨーロッパ評議会諸国は、ヨーロッパ移住労働者条約の中でこの問題に関連する規定を設けると共に、多民族・多文化教育の一環として、こうした権利の国内的保障のために努力をしてきている。

まず、移住労働者条約は、その第一五条において、移住労働者の児童達にその母語による教育を施すために、特別コースを設けることを締約国に求めている。この規定は、移住労働者がその本国に帰国する場合に備えてとくに必要であるとしているものの、母語による教育を保障するために必要な具体的措置を締約国に義務づけていることは画期的であるといえるだろう。また、外国人が自己の言語を使用し文化を享有する権利の保障は、その集団の権利保障という観点ばかりでなく、人種主義と人種差別に反対する教育という観点から実施する多文化教育(Multicultural education)

によっても行われている。つまり、さまざまな民族または文化集団である外国人労働者の定住に伴い、人種差別、失業、貧困などの社会問題が惹起し、外国人の追放さえ公然と主張する政党が存在するのが実状である。[30] そのため、民族的文化的複合社会への発展と人種または民族間の調和と共存を達成することが不可欠であると認識し、各民族の独自性もしくはアイデンティティを尊重しつつ、統合をはかろうとしている。こうした目標を達成するために、ヨーロッパ評議会が行っている活動は枚挙にいとまがなく、さまざまな文書によって確認できる。[31]

2　在住国の公務に携わる権利

働く権利と職業選択の自由は、すべての個人が平等に享有する権利であり、外国人にも当然に保障されねばならないことは、国際人権規約のA規約をはじめ多くの国際人権条約によっても明定されている。しかし、外国人が在住国の公務もしくは公職に携わることまでも権利として認められるべきか否かは議論の多いところである。このことは、先に触れたように、国際人権規約B規約が、すべての市民(citizen)は自国の公務に携わる権利を有すると謳って、外国人が在住国の公務につく権利は保障していないことからもいえる。

さて、ヨーロッパ社会憲章は、締約国が他の締約国国民の就業を容易にするために必要な措置を取るよう求めているが、公務に携わる問題については何も触れていない。また、ヨーロッパ定住条約は、一方では外国人に就業における内国民待遇を保障しながら(第一〇条)、他方においては、「公的権限の行使または国家の安全もしくは防衛に関連する職務の遂行(the exercise of public functions or of occupations connected with national security or defence)」は、自国民に留保することを認めている。さらに、雇用のために労働者の自由移動を確保するEEC条約第四八条も、雇用・報酬その他の労働条件に関して、国籍に基づく差別待遇の撤廃を規定しながら(同条二項)、行政機関における雇用については適用しないと謳っている(同条四項)。このように、ヨーロッパ評議会及びヨーロッパ共同体のいずれも、一般雇用について内国民待遇もしくは非差別・平等原則を適用しつつも、公職とりわけ国家の安全と防衛に携わる職種については、外国人の排除を認めている。しかし、こうした規定がすべての公職から外国人を排除することを認めているとは考えられず、問題は如何なる公職が外国人の雇用を排除できる職種と考えるべきかということである。この問題については、ヨーロッパ共同体裁判所においても、EEC条約第四八条四項の解釈をめぐって幾度か争われた。そしてこの問題に対する解釈が、一九七四年、西ドイツ政府を相手に争われた事件において出され、先例としての役割を果たしている。この事件において、アドボカ・ジェネラルであるメイラ氏(Mr Advocat Generul Mayras)は、「公職の遂行に当るのは、その公職の個々の構成員について裁量権を有しているか、あるいは彼の職務が国家利益とりわけ国家安全の分野に関わる場合である」[32]という見解を打ち出している。これは、その後発生する同種の争いにおいても採用され、メイラ方式(Mayras formula)として知られている。[33]また、この見解は、外国人の雇用を拒否する公職は、できるだけ限定的に解釈すべきであることを示唆するものでもある。そして、ヨーロッパ評議会諸国の多くは、外国人にも公職を開放している国が多い。

つまり、スウェーデン、ノルウェー、オランダ、イギリス、アイルランドの五カ国が、一部の国家レベルとすべての地方レベルの公職を外国人に内国人と平等に開放している。そして他の諸国は、教員などの一、二の職業を開放している。このように、ヨーロッパ評議会諸国において外国人が公務に携わることは、まだ当然享有すべき権利としては認められないが、右の諸条約実施の過程で、外国人の雇用を拒否できる公職は、漸次限定されてくるものと予想される。[34]

3　外国人の参政権

一国の政治に参加する権利、つまり参政権は、すべての個人に保障されるべき人権ではなく、当該国の国民固有の権利であるため、外国人には保障しなくてもよいとする考えがまだ支配的である。このことは、国際人権規約B規約二五条が、政治参加及び選挙権・被選挙権を市民もしくは国民の権利として保障しているのもこのような考えを反映しているものである。また、ヨーロッパ人権条約が外国人の政治活動に対して制約を課すことを認めており(第一六条)、米州人権規約も、参政権を市民の権利としていることが示しているように、外国人がその在住国の政治に参加する権利とりわけ選挙権は、まだ当然には享有する権利とはいえないのが実状である。

しかし、こうした一般的実状にもかかわらず、ヨーロッパ評議会諸国の間には、認められる参政権の内容及び対象となる外国人は国によって異なるものの外国人に参政権を認める国家が増加しつつある。たとえば、スウェーデン、デンマーク、アイルランド、オランダは、すべての外国人に対し、地方レベルにおける選挙権・被選挙権を与えている。また、ノルウェーは、ノルディック諸国の国民に、ポルトガルは、ポルトガル語を母語とする国家の国民に、イギリスはアイルランドの国民に、各々地方レベルの選挙権を認めている。また、スイスではいくつかの州で外国人に参政権を認めている[35]。他の諸国でも、この問題が議論され、認める方向に法案が検討中の国家もあり、今後外国人に参政権を認める国家が増えることは間違いなさそうである[36]。

こうした発展は、まず、西ヨーロッパの統合の進展に伴い「ヨーロッパ市民権(European Citizenship)」[37]という概念が定着しつつあることを踏まえて、ヨーロッパ議会及びヨーロッパ評議会の閣僚委員会が、外国人に地方レベルの参政権を賦与することを促す勧告をしてきていることがその背景の一つとして指摘できる[38]。そしてつぎに、すでにみたように、移住労働者の定着傾向と一般外国人の定住が増加し、国籍の如何にかかわりなく、その社会の住民として、内国住民同様社会の発展に参加し寄与している外国人が住民全体の一割近くを占めるようになってきた状況がある。そして、これら外国人住民を当該社会の発展に関する決定から排除することは、民主主義本来の理念と基本的人権と自由の尊重と確保を目指す国際社会の目標にも反することになり、国家を国民共同体とみる従来の考えから、国籍とかかわりのない住民共同体と考えるべきであるというフィロソフィが芽生えていることがもう一つの背景であるといえるかも知れない[39]。

このように、ヨーロッパ評議会諸国は、地域的統合という政治的社会的背景があるとはいえ、従来、国民固有の権利と認められた参政権をも、住民として在留する外国人に賦与する国家が増えつつある。このような発展は、その他の地域、たとえば日本国内の定住外国人の法的地位をめぐる議論と運動に波及的効果を及ぼすことは必至である[40]。

おわりに

以上、ヨーロッパ評議会諸国に在住する外国人の法的地位を、ヨーロッパ人権条約、ヨーロッパ社会憲章及びヨーロッパ定住条約さらにはヨーロッパ移住労働者条約など、個人または外国人の権利と自由を保障する条約の内容に照らして、かいつまんで吟味した。しかし、紙幅の関係もあって、法的地位をめぐる問題すべてにわたって検討することはできなかったし、とりわけ個々の国家における具体的処遇まで触れることは割愛せざるをえなかった。また、右の諸条約の内容に関する詳細な検討もできなかった。こうした問題は稿を改めて検討することにしたい。

さて、非常に不十分ではあるが、かいつまんでみた西ヨーロッパ諸国における外国人の法的地位について、いくつかの点について確認できるように思われる。その一つは、西ヨーロッパ諸国の外国人処遇は、国際慣習法または二国間問題という従来の方法ではなく、多数国間条約によって設けられた国際基準に基づいて決定されているということである。そしてつぎに、外国人の出入国及び処遇につき大幅に認められた裁量権が、これらの国際基準とりわけ外国人の権利と自由を保障する条約規定によって制約され、漸次狭くなりつつあるということである。そして最後に、移住労働者の集団的な定住化に伴い、外国人が当該社会の住民、あるいは民族的または人種的少数者として在留するようになり、従来は外国人には認めなくても差し支えがないとした、公務に携わる権利、自己の言語と文化に対する権利さらには参政権までも認めることが必要となり、まだすべての国による保障までには至っていないものの、認める国が増えつつあることはたしかである。

こうした西ヨーロッパにおける発展は、すでに触れたように、地域的統合の進展、移住労働者の集団的定住そして何よりも地域的人権保障の発展など、西ヨーロッパ固有の社会的政治的背景と発展に基因するものではあるが、同じような発展は、多少の遅れと差異は認められるとしても、他の地域においても認められる共通の現象であることは否定できない。したがって、西ヨーロッパの外国人処遇をめぐる発展は、他の地域もしくは国家における外国人の処遇にもさまざまな影響を及ぼすものとして積極的に評価できるといえる。

1　外交的保護については、田畑茂二郎「外交的保護の機能変化」『法学論叢』五二巻四号（一九四六年）、五三巻一・二号（一九四七年）参照。

2　See. League of Notions, Proceedings of the international Conference on Treatment of Foreigners, Official Document No.C.97. M.23. 1930. II.

3 この条約の規定は、田畑茂二郎・竹本正幸他編『国際人権条約・資料集』二版（東信堂、一九九四年）四二〇頁参照。

4 See, *Commentary on the European Convention on Establishment*, Council of Europe 1980.

5 現代国際法における外国人問題の見直しについては、See, Richard B. Lillich, *The Human Rights of Aliens in Contemporary International Law*, Manchester Univ. Press, 1984.

6 See, Report of the open-ended Working Group on the Drafting of International Convention on the Protection of the Rights of All Migrant Workers and their Families, G.A.A/C.3/42/1, 22 June 1987.

7 ヨーロッパ諸国の移民政策については、See, T. C. Hartley, *EEC Immigration Law: European Studies in Law* 7, North Holland Pub., 1978, Tomas Hammer(ed.), *European immigration policy: A comparative study*, Cambridge Univ. Press, 1985.

8 R. Plender, *Recent Trends in National Immigration Control*, *ICLQ*, 1986.

9 こうした問題に対処するため、ヨーロッパ評議会は、外国人の法的地位または人権に関する研究を重ねてきており、一九八三年ポルトガルで開かれた研究会は、ヨーロッパにおける外国人の人権全般にわたっている。See, *Council of Europe Directorate of Human Rights, Human Rights of Aliens in Europe*, Martinus Nijhoff Pub., 1985.

10 この憲章の規定については、See, Lan Brownlie(ed.), *Basic Documents on Human Rights*, second edition, p.301.

11 See, *International Legal Materials*, 1977(Vol. 16), p.1381.

12 See, Natan Lerner, *The U. N. Convention on the Elimination of all Forms of Racial Discrimination*, 1980, 金東勲「人権の国際的保護と人種差別撤廃条約」『大阪経済法科大学法学論集』一号（一九七八年三月）参照〔本書第三章1に収録〕。

13 この法律については、See, Ian Macdonald, *Race Relatiomus-The New Law*, 1977, London.

14 パリ会議失敗後西ヨーロッパ諸国だけによる議論及び戦後の準備作業については、See, League of Notions, Hovs Série No.26. Geneva(Jan. 12, 1931), *ibid*, Série No.47 and 48: Unification of Law, Vol.3, 1954, pp.49-51, 211-223.

15 See, Council of Europe, *Explanatory Report on the European Convention on the Legal Status of Migrant Workers*, 1978.

16 外国人の出入国と国際法の問題については、See, Guy S. Goodwin-Gill, *International law and movement of persons between states*, 1978.

17 ヨーロッパ評議会は、一九八六年一一月ストラスブルにおいて出国及び帰国の権利に関する宣言を採択している。See, Strasbourg

Declaration on the Right to Leave and Return, Council of Europe, Human Rights Information Sheet No.21, pp.204-208.

18 この事件はアジア人三一人がイギリス政府を相手に争い三つのグループに分け審査された。 See, *Year Book of European Convention on Human Rights*, 1970: Twenty-five Applicants v. United Kingdom App. No.4403.

19 Cf., G. Goodwin-Gill, *op.cit.*, pp.165-166, R. B. Lillich, *op.cit.*, pp.95-96.

20 Cf., *Y. B. Eur. Conv. on Human Rights*, 1970, p.994.

21 国外追放の問題については、 cf. G. Goodwin-Gill, *op.cit.*, pp.263-281.

22 See, European Court Report, 1979, Case 30/77, R. V. Bouchereau, 1977.

23 Cf., *Y. B. Eur. Conv. on Human Rights,* 1974: XV. Federal Republic of Germany, App. No.6513/73.

24 Cf., *ibid.*, *Year Book*, 1970, XV. Federal Republic of Germany, App. No.4314/69.

25 Cf., G. Goodwin-Gill, *op.cit.*, p.292.

26 たとえば、日米間の友好通商航海条約は、内国民待遇及び最恵国待遇の原則を基礎としている。

27 このことは、日米通商航海条約に基づく在日米国人の処遇と韓日法的地位協定に基づく在日韓国人の処遇をみれば一目瞭然である。

28 少数者の国際的保護とりわけ国際人権規約B規約第二七条については、cf., Study on the Rights of Persons Belonging To Ethnic, Reli-gions And Linguistic Minorities, by Francesco Capotori; UN Doc E/CN4./Sub. 2/384/Rev. 1.

29 See, GAOR., 36th Sess. Suppl. No. 40(A/36/40), annex VII. General Comment under Art. 40, para.4, of the Int'l Covenant on Civil and Political Rights; General Comment 15(The position of aliens under the Covenant), para.7.

30 この問題に対するヨーロッパ評議会の立場については、 cf., Standing Conference of European Ministers of Education(Dublin. 10-12 May 1983); Res, No. 1 on Migrant Education, Council of Europe, Human Rights Information Sheet No.13. 1983, pp.86-88.

31 Cf., The fact that aliens belong to various cultures and the tensions which this creates, by Antonio Perotti, in Council of Europe, *Human Rights of Aliens in Europe*, Martinus Nijhoff Pub., 1985, pp.291-312.

32 See, European Court Report, 1974, Case 152/73(Gioranni Maria Sotgiu V. Deutsche Bundespost), Opinion of Mr Advocate-General Mayras, pp. 167-175.

33　ＥＥＣ条約四八条の四項の解釈をめぐる他の事件については、Repert of European Court 1982-5, Case 149/79(Commission of the EC. v. Kingdom of Belgium), p.1845.

34　Cf., The Participation of the Alien in Public Affairs, by E. Ozsunay, in *op.cit.*, Council of Europe, *Human Rights of Aliens in Europe*, pp.225-228.

35　Cf., *ibid.*, pp.215-217.

36　Cf., H. U. Jessurun d' Olivira, Electoral Rights for Non-Nationals, *Netherland Int'l Law Review*, Vol.31, 1983, pp.59-72.

37　Cf., *European Communities Commission, Towards*, European Citizenship Bulletin of the European Communities, Suppl. 7/75.

38　Cf., European Parliament Resolution(7 June 1983); Council of Europe, Human Rights Information Sheet No.13, Appendix XXXVIII.

39　たとえば、オリビラ(J. Olivira)は、外国人の選挙権を地方レベルに限定するのは、近視眼的であるとさえ批判し、「国民国家」という概念の再検討を主張している。See, *op.cit., Netherland Int'l Law Review*, Vol.31, pp.70-71.

40　在日韓国人の間にも、地方レベルの参政権要求運動をめぐる議論がすでにはじまっている。たとえば、民族差別と闘う全国連絡協議会(「民闘連」と略称)が立法化を目指している「定住外国人基本法」の提案には、定住外国人に地方レベルの参政権賦与を盛り込んでいる。この提案については、世界人権中央実行委員会編『差別なき世界を求めて』(解放出版社、一九八七年)八四—八九頁参照。

『法と民主主義の現代的課題』一九九八年、龍谷大学法学会　所載

4　国連・移住労働者権利条約の背景と意義

一　人権の国際的保障と移住労働者の保護

世界人権宣言と国際人権規約からなる国際人権章典(International Bill of Human Rights)を基本文書とする国際人権法は、非差別・平等を原則とし、すべての個人に人権と基本的自由を保障することを、その理念もしくは目的としている。

したがって、外国人という立場にある移住労働者であっても、内外人平等を原則とする国際人権規約が定める人権と基本的自由は、在住国の国民と同じく保障されることは当然である。たとえば、社会権規約が保障する職業選択の自由と労働者の基本権、さらには社会保障に対する権利、及び自由権規約が保障する自由権は、原則的に移住労働者も享受する。

また、人種、民族的国民的出身などを理由とする権利享有における差別を禁止している人種差別撤廃条約は、移住労働者に対する差別も禁止もしくは撤廃の対象としている。

しかし、女性、難民など脆弱な地位にある者の人権を保障し差別をなくすためには、一般的人権条約だけでは不充分であり、女子差別撤廃条約及び難民条約のように個別的人権文書によってその権利を保護することがより効果的である。

こうした視点に立つならば、雇用もしくは就労を目的として外国に入国し滞在する移住労働者は、国籍国を離れて外国に在住することに加えて、被雇用の労働者であるという二重の困難を背負っており、包括的な人権条約あるいはＩＬＯ条約だけでは、その権利を充分に保護することが困難である。

とりわけ、正規もしくは適法に入国・滞在するのではなく、非正規または非適法に入国・滞在して働く、いわゆる「不法」就労者の場合は、「非適法」という弱い立場を悪用する雇用と就労条件によって、人権と基本的自由が脅かされる場合が多く、個別的人権文書による保護が必要である。

このことは、第一次大戦後、一般的平和機構として設立された国際連盟と共に設けられた国際労働機関(以下、ＩＬＯ)が、発足後まもなくして、外国人労働者もしくは移住労働者の権利保護のためにいくつかの条約を採択し、移住労働者の国際的保護のために努力したことからもいえる。

そして、第二次大戦後、人権の国際的保障が制度的に発展するなかで、移住労働者の権利保護も、ＩＬＯを中心に発展する。まず、ＩＬＯは、一九四九年には、国際連盟時代の勧告と条約を改正する形で、雇用目的の移住(Migration for Employment)に関する勧告と条約を採択し、さらに、一九七五年には、この両文書を補うものとして、移住労働者(Migrant Workers)に関する条約と勧告を採択している。また、その間には、発展途上の国家及び地域における移住労働者の保護に関する勧告(勧告一〇〇号、一九五五年)と社会保障における平等の処遇に関する条約を採択している。

このようなＩＬＯ条約の発展は、まず、西ヨーロッパに影響を及ぼすことになる。すなわち、西ヨーロッパ統合による人びとの自由な移動と人権の地域的保障の発展、そして一九七〇年代の急速な高度成長に伴い、不足する労働力を補うために受け入れた外国人労働者が急増したからである。

一九七九年、ヨーロッパ評議会は、移住労働者の法的地位に関するヨーロッパ条約(European Convention on the Legal Status of Migrant Workers、以下、ヨーロッパ条約)を採択した。この条約の内容はＩＬＯ条約にそって制定されたものである。しかし、地域的であるにせよ、人権の国際的保障の視点から、雇用関係ばかりでなく家庭と生活の面からも移住労働者の保護をめざしたものであった。

そして、これらＩＬＯの勧告と条約及びヨーロッパ条約は、普遍的な移住労働者の権利保護への発展を促すことになる。国際連合(以下、国連)においても、はじめの段階では、非適法な移住労働者問題について議論が行われたが、後にはすべての移住労働者及びその家族の権利を保護する条約を採択することになったのである。以下、国連が採択した条約をみる前に、ＩＬＯの条約と勧告、そしてヨーロッパ条約の主要な内容を吟味することにする。

二　国際労働機関(ＩＬＯ)と移住労働者

先にふれたように、第一次大戦後の国際社会の平和と安全を維持するために史上はじめて設立された国際連盟の下に、「公平にして人道的な労働条件を確保することにつとめ、そのために必要な国際機関」(連盟規約第二三条一項)として、ＩＬＯが設置された。

そして、移住労働者の問題は、ＩＬＯ発足当初から重要な関心事項となり、ＩＬＯの基本原則を定めたヴェルサイユ平和条約は「各国において法律によって定立される労働条件に関する基準は、その国内に合法的に居住するすべての労働者の公平な経済的処遇に適切な考慮を払うべきである」（第四二七条）と定めた。一九一九年第一回の総会において、ＩＬＯは、移住労働者と内国民との処遇の平等を促進することを一つの目的として採択している。

一九二五年には、災害補償における処遇の平等条約（第一九号条約）を、一九三五年には、移住者の年金に対する権利に関する条約（第四八号条約）を、また、一九三九年には、雇用目的の移住に関する勧告（第六六号）と条約（第六一号）を採択した。もっとも、この六一号条約は発効することなく、第二次大戦後に新しく発足するＩＬＯで修正採択されることになる。

国際連盟の下におけるＩＬＯを引き継いで、国連の専門機関として再出発したＩＬＯは、移住労働者に直接関わる文書として、一九三九年の勧告と条約を改正した雇用目的の移住に関する勧告（第八六号）と条約（第九七号）を一九四九年に採択した。

一九七五年には、この四九年条約と一九五八年の雇用と職業における差別禁止条約を補うものとして、「不正な条件による移住及び移住労働者の機会と処遇の平等促進に関する条約」（第一四三号）と勧告（第一五一号）を採択している。

この二つの条約と二つの勧告、つまり四つの文書が、ＩＬＯにおける移住労働者の権利保護を直接目的とする文書である。さらに、労働者を送り出す立場にある発展途上国の移住労働者保護条約（一九五五年、第一〇〇号）、社会保障における処遇の平等条約（一九六二年、第一一八号）、社会保障に対する権利維持に関する条約（一九八二年、第一五七号）と勧告（第一六七号）も関連する文書としてあげることができる。

以上の文書の中で、一九四九年の条約と勧告、及び一九七五年の条約と勧告の概要について触れてみることにする。

1　一九四九年の条約と勧告

まず、この条約は、本条約と三つの付属文書から構成され、三つの付属文書は締約国の選択に委ねられており、本条約だけを批准してもさしつかえはない。

本条約は、移住労働者に対し、出入国に関する政策、法律及び規則ならびに雇用及び労働条件、そして生活に関する正確な情報の提供を主要な目的の一つとしている。他の一つの主要目的は、報酬、社会保障または組合活動などすべての労働条件につき、内国民と平等の処遇(第六条)と本国への送金(第九条)を保障することである。また、第一付属文書は、私的業者などによる募集、斡旋及び雇用条件について詳細に規定しており、第二付属文書は、政府によって行われる募集、斡旋などについて同じような規定を設けている。そして、第三付属文書は、移住労働者がその家財道具を滞在国に搬入することについて定めている。

第一付属文書は、たとえば、雇用地国に向けて出国する前に契約書のコピーを渡されること、労働条件と報酬を提示しなければならないことを定め(第五条)、密出国または、不法出国を助長する者に対しては適切な処罰を科することを求めている(第八条)。また、第二付属文書は、基本的には第一付属文書と同じ内容であるが、たとえば、不適切な労働に従事している労働者が、適切な労働に従事するために必要な援助を提供することを締約国に求めている(第一〇条)ことが注目される。

つぎに、一九四九年の勧告は、条約よりさらに細部にわたった規定をしている。たとえば、五年以上滞在している移住労働者に対しては、雇用の制限を設けるべきではないとしていること、雇用市場の不況を理由に出国を強制してはならず、たとえ国外退去が認められる場合でも、失業手当などに関する移住労働者の権利確保が完了しなければならないことなどがある。

2　一九七五年の条約と勧告

一九七〇年代に入って、西ヨーロッパ諸国は高度の経済成長期を迎え、国内の不足する労働力をトルコ、ギリシャなどの南ヨーロッパ及び北アフリカからの移住労働者によって補った。さらに中東の産油国には、フィリピン、韓国などのアジア諸国からの移住労働者が急増し始めた。それに伴って、いわゆる「不法」な移住労働者が増大し、移住労働者の問題がクローズ・アップすることになる。

とりわけ、非熟練労働者もしくは単純労働者の急増によって引き起こされる新しい事態と、一九四九年条約とのギャップを埋める必要に迫られる。そのため、一九七五年のＩＬＯ総会において、四九年条約と勧告を補うものとして、新しい条約と勧告が採択された。

まず、七五年条約は、内容のまったく異なる二つの問題を一つの条約にしている。

第一部は、近年、日本社会においても社会問題化している非正規または非適法な状態にある者を含むすべての移住労働者の基本的人権の尊重を義務づける一方、労働者の秘密裡な移動と移住者の不法な雇用を抑止することを締約国に求めている(第一条)。また、非適法な状態にある労働者については、社会福祉または社会保障及び再雇用については規定していないが、過去の雇用に関連する賃金の不払いなどについては、訴訟を提起する権利を認めている(第九条)。

つぎに、第二部が定める機会と処遇の平等については、適法な移住労働者に限定して規定している。とりわけ、その第一〇条は、雇用と就業、社会保障、労働組合及び文化的権利などの分野における内国民と平等な処遇を促進するよう求め、そのために必要な具体的措置を第一二条で定めている。

また、一九四九年条約では言及していなかった規定として、移住労働者がその家族と再結合するために便宜をはかり(第一三条)、最初の二年間の契約終了後は、雇用について自由な選択を認めなければならない(第一四条)ことを定めている点が注目される。

先の条約とセットに採択された一九七五年勧告は、機会と処遇の平等(第一部)、社会政策(第二部)、及び雇用と住居(第三部)に関する移住労働者の権利と所在国の義務について詳しく謳っている。

たとえば、機会と処遇の平等では、職業の紹介、職業訓練及び昇進など雇用に伴う問題について詳細に言及し、社会政策では、家族との再結合、健康の保護、そして社会的サービスに関する事項について謳い、第三部では、再雇用の保障、解雇に対する救済手続き及び国外退去に対する異議申し立てと、雇用に伴う賃金、災害保障などに対する権利を滞在の適法・非適法に関係なく認めるべきであるとしている。

以上にみたように、移住労働者の権利保護に関する文書の中心となるこの条約と勧告は、その内容が十分ではないとしても、ＩＬＯ加盟国が条約を批准し勧告の内容と共に実施するならば、移住労働者とその家族の権利は、相当の水準まで確保できるといえる。

しかし、九七号条約(一九四九年)は一九五二年一月には発効したが、一九九一年の段階で三八カ国しか批准していないし、一四三号条約(一九七五年)は一九七八年一二月に発効したが、締約国になっているのは、わずか一五カ国だけという実状である。

もっとも、法的拘束力はないとはいえ、勧告の内容を尊重する加盟国の道義的義務は否定できない。また、次にみるヨーロッパ条約及び国連条約に及ぼした影響は大きい。

三　移住労働者の法的地位に関するヨーロッパ条約

第二次大戦後の国際社会の発展を特徴づける人権の国際的保障は、ヨーロッパ評議会(Council of Europe)を構成する諸国の先導的役割によって触発されてきた。

移住労働者の権利保護についても、先にみたILOの文書を除けば、他の地域的機関及び国連機関に先がけて、ヨーロッパ評議会が取り組んでいる。つまり、ヨーロッパ評議会は、一九六六年、移住労働者の法的地位に関するヨーロッパ条約の制定を事業計画の中に取り入れ、ILOの事務局そして経済協力開発機構(OECD)などの協力をえながら作業を進めて、一九七七年五月には条約を採択したのである。この条約は、ヨーロッパ人権条約、ヨーロッパ社会憲章などと並んで、ヨーロッパ評議会による地域的人権保障の一環をなすものであるということはいうまでもない。

この条約は、移住労働者及びその家族の生活と労働条件について、内国民労働者と平等の処遇を確保するために、その法的地位を定めることを目的としている(同条約前文)。具体的には、移住労働者の住居(第一三条)、教育・職業訓練(第一四条)、労働条件(第一六条)、社会保障と医療扶助(第一九条)、そして労働災害と職業病に対する補償(第二〇条)などについて内国民と平等な処遇を義務づけている。

また、雇用目的の移住に必要な基本的事項、たとえば募集と健康診断及び職業選定、さらには出国と入国の権利、労働契約(第二—五条)について詳細に定めている。これらの事項のなかで注目されるのは、労働者が雇用を認められ、必要な証明を入手すれば、入国する権利(right to admission)が保障されると規定していることである。出入国の問題は、国家の排他的管轄事項であり自由裁量事項である、とする従来の考えから大きく前進したものとして注目される。

つぎに、労働者が雇用地国に入国・滞在するために必要な事項、たとえば、必要な情報の提供(第六条)、旅行(第七条）及び労働許可（第八条）と在留許可（第九条）について定めると共に、移住労働者固有の権利であるといえる、家族の再結合（第一二条）、母語の教育（第一五条）及び所持金の送金（第一七条）と再雇用（第二五条）、そして帰国に伴って必要な事項の保障（第三〇条）についても詳しく定めている。ただ、家族の再結合については、家族のために必要な財源を許可条件とし、あるいは一時的にこの規定の効力を停止することができるとしている。

以上の権利の他に、自己の言語による通訳を含む裁判を受ける権利（第二六条）と、労働者がその経済的社会的利益を守るために団体を結成する権利（第二八条）、そして、自己の信念に従って自由に礼拝を行う権利（第一〇条三項）など、さまざまな分野にわたって必要な権利を保障している。

また、条約の実施機関として、協議委員会（Consultative Committee）を設け、条約規定の適用と実施について、閣僚委員会に意見と勧告を提示し、報告書を提出する機能を持たせている（第三三条）。

以上、ヨーロッパ評議会によって採択され実施されている移住労働者条約を概観したが、つぎのいくつかの特徴もしくは問題点を確認しておきたい。

まず、この条約が適用される個人の範囲が閉鎖的であるということである。つまり、条約第一条一項は「この条約の適用上『移住労働者』とは、締約国の国民であって、有償の職業に従事するために、他の締約国によってその領域内に滞在することを許可されている者」であると定義している。ここで締約国とは、第三四条が署名と批准のために開放するヨーロッパ評議会の加盟国であるから、他の国の国民には適用されない。そのため、たとえば、同じフランスに滞在する労働者でありながら、ヨーロッパ評議会加盟国のオランダ国民には適用されても、加盟国でないアフリカ・アジア諸国の人びとには適用されないという差別状況が生じる。

つぎに、一九七五年のＩＬＯ条約及び後に吟味する国連条約と異なり、この条約によって保護されるのは、適法な労働者に限定され、非適法もしくは非正規の労働者は除外されているということである。

もっとも、西ヨーロッパ諸国は、状況の変化はあるにせよ、雇用目的のための移住が二国間協定などによって認められ、また「不法」滞在者についても、いわゆるアムネスティ（救済）措置によって合法化されてきていることを考えると、日本ほどには深刻な状況は生じないかもしれない。

最後に、移住労働者というのは、その定義づけによっても明らかなように、雇用もしくは就業のために一時的に滞在する外国人である。そのため、滞在する国の社会に統合(integration)か同化(assimilation)かという困難な問題が起きるばかりでなく、本国の社会に再統合(reintegration)することも重要な問題である。

ヨーロッパ条約は、この問題について、職業と滞在に伴う権利の保護について定めると同時に、移住労働者の帰国と帰国後の再統合についても配慮した規定を設けている。たとえば、すでに触れた母語の教育（第一五条）及び職業訓練（第一四条）に関連して、そのいずれも、移住労働者がその本国に帰国する場合に必要であるという見地から、便宜をはかることを目的の一つとして明示している。

さらに、帰国の際に締約国が供与すべき事柄を定める第三〇条の規定も、帰国後の再定着を可能にする諸条件について、労働者の本国が雇用地国に対して情報を提供し、労働者の要求があれば、雇用の可能性、外国において取得した社会保障の権利及び住居などに関する情報を提供するよう求めている。

もっとも、こうした規定にも拘わらず、帰国ではなく定住する労働者が圧倒的に多く、とりわけその子どもたち、つまり外国人労働者の二世の問題がクローズ・アップされていることは、ＩＬＯの報告が指摘するとおりである。

四　国連・移住労働者権利条約

1　条約採択の経緯

移住労働者の問題が国連において取り上げられたのは、移住労働者一般の問題ではなく、不法もしくは秘密裡に行われる労働者の取引きによる人権侵害に関する問題にはじまる。

つまり、一九七二年七月、国連の経済社会理事会は、不法及び秘密裡の取引きによる労働者の搾取に関する問題の検討を、国連人権委員会に指示する内容の決議をした。そして、国連総会も、同じ年の一一月一五日の決議の中で、人権委員会がこの問題を優先的に検討するよう勧告した。さらに一九七四年に採択された決議の中では、すべての国家が合法的に入国した移住労働者に自国民と平等な処遇を与えること、移住労働者の不法な取引きをなくすために、二国間協定の締結を促進すること、そして、自国に密入国した移住労働者の人権を確保するために適切な措置を取ること、などを加盟国に要請している。

他方、この問題の検討を要請された人権委員会は、経済社会理事会に対する勧告を通して、差別防止少数者保護に関する小委員会(以下、人権小委員会)に、この問題を国連人権文書に照らして優先課題として審議し、移住労働者の人権を差別なく保護するために、どのような措置がさらに必要かについて勧告するよう要請した。

こうした要請を受けた人権小委員会は、一九七三年九月、モロッコ出身の委員であるワルツァゲ(Warzage)女史にこの問題の研究を委ねることを決定した。

一九七五年九月には、この問題に関する勧告を含む最終報告が人権小委員会において採択され、人権委員会に提出されることになった。この報告は、ＩＬＯその他の国際機関及びＮＧＯによって提供された資料に基づいて作成されたもので、非適法な移住労働の主要な原因と形態に触れると共に、移住労働者の基本的人権の侵害と差別的取扱いを指摘し、非適法な移住をなくし移住労働者の権利を保護するために、労働者の本国と滞在国が取るべき措置について勧告している。

そして、一九七八年一〇月には、国連人権委員会の要請に基づき、「すべての移住労働者の状況を改善し、人権と尊厳を確保するための措置」に関する報告が国連事務総長によって提出された。

この報告は、国連とその専門機関ならびに地域機関における移住労働者問題に関連する活動の調査と、人権委員会が検討すべき問題について提案している。

報告は、移住労働者問題と移住労働者が被っている差別の根本的原因は、先進工業国の高い生活水準と第三世界の貧困との間に拡がる格差にあると指摘し、人権委員会が移住労働者の人権に引きつづき関与すべきであるとしている。そして、とくに、移住労働者の子どもの保護と移住労働者の不法な取引きの抑止とならんで、移住労働者の市民的権利、とりわけ民事的、刑事的、及び行政的救済の確保と恣意的国外退去などの問題について人権委員会の注意を喚起している。

以上のような人権委員会及び人権小委員会における議論を背景に、国連総会は一九七九年、移住労働者とその家族構成員の権利保護に関する国際条約（以下、移住労働者権利条約）草案の策定を決定し、一九八〇年には、草案策定のための作業部会を設置した。

メキシコ出身のゴンザレス（Gonzalez de Leon）が委員長を勤めた作業部会は、同年秋に開催した第一回目の会合で、先にみたヨーロッパ条約やＩＬＯ条約とは異なって、適法な労働者だけでなく、すべての移住労働者を対象にすると共に、雇用関係の権利ばかりでなく包括的な人権を含むことを決定した。

その後、作業部会は、ＩＬＯなど国連関連機関の協力と国連加盟国の意見を聴取しながら条約草案の策定を進め、一九九〇年の六月の会合にはほぼその作業を完了した。そして、同年一二月の総会において、移住労働者権利条約が採択されることになった。

2　国連・移住労働者権利条約の内容

(1)　条約の構成

国連が採択した移住労働者権利条約は、前文と第一部から第九部までの九三カ条から成り立っている。

第一部(第一条―六条)は、条約が適用される労働者の範囲と用語を定義し、第二部(第七条だけ)は、権利享有における非差別の原則を謳っている。つぎに、第三部(第八条―三五条)は、証明書を所持しないかまたは非適法状態にある労働者を含むすべての移住労働者が享有する人権について定め、第四部(第三六条―五六条)は、証明書を所持しているか、または適法状態にある移住労働者とその家族だけに認められるその他の権利について規定している。

そして第五部(第五七条―六三条)は、国境労働者など特定のカテゴリーに属する移住労働者とその家族の権利について定め、第六部(第六四条―七一条)では、労働者とその家族の国際的移住に関し、健全で衡平かつ人道的及び適法状況を促進するために必要な措置を規定している。

さらに、第七部(第七二条―七八条)は、条約の適用と履行を確保するために必要な事項、つまり実施措置を定め、第八部(第七九条―八四条)は他の条約との関係及び権利救済に関する一般条項を規定し、第九部(第八五条―九三条)は、条約の効力発生、加入及び解釈と適用をめぐる紛争の解決などの最終条項に関する規定を含んでいる。

こうした条約の構成からもわかるように、国連が採択した移住労働者権利条約は、ＩＬＯ条約及びヨーロッパ条約よりも、広い範囲の事項について詳細な規定が盛り込まれている。

なかでも、条約採択の直接的契機になった、非適法状態にある移住労働者とその権利保護に多くの規定を当てていることは注目される。これは、条約の前文が「移住に関する人道問題が、非適法な移住の場合にさらに重大であることを認識し及びそのために、移住労働者の秘密裡の移動と不正取引きを防止し除去するために、その基本的人権の保護を確保すると共に、適切な行動が奨励されるべきである……」と謳っているように、非適法状態にある移住労働者の人権保護を条約の主要目的の一つにしていることの表れである。

(2)　条約の適用の範囲

つぎに、条約の内容について、主要な問題に限って吟味することにする。

まず、この条約が適用される移住労働者とは「自己の国籍国でない国において報酬活動に従事する予定であるか、現に従事しているか、又は従事してきた者」(第二条一項)であり、季節労働者、海員などの特定カテゴリー労働者だけでなく、雇用関係にない自営労働に従事する者も含まれ、広い範囲の労働者が保護の対象となる。

ただ、国際公務員、外交官、難民及び留学生など、第三条が列挙する者は除かれる。しかし、勉学もしくは研修を目的として入国し滞在する者が報酬活動に従事する場合は多く、労働条件、社会保障などの事項について他の人権条約による保護をまつ他ないのかどうかが気にかかる。

そして、条約の名称からもわかるように、移住労働者本人だけでなく、その家族構成員も条約の適用を受け保護の対象となる。この条約でいう「家族構成員」とは、移住労働者と結婚している者、もしくは法律により結婚と同様な効力を発生させる関係を有する者、つまり事実婚の関係にある者、及び移住労働者によって扶養されている子どもと法律または条約によって認められている被扶養者が含まれる(第四条)。

これらの移住労働者及びその家族構成員は、性別、人種などいかなる理由による区別もなく、平等に条約の適用を受け（第一条一項）、条約中に定められた権利を尊重され確保される（第七条）。つまり、国際人権法の基本原則である非差別・平等の原則に基づき、その権利が保護される。また、この条約は、雇用地国において報酬活動に従事している間だけでなく、移住の準備、出国、通過そして帰国など、移住労働者とその家族構成員の移住に伴うすべての過程において適用される。

(3)　すべての移住労働者及びその家族構成員の人権

すでに触れたように、移住労働者権利条約はたとえ非適法状態にある労働者であっても、その人権と基本的自由について保護されるべきであるという立場から、条約の第三部（第八条―三五条）が保障する権利については、適法・非適法を問わず、すべての移住労働者とその家族構成員に適用される。

この第三部で保障される権利は、自由権的基本権と社会権的基本権の他に、移住労働者という地位に伴う権利をも含んでいる。

まず、自由権的基本権は、市民的及び政治的権利に関する国際規約（以下、自由権規約）が保障する権利とほぼ同じ内容である。まず、生命に対する権利、拷問または残虐、非人道的もしくは品位を傷つける取扱いと刑罰を受けない権利、奴隷状態と強制労働からの自由、及び思想、良心、宗教の自由と表現の自由を保障している（第一一条―一三条）。つぎに、プライバシーに対する権利（第一四条）、身体の自由と安全に対する権利（第一六条―一七条）、及び裁判を受ける権利（第一八条―一九条）が保障される。こうした自由権には、自由を奪われた移住労働者とその家族の文化的独自性の尊重（第一七条）と自由権規約が保障しない財産に対する権利（第一五条）が保障されている。また、契約上の義務不履行を理由にした拘束の禁止（第二〇条）、身分証明書・労働許可証及び旅券など滞在と雇用に欠かせない証明書の押収・毀損の禁止（第二一条）、恣意的国外追放の禁止（第二二条）など、移住労働者固有の権利も保障している。旅券などに対する権利は、使用者などによる旅券の押収に伴う人権侵害が頻繁に発生している状況を考えるとき重要な意義を有する。

つぎに、社会権的基本権は、経済的社会的及び文化的権利に関する国際規約（以下、社会権規約）が保障する権利のうち、報酬及び労働条件について内国民と平等な取扱いと（第二五条）、労働組合その他の団体に加入しその援助を求める権利（第二六条）、及び社会保障と緊急医療に対する権利を保障している（第二七・二八条）。なお、社会保障については国内法または条約が定める要件を満たす限り、内国民と同じ取扱いを享有するとし、緊急医療については、在留または雇用の非適法性を理由に拒否されないことを明記している。ただ、緊急医療に必要な費用の公的負担まで義務づけられるかは明らかでなく、議論を呼ぶ問題である。

また、移住労働者の子どもに対し、名前、出生の登録及び国籍に対する権利（第二九条）と教育を受ける権利（第三〇条）を保障している。この権利は、在留の非適法性を理由に拒否されたり制限されることはないとしている。なお、いわゆる「不法」就労者の立場にある女性の子どもの権利をめぐる問題については、本章の最後に掲げる参考文献『国連・移住労働者条約と日本』の二部で詳細に検討している。

最後に、移住労働者とその家族は、文化的独自性の尊重とその出身地国との文化的結合の維持に対する権利（第三一条）、所得と貯金そして個人的財産と所持品を国外に持ち出す権利（第三二条）、及びこの条約から生ずる権利と入国及び雇用などに関する情報を無料かつ、可能な限り理解できる言語で提供される権利（第三三条）が保障される。

これらの権利のうち、文化的独自性に対する権利は、定住外国人の子どもにさえ認めようとしない日本の状況を考えるとき、移住労働者とりわけその子どもたちの民族教育の保障を必要とし、同化政策もしくは同化教育を戒めるものとして注目される。

(4) 適法状態にある移住労働者の追加的権利

この第三部が保障する権利は、たとえ証明書を所持しないか、もしくは非適法状態にある労働者であっても享受する性格のものであるため、適法な滞在に伴って必要と思われる移住労働者の権利は含まれていない。そのため、条約の第四部（第三六条—五六条）では、第三部が保障する権利の他に、適法に入国し滞在する移住労働者にとって必要かつ重要な権利を追加的に保障している。第四部が保障する権利には、まず、移住労働者が雇用地国に向けて出国する前に、あるいは、入国するときに、入国、滞在及び報酬活動に伴う要件について告知される権利（第三八条）、滞在と就業の許可に影響されることなく一時的に出国する権利、つまり再入国の権利（第三八条）、そして雇用地国内における移動の自由と住居選択の自由（第三九条）が含まれている。

また、適法状態にある移住労働者は、その利益を保護し、促進するために必要な団体及び労働組合を結成する権利（第四〇条）を保障し、移住労働者が独自に労働組合を結成できるとしている。また、本国における参政権と公務に携わる権利（第四一条）、及び移住労働者の必要事項を取扱うために設けられる機関と地域共同体に参加すること（第四二条）、ならびに、教育的な機関とサービスの利用、職業紹介、職業訓練及び社会的保険的サービスの利用と文化的生活への参加など広範囲の社会参加について定めている。

つぎに、その家族的結合を確保するために、配偶者とその子どもが雇用地国で再結合すること（第四条）、そして、その家族も、移住労働者と同様に社会参加について内国民待遇が保障され、その子どもについては、雇用地国の地域社会への統合に必要な教育を受けるだけでなく、その母語と文化の教育のために必要な便宜を受ける権利が保障されている（第四五条）。

また、移住労働者とその家族が出身地国と雇用地国に出入国の際に、その身の回り品及び家財道具に対する免税措置（第四六条）、収入及び貯金を家族扶養のために送金する権利（第四七条）、及び二重の税負担の回避（第四八条）についても詳細に定めている。

さらに就業許可の期間と滞在許可の期間が異なるときは、報酬活動の終了によって非適法状態にあるとみなされず、またその滞在許可を喪失しないだけでなく、再雇用のために必要な期間の滞在を保障している（第四九・五一条）。

最後に、適法状態にある労働者とその家族は、雇用地国において、一定の条件と制限に従って報酬活動つまり職業を自由に選択する権利（第五二・五三条）、解雇に対する保護と失業手当てなどの権利について内国民待遇を享有し（第五六条）、恣意的に雇用地国から追放されず、追放の決定に当たっては人道的配慮と滞在期間を考慮しなければならない（第五六条）ことが保障されている。

以上にみたように、条約第三部でのすべての移住労働者に保障する権利に加えて、適法状態にある移住労働者とその家族に保障する権利は、移住労働者の出入国、滞在及び報酬活動について詳細に規定し、結社や職業選択の自由、及び再雇用期間の保障さらには社会参加とその子どもに対する母語教育など、雇用地国の社会構成員として定住するために必要な権利を保障している。

これは、前文の第一五段落で謳うように非適法状態にある移住労働者の雇用を防止し、移住労働者による法と手続きの遵守を助長することによって、適法な移住労働状態を促進することを人権の保障とあわせて意図したものといえる。

(5)　労働者の国際的移住の適法状態の促進

くりかえし触れたように、国連の移住労働者権利条約の目的は、移住労働者及びその家族の権利保護とならんで、移住労働者の非適法状態をなくすことである。そしてこの目的達成のために、第四部では適法な労働者の追加的権利を保障し、第六部(第六四―七一条)では、労働者の国際的移住とその家族構成員について、健全、衡平、人道的及び適法状態の促進に必要な締約国間の協力を定めている。

この協力は、まず、移住政策の立案と実施、移住と雇用に関する情報の交換(第六五条)、及び移住労働者の円滑な帰国と出身地国への再定住(第六七条)に必要な事項が含まれる。そしてつぎに、移住労働者の募集活動は、公的な役務または機関と国際協定によって設立される機関に限定し、私的な斡旋業者及び雇用者もしくはその代理人による募集活動は、公的機関の許可、承認と監督を条件とし、募集の過程における権利侵害の抑止を意図している(第六六条)。

また、非適法状態にある移住労働者の不法な、または、秘密裡の移動と雇用を防止し根絶するために協力し、不法または秘密裡に行われる移住の調査と、この様な行動に関与する個人・集団または企業に対する制裁と、非適法状態にある移住労働者の雇用を根絶するための制裁を含む適切な措置をとるとしている(第六八条)。

最後に、締約国は移住労働者の非適法状態をなくすため、適法化の可能性を含む適切な措置を取り(第六九条)、適法状態にある移住労働者とその家族の労働条件と生活条件が、適切、安全かつ健康の基準と人間の尊厳の原則に適合することを確保するため、自国民に適用されるものに劣らない措置を講じることとしている(第七〇条)。

これは、移住労働者の非適法状態を放置することによる人権侵害の防止を意図したものであり、その必要性と重要性は日本の現状が示すとおりである。

(6)　条約実施の機関と措置

国際人権規約など他の人権条約と同様に、移住労働者権利条約も条約の履行を確保するための実施措置を第七部(第七二―七八条)で規定している。

まず、条約の適用または実施を審査する機関として「すべての移住労働者及びその家族構成員の権利保護に関する委員会」(以下、委員会)を設けることになっている。

この委員会は、締約国によって指名される者の名簿の中から、公平な地理的配分及び主要な法体系の代表を考慮に入れ、締約国による秘密投票によって選出された徳望が高く公平で、かつこの条約が適用される分野で認められた能力を持つ専門家によって構成される。

委員会の委員は、締約国の代表としてではなく、個人の資格において選挙され職務を遂行し、その報酬も国連の財源から受け、国連の特権と免除に関する条約によって国連専門家として便益と権利を享受する。

委員会の機能は、まず、条約第七三条に基づいて締約国が提出する、条約の規定を実施するために取った立法上、司法上、行政上及びその他の措置に関する報告を検討し、適当と認める一般的意見を締約国に送付することである。

つぎに、委員会は、この条約の実施に関する年次報告を国連総会に提出することになっており、この報告には、委員会自身の見解及び勧告、とりわけ締約国が提出した報告とあらゆる見解の審査に基づくものを含める。

また委員会は、第七六条に基づいて、締約国からの通報を受理し検討する権限を認める宣言を行った締約国から、同じように宣言を行った締約国について、条約の義務を履行していないと主張する通報を受理し、条約が定める手続(第七六条一項)に従って問題の友好的解決のために斡旋を行う。

最後に、この条約が定める権利が侵害されたと主張する個人からの通報を受理し審議する委員会の権限を認める宣言を行った締約国の場合、その管轄下にある個人またはその代理人からの通報を委員会は受理・審議し、委員会の意見を関係締約国及び個人に送付する。

このように、この条約の実施措置は、条約国が実施のためにとった国内措置に関する報告が義務的なものであるが、締約国による苦情の通報及び権利を侵害された個人からの通報に対する委員会の権限は選択的である。そのため、締約国によって提出される報告の審査とそれに基づく委員会の見解と勧告が、条約の履行を確保する主要な実施措置であることは、他の人権条約と同じといえる。

五　国連・移住労働者権利条約と日本の状況

国連が採択した移住労働者権利条約は、保護する移住労働者の範囲をすべての分野における労働者に拡大し、とりわけ非適法状態にある労働者とその家族の権利の保護についても積極的に対応している。そして、保護する権利の内容も、自由権と社会権そして移住労働者固有の権利まで含み、労働者の国際的移住と雇用に関する締約国の政策と協力についても、基本的な基準もしくは指針を提示している。

しかし、皮肉なことに、移住労働者の人権保護の視点からすばらしい内容であればあるほど、国家、とりわけ移住労働者を受け入れるか、または、多数を抱えている国家は条約の国内的受容に慎重であり、ときには抵抗的姿勢さえ示す。そのため、こうした立場にある日本がこの条約を批准するまでには相当の時間の経過を必要とすることは想像にかたくない。

しかし、日本政府自らが条約の制定過程及び国連総会の採択に参加した人権文書が、締約国になっていないという理由だけで何の意義も効果もないとはいえず、さまざまな影響もしくは効果を及ぼす文書としての意義は否定できない。

1　日本国内の移住労働者の状況と条約

移住労働者の国際的保護、とりわけ国連による保護の契機は、非適法な移住労働者または秘密裡な取引きによる労働者の搾取であり、移住労働者権利条約もこのような問題に、より大きな重点を置いていることはすでにみたとおりである。

つまり、今日、日本の社会で論議を呼んでいる、いわゆる「不法」就労の外国人労働者問題は、はやくから国際社会の関心事項となっており、とくに「不法」就労という脆弱な地位につけ入った人権侵害と搾取は、ＩＬＯ及び国連において、その防止のために必要な措置が国連加盟国に求められてきている。国連・移住労働者権利条約はこうした国際社会での議論と要請を背景に採択されたものであり、日本政府もこうした議論に参加していることはいうまでもない。

したがって、非適法な移住労働者の抑止とならんで、現実に在留する移住労働者の人権を保護する努力は、国連での条約採択・発効をまたずとも、国際的責務であることは否めない。

日本社会における労働力不足、とりわけいわゆる「３Ｋ（きつい、汚い、危険）労働」に従事する労働者が不足し、日本とアジア近隣諸国との生活水準と賃金の格差が大きいという二つの事実だけからしても、就労を目的として入国し滞在する外国人が日を追って増えることは火を見るより明らかである。すでに日本には二〇万人におよぶ外国人労働者が超過（いわゆる「不法」）滞在となり、ざまざまな社会問題と人権問題を引き起こしている。

ところが、こうした状況を改善するために必要な施策、たとえば、適法な外国人労働者の受け入れ、「不法」就労といわれる外国人労働者の合法化と権利保護など、何一つ実施することなく、他方で、研修目的の外国人労働者に短期的就労を認めるにとどめ、日系の中南米諸国民には制限なく就労を認めるなど、人種主義的発想と場当たり的対応だけがめだっている。

つまり、外国人労働者をめぐる日本社会の状況は、まさに移住労働者権利条約を採択させた背景と同じものであり、条約の前文が謳っている基本的認識と問題提起はそのまま日本社会の状況にあてはまる。

2　国連・移住労働者権利条約の意義

他の人権条約と同じく、移住労働者権利条約も、批准をして締約国にならない限り、日本が法的に拘束されることはない。しかし、非適法な状態にある労働者を含め、外国人労働者の人権と人間の尊厳を尊重することは、国際人権法の基本的理念であり、日本がすでに批准した国際人権規約によっても義務づけられていることである。

いいかえれば、移住労働者が保護を求めている権利の殆どは、緊急医療、社会保障及び子どもの権利保護などにみるように、すでに議論されたり、司法的判断に委ねられたりしている。したがって、移住労働者権利条約は、同じ精神と内容を有する国際人権規約の規定を補完し、解釈をめぐる議論に指針的役割を果たしうるといえる。

さらに、条約第六部が条約締約国に求めている労働者の国際的移住の適法化促進のための協力と措置は、締約国であるか否かを問わず、すべての国家とりわけ日本のように多数の外国人労働者が、それも非適法状態のまま滞在している国にとっては、避けて通れない問題である。したがって、この条約は日本政府が、今後とるべき外国人労働者施策のよるべき基準として作用する可能性が高い。

つまり、日本政府がたとえ条約の批准を遅らせるとしても、日本の移住労働者問題に対する姿勢を検証し改善するための〝国際的基準〟という条約の地位と意義は、政府の対応を批判する立場にいる人びとだけでなく、政府自身にとっても大きいといわねばならない。

いずれにせよ、労働者の国際的移動が今後とも増大し、外国人労働者をめぐる日本社会の状況がますます厳しくなることはまちがいなく、従来の対応を持続することは殆ど不可能に近い。そのため、アムネスティによる合法化と、送り出す国家との協力による非適法な状態の抑止並びに人権尊重の視点に立った国内措置をとらねばならないことは必至である。

こうした現実的対応の過程で、この条約が、進むべき基本的方向と取るべき具体的な保護措置の両面において、依拠すべき基準として機能することを強く期待する。

参考文献

・『国連・移住労働者権利条約と日本』（解放出版社、一九九三年）
・『外国人労働者と人権』（日本評論社、一九八八年）
・行財政総合研究所編・本多淳亮監修『外国人労働者の人権』（大月書店、一九九〇年）
・花見忠・桑原靖夫編『明日の隣人・外国人労働者』（東洋経済新報社、一九八九年）
・経済企画庁総合計画局編『外国人労働者と経済社会の進路』（大蔵省印刷局、一九八九年）
・Migrant Workers ; General Survey or the Reports relating Conventions Nos. 97 and 143 and Recommendations Nos. 86 and 151 Concerning Migrant Workers, ILO 66 th Session 1980.
・The Right of Migrant Morkers ; A guide to ILO standards for the use of migrant workers and their organizations.
・Explanatory report on the European Convention on the legal status of migrant workers, Council of Europe, Strasbourg 1978.
・Measures to Improve the Situation and Ensure the Humau Rights and Dignity of all Migrant Workers, Report of the Secretary-General（E/CN. 4/1325）1978.

『国連・移住労働者権利条約と日本』一九九三年、解放出版社 所載

第三章　人種差別の撤廃とマイノリティ・外国人差別

1　人権の国際的保護と人種差別撤廃条約

一　序説

人権の国際的保護の歴史において画期的な出来事であるといわれた国際人権規約の採択から丁度一年前の一九六五年一二月二一日、国連第二〇回総会は「あらゆる形態の人種差別撤廃に関する国際条約(以下人種差別撤廃条約と略称)」を満場一致で採択した[1]。そしてこれは、国際社会が長い間、その撤廃のために闘ってきた人種差別を廃絶するための法的基礎をなすものであり、国際人権規約と共に、第二次大戦後、国連を中心に推し進めてきた人権の国際的保護の法的かつ制度的確立をさらに確かなものにするための新しい一頁を記す事件であった。このような歴史的人権文書が誕生した背景は一体何であっただろうか、また、どのような経緯を辿って、その成立をみたのだろうか。われわれはこの条約の規定又はその効果と問題点を吟味する前に、こうした点に暫く関心を傾けてみることにしよう。

1　人権の国際的保護と人種差別

人権と基本的自由を差別することなくすべての人々に保障することが、現代国際社会、あるいは全人類の最も重要な課題の一つとしてクローズ・アップされているのは周知の事実である。[2] これは、よく指摘されてきているように、ひとつには、第二次大戦中のナチ・ドイツによるユダヤ人の迫害と虐殺にみられるような人種優越主義と、そしてさらには、今日の南アフリカ政府によってとり続けられている人種隔離主義又はアパルトヘイト政策の如き、人種的又は民族的差別による人間の尊厳の否定と人権の侵害がその最も大きな要因となっている。そして、このような差別による人権侵害は、その犠牲者である特定の個人又は集団の問題に止まらず、人類又は国際社会全体の問題であり、特に国際社会の平和と安全の維持とは切り離すことのできない問題であると考えられてきた。ジェノサイド(集団殺害)行為を国際法上の犯罪とし、アパルトヘイトが人道に対する罪(crime against humanity)であるとして、国際社会がこれらの行為を禁止し、防止し又は処罰しようとするのは、このような考えに基づくものである。[3]

このように、今日の国際社会が人権の保護をその課題とするようになったのは、人種的又は民族的差別に起因するのであるが、歴史的にも、個人の自由と権利が国家間又は国際的な問題となったのは、やはり差別による人権侵害がその原因であった。つまり、近世初頭にはじまり第一次大戦までのヨーロッパ国際社会においてみることのできる、宗教上の少数者又は人種上の少数者の保護をめぐる諸国間の実行、なかでも、いわゆる人道上の干渉(humanitarian intervention)も、これらの少数者に対する差別又は迫害を理由に行われてきたのである。[4] さらに、第一次大戦後、国際連盟の下において制度化された少数者保護制度も、数々の問題があったとはいえ、特定の人種的又は民族的集団の自由と権利を保護することによって、ヨーロッパ国際社会の秩序の維持又は安定を図ろうとしたものであった。そして、国際連盟がその基本文書である規約の中に人種的又は宗教上の差別の否定を盛り込むことには失敗したものの、連盟がその実施の保障者となった少数者保護制度は、第二次大戦後の国際社会における人権の保護を制度的に確立させる上で重要な教訓となってきていることは否定し難いだろう[5]。

次にまた、前にも触れたように、人種的又は民族的優越主義の思想に基礎づけられたナチズムそしてファシズムとの闘いの過程で、その成立が進められた国際連合が「……人種、性、言語又は宗教による差別なくすべての者のために人権及び基本的自由を尊重するように助長奨励することについて、国際協力を達成すること」を、国際平和と安定の維持と並んで、その目的の一つとして掲げ、このような差別のないすべての者のための人権及び基本的自由の普遍的な尊重及び遵守を達成するために、加盟国が、国連と協力して、共同及び個別の行動をとることを誓約しているのは、あまりにも当然であるといえる。

また、国連が国際権利章典(International Bill of Rights)の制定をめざして、世界人権宣言、国際人権規約などの人権文書の作成を進めると同時に、具体的人権の侵害をなくすために、その実践過程において努力してきたのも、右のような国連憲章の基本的精神に基づきその目的を達成するために他ならないのである[6]。そして、世界人権宣言が、その第二条において、「すべての人は、人種、皮膚の色、性、言語、宗教、政治上その他の意見、民族的又は社会的出身、財産、門地その他の地位又はこれに類するいかなる事由による差別をも受けることなく、この宣言に掲げるすべての権利と事由を享有することができる」と謳って、権利と自由の享有における無差別待遇の原則を確認しているのをはじめ、他の人権文書もこの原則を明記しており、なかでも、ＵＮＥＳＣＯが一九六〇年に採択した、教育における差別禁止条約[7]、そしてＩＬＯが一九五八年に採択した、雇用及び職業における差別禁止条約[8]は、特定の分野における差別の禁止又は防止を直接目的とするものであり差別の禁止を基本原則として確立するための努力に一層の拍車をかけるものであった。

さらに、国連の実践過程においては、さまざまな人権侵害にかかわる問題をとりあげ、その具体的効果においては問題が残るとしても、国家の態度又は政策を改めさせるために努力してきている。なかでも南アフリカのアパルトヘイト政策は、制度的人種差別による人権侵害であり、その中止のために制裁措置を含むあらゆる行動がとられてきたのであって、国連の人権侵害との闘いの歴史は、アパルトヘイトという人種差別との闘いの歴史であったといってもいいすぎではないと思われる。[9]

そして、一九六三年には、「あらゆる形態の人種差別撤廃に関する国連宣言（以下人種差別撤廃宣言と略称）」が採択され、一九六五年には、本章1が検討しようとする人種差別撤廃条約が採択され、さらには、一九七三年には、アパルトヘイト犯罪の抑圧及び処罰に関する国際条約が採択されるなど、人種差別による人権侵害を廃絶するための国際的努力は、最も重要な関心事の一つとなってきているといえる。さらに、国連は、一九七三年から一九八三年までを「人種優越主義及び人種的差別と闘う行動のための一〇年（Decade for Action to Combat Racial and Racial Discrimination）」[10]と設定して、さまざまな活動を行いかつ予定しているのも、右のような背景によるものであるといえる。[11]

2　人種差別撤廃条約の成立

以上みたように、人種差別撤廃条約は、差別による人権侵害を廃絶しようとする国連を中心とした国際社会の努力の一環として採択されたものであるといえるが、世界人権宣言、国際人権規約のように、国際権利章典の中に含まれるものとして、はやくからその制定が予定されかつ準備されたものではなかった。つまり、人種差別の撤廃だけを目的とする国際条約の制定の問題がとりあげられたのは、一九五九年から一九六〇年にかけて、ナチズムの象徴である

「かぎ十字」の文字を書きたてたり、反ユダヤ主義を扇るような事件が続発したため、一九六〇年一月、国連人権委員会の「差別防止及び少数者保護に関する小委員会」がこのような行動を非難し、それに対し効果的措置がとられるべきであるという決議を採択したことにはじまるのである。[12]

そして、このような決議を受けた国連人権委員会及び経済社会理事会も、同じ趣旨の決議を採択し、国連総会が何らかの措置をとるよう促した。[13]国連総会は、このような要請に基づいて一九六〇年一二月一二日、人種的、民族的憎悪と宗教上の不寛容並びに人種的偏見が国連によって絶えず非難されてきたこと、国連憲章の精神に従った若い世代の教育によって、このような人種的、民族的憎悪との闘いが十分なされていないことを表明し、そして、政治的、経済的、社会的、教育的並びに文化的分野における人種的、宗教的及び民族的憎悪のあらゆる表現と慣行を非難し、すべての国家の政府がこれを防止するために必要なあらゆる措置をとることを要請する、などの内容を盛り込んだ決議を採択した。[14]そして一九六二年第七回総会では、人種的差別と宗教的不寛容とを同じ文書の中で取り扱うべきか、あるいは別箇の文書にすべきか、さらには、このような文書を宣言の形にするのか、あるいは条約にするのか、といった問題をめぐって、さまざまな議論が交され、また数多くの提案が出されたが、結局、人種的差別と宗教的不寛容とは別個の文書にすること、そしてこのいずれの問題も、宣言と条約とを準備することになった。[15]その結果、あらゆる形態の人種差別撤廃に関する宣言草案及び条約草案の準備に関する決議[16]とあらゆる形態の宗教的不寛容の撤廃に関する宣言草案及び条約草案の準備に関する決議を採択した。[17]

総会は、この前者の決議の中で、経済社会理事会が、人権委員会に対し、第一八回総会における審議のために人種差別撤廃宣言草案を準備し、そして可能なときは第一九回総会までに、またいかなる場合でも第二〇回総会までに間に合うように、人種差別撤廃条約草案を準備して総会に提出させるよう要請し、加盟国に対しては、一九六四年一月一五日までに、条約草案に対するコメント及び提案を提出するよう求めている。総会は、またこの決議を採択する前に、同じ日に、すべての国の政府が、人種的偏見と民族的宗教的不寛容を創り出し、かつ永続化させる効果を有する差別的法律を廃止するためにあらゆる必要な手続をとること、そしてそのような差別を禁止するために必要ならば法律を制定し、そのような偏見と不寛容と闘うために立法的若しくはその他の措置をとることを求めた決議も採択している[18]。

このようにして、すでに触れたように一九六三年一一月二〇日、「人種差別撤廃宣言」[19]がまず採択され、同じ日に、経済社会理事会に対して、人権委員会が人種差別撤廃条約の準備に絶対的優先を与えるように要請して、条約草案の準備を急ぐよう促した[20]。そして、一九六四年七月には、差別防止及び少数者保護に関する小委員会が準備したものを人権委員会が採択した条約草案が、経済社会理事会によって総会に提出され、第一九回総会が平和維持活動の分担金をめぐって紛糾したため、翌年の一九六五年第二〇回総会の第三委員会において、集中的に審議され、同年一二月二一日採択されたのである[21]。

以上簡単に、人種差別撤廃条約の成立過程及び背景をみたが、最も印象深く思われることは、僅か五年足らずの間に、宣言と条約の二つの文書が採択されたことである。国際人権規約が二〇年に近い歳月をその準備作業に費していることを考えるとき、驚くべき速さであり、これは、すでに触れたように、人種差別による人権侵害に対する国家又は国際社会の考え又は態度の厳しさ、とくに人種優越主義に対していかに敏感に反応するかを示すものであろう。そして、採択が速かっただけでなく、その内容においても、後にみるように、国家の義務及び実施措置はその効果が大いに期待できるものであって、人種差別を廃絶するための強力な武器となることは間違いないだろう。さらに人種差別撤廃宣言も、条約ではないために法的拘束力はないとはいえ、前文と一〇箇条の規定からなるものであって、ここに詳しく紹介する余裕はないが、人種差別が人間の尊厳に対する罪であること(第一条)、国家、団体、集団又は個人がいかなる差別もしてはならないこと(第二条)、また、すべての国家が人種差別を創り出し永続化する政策を再検討し、法規を廃止する措置をとるべきであること(第四条)などを謳っており、その内容は条約とほぼ同じ趣旨のものである。そして、この宣言は、条約と違って、世界人権宣言と同じように、人種差別撤廃条約の当事国でない国家に対しても、道徳的拘束力を有することは否定できず、人種差別撤廃運動の精神的支えになるものとして高く評価されるべきであろう[22]。

さて次に、人種差別撤廃条約は、前文そして第一部(第一条から第七条まで)に、差別の定義と当事国の義務に関する実体規定を含み、第二部(第八条から第一六条まで)には、実施措置に関する規定を設け、第三部(第一七条から第二五条まで)では、最終条項に関する規定を盛り込んでいる。そして、この条約は、一九六九年一月四日には効力を発生し、一九七七年一一月三日現在で九七カ国がその当事国となっていて[23]、後にみるように、実施機関として設けられた「人種差別撤廃委員会」によって当事国からの報告が審議されるなど、すでにかなりの効果をあげている。しかし、国連総会が、条約採択の後、「諸国政府及び非政府機関が条約のテキストを、あらゆる適当な情報機関を含む利用可能なすべての手段を用いて、できるだけ広く公表するよう要請」しているにもかかわらず、日本においては、国際人権規約は最近国内の各分野において研究され、また批准を求める声も高まってきているが、この条約はその内容さえ知られていないのが偽らざる実状である。

本章1が、この条約をとりあげ、不十分であるが、その内容と問題点を吟味するのも、このような現状に因るところが大きく、筆者の能力の限界及び紙幅の制限もあって緻密な分析はできないが、主要な内容と問題だけでも紹介し、そして吟味することによって、人種差別に対する人々の意識を少しでも改善できることを期待したに他ならないのである。

二　人種差別撤廃条約における「人種差別」

非差別又は平等主義は、近代法の大原則の一つであり、各国の国内憲法はいうまでもなく、人権と基本的自由の保障を謳う国際文書も、すべてこの原則を掲げている。たとえば、国際的人権文書の基礎をなしているといえる世界人権宣言が、その第二条において、権利と自由の享有に関する非差別待遇の原則を掲げていることは、すでにみた通りであるが、権利と自由の享有に関する非差別待遇の原則を掲げる他の人権文書の殆どが、この規定に倣って、排すべき差別根拠として、性、言語、宗教などと並んで、必ず「人種」をあげている。そのため、人種差別撤廃条約が、これら既存の人権文書が禁止している人種の相違に基づく差別禁止を条約化したものにすぎないといえるかぎり、何が人種差別であるか、というういわゆる定義に関する問題はあまり重要でないといえるかも知れない。

しかし、人種差別撤廃条約は、その第一条第一項において、

「この条約において、人種差別とは、政治的、経済的、社会的、文化的又はその他すべての公的生活分野における人権及び基本的自由の平等な立場における承認、享有又は行使を、無効にし又は損なう目的若しくは効果を有する人種、皮膚の色、門地、民族的出身に基づくあらゆる区別、除外、制限又は優遇をいう」。

と人種差別を定義している。

この規定からも分るように、この条約でいう人種差別とは、他の人権文書に比して、広範かつ復雑な内容を有しているようにみうけられる。つまり、差別してはならない根拠又は事由として、人種の他に四つの異なったものをあげており、差別してはならない人権の範囲を「公的生活」の分野に限定しているように思われるのであって、条文を読むだけでは、この条約が禁止する人種差別の内容又は意味を、正しく理解できるとは必ずしもいえない。そのため、条約の成立過程における論議も含めて、同規定を緻密に検討することが必要であるように思える。ただ、本章1では、差別事由及び人権の範囲そして第一条及び三項が差別にならないとする区別、除外、制約又は優遇の三つの問題を中心に吟味してみることにしよう。[24]

1　差別してはならない事由

先にみたように、人種差別撤廃条約は、差別してはならない事由として、人種だけでなく、皮膚の色、門地(descent)若しくは民族的又は種族的出身(national or ethnic origin)をもあげている。つまり、この条約が用いている人種差別という言葉は、人種に基づく差別に止まらず、その他の四つの事由に基づく差別をも含む包括的な内容を有している。そして、これらの事由自体非常に曖昧な意味を有しているため、その内容を具体的かつ正確に把握することはきわめて難しいように思われる。なかでも、民族的(national)という言葉は、それが意味する内容がさまざまであるため、条約の成立過程においても、議論が多くなされながらも、共通の又は統一した理解がえられているとはいえないようである。そこでここでもこの問題を中心に、これらの事由に関連する問題を考えてみることにしよう。

まず、人種と皮膚の色であるが、これは、すでに触れたように、他の人権文書の殆どが、差別してはならない事由の最初にあげており、とくに「人種」は、日本国憲法第一四条の筆頭に掲げられていて、われわれには比較的馴染の深い言葉である。そのため、細密に分析すればその意味はそれ程簡単ではないかも知れないが、人種とは、容貌、骨格などの特徴によって分けた人類の種類という通常の意味で理解して差しつかえはなく、また、皮膚のいろは文字通り理解すればよいのである。

つぎに「門地(descent)」という事由であるが、これは国連総会の第三委員会において、インド代表の提案によって加えられたものである。[25] このdescentが何を意味するかは、審議過程においても明らかにされておらず、正確に把えることはできない。ただシュベルブがいうように、インド国内社会においてみられるカーストを念頭において提案したとすれば、[26] 日本国憲法及び国際的人権文書において用いられていて、日本語では「門地」と訳されているbirthとほぼ同じ意味において用いられていると理解しても差しつかえなく、各国の国内社会における身分制度たとえば華族とか士族などのような家柄を意味するものといえるのであって、birth同様「門地」といえると思われる(この問題については、本章2でも検討する)。

最後に、「民族的又は種族的出身」という事由であるが、先に触れた世界人権宣言そして国際人権規約、または教育における差別禁止条約など殆どの国際人権文書が「民族的又は社会的出身」(national or social origin)と規定され、[27] また、「人種差別撤廃宣言」も、「種族的出身(ethnic origin)」だけをあげているのに対して、この人種差別撤廃条約だけがnational or ethnic originとなっている。

そのため、このnationalという語句の解釈又は取扱いをめぐって、国連の差別防止及び少数者保護に関する小委員会、そして人権委員会においても、さまざまな議論がなされながらも、最終的な取扱いを第三委員会の決定に委ねることになったのである。つまり、第三委員会の審議のために、経済社会理事会によって提出された条約草案の第一条は、差別事由について「……based on race,colour〔national〕or ethnic origin……」となっていて、問題の語句は角カッコで囲まれたままになっていたのである。[28] そして、第三委員会における草案第一条の審議も、このnationalの理解又は取扱いに集中し、さまざまな議論と修正案が続出した。[29] ここでは、これらすべてを詳細に吟味する余裕はないが、その主要ないくつかを検討しながらこの言葉がどのような意味または内容を有しているか、ethnicという言葉と併せて確めてみることにしよう。

まえに触れたように、他の人権文書が national or social origin と規定しているのに対して、差別撤廃条約は social にかえて ethnic が用いられたのである。そしてこれは、人権一般の保障を目的とする他の人権文書と違って、人種差別の撤廃を目的とする条約としては、「社会的出身」よりも「種族的出身」の方がより適切でありまた当然であるともいえる。つまり、同一の人種の中にも、異なった言語又は文化系に属する種族が存在しており、人種だけではこのような種族に対する差別を撤廃することはできないのである。したがって、種族(ethnic)という言葉も、たとえば部族とか民族を意味するように固定された意味で把えることはむずかしいとしても、条約の適用に当ってはあまり問題はないといえる。

ところが nation という言葉は、日本語でも「民族」とか「国民」という異なった意味で訳されるように、national がさまざまな意味で使用されかつ理解されるため、その解釈をめぐって議論が沸騰したのである。つまり、national origin という言葉は、コールマン(H. D. Coleman)がいうように、[30] 政治的法的意味(politico-legal meaning)と歴史的生物的意味(histolico-biological meaning)の両方を含むものであり、そして後者は、必然的ではないが、国家の形成に発展しうる人種又は民族を構成する特定集団のメンバーとしての主観的集合的統一意識に因るものであり、前者は、主権国家の人民への帰属資格すなわち市民権又は国籍に因るものである。したがって、この二つのいずれの意味で理解するかによって、いいかえると、民族の意味かあるいは市民又は国民の意味で理解するかによって、条約規定の内容がかなり違ってくる。そのため、条約の審議過程において、多くの国家代表は、この言葉が「民族」ではなく「国民」の意味で解釈されることによって、外国人の取扱い又は国籍あるいは市民権に関する国家の管轄権が制限されることを懸念していたのである。

そして、人権委員会においても national を削除すべきだとする提案があったが、僅か一票の差で否決されたため、これを角カッコで囲み、第一条一項の最後に、これまた角カッコで囲んで「この条項における national origin という表現は、いかなる個人の特定国の国民としての地位を包含するものではない」という解釈規定を加えていたのである。そして、第三委員会においては、national origin に代えて place of origin という表現を用いたインドの修正案、あるいは、草案の角カッコを解き、先の解釈規定の代わりに、第二項として「この条約における national origin という表現は、国籍又は市民権を意味するものでなく、したがってまた、この条約は、国籍又は市民権の違いに基づく区別、除外、制約又は優遇には適用されない」という規定を新しく設けることを求めたフランスと米国の共同提案などが出された[31]。また、審議過程においては、ハイチそしてイラクの代表のように、national という語句自体を削るように求める主張と[32]、セネガル代表のように[33]、この語句が、内国人固有の権利を外国人にも等しく認めることになることを多くの代表が惧れているとしながらも、国外で生まれ居住国の国籍を取得した者を保護するから維持されるべきであると主張するなど、その取扱いをめぐってさまざまな議論が交された。

このように、第三委員会における審議では、外国人の取扱いと国籍又は市民権に関する国家の管轄権をいかにして条約適用の対象からはずすかということに、大多数の国家代表の関心が集中した。その結果、こうした事情と先のいろいろな修正案を考慮してまとめた、インド、ガーナなどの九カ国の共同修正案[34]が最終的に採択された。それは national という語句はそのまま用いて、第一条二項において「この条約は、当事国が国民と国民でない者との間に設ける区別、除外、制約又は優遇には適用されない」とし、さらに、同条三項において「この条約のいかなる規定も、国籍、市民権若しくは帰化に関する当事国の法規にいかなる影響も及ぼすものと解されてはならない。但し、そのような法規はいかなる特定の国籍に対しても差別しないものとする」という内容のものであった。

こうして人種差別撤廃条約第一条が差別してはならない事由の一つとしてあげている national という語句は、多くの国家代表が危惧していた外国人の処遇、国籍又は市民権などの問題にはその適用が除外されたが、その意味は依然明らかではないようである。先にみたように、この語句がもつ二つの意味つまり民族と国民の中、民族だけを意味するかあるいは国民という意味も含まれているのかは明確でない。最終的に採択された九カ国修正案について説明したレバノン代表は[35]、この修正案がインドが提案した place of origin ではなく national origin を採用した理由について、この後者の方は世界人権宣言そしていくつかの国の憲法にも用いられているからであると述べていることから判断すると、他の人権文書で用いている意味で理解していいように思われるが、一方「national origin は過去つまり前の国籍又は当該個人あるいはその祖先の出身地と関連するものであり、国籍は現在の地位と関連するものである」とした米国代表の説明は[36]、national origin は「民族」だけでなく、ある個人又は彼(女)の祖先が有していた国籍あるいは出身国を意味する場合もありうることを示唆してくれる。いいかえると、民族に基づく差別だけでなく、特定個人又は彼(女)の祖先の前の国籍(たとえばドイツ系米人)を理由にした差別にも適用されるといえる。なぜなら、同一の民族で二つの国家を形成している場合、以前の国籍によって差別された場合、この条約は無力になるからである。また、さらに、後にみるように、このような以前の国籍だけでなく、現在の国籍つまり外国人に対する差別(内国人と外国人の差別に限らず外国人同士の間における差別も含めて)にも適用されることは否定し難いのである。

こうしてみると、national という言葉が「民族」という日本語で表現されても、国民又は国家の意味を排除するものではなく、先にみたように national という言葉がもつ二つの意味を包含していると理解すべきで正しくは、「民族的、国民的出身」とすべきであると思われる。そして実際には、差別事由が明確に示されるならともかく、民族又は国籍のいずれを理由にして差別しているか判断することは困難である。したがって、この条約でいう人種差別には、人種、種族そして民族だけでなく国民を事由にした差別も含まれ第一条二項及び三項に基づく合理的差別だけが除外されるといえよう。

2　差別してはならない人権の範囲

教育における差別禁止に関する条約又は雇用及び職業についての差別禁止に関する条約が、教育あるいは雇用と職業といった各々特定の人権分野における差別の防止を目的としているのに対して、人種差別撤廃条約は、人種及びこれに類似する事由による差別の撤廃をその目的としているため、差別してはならない人権の範囲は限定されなくても何ら差しつかえはなく、むしろ、すべての分野における人権に及ぶとみるべきであるかも知れない。ところが、人種差別撤廃条約は、すでにみたように、その第一条において「……政治的、経済的、社会的、文化的その他すべての公的生活分野における人権及び基本的自由の平等な立場における承認、享有、又は行使を無効にし又は損なう目的もしくは効果を有する……区別、除外、制約又は優遇」が差別になるとしている。つまり、公的生活のすべての分野における人権と基本的自由に限定され、私的生活における人権は勿論市民的権利についても直接的にはなにも触れていないために、同条約第一条だけを読む限り、公的生活(public life)の分野における人権に関する差別の撤廃のみを目的としているような印象を受ける。

しかし、法の下の平等と権利享有の無差別について規定している第五条は、「当事国は、第二条に定める基本的義務に従い、あらゆる形態の人種差別を禁止し撤廃すること、並びに、人種、皮膚の色、民族的又は種族的出身による差別なく、特に次の諸権利の享有において、すべての者の法の下における平等の権利を保障することを約束する」[37]（傍点は筆者）と謳って、保障すべき権利を挙げている。それらは、(a)法廷その他の司法機関において平等に取扱われる権利、(b)暴力行為又は身体への危害に対する身体の安全並びに保護を受ける権利、(c)政治的権利、特に参政権及び公務につく権利、そして(d)他の市民的権利、として九項目にわたる権利を掲げている。それらは、(ア)移動及び居住の自由、(イ)いずれの国をも立ち去り、自国に帰る権利、(ウ)国籍に対する権利、(エ)婚姻及び配偶者の選択に対する権利、(オ)財産を所有する権利、(カ)相続する権利、(キ)「思想、良心及び宗教の自由に対する権利、(ク)言論及び表現の自由に対する権利、(ケ)平和的な集会及び結社の自由に対する権利、などであり、さらに、経済的社会的及び文化的権利を定める(e)項では、(ア)労働、職業の自由な選択などに対する権利、(イ)労働組合を結成し加入する権利、(ウ)住宅に対する権利、(エ)公衆衛生、医療、社会保障及び社会奉仕に対する権利、(オ)教育及び訓練を受ける権利、(カ)文化的活動に平等に参加する権利、などをあげていて、殆どの基本的自由と権利が包含されており、第一条でいう「公的生活」の分野より広い範囲の人権にまで及んでいる。なかでも、同条(f)項は、交通運輸機関、ホテル、飲食店、喫茶店、劇場、公園など、一般公衆の使用を目的とするあらゆる場所又は役務を利用する権利まで掲げており、むしろ他の人権文書より広い分野にまでわたっているようにさえ思われるのであって、第一条の「公の生活」に限定したような印象はこの規定によって消えてしまうといっても誤りではなさそうである。[38]

さらに、第三委員会における審議過程において、第五条の制限的解釈を避けるために「特に（notably）」という語句が、ガーナ代表の提案によって挿入され[39]、また、同規定の(c)、(d)及び(e)の各項が「特に（in particular）」と謳っているように、この規定に掲げる人権は例示的なものであり、そこに規定されない他の人権も含まれるとみるべきであろう。そして、同規定(e)項の経済的、社会的及び文化的権利なかでも労働及び職業選択に関する権利と教育に関する権利は、ＩＬＯの雇用及び職業における差別禁止条約そしてＵＮＥＳＣＯの教育における差別禁止条約と密接な関係にあり、相互補完的作用によって、その効果を一層強めることは、この条約の実施過程において、すでに明らかになっている。[40]

このように、人種差別撤廃条約の下において、差別が禁止される人権は、公的生活の分野に止まらず、私的生活を含めた人権全般にわたっているといえるのである。そしてこのことは、差別撤廃委員会に出される当事国の報告があらゆる人権分野に触れていることからもいえるのであって[41]、第二条の締約国の義務に関する規定が、国家、公共機関に止まらず個人又は個人の集団による差別をも禁止し防止しなければならないことになっていることからも分る。

3　差別にならない区別、制約、除外及び優遇

前節でみたように、第一条二項では、内国人と外国人との間に設ける区別、除外、制約又は優遇については適用しない、と規定され、外国人の処遇又は取扱いについては、この条約の適用が除外された結果、外国人に対しては、基本的自由と人権、なかでも、先にみた第五条が掲げる諸権利の享有において差別されてもよいのではないかという印象を与えている。しかし、この規定が設けられたのは、すでにみたように、第一条一項の差別事由の一つであるnationalという語句により、参政権など内国人に固有な権利をも外国人に賦与しなければならないのではないかということを惧れた諸国代表の要請によるものであった。そして、この「national」という言葉は、「民族」という言葉で置きかえはしたが、国民又は国家という意味も含まれるものであることはすでにみた通りである。したがって、この第一条二項の適用除外規定によっても、内国人と外国人との差別を正当化しえないことはいうまでもない。いいかえるならば、この規定は、外国人に対する差別的取扱いを積極的に認めるものであるとは決していえないのであり、いわゆる「合

理的」差別には、例外的に適用されないというだけである。したがって、マクドウガル(McDougal)などもいうようにたとえば、市民的及び政治的権利に関する国際規約第二五条が、公務への参加の権利について「すべての市民」に保障し、また、ヨーロッパ人権条約第一六条が、外国人の政治活動の制限を規定しているように、合理的理由に基づき明文規定を以て、内国人に限定したり又は外国人を排除していない限り、「すべて人は」というように、国籍によるのではなく人間であることによって認める自由と権利は、外国人であっても差別は許されないといえるだろう。[42]

特に、この第一条二項の適用除外規定が適用されるのは、国又は政府によってとられる国籍の相違に基づく合理的差別だけであって、先にみた第五条が掲げる諸権利のなかでも内国人固有の権利とはいえない市民的権利などの享有について、国及び公共機関が差別してはならないのはいうまでもなく、私人によって、たとえば入居拒否又は雇用拒否などにみられるように、差別が行われる場合には、これを禁止し、防止しなければならないのである。いいかえると、合理的と認められる差別は、内外人平等原則の例外である限り、必要最小限に止められなければならず、合理的であるという立証責任は差別する側にあるといわねばならないだろう。したがって、外国人に対する区別又は制約などであっても、それが合理的であると立証できない限り、この条約が禁止する差別であり、国家は第二条の義務に従って撤廃しなければならないことは勿論であろう。このことは、当事国の報告が差別撤廃委員会において審議される過程においても明らかになっている。たとえば、西ドイツの報告が審議された際、委員の多くは外国人労働者の処遇について質問し、ドイツはこれに応えて差別してないことを示す説明と資料を提出しているのである。[43]

次に、第一条三項が、国籍、市民権又は帰化に関する当事国の法規にいかなる影響も及ぼさないことを明らかにしているが、これも、すでにみたように、第二項と同じ事情によって設けられたものである。つまり、国籍、市民権又は帰化に関する法規は、各国毎に異なり、たとえばアメリカ合衆国憲法が、大統領の被選挙資格を米国内で生まれた者に限定し、下院議員は七年以上、上院議員は九年以上と各々市民権獲得後一定期間が過ぎなければ被選挙資格を認めていないように[44]、これらの問題については公民権の制限などさまざまな規制が設けられている。そのため、第一条一項のnationalがこうした問題を含むものと解釈されることを惧れた西欧諸国の強い主張によって設けられたのである。したがって、国内法が国籍又は市民権の取得に伴って設ける公民権の制限などは差別と看做されない。但し、三項の後段で、そのような法規は特定の国籍に対して差別を設けていないものと定めて、特定の国籍を有している者だけに制限などを設けることは差別になることを明らかにしている。

最後に、第一条四項はその前段において、「人権及び基本的自由の平等な享有又は行使を確保するために必要な保護が求められている特定の人種的又は種族的な集団若しくは個人の適切な進歩を確保することを、唯一の目的としてとられる特別な措置は、人種差別とは看做されない」と謳って、国内社会において、社会的又は経済的に劣悪な又は低い状況に置かれているために、人権と基本的自由を平等な立場で享有し行使できない人種的又は種族的な集団もしくは個人のために、特別な優遇措置をとっても、第一条一項がいう優遇(preference)にならないというのである。そしてこの条約は、国内社会において、差別の対象になり易い人々達に対してとられる特別措置が差別にならないとしているだけに止まらず、第二条二項では、このような「集団又は個人の十分な発展及び保護を確保する特別かつ具体的な措置をとる」義務を締約国に負わせている[45]。そして、このような特別措置が長期的に続けられた場合に伴い易い、いわゆる逆差別を防止するために、同規定はその後段で、「これらの措置は、その結果、その目標が達成された後、いかなる場合にも、異なる人種的集団に対し、不平等な、又は別個の権利を維持させることにならないものとする」と規定している。

三　条約当事国の差別撤廃に関する義務

人種差別撤廃条約は、その目的を達成するため、第一部の実体規定七カ条の中、第一条の定義を除いた他の六カ条すべてを当事国の義務に当て、具体的かつ細密に当事国のとるべき措置を規定している[46]。そして、これらの義務は、第二部の実施措置のなかでも国内で取られた措置を差別撤廃委員会に報告し、これを委員会が審査する機能と結びつけて、人種差別の撤廃と防止のために、かなりの効果を発揮していることは、条約が発効した後の実施過程において明らかになっている。以下、これらの当事国義務をいくつかのカテゴリーに分けて吟味してみることにしよう。

1　国家、団体、個人による差別行為の禁止

当事国は、まず第二条一項のはじめにおいて、人種差別を非難し、またあらゆる形態の人種差別を撤廃し、すべての人種間の理解を促進する政策を、あらゆる適切な手段により、遅滞なく遂行することを約束している。そして、このような一般的義務をさらに具体的に遂行するため、各当事国は、(イ)個人、個人の集団又は公益団体に対する人種差別の行為又は慣行に従事せず、また、国及び地方のあらゆる公権力と公的公益団体がこの義務に従って行動することを確保し(同条一項ⓐ)、さらに、いかなる個人又は団体による人種差別をも後援し(to sponsor)、弁護し又は支持しない(同ⓑ)、ことを約束している。このような約束は、政府又は国家自ら人種差別の行為又は慣行に加担しないだけでなく、あらゆる国家機関が差別行為に従事しないようにし、個人あるいは団体による人種差別を後援したり、弁護し支持するようなことはしてはならない義務を当事国に課するものである。これは、過去そして現在でも国際的に問題となっている人種差別の殆どが、政府自らの行為か又は政府の後援ないしは支持によるものであることを思うとき、

至極当然であるとはいえ、きわめて重要な意味を有するといえるだろう。[47]

つぎに、当事国は、政府、国及び地方の政策を再検討し、人種差別を創り出し又は永続化する効果をもつ法律及び規則を改正し、廃止し又は無効にするために実効的措置をとり（第二条一項ⓒ）、必要ならば立法を含むあらゆる適当な手段により、いかなる個人、集団又は団体による人種的差別をも禁止し、終らせなければならない（同ⓓ）。先の義務は不作為又は消極的なものであるのに対して、これは人種的差別の要因となる法律又は規則を改廃又は無効にし、さらには人種的差別を禁止し終らせなければならない積極的な義務を課している。そしてこの義務は、当事国の国内法であって、差別的なものがある場合、たとえば民法、刑法などは勿論政令又は条例など、すべて改正するか又は廃止しなければならない。さらには差別的な慣行などをなくすために、必要な場合は新たに立法措置もとらねばならない。このような法律の改廃又は立法によっても、確かに人間の心まで変えることはできず、この条約第七条が求めている教育による効果をまつ他はないかも知れないが、シャクターがいうように、法は人の行為を変えそして行為は人の態度を変えることになり、さらには心を変えるのもまた確かである。[48]

また、当事国は、あらゆるレベルでの国内政策を検討して、差別的なものがあれば改めなければならなず、たとえば特定外国人に弁護士の門戸を閉ざすような政策なども合理的差別でない限り、この義務と抵触することは疑いなく、当然改めなければならないことは勿論である。このように、国家の政策、法律そして社会構成員の行為から、人種差別的要素をすべて除去しようとするこれらの規定の狙いは、差別撤廃委員会による国家報告（national report）の審査を通してかなりの効果をあげている。たとえば、一九七一年七月二八日この条約を批准し当事国となったフランスは、一九七二年七月一日に公布された法によって、人種主義を排し差別を禁止していることを、その報告の中で述べている。[49]なかでも、個人、集団又は団体による人種的差別を禁止し、なくす義務を課している第二条一項ａ規定は、後にみる差別の宣伝又は扇動を刑法上の罪とし刑罰を科する義務を負わせている第四条の規定のセットになったとき、レルナーもいうように[50]、人種差別を撤廃する闘いの中で決定的な役割を果すに違いない。シュベルブも、この規定は「この条約のすべての実体規定の中で最も重要かつ重大な影響を有する」[51]ものと評価している。

つぎに、当事国は、第二条一項ｅにおいて、多人種又はの融合を目指す団体及び運動並びに人種間の障壁を除去するための他の手段を奨励すると同時に、人種的分断の強化につながることはすべて抑止することを約束している。この規定は、国連第三委員会において、ブラジル、コロンビアそしてセネガルの三カ国によって提案され、新しい条項として加えられたものであるが[52]、人種間の対立をなくし、調和を図ることを意図しているといえるだろう。ただ、融合(integration)とは具体的に何を意味するのか必ずしも明確ではないため、政府主導的な同化政策を助長又は承認するための「隠れみの」として悪用される危険がないとはいえないようである。また、融合よりも共存の方が平等をより効果的に達成しうることを無視してはならないという声も傾聴すべきだろう[53]。

最後に、当事国は、社会的、経済的に低い地位におかれている特定の人種的な集団又は個人が、人権及び基本的自由を十分かつ平等に享有することを保障するために、社会的、経済的、文化的及びその他の分野において、そのような集団又は個人の適切な発展及び保護を確保する特別かつ具体的な措置をとることになっている。ただし、このような措置の結果、目標達成後に、異なる他の人種的集団に対し不平等な又は別個の権利を維持させることになってはならないとしている(第二条二項)。このような規定は、すでにみたように、第一条四項において、このような目的でとられる特別措置は人種差別にならないと謳っていることを受けて規定されたものである。そして、一国内において、社会的、経済的に劣悪かつ低い状態におかれている人種的又は種族的又は集団もしくは個人の存在が、人種差別を生み出す温床であることは周知の事実であり、このような社会構造をなくすことなくして差別の撤廃は期待できないことはいうまでもない。したがって、ある意味では、このような措置は人種的差別を禁止し防止するための立法その他の措置に優るとも劣らない重要性を有するといえる。このことは、日本国内において、部落解放のためにとられてきている特別措置をみるだけで充分知りうることであろう[54]。

2　人種的優越主義に基づく差別及び扇動の処罰とアパルトヘイトの禁止

つぎに、当事国は、第四条において、一人種又は一皮膚の色もしくは民族的出身からなる人々の集団の優越性を説く思想又は理論に基づいているか、又は人種的憎悪及びいかなる形態の差別をも、正当化しもしくは助長しようとするあらゆる宣伝及びすべての団体を非難し、そのような差別のあらゆる扇動又は行為を根絶することをめざした迅速かつ積極的な措置をとることを約束している。

そしてこの約束を遂行するために、まずはじめに、人種的優越又は憎悪に基づくあらゆる思想の流布、人種差別の扇動、並びに、いかなる人種又は皮膚の色もしくは民族的出身を異にする人々の集団に対するあらゆる暴力行為又はこれらの行為の扇動、そして人種的差別に対する財政的援助を含むいかなる援助の供与も、すべて「法律によって処罰されるべき犯罪(an offence punishable by law)」であることを宣言している(同条(a)項)。

そして次に、人種的差別を助長したり扇動するような団体と組織された宣伝活動及びその他のあらゆる宣伝活動が違法(illegal)であると宣言しかつ禁止すると共に、このような団体又は活動への参加もまた法律によって処罰されるべき犯罪であることを認めている(同条(b)項)。

すでに触れたように、歴史的にも、また現在においても、国際的に非難され、かつ単なる人権問題に止まらず、国際社会の平和をも脅かす問題として考えられてきているのは、第二条が禁止する一般的人種差別というより、この規定が禁止する人種的優越主義又は人種的憎悪に基づいた差別である。それは、過去のナチズム、そして現在その再出現を思わせるネオ・ナチズムの動き、さらにはアパルトヘイトなどであり、ある民族又は人種の優越を主張することによって、多民族の否定又は支配を正当化しようとする理論若しくは思想に基づく差別ほど、危険かつ悪質なものはなく、このような人種差別を完全に撤廃することこそが、この条約の存在理由であるといっても言い過ぎではないだろう。

そしてこの条約が、その前文で「人種的相違に基づくいかなる優越主義も科学的に誤りであり、道徳的に非難されるべきであり、社会的に不正かつ危険であること並びに理論上又は実際上、いかなる場所においても、人種的差別を正当化することができないことを確信し」ていると謳い、人種的優越主義又はそのような行為の扇動若しくは支援だけでなく、そのような理論又は思想の流布、さらにそのような行為を行う団体への参加までを、違法であり法によって罰せられるべきであるとしたのは、右のような考えに基づくものであるといえよう。

ところが、他の民族集団に対して直接加える暴力行為はともかく、思想の流布とか差別の扇動まで刑法によって処罰することは、基本的人権である思想良心の自由そして言論又は表現の自由に抵触することになり、また、差別を助長し扇動する団体を非合法化し、そのような団体又は活動に参加することを処罰することは、結社又は集会の自由に触れることになることから、この規定の審議過程において、西欧諸国なかでも、英、仏の代表は、このような矛盾又は危険性を指摘し、世界人権宣言の規定又はこの条約第五条が掲げる同様の規定に充分留意するよう主張した[55]。そのため、第四条の導入部分において「当事国は世界人権宣言に具現された原則及びこの条約第五条に明記する権利に留意」[56]することを明らかにしている。にもかかわらず、これら西欧諸国の殆どは、この条約の批准又は加入に際して、第四条における締約国の義務の履行は、表現又は結社などの基本的人権と抵触しない範囲内においてなされることを宣言している。たとえばフランスは、「第四条が、その中で世界人権宣言の原則並びに第五条が掲げる諸権利について言及していることは、これらの文書が保障する言論及び表現並びに平和的集会と結社の自由と両立しない差別禁止法の制定の義務から当事国を解放するものであることを明らかにしたい」[57]と宣言している。

しかし、こうした諸国の態度にもかかわらず、当事国は刑法又はその他の国内法によって、第四条(a)及び(b)項の規定に従い、人種的優越主義の思想又は人種差別の宣伝又は扇動などの行為を違法化しなければならないことは免れることのできない義務であり、これは誰も否定し難いのである。実際、さきのような宣言をしたフランスも、すでに触れたように、この条約批准早々、差別防止法を制定しており、差別撤廃委員会に提出されるナショナル・レポートの中にも、多くの国が、このような国内法の存在又は制定の事実を明らかにしているのであって、第四条が人種的優越主義又は人種差別主義を根こそぎにする闘いの中で占める役割は測り知れないといわねばならないだろう[58]。

最後に、第四条はその(c)項において「国又は地方の公権力又は公的公益団体が人種的差別を助長し又は扇動することを許さない」と規定して、これまた当然のことであるが、国家機関自らが差別を助長したり扇動することを許してはならないことを明らかにしている。

次に、当事国は、第三条において、人種的隔離及びアパルトヘイトを非難し、その管轄下の領域におけるこの種のすべての慣行を防止し、禁止かつ根絶することを約束している。すでにみた第二条及び第四条の規定によって、人種的隔離又はアパルトヘイトあるいはこれに類似する行為を十分禁止し防止できることはいうまでもない。そして、その他の特殊な形態の人種差別、中でも反ユダヤ主義(Anti-Semitism)は、この条約の中に盛り込むべきであるとする主張が非常に強かったにもかかわらず、アパルトヘイトだけが規定されるようになったのである。これは、すでに触れたように、国連発足後まもなくしてとりあげられ、今日なお解決をみることができない南アフリカのアパルトヘイト政策は、国際社会が当面している最も緊急かつ困難な人種差別形態であり、これを解決することなく人種差別の撤廃を図ることは不可能であるといえる問題であることに因るといえよう[59]。

ただ、このアパルトヘイトに関しては、すでにみたように「アパルトヘイト犯罪の抑圧及び処罰に関する国際条約」があり、この条約の適用によってアパルトヘイトはより効果的に防止できるといえるのであって、この規定はあまり重要ではなくなったといえるかも知れない。しかし、差別撤廃委員会では、南アフリカと経済関係を維持していると思われる国に対してその中止を迫り、事実の明確化を求めているのであって、アパルトヘイト条約の存在にもかかわらずその存在価値は依然高いというべきであろう[60]。

3　人種差別による権利侵害に対する救済

当事国は、第六条において、その管轄権内にあるすべての人々に対し、権限を有する国内裁判所及びその他の国家機関によって、この条約に反して、人権と基本的自由を侵害する人種的差別行為に対し、実効的な保護と救済を、そして差別の結果被ったあらゆる損害に対する正当かつ完全な補償もしくは賠償を求める権利を保障している。これは、人種的差別によって人権と基本的自由を侵害され損害を被った個人に対し、加害者が国家、団体又は個人のいずれであっても、実効的な保護と救済及び正当かつ完全な補償と賠償を保障しようとするのが、この規定の目的であるが、救済の中には裁判所によって行われる司法的救済は勿論、その他の行政措置による救済も当然含まれる。このような救済に関する規定は他の人権文書の中にも見出すことができるが、この条約のように損害に対する補償又は賠償の請求権を保障しているものはあまり見当らない[61]。もっとも、このような規定がなくても、救済の中にはこれらすべてが含まれているのであって、他の人権文書が損害に対する補償又は賠償を認めていないとは決していえないことは勿論である。

また、この規定は、個人又は集団が直接差別撤廃委員会に苦情を申し立てる権利を認めることに関する第一四条の規定と合せて読まねばならない。つまり一四条は、その二項で、個人又は集団が差別撤廃委員会に苦情を通報する前に、他の利用可能な国内的救済手段を援用し、かつ尽すことを求めており、第六条が保障する救済又は保護の手段が国内救済手段であり、そこで保障される救済の内容いかんによって、差別撤廃委員会が第一四条七項ⓐに基づいて個人又は団体からの通報を審議するかしないかが決定される。いいかえると、当事国が第六条の義務を履行するかしないかによって、個人又は団体からの通報の受理が大きく左右されるといいえる。

4　教育、文化等の分野における差別撤廃精神の普及

最後に、当事国は「人種的差別に導く偏見と闘い、諸国間及び人種的又は種族的な集団の間における理解、寛容及び友好関係を促進し、並びに、国際連合憲章の目的と原則、世界人権宣言、あらゆる形態の人種差別の撤廃に関する国際連合宣言及びこの条約を普及させるため、特に、教授、教育、文化及び情報の分野において、迅速かつ実効的な措置をとること」を第七条において約束している。

これは、教育の目的について触れた世界人権宣言第二六条二項が「教育は、すべての国又は人種若しくは宗教的集団の相互間の理解、寛容及び友好関係を増進し、かつ、平和の維持のため、国際連合の活動を促進するものでなければならない」と謳い、また人種差別撤廃宣言の第八条が同じ趣旨の規定を設けていることを受け継いだものである。

そして、長い間歴史的社会的に植えつけられてきた他の人種又は民族に対する差別意識は、法的又は政策的改善だけでは変革されず、人の心を変えるには、教育、文化などの分野における措置が伴わねば不可能であるとさえいえるこ

とから、この規定が求めている措置は、人の心の奥深く潜んでいる偏見と差別意識を取り払うためには、他のどの撤廃措置よりも、重要でありかつ効果的であるといえるだろう。

そして、差別撤廃委員会においても、各当事国が、この規定の実施に関する情報をあまり提供していないとして、その提供を促している。つまり、過去における当事国の報告は、第三条及び第四条に基づいてとられた国内の立法的、又は行政的措置に重点が置かれ、この第七条の義務とくに教育分野においてとられた措置は、殆どの国が触れていなかった。そのため、一九七七年、国連総会に提出した年次報告の中に含まれた一般的勧告において、すべての当事国が第七条の実施のためにとった措置の中に含めるよう要請している。[62] さらに、この第七条の掲げる当事国の義務履行については、ＵＮＥＳＣＯと情報の交換などによる協力を通して、さらにその促進を図ろうとしている。[63] 特に、教育における差別禁止に関するＵＮＥＳＣＯ条約及びその実施措置と関連し合って第七条の規定が実施されるならば、その効果は文字通り倍加するものと期待されるのである。

四　人種差別撤廃条約の実施措置

国際的人権文書が謳っている人権規定の履行をいかにして効果的に確保するかという、いわゆる実施措置の問題は、人権の国際的保護を確立させていく過程において、最も重要かつ困難な問題であり、人々の関心を惹いてきていることは誰もが知ることであろう。つまり、保障すべき人権の定義だけでなく、それらを各国の国内において具体的に保障していくための措置は、国家主権に直接触れる問題であることから、各国の抵抗と疑いは根強く、さまざまな議論を惹起することは、特に国際人権規約の成立過程においてみた通りである。[64] そのため、このような実施措置（measures of implementation)は、ある人権文書の実効の度合を見定めるための尺度であるといっても間違いではないのである。したがって、人種差別撤廃条約がどのような実施措置を用意しているかを確めることなくして、この条約の効果又は実効性を云々することは難しいといえる。

さて人種差別撤廃条約は、第二部をこの実施措置に当て、これに関する規定を設けている。この条約の成立過程において実施措置に関する規定が本格的に審議されたのは、国連第三委員会においてであり、同じ第三委員会がすでに長い期間にわたって審議してきた国際人権規約の実施措置をモデルにしてフィリピンが提出した草案[65]を基礎に審議が進められ採択されたのである。そのため、国際人権規約の実施措置と類似するところが多いが同時にまた違う点も多く、ここでは国際人権規約及びその他の人権文書の実施措置[66]と比較しつつ、人種差別撤廃条約の実施措置[67]を検討してみることにしよう。

1　人種差別撤廃委員会

他の人権文書と同様、人種差別撤廃条約も、第一部において当事国が行った約束の遵守を確保するための機関として「人種差別撤廃委員会(Committee on the Elimination of Racial Discrimination、以下委員会と略称)」を設置するとし、第八条は同委員会の構成、選出等について規定している。それによると、同委員会は、当事国により、その国民の中から選出され、個人的資格において奉仕する一八人の専門家によって構成され、その委員は、各当事国が自国民の中から一名ずつ指名する者の名簿から、国連事務総長によって招集される当事国の会合において、秘密投票によって選出されることになっている。また、委員会の任期は四年であり(但し、第一回の選挙で選出された委員のうち九人は二年)、委員が委員会の任務を遂行している間の委員の経費については当事国が責任を負うことになっている。

以上、委員会の構成及び選出について簡単にみたが、他の人権文書と同様、委員は個人の資格で奉仕することを明らかにしているが、委員の本国との関係を断ち切り、本国からの影響力を薄めることによって、政治的中立と公平性を保たせるために十分な措置がとられたとはいえないようである。つまり、まず、委員の候補者について、国際人権規約が二人まで、また教育差別禁止条約が四人まで指名できるとし、さらに、委員の経費についても、前者の場合は、国連の財源から、後者の場合は、ＵＮＥＳＣＯ財源から、各々支払われることになっているのに対し、人種差別撤廃条約は一人しか指名できず、経費も当事国が負担することになっているため、選出及び任務遂行において当事国が占める影響力は大きく、委員の基本的性格の維持を損ねる危険が全くないとはいえないのである。そしてこの差別撤廃委員会委員の中立又は公平性については、第三委員会の審議過程においても問題となり、たとえば、イギリス代表のように、国際人権規約と同様に専門委員の公平性を確保するためには、国連がその経費について全部責任をもつべきである」[68]とする主張も多くみられたが、結局、ガーナ・モーリタニア・フィリッピンの共同提案[69]では、委員の国籍国が負担することになっていたのを、イラク[70]の提案によって妥協が成立し、現在のようになったのである。また、候補者指名について各当事国が二人まで指名できる[71]とする案並びに自国民以外の者も指名できる[72]とする案のいずれも否決され、委員の公平性をできるだけ確かなものにしようとした努力は実らなかった。そして、委員会が機能し始めた後、この委員会の委員でありながら、国家代表として国連第三委員会にも出席している委員がいるため、その独立性が問題になり、委員会活動の審議中だけでも第三委員会に出席しないように求められているように、その個人的資格の維持に対する危惧が現実化したように思われる。

さてつぎに、委員会の機能並びに権限であるが、これについては後に詳しく吟味するので、ここでは基本的なものだけをあげておくことにしよう。

それは、大体つぎの通りである。

(ア)　当事国から提出される報告を審議し、この審議に基づく提案及び一般的勧告を行う(第九条)。

(イ)　条約の適用に関する当事国間の争いを調整するために努力し(第一一条)、調停委員会を通して友好的解決をはかる(第一二、一三条)。

(ウ)　個人及び集団からの通報を受理し、審議する(第一四条)。

(エ)　非自治地域からの請願に関し、関係国連機関と協力する(第一五条)。

(オ)　その活動につき、国連総会に年次報告を提出する(第九条二項、一四条八項、一五条三項)。

などである。以下これらの機能及びそれに対応する当事国の義務、並びに実施措置の効果について吟味してみることにしよう。

2　当事国の報告義務

当事国は、第九条において、差別撤廃条約の規定を実施するために、その国内において執られた立法的、司法的、行政的又はその他の措置に関する報告書を、差別撤廃委員会による審議のために、国連事務総長に提出することを約束している[73]。そして、このような約束は、(ア)この条約が関係当事国について効力が発生してから一年以内に、そしてその後は、(イ)二年毎に定期的に、さらに、(ウ)委員会の要請があるときはいつでも、提出しなければならない。また、委員会は、当事国に対し、これらの報告の他に、審議のために必要な追加の情報を求めることができる。

このようにして提出された報告又は情報は、委員会の審議に付され、委員会はその審議に基づいて、提案を行い一般的な勧告をすることができる。ところで、この提案及び勧告の名宛人及び性質であるが、第三委員会において、最初のガーナ修正案[74]では「……そのような提案及び一般的勧告は、関係当事国と協議の後においてのみ総会に報告されるものとする」となっていて、提案と勧告は当事国に対して行い、総会には報告だけを行うという基本的考えに基づいていたように思われる。これは、当事国の国内実施状況を公表することによって、条約の履行を確保しようとする報告制度を著しく弱めるものであったが、ガーナが他の二カ国と共同で提出した二回目の修正案[75]では「…only…after prior consultation with…」の部分が削除されていた。さらに、勧告の性質について、一般的(general)という語句を削除することにより、個別的又は具体的な勧告ができるようにするために、その削除を求めたタンザニアの提案[76]、そして、当事国の報告書及び情報に基づく提案と勧告を行うとするのは、委員会の管轄権を制限することになるとして、何に基づいて行うかは委員会自身に委ねるべきであるとしたカナダ代表の主張[77]のいずれもとり入れられなかった。

このようになったのは、国際人権規約草案が人権委員会の権限について「一般的意見(general comment)という表現を用いていたことと、委員会の権限をできるだけ一般的なものに止めておこうとした各国代表の意思が強く働いたためであるといえよう。しかし、他方では、提案(suggestion)という表現は、委員会が具体的提案を行えると理解される惧れがあるとして、その削除を求めたスーダンの提案[78]が否定されたことにより、「一般的」という表現によって、その内容が制限された勧告の不足を補うものと期待された。そして、条約が発効した後、委員会が行う勧告には、提案と勧告との違いが明確ではないこともあずかって、具体的な提案又は要請が含まれている[79]。

また、総会に提出される委員会の報告は、その中に含まれる勧告又は提案よりも、各国の報告及びその審議状況が非常に詳しく記されており、これによって、各国の実施状況及び委員会の意見及び態度をかなりはっきり知ることができるのである[80]。さらに、このような報告は、国連第三委員会においてもとりあげられて審議されるのであって事実の公表とそれに対する国際的世論によって条約の履行を確保しようとする効果を狙った報告制度の目的は充分達成できるように思われるのである。[81]

このことは、人種差別撤廃委員会における当事国からの報告の審議状況をみるならば一層明らかである。つまり、ひとつは、当事国の報告が、国によって差異はあっても、細かい法律から政策に至るまで克明に記されていることであり、他のひとつは、委員会による審議が、報告内容は勿論それが触れていない問題にまで及び、関係代表に事項毎に説明を求めているという、非常に厳しいものであって、どこまで当事国はこれに耐えうるか危惧さえ覚えるのである。[82] もっとも、当事国による報告の提出が定まった期限に遅れたり、その内容も委員会を満足させるようなものではなかったりするのも否定し難い現状であって、これに対しては、その事実を委員会の報告に記し、催促の回数又は報告内容の不十分さも公表することによって、その改善を図っているのが実状である。[83]

3　当事国による苦情申立

つぎに、人種差別撤廃条約は、市民的政治的権利に関する国際規約又は教育における差別禁止条約などと同様に、国家による苦情申立制度を実施措置の一つとしてとり入れている。この条約がとり入れている国家による苦情申立の取扱い手続は、大体つぎの三つの段階に分けられる。

まず第一の段階は、他の当事国が条約の規定を実施していないと考える当事国は、通報(communication)によって委員会の注意を喚起することができる。この場合、委員会は関係当事国にこの通報を送付し、通報を受けた国は、通報が指摘する事項及び執られた救済手段を明らかにする説明書又は声明書を委員会に提出することになっている(第一条一項)。

つぎに、第二の段階は、右の通報を受けた国による最初の通報受理後六カ月以内に、関係当事国の間で満足のえられる問題の調整に失敗したときは、いずれの一方の国が、委員会及び相手国に通告することによって、その問題を再び委員会に付託できる。そして委員会は、「国際法の一般的に承認された原則に従って、当該事項についてあらゆる利用可能な国内的救済手段が採用され、かつ尽されたことを確認した後に」この付託事項を取り扱うことになっている。もっとも、この国内救済手続完了の原則は「……救済手段の適用が不当に延引されるときは、適用しない」[84]としている。

最後に、第三の段階は、委員会によって必要な情報の入手と照合が終った後、紛争当事国の合意をえて、委員会の議長によって任命される五人からなる「特別調停委員会(以下特別委員会と略称)」の周旋によって、問題の友好的解決が図られる(第一二条一項(a))。特別委員会は、問題を十分に審議した後、当事国間の争いに関するすべての事実問題に関する認定を収録し、かつ、紛争の友好的解決のため適当と考える勧告を含む報告を準備し、これを差別撤廃委員会の議長に提出する(第一三条一項)。そして、委員会の議長は、この報告を紛争当事国に送付し、これらの国は、三箇月以内に、報告に含まれた勧告を受諾するかどうかを、委員会の議長に通告しなければならず、委員会の議長は、三カ月が過ぎた後、この報告及び関係当事国の意思表示を他の当事国に送付することになっている(第一三条二、三項)。

以上簡単に当事国による苦情処理手続きをみたが、国際人権規約及び教育差別禁止条約が、国家の苦情中立に対する各々の実施機関の権限の受諾を、条約受諾とは別の選択的条項[85]又は議定書の受諾によっているのに対し、人種差別撤廃条約は、ヨーロッパ人権条約と同様、当事国になることによって当然認めている。また、右の両文書が、国家間の苦情処理を最初の段階では実施機関が介入せず、当事国間において処理され、次の段階において、実施機関に付託できることになっているのに対して、この条約は、はじめから差別特別委員会が介入することになっている。

また、国際人権規約は、人権委員会及び特別調停委員会のいずれも周旋を行うことになっており、教育における差別禁止条約は、調停及び周旋委員会による周旋と、法律問題について国際司法裁判所の勧告的意見を求めることができることになっており[86]、さらにヨーロッパ人権条約は、ヨーロッパ人権委員会による周旋と閣僚理事会による決定、そして選択方式であるが、人権裁判所による決定[87]というように、二つ以上の周旋又は決定のための機関を用意している。これに対し人種差別撤廃条約は、委員会は通報の伝達と必要な情報の収集又は照合に止まり、周旋は特別委員会だけが行うことになっている。もっとも、人種差別撤廃条約第二二条が「この条約の解釈又は適用に関する当事国間の紛争で、交渉又はこの条約が明示的に規定する手続によって解決されないものは、紛争当事国が他の解決方法に合意しない限り、いずれかの紛争当事国の要請により、決定のため国際司法裁判所に付託される」と謳っていることから、差別撤廃委員会及び特別調停委員会の努力によって解決されない場合、国際司法裁判所の決定に付託される途を開いている。しかし、紛争当事国のいずれかによる一方的要請によって、裁判所に付託されることについては、第三委員会の審議過程においても反対が多く見られ[88]、裁判所規程第三六条二項に基づいて、義務的管轄権を受諾していない国、なかでも社会主義国及びアラブ諸国は、第二二条の自国への適用について留保を表明している[89]。したがって、この条約のすべての当事国間の紛争が裁判所の決定に付託される可能性はなくなった。

以上みたように、他の人権文書と比較した場合、いくつかの点において異なった実施措置又は手続を用意しているが、地域的なものであるヨーロッパ人権条約を別にするならば、そのいずれがより効果的であるか直ちには断定できない。ただ、国際司法裁判所への付託を除いた各々の委員会による周旋に限ってみるならば、つぎのことだけは指摘できるように思われる。つまり、国際人権規約が、人権委員会及び特別委員会のいずれの場合も、紛争の解決如何にかかわらず、報告の公表を明記せず、関係当事国にのみ送付することになっているのに対し、人種差別撤廃条約は、特別調停委員会の報告だけでなく、関係当事国の意見も含めて、すべての当事国に送付することになっていることは[90]、前者が紛争の友好的解決に重点をおいているのに対して、後者は、第三委員会において関係当事国の意見も公表すべきであると提案したポーランド代表[91]が述べたように、事実関係の公表による道徳的制裁(moral sanction)の効果をより多く狙ったものであるといえるように思われる。

次に、前にみたように、委員会が国家による通報を取り扱うためには、まず国内救済手続が完了していることを確認しなければならないが、他の人権文書もすべてこの原則を掲げている。そしてこの条約に同じ原則が導入されたのも、他の人権文書と同様「締約国の尊重、即ち、それぞれの国家の法体系の独自性を守りながら個人の保護を図ろうとしたものである」[92]といえるが、国家間の苦情処理には、ヨーロッパ人権条約の適用過程から指摘されるように、個人請願の処理の場合程には厳しく適用されないことになるかどうかは予測し難い。ただ、立法的措置又は行政的慣行の争いには、その適用性の可能性は少ないかも知れないだろう[93]。

4　個人又は集団による苦情申立

人種差別撤廃条約も、他の人権文書と同様、差別による人権侵害から個人を保護することをその究極目的としている以上、国家による苦情申立だけでなく、権利を侵害された個人自ら、直接苦情を申し立てる権利を認めることは、当然かつ必要なことであろう。特に、国家による苦情申立制度が政治的に悪用される危険が多く、個人(それが自国民でない場合は特に)が被害者である場合は、積極的にこの制度を利用しようとしないことは、ヨーロッパ人権条約適用の経験から、指摘されている通りである[94]。そのため、苦情申立制度の「非政治化」を図るためにも、個人の請願制度に対する国家側の反対は根強かったために、条約の批准又は加入とは別個の受諾によって認めるいわゆる選択条項の方式を採用することによって妥協が図られたのである。[95]

すなわち、この条約の当事国が、第一四条に基づいて、その管轄内にある個人又は集団で、条約に定めるいずれかの権利を右の当事国によって侵害されたとする者からの通報(communication)を受理し、かつ審議する権限を認めることを宣言することによって、はじめてこの受諾宣言をした当事国の管轄内にある個人又は集団が、この国を相手にとって、差別撤廃委員会に苦情を申し立てることができるのである。もっとも、委員会がこのような苦情中立を受理し審議するためには、次のいくつかの条件が充たされなければならない。

それは第一に、権利を侵害されたと主張する者が、他の利用可能な国内的救済手段を援用し、かつ尽くした後、当事国が、第一四条二項に基づいて、右のような個人又は集団からの通報を受理し審議する権限をもつ機関を、その国内に設置又は指定しているときは、この機関にまず苦情を申立てなければならない。このような国内機関は、第三委員会の審議過程でサウディアラビアの提案[96]によってとり入れたが、反対する代表も多かったため、国内にこのような機関を置くかどうかは当事国の自由意思に委ねることになり、設置又は指定することが「できる(may)」となった。[97]しかし依然として、他の国内救済手段とその法的性質がどのように違うのか、また国際文書であるこの条約の実施措置の中でどのような位置を占めかつ法的性質を有するかは明らかではない。そして当事国が設置若しくは指定した機関の名称は国連事務総長に寄託されるものとし、それが受理した請願の登録簿の認証謄本を、毎年国連事務総長に提出させることによって、微温的ではあるが、国連による監視の可能性を残しているに過ぎない。いずれにせよ、請願者は、右の国内機関から満足な結果が得られないときにのみ、六カ月以内に、当該問題を差別撤廃委員会に通報することができる。もっとも、当事国が、このような国内機関を設置又は指定していない時は、条約はこの点についても何も触れていないが、はじめてから委員会に通報することができることは当然であろう。

しかし、委員会が、このような通報を受理し、審議するためには、①その通報が匿名でないこと（第一四条(a)）、そして、②請願者が利用可能なすべての国内的救済手段を尽くしたことが確認されなければならない（同条七項(a)）。但し、この場合、請願者である個人又は団体の身元は、これらの者の明示的な同意なしに明らかにしてはならず、国内的救済手続完了の原則も、救済手段の適用が不当に延ばされているときは適用されない。この匿名による請願を認めていないのは、他の人権文書も同じく、請願制度の政治的又はその他の意図による乱用若しくは悪用を防ぐためであろう。ただ、国家によって加えられるかも知れない危害などから保護するため、当該個人の同意がない限り身元は伏せておくことになっている。

次に国内救済手続完了の原則は、国家による苦情申立のところでも触れたが、ヨーロッパ人権条約の適用過程では、却下された個人の請願の半数以上が、この原則の適用にあるといわれているように[98]、この条約の場合も、その適用次第では、請願者にとって大きなかつ困難な障壁として作用する可能性がないという保障はない。そのため、この原則の機械的適用を戒め、国内救済手段を「完全に尽すことを要求することは、人種的権利侵害の犠牲者に対し、この条約が与えている救済を、事実上否定することになる」[99]という主張に耳を傾けるべきであるように思われる。

さて、このようにして請願を受理した委員会は、この条約に違反したと主張される当事国の注意を内密に喚起し（第一四条六項(b)）、この当事国は、三箇月以内に、その問題と救済措置をとっている場合は、それを明らかにする説明書又は声明書を提出する（第六項(b)）。そして、委員会は、関係当事国及び請願者によってその使用に供されたすべての情報に照らして通報を審議し（同七項(a)）、その提案及び勧告があるときは、それらを関係当事国及び請願者に送付する（同(b)項）。さらに、委員会は、その年次報告の中に、右の通報の概要、並びに、適当なときは、関係当事国の説明書及び声明書の概要、そして委員会自身と提案及び勧告の概要を含めることになっている（同第八項）。

以上、個人による請願の取扱いを簡単にみたが、国内機関の設置、国内的救済手続完了の規則などにみられるように、差別撤廃委員会の請願の取扱いに関する権限が微温的であり、ヨーロッパ人権条約は委員会の報告書が閣僚委員会の決定のために送付され、その決定を左右するものであるのに比べれば、その効果はゆるやかであるにもかかわらず、国家は、個人の訴えによって自らの問題を国際的な場において何も知らないという状態になりたくないために、選択条項の方式が採用され、当事国の一〇カ国が受諾宣言を行うことによってその効力は発生するが[100]、すべての当事国に直ちに適用されることはなくなったのである。そのため、この条約の実施措置の中で最もその効果が期待されるのは、やはり、すでにみた報告制度であるように思われる。なお、委員会は、非自治地域などの住民から国連に送付される請願であってこの条約が規定する事項に関連するものの写しを受理し、またこれらの請願に関する意見の表明及び勧告を提出することになっており(第一五条)、委員会は、すでにこの規定に従って、これらの請願を取扱っている[101]。

五　結　語

以上本章1では、人種差別撤廃条約を、人権の国際的保護の観点から、その成立過程、人種差別の定義そして当事国の履行義務並びに履行確保のための実施措置を、かいつまんで吟味してきた。しかし、紙幅の制限と筆者の能力不足のため、当然検討しなければならない問題の多くに触れることができなかったようである。にもかかわらず、このような不十分な研究を通して、つぎのいくつかのことは、その結びとして指摘できるかも知れない。

まずはじめに、人種差別撤廃条約は、本章の最初に触れたように、国際社会が歴史的に、そして現在においても、人種差別を根絶し人種平等の理念を実現するために、努力してきたことをその背景とし、第二次大戦中のナチズムそして現在のアパルトヘイト、さらにはナチズムの亡霊の再現を思わせるネオ・ナチズムの動きに対する国際社会の一貫した闘いの姿勢と、もう一つの歴史的差別形態である植民地主義の崩壊に伴い、その差別的支配から解放された過去の被差別者であるA・A諸国のこの闘いへの参加によって成立したといえる。そして、これは人種平等の理念を具現しただけでなく、その実現のための具体的な国家の義務と個人の請願権を含む実施措置をも用意しており、それまでにみられなかった一般的性質の国際人権文書である。また、その後に続いて成立した国際人権規約と共に、人権の国際的保護を法的に又制度的により確実なものにするための基礎をなすものであり、人種差別との闘いが新しい段階を迎えたことを意味するものであった。

そしてこの条約は、狭い意味での人種差別ではなく、種族的差別から一国内の身分制度に基づく差別、さらにはnationalという言葉により民族と国籍に基づく差別まで含むという一般的かつ包括的定義をすることによって、文字通り「あらゆる形態の人種差別」をその適用対象にしており、これから除外されるのは、当事国政府によって内国人と外国人との間に設けられる合理的な区別と、当事国の国籍又は市民権の取得に伴う一定の制限に限られることになったのである。

また、こうした差別を廃絶するために各当事国がその国内においてとるべき措置について、具体的かつ細かく規定しているのは、他の人権文書にみられない重要な点であったともいえる。つまり、国又は公共機関による差別だけでなく、個人又は個人の団体などによる差別をも禁止し、それを根絶するために、立法を含むあらゆる措置をとらなければならなくなって、個人の自由又は契約の自由を「隠れみの」にした差別をも禁止することを約束していることは注目すべき事実である。さらに、こうした一般的差別とは、その性質を異にするというべき人種的な優越又は憎悪に基づく差別行為と暴力行為については、そのような行為だけでなく、そのような思想の流布又は宣伝さらには、そのような行為の扇動をも、犯罪であると認め処罰することを約束していることは、その具体的適用については他の基本的自由との抵触が問題とはされたが、この条約の成立背景からすれば当然の帰結であり、この条約の存在理由であるとさえいえるものであた。このように、人種差別を撤廃するためにとられるべき当事国の国内的措置は、教育又は文化活動における精神的啓蒙も考えられるすべての措置にわたっている。

そして最後に、このような当事国の義務の履行を確保するために、他の人権文書と同様、当事国の報告義務、当事国による苦情の申立並びに個人による苦情の申立を、その実施措置として用意し、そのための機関として、人種差別撤廃委員会を設けている。このような実施措置の中で、個人の苦情申立は選択的受諾宣言によってはじめて認められ、また国家の苦情申立は、差別される個人の保護よりも、国家の政治的理由によって悪用される危険はあるとしても、各当事国が二年毎に提出する定期的報告と差別撤廃委員会の要請に基づいていつでも提出される追加報告だけでも、各当事国の国内実施を確保するための強力な武器として作用していることは、委員会による報告の審議過程においてすでに実証されている。そして、個人による請願条項が効力を発生したとき、その効果はさらに増大するものと期待されるのである。

このように、人種差別撤廃条約は、あらゆる人種差別を適用対象にし、その撤廃のために必要と考えられるすべての措置を当事国がとることを義務づけ、個人の請願制度を含む実施措置を用意するなど、地域的なものであるヨーロッパ人種条約を除けば今日の国際社会が作りあげた他のどの人権文書よりも、優れた内容を有するものであり、当事国の数もすでに九七カ国に至っており、まさにグローバルなものとなりつつあるといえる。したがって、人種差別を、その形態のいかんにかかわらず、この地球上からなくすための闘いの成果を高め、またその終焉をはやめるという重要な効果を有することは否定し難いだろう。ところが、ここ日本においては、採択から一〇年以上も過ぎたというのに、条約の批准はおろか、一般に知られてさえいないのが現状である。人権文書に対する日本政府の消極的態度は、この条約に限らないが、一二一カ国になっているこの条約の当事国の中にさえ、その国名を見出しえないのは、最近とみに聞かれるようになった。「先進国」、「大国」又は「指導的役割」という言葉が、異様にさえ響いてくる。

国際人権規約を含めたこのような人権文書を批准し、国内のあらゆる分野におけるその目的達成のための努力こそが経済的だけでなく精神的にも、文字通り「先進国」として又は「指導的国家」として信頼されかつ承認される捷径であり、本章がそのために議論を呼び起す一つの契約になることを切望してやまないものである。

（一九七八年一月二〇日）

1　この条約の成立過程及び規定については次の本が最も詳しく分析している。Cf., *Natan Lerner, the U.N.Convention on the Elimination of All Forms of Racial Discrimination; A Commentary*, 1970. その他の研究は、cf., Egon Schwelb, the International Convention on the Elimination of All Forms of Racial Discrimination, I.C.L.Q., Vol.15 (Oct.1966).

2　人権の国際的保護に関する一般的研究については、田畑茂二郎『人権と国際法』法学理論篇一五八号、H. Lauterpacht, *International Law and Human Right* (1950)、田畑「人権の国際的保護―その一」『法学セミナー』一九七二年二月、高野雄一『国際社会における人権』(岩波書店、一九七七年)、野村敬造『基本的人権の地域的集団的保障』(有信堂高文社、一九七五年)、金東勲「国連における人権保護と国内管轄権(一)」『国際法外雑誌』第七〇巻六号、などを参照。

3　これについては一九四八年に採択された「集団殺害罪の防止及び処罰に関する条約」及び一九七三年に採択された「アパルトヘイト犯罪の抑圧及び処罰に関する国際条約」を指適しておくだけで十分知ることができよう。

4 これについては田畑『前掲書』三〇―四五頁参照。
5 少数者保護については、田畑『前掲書』四七―六八頁、金「前掲論文」『国際法外交雑誌』第七〇巻六号所収五七―六二頁参照。
6 これについては、田畑『前掲書』七十―一二九頁、金「前掲論文」『国際法外交雑誌』第七〇巻六号六四―九四頁、同第七一巻第三号「国連における人権保護と国内管轄権(二)」四九―九三頁参照。
7 この条約の英文及び日本文による内容については、日本ユネスコ国内委員会編の『ユネスコ関係条約・勧告集』六五―七六頁、三一三―三二八頁参照。
8 See, *Human Rights: A Compilation of International Insuturments of the United Nations*, UN Pub. 1973, St/HR. 1., pp.29-31.
9 金「前掲論文」国際法外交雑誌第七一巻三号四九―六三頁参照。
10 See, Resolution 3057 (XXVIII) of 2 November 1973.
11 この運動の一環として、一九七八年八月に、人種優越主義と人種差別と闘う世界会議の開催が予定されている。
CF., Decade For Action To Combat Rasism And Racial Discrimination; Report of the Secretary-General,E/5921(16 March 1977).
12 この辺の事情については、cf., Report of the 12th Sess., of the Sub-Commission of Discrimination and Protection of Minorities (1960), UN Doc. E/CN.4/800,Para.163 et Seq.
13 See, ESCOR., 30th Suppl., No.8 Doc. E/3335.
14 See, GA Resolution 150(XV), *ibid* Annex paras.54-71.
15 See, GAOR., 17th Sess., 3rd Committee 1165-1169 Mtgs.
16 See, GA Resolution 1780(XVII), December 1962.
17 See, GA Resolution 1781(XVII).
18 See, GA Resolution 1779(XVII).
19 See, GA Resolution 1904(XVII).
20 See, GA Resolution 1906(XVII), Nov. 20 1963.
21 第三委員会における各国の提案文は修正案の採択状況については、cf., GAOR 20th Sess. Annexes Agenda item 58.

22 Cf., Objective: Justice vol.3 No.2(1971), pp.42-49.

23 See, UN Press Release L/T/2342, 3 Nov. 1977.

24 定義に関する問題については、cf., Howard David Coleman, *The Problem of Anti-Semitism under the Int'l Convention on the Elimination of All Forms of Racial Discrimination*, N. Lernr, *op.cit.*, 38-45.

25 UN Doc.A/C.3/L.1316.

26 Cf., Schwelb *op.cit.*, 1003 note 43.

27 ただ、雇用及び職業における差別禁止条約は、第一条で「national extraction or social origin」となっている。

28 See the text in GAOR 30th Sess. Annexss, Agenda item 58 para.29.

29 *Ibid.*, paras.30-40.

30 HD Coleman *op.cit* pp.619-622.

31 See *op.cit.*, GAOR 20th Sess. Annexes para.31.

32 See GAOR 30th Sess. 3rd Cttee 1304th Mtg. para.10(haiti),22(Iraq).

33 See *ibid* 1304th Mtg para.16.

34 UN Doc.A/C.3/L.1238., cf., GAOR 20th Sess. 3rd Cttee 1307th Mtg.

35 *Ibid* 1307th Mtg Para.1.

36 *Ibid* 1304th Mtg Para.23.

37 第三委員会において、特に(notably)を入れるように主張したインドなどの提案に基づいて inter alia が加えられた。また、「すべての者」という字句は、内外人が全く平等に権利を保障されると解釈されるとして、その削除を求めたが、第一条二項の規定によって防止できるとして撤回した。

38 シュベルブは、第一条と第五条は抵触するが、実体規定である第五条が当然優先するという。Cf., Schwelb *op.cit.*, pp.1005-1006.

39 See *GAOR* 20th Sess. 3rd Cttee 1306th Mtg., para.16.

40 Cf., Report of the Committee on the Elimination of Racial Discrimanatation., GAOR., 32nd Sess, Suppl., No.18(A/32/18)pp.5-6.

41　たとえば、パナマが提出した報告書があげている国内法をみよ。See, Concideration of Reports Submitted by State Parties under Article 9 of the Convention, CERD/C/8, 23 Nov.1976.

42　Cf., Myres S. McDougal, H. D. Lasswell, The Protection Aliens From Discrimination and World Public Order: Responsibility of Statesc conjoined with Human Rights, AJIL Vol.70, No.3 p.461., The Baroness Elles, Aliens and Activities of the United Nations in the Field of Human Rights, Human Rights Journal Vol.7 No.2-4 pp.309-310. 人権規約の適用における内外人平等については、芹田健太郎「国際人権規約を知るために」『部落解放』第八九号(一九七六年七月)八九頁参照。Cf., Schwelb *op.cit.,* p.1007. なお、教育における差別禁止条約第三条は、はっきりと内外人平等の原則を謳っている。

43　See Committe on the Elimination of Racial Discrimination 15th Sess., CERD/C/SR.316-340 (21 June 1977), SR. 321, paras. 6-9.

44　See, Constitution of the United States, Article I Section 3 and Article IISction 1.

45　このような優遇又は特別措置は、雇用及び職業における差別禁止条約も、その第五条において認めている。

46　これらについて詳しくは、cf., Natan Lerner *,op.cit.,* 46-74, Schwelb, *op.cit.,* pp.1015-1028. GAOR., 20th Sess. Annexes item 58 paras.42-96.

47　これはたとえば、差別撤廃委員会における当事国の報告の審議過程で、カナダ、フランス、ドイツなどに対し、南アと貿易関係を保っている会社が問題になったことが具体例としてあげられるだろう。See CERD/C/SR. 321, para.15, *ibid* SR.325 para.44.

48　Cf., Oscar Schachter, How effective are measures against racial discrimination, *Human Rights Journal* Vol.4. 2-3 p.298

49　See *op.cit.,* CERD/C/SR. 325 para.39. またこの法律の内容については、cf., Etrangers, Journal Official de Republique Francaise, 1976- No.1095 pp.299-303. もっとも、ベネズエラのように、立法措置は、むしろ差別を扇ることになるとして、立法措置の要求に応じないと主張する国もあって、すべての当事国が同じく義務を履行しているとはいえない。See Report of the Committee on the Elimination of Discrination; GAOR 31st Sess.Suppl. No.18 (A/31/18), 1976, para.126

50　N. Lerner, *op.cit.,* p.50.

51　E. Schwelb, *op.cit.,* p.1017.

52　See A/C/L.1217, GAOR., 20th Sess. Annexes Agenda item 58. para.50.

53　Cf., Oscar Schachter, *op.cit.,* Human Rights Joutnal Vol.4 No.2-3, p.310.

54 シャクターは、この問題との関連でアメリカ・インディアンの問題を例にとって分析している。*Ibid.*, pp.304-309.

55 Cf., GAOR., 20th Sess.3rd Cttee 1315th Mtg. para.1（United Kinhdom）, p.19（France）, A/C.31/L. 1243（USA）.

56 See Nigerian amendment: A/C.3/L.1250.

57 See Multilateral Treaties Which Secretary-General Performs As Recsitory: The List of Signature Ratification Accession and etc. as at 31 Dec. 1976 Dcc. St. Leg. Seres D.10 p.89, and p.93（United Kingdom）, p.87.（Belgium）. また第三委員会において条約が採択された後、米国代表は、「行為」は処罰できるが思想の流布、団体への参加だけでは、規制できない旨を明らかにした。See GAOR., 20th Sess., 1373rd Mtg., para. 41.

58 差別撤廃委員会では、各国におけるネオ・ナチズム的団体、たとえば、西ドイツの国民民主党（ＮＰＤ）の右翼的な動きに対して、その性格と活動が各委員によって問題にされている。

59 この反ユダヤ主義を条約の中に入れるかどうかについては、相当の時間を費して議論が行われたが、Ａ・Ａ諸国の反対が強く入れられなかった。これについては、cf., GAOR., 20th Sess. 33rd Cttee 1311th Mtg. and 1312th Mtg. H. D Coleman, *op.cit.*, Human Rights Journal Vol.4, No.2-4, pp.609-630. N. Lernaer ,*op.cit.*, pp.78-82.

60 See CERD/C/SR. 325, para.43-44. *ibid* SR. 321 para.15.

61 世界人権宣言は、第八条で「効果的な救済を受ける権利」と謳っている。

62 See Report of the Committee on the Elimination of Discrination; GAOR 32nd Sess. Suppl. No.18（A/32/18）, pp.93-94

63 *Ibid* pp.13-16.

64 金東勲「前掲論文」『国際法外交雑誌』第七一巻第三号、六六―八八参照。

65 See, Dee Doc. A/C.3/L.1221,GAOR., 20th Sess. Annexes Agenda item 58 pp.2-4.

66 人権文書の比較研究については、cf., A. H. Robertson. The United Nations on Civil and Political Rights and European Convention on Human Rights, BYIL（1968-1969）, pp.21-48., John Carey, *UN Protection of Civil and Political Rights*, 1970.

小寺初世子「人権条約の履行確保」『国際法外交雑誌』第七四巻第五号、一―五五頁。ヨーロッパ人権条約の実施措置については、芹田健太郎「ヨーロッパ人権委員会の活動とその生活（上）」『法学論叢』第七九巻一号、同（下）第七九巻二号参照。野村敬造『前掲書』一九二頁以下参照。

67 Cf, Kamleshwar Das, Measures of Implementation of the International on the Elimination of All Forms of Racial Discrimination with Special Reference to the provisions concerning Reports from State Parties to the Covention, *Human Rights Journal*, Vol.4 No.2-4, pp.213-262.

68 GAOR., 20th Sess.3rd Cttee 1351 st Mtg., para.27. 同じ意見は、*ibid* para.36（Tanzania）, 1350th Mtg., para.54（France）.

69 UN Doc. A/C.3/L.1291, *op.cit.*, Annexes p.25

70 UN Doc. A/C.3/L.31/L.1295, *ibid.*, Annexes p.25

71 GAOR., 20th Sess. 3rd Cttee 1351 st Mtg., para.43（Belgium）.

72 *Ibid* para., 58（Venezuela）.

73 この報告制度については、ＩＬＯの報告制度との比較検討をタスが細かく行っている。Cf, Kamleshwar Das, *op.cit.*, pp.226-249.

74 UN Doc. A/C.3/L. 1274/Rev.1. GAOR., 20th Sess. Annexes Agenda item 58 p.7.

75 UN Doc. A/C.3/L. 1293. *ibid* p.26

76 GAOR., 20th Sess.3rd Cttee 1351st Mtg., para.37.

77 *Ibid* 1352nd Mtg.,para.2.

78 *Ibid* para. 7.

79 これは、一九七七年総会に提出された報告書に盛り込まれている一般勧告の中に第七条の実施状況を当事国の報告に含むよう要請（request）していることからも分る。See Report of the Committee on the Elimination of the Racial Discrination; GAOR 32nd Sess. Suppl. No.18（A/32/18）, pp.93-94.

80 See *ibid* Report pp.23-81.

81 また、今後は、当事国の報告の要約だけでなく、報告自体を第三委員会の審議のために提供されることが認められ、当事国の報告は事実上二度にわたって審議されることになりそうである。See *ibid* Report pp.8-11.

82 たとえば、一九七七年チリの報告に対する審議状況を見よ。CERD/C/SR. 316-340（21 June 1966）, pp.15-43.

83 報告の提出状況については、See *op.cit.*, Report（1977）, pp.18-20.また、たとえばチリの報告内容が不十分であることに対する委員会の態度については、see, *op.cit.*, CERD/C/SR. 316-340, p.258.

84　これは、第三委員会におけるフランスの代表の提案に基づいて挿入されたものである。See GAOR., 20th Sess. 3rd Cttee 1353rd Mtg., para. 30.

85　教育における差別禁止条約の議定書については詳しくは前掲『ユネスコ条約・勧告集』七〇―七六頁参照。

86　同議定書第一七条(周旋)及び一八条(勧告的意見)参照。

87　これらの手続及び適用過程特に裁判所の判例については、野村『前掲書』二八七―五六五参照。

88　これに反対したポーランドは、「いずれか(any)」を「すべて(all)」に変えるよう提案したが否決された。See UN Doc. A/C.3/L. 1272.これに関する審議については、cf., GAOR., 20th Sess. 3rd Cttee 1367th Mtg., para.23-41.

89　See Multilaterral Treaties which Secretary-General performs as reposiery: the list of signature, ratification, accession and etc. as at 31 Dec. 1976. Doc. St. Leg. Series D.10. pp.87-94.

90　もっとも差別撤廃条約も、当事国だけに送付され、一般的に公表されるために国連事務総長に送付するという提案はとり入れなかった。See therevised text of Ghana Mautritania and Philippines (A/C.3/L. 1301)., GAOR., 20th Sess. Annexes Agenda item 58 pp.29.

91　GAOR., 20th Sess. 3rd Cttee 1355th Mtg., para.19. フランスの反対意見は、*ibid* para.21.

92　芹田健太郎「ヨーロッパ人権条約と国内的救済原則」『神戸商船大学紀要第一類・文科論集』第一五号七一頁、また一般国際法におけるこの原則の適用については、大寿堂鼎「国内的救済原則の適用の限界」『法学論叢』第七六巻、第一―二号所収参照。

93　野村『上掲書』二三九―二五四頁参照。Cf., Schwelb ,*op.cit.*, p.1039. Pathicia Schaffer and David Weissbrodt. Exhaustion of remedies in the context of the racial discrimination Convention, *Human Rights Journal* Vol,II No.4, pp.622-652.

94　Cf., Natan Lerner *op.cit.*, pp. 91-92.

95　たとえばガーナ代表の提案説明を見よ。*GAOR.*, 20th Sess.3rd Cttee 1353rd Mtg., para.37.

96　UN Doc. A/C.3/L.1297. 提案説明については、*GAOR.*, 20th Sess.3rd Cttee 1356th Mtg., paras.31-33.

97　サウディアラビアの案では「shall constitute」になっていたが、ガーナ、モーリタリア及びフィリッピンの三カ国案で「may」に変った。See. A/C.3/L.1291/Add. 1.

98　これについては、野村『前掲書』二三九頁参照。

99 Schaffer and Weissbrodt *op.cit.*, *Human Rights Journal* Vol.II, No.4, p.653.

100 この条項を受諾した当事国は、一九七七年八月一九日現在、コスタリカ、エクアドール、ニュージランド、ノルウェー、スウェーデン、ウルグァイの六カ国である。See the Report of the Committee on the Elimination of the Racial Discrination; GAOR 32nd Sess. Suppl. No. 18 (A/32/18), pp.98-100.

101 see *ibid* Report paras. 334-343.

2 人種差別撤廃条約の国内実施

はじめに

一九六五年一二月二一日、国連総会において満場一致で採択され、一九六九年一月七日には法的効力を発生した「あらゆる形態の人種差別の撤廃に関する国際条約」（略称『人種差別撤廃条約』）は、一五〇カ国近くの締約国を擁しその普遍性の達成も間近になっている。[1] 日本も遅ればせながら、九五年一二月一日国会承認をへて加入手続を取り一九九六年一月一四日には日本国内に発効するようになったことは周知のとおりである。筆者はかつて、この条約を日本語に直し、その内容及び意義を検討した研究を発表し、また条約の普及と理解を促進するために「解説」の冊子を公にしたこともあるが、日本が締約国になったことを契機に、改めてその内容と国内実施をめぐる問題点を整理してみることにした。[2]

一　非差別・平等原則と「条約」の意義

人権と基本的自由の保障と非差別・平等(non-discrimination and equality)原則は、人権の歴史的発展過程において、一貫して相互に不可分もしくは表裏一体の関係にあるものとして位置づけられ、憲法をはじめとする国内法制の中ではやくからくり返し確認されてきた。そしてまた、第二次大戦後、国連の設立とその実践過程において発展し確立したといえる国際人権法においても、非差別・平等原則は「法の一般原則」の一つとして確立されており、とりわけ、人種(race)に基づく差別の禁止は、非差別・平等を定める国際人種文書のすべてが差別禁止事由の冒頭に掲げている。

さらに、伝統的国際法が個々の国家の自由な決定に委ねられた事項すなわち国内管轄事項の一つとして認めていた個人の権利または処遇に関する問題に、国際社会が関与するようになった歴史的社会的背景も人種差別の防止と国際平和の維持が不可分の関係にあるという認識であった。つまり、第一次大戦後、国際平和機構として設立された国際連盟が、東ヨーロッパ及び中央ヨーロッパ諸国内の民族的マイノリティの権利保護に関与したのは、ヨーロッパの平和維持にとってマイノリティ保護は不可分の問題であるという考えによるものであった。また、国連が国際平和の維持と並んで人権と基本的自由の尊重を目的として掲げ、その目的達成のためにさまざまな活動を行ってきたのも、ナチズムとファシズムによって行われた人種的集団に対する迫害と虐殺をその直接的契機とし、平和維持と人種差別の抑止とは切り離せない一つの問題であるという認識に基づくものであったことは記憶にあたらしい[3]。

そして、国際人権基準の法的性質をめぐる議論の過程においても、非差別・平等とりわけ人種差別の禁止は、法の一般原則(a general principle of law)、国際慣習法さらには一般国際法上の強行規範(jus cogens)の一つとして発展し[4]、あるいはまた、国際社会の公序(public order)[5]を構成するものとして、一般国際法上国家はこれを遵守する義務を有するとする見解が一般的である。こうした法理論的発展は、人種差別禁止を中心とする非差別・平等を謳った国連憲章(第一条三項、五五条ⓒ)、世界人権宣言(第二条)と国際人権規約(AB両規約共第二条一項)及びその他の人権条約が基本原則として謳い、ジェノサイド(集団殺害防止)条約(一九四八年)とアパルトヘイト条約(一九七三年)が共に、人種的集団に対して行われる殺害、迫害及び差別などを国際法上の犯罪として国際刑事裁判所による裁判を予定するなど、国際人権法の発展によるものであることはいうまでもない[6]。

したがって、人種差別撤廃条約は、国際人権法の発展過程において、法の一般原則、国際慣習法さらに強行規範の一つとして確立した非差別・平等の原則とりわけ人種差別の禁止と人種平等の原則の具体的適用と実効性の確保をその存在理由もしくは目的とする国際人権文書であると理解できる。いいかえるならば、非差別・平等原則を定める国内法と国際人権法規定が共に禁止する「人種差別(rac ial disc rimination)」を詳細に定義し、人種差別の撤廃と人種主義の抑止による人種平等達成のために必要な措置を締約国に義務づけている。しかし、この条約が掲げる理念または目的の達成と条約規定の実効性確保は、締約国の国内的実施努力をまたねばならないことでは他の国際人権文書と変らない。否、他の人権文書以上に、人種差別撤廃条約の殆どの規定が非自動執行(non-self-exc uting)的内容であるため、締約国による立法、行政及び司法的措置を含む幅広い努力によって条約の目的は実現可能になる[7]。

以下、日本国内社会にこの条約を適用・実施してその目的を実現するために必要な課題と問題点を改めて概観することにする。

二　「人種差別」の定義

人種差別撤廃条約第一条は、この条約が撤廃の対象にする人種差別について「人種、皮膚の色、世系(descent)又は民族的若しくは種族的出身(national or ethnic origine)に基づくあらゆる区別、排除、制限又は優先であって、政治的、経済的、社会的、文化的その他のあらゆる公的生活の分野における平等の立場での人権と基本的自由を認識(recognition)し、享有し又は行使することを妨げ又は害する目的又は効果を有するものをいう」(公訳のママ)と定義している。この定義は、一見して理解できるように、狭い意味での人種つまり骨格と皮膚または髪の色など外見上判別できる違いによる差別だけではなく、national(民族または国民)とethnic(種族または民族)出身など言語、文化または伝統を共通にし、あるいは過去または現在の国籍を共通にする集団の構成員に対する差別をも撤廃の対象とし、さらには、日本政府の公訳が「世系」と直しているdescentに基づく差別も人種差別に包含させ、極めて広い範囲の差別の根絶をめざしている。

もっとも、すでに議論されてきているように、descentという非差別事由は他の人権条約には用いられていないことから、その具体的適用については、とりわけ日本国内の部落出身を理由とする差別を含むかどうかについて、日本の加入に伴う国会審議の過程でも明確にされていない。ただ、条約の制定過程において、この事由が挿入された理由が明らかでないが、インド政府の提案に基づいていることから、この定義をめぐる議論に参加した人びとの中には、筆者も含めて、インド国内のカースト差別を念頭において提案したものと推測していた。[8] しかし、公務への雇用平等を保障するインド憲法第一六条が差別禁止事由としてcastと並んで descentを掲げているためcastに基づく差別でないことは明らかであり、市民的政治的権利を保障するデンマーク憲法第七〇条の規定もcreed(信条)もしくはdescentを理由による権利の剥奪を禁止している。[9] そして、この両国の憲法の規定は「世界の憲法集」の中で、インド憲法は「家柄」、デンマーク憲法は「門地」と邦訳されている。[10] このように、descentは多様な訳が可能な語句ではあるが、撤廃されるべき「人種差別」に包含すべき差別の事由であり、家柄とか家系さらには特定地域の出身を理由に差別するなど、たとえば沖縄出身、旧士族出身さらには部落出身などが撤廃の対象となることは否定できない。とりわけ部落差別が部落地名総監などによる出生地確認で行う個人の出自に基づく差別であることを思うとき、descentを部落差別に適用することは法理的に何の問題がないばかりか、条約目的達成のためにも欠かせないことである。日本政府の公訳が、既存の訳語「門地」ではなく、殆ど死後に近い「世系」という語句を選択した真意が何であるかは確めようがないが、部落差別への適用は避けられないことだけは明らかである。

また、この条約でいう「人種差別」に国籍に基づく差別つまり外国人に対する差別が含まれるかどうかが議論されている。特に、条約第一条二項が「市民(citizen)と市民でない者との間に設ける区別、排除、制限又は優先については適用しない」と規定しているために、締約国の市民でない者すなわち外国人に対する差別はこの条約が認めるものでないことは、条約の制定及び実施の過程で明らかにされている。[11] 人種差別撤廃委員会も、条約第一条二項が、外国人の法制に関する報告義務を免除し、世界人権宣言及び国際人権規約両規約が保障する人権の制約を認めるものでないという趣旨の一般的勧告を採択しており、外国人に対する不合理な差別とりわけ第五条が平等な保障を求める諸権利の享有について行う外国人差別は、その合理性が厳しく問われている。[12]

三　締約国の差別撤廃義務

人種差別撤廃条約第二条は、あらゆる人種差別を根絶し、人種間の実質平等を確立するために、締約国が取るべき具体的行動について詳細に定める。

まずはじめに、締約国は、人種差別を非難し、人種差別の撤廃と人種間の理解促進のために必要な政策を取ることを約束している。これは、条約前文の再確認に過ぎないとも理解できるが、差別の撤廃だけでなく人種間の理解促進のために必要な政策、たとえば多文化教育など民族的文化的に異なる集団が理解と寛容に基づいて共生できる具体的施策が求められている。これは、日本社会を支えてきた「単一民族社会」のイデオロギーから脱皮し、多文化・多民族社会を構築するための基本課題でもある。

そして、ⓐ締約国自らが人種差別になる行為または慣行に従事しないこと、及びすべての国家機関が同じような義務に従って行動することを確保する約束をしている。この「約束」は、民族的文化的マイノリティたとえばアイヌ民族、沖縄出身と在日韓国・朝鮮人あるいは難民と外国人労働者に対する偏見と差別、とりわけ入国管理と文化・教育と福祉問題に携る行政当局とりわけ窓口行政の基本姿勢が問われる課題である[13]。また、ⓑ締約国は、自ら人種差別に従事しないだけでなく、個人、集団または団体による人種差別を後援・擁護し支持しないことも約束している。

そしてつぎに、ⓒ締約国は、既存の政策に人種差別になる内容の有無を再検証し、人種差別を発生させ永続化させる法令があれば、改正もしくは廃止し、無効にする措置を取ること、及びⓓ個人、集団、または団体による差別を、必要な場合は立法も含めあらゆる方法によって禁止し、終了させる。このⓒ及びⓓの約束は、第二条の下で人種間の差別撤廃と平等の実現のために締約国が負う義務の中で最も重要なものである。つまり、国内社会に存在する人種差別を支える法律の改廃は、人種平等の達成に欠かせない課題であり、契約の事由もしくは営業の自由及び当事者自治と国家権力不介入の論理によって野放し状態になっている私人及び民間企業による差別の撤廃は条約目的の達成にとって、もう一つの重要課題であるからである[14]。たとえば、名称から差別的であるアイヌ民族関連法の「旧土人保護法」を改正または廃止することなくして(一九九七年には、同法は廃止され、「アイヌ文化振興法」が制定された)、アイヌ民族に対する差別の根絶と平等を実現することは不可能であり、民族、国籍さらには部落出身を理由にする入居拒否と雇用差別などを放置したままでは真の人権平等は達成できないことは言をまたない。したがって、第二条一項のⓒ及びⓓの規定で行った約束の履行は、既存の法律の総点検と私人または私的団体もしくは企業による差別の実態を把握する作業がまず必要であり、つぎに、差別を抑止し実質的平等を達成するために、立法を含む必要な措置を早急に取ることが求められる。こうした立法措置は、たとえば英国の人種関係法(Race Relations Act)など他の締約国の事例を参照にしつつ、日本国内社会により適切な内容にする作業が必要であろう[15]。

最後に、第二条のこの他の条項が締約国に求めていることは、人種間の融和(integration)を達成するために、人種間の分断を助長する動きを抑制し、融和をめざす運動を奨励し支援すること(第一項ⓒ)と並んで、実質的平等を達成するために必要な特別措置、いわゆるアファーマティブ・アクションを取ることである。前者の人種間の分断抑止と融和促進は、後にみる人種主義の抑止と直接に絡む課題であり、犯罪として処罰を必要とする事象に発展することを事前に防止するためにも欠かせない課題でもあって、多文化間もしくは多民族間の共生をめざす運動体またはNGOに対する財政的法的な支援が求められると理解すべきである。そして、第二条二項が求めている特別措置は、部落またはアイヌ民族に対して取られている既存の措置につき、その正当性と必要性を再認識するものであり、その他の被差別集団たとえば在日韓国・朝鮮人の雇用機会均等と教育機会均等を達成するために必要な特別措置の検討と実施が求められている。

四　人種主義の抑止

周知のように、国際連合の設立と実践の過程において発展してきている国際人権法の背景と原点は、第二次大戦中のナチスト及びファシスト勢力による非人道もしくは反人道的な行為であり、とりわけ人種主義(racism)思想に基づいて行う他の人種的民族的集団とその構成員に対する差別的非人道的行為は、ジェノサイド条約とアパルトヘイト条約によって国際法上の犯罪と烙印され国際刑事裁判所の管轄事項となっている。また、旧ユーゴスラビア及びルワンダにおける集団殺害行為に加担した犯人を処罰するため国際刑事裁判所による審理がはじまっていることは周知のとおりである。そして、人種差別撤廃条約を成立させた社会背景もまた、ネオ・ナチストによって行われた他の民族集団に対する憎悪と暴力行為の頻発であった。

したがって、人種差別撤廃条約が、アパルトヘイトの根絶と(第三条)、人種主義に基づく差別と差別の扇動の抑止(第四条)を締約国に求めていることは、基本的には上述の国際社会の歴史的努力を再確認したものであると理解できる。もっとも、第四条が締約国に求めるのは、集団殺害(genocide)行為の抑止でなく、「人種的優越または憎悪」に基づく思想の流布、人種差別の扇動及び他の人種的集団に対する暴力とその扇動さらには人種主義活動に対する援助を処罰すべき犯罪であると宣言し(第一項)、人種差別を助長し扇動する団体と組織的活動を法律で禁止し、このような団体または活動への参加も処罰すべき犯罪であると認めること(第二項)である。つまり第四条に基づく締約国の義務は、「人種主義」思想とそれに基づく扇動、すなわち言論と表現の自由の制限、さらには「人種差別」の扇動を目的とする団体の禁止と団体への参加、すなわち結社の自由の制限であるため、思想・表現の自由と結社の自由など基本的自由の規制と第四条の履行確保の両立性が条約制定過程から議論の多いことはよく知られているとおりである。[16]第四条がその導入部において、締約国が「世界人権宣言に具現された原則及び第五条が明示的に定める諸権利に充分な考慮を払って(with due regard)」人種差別の扇動と差別行為を根絶するために「迅速かつ積極的な措置(immediate and positive measures)」を取ると謳ったのも、第四条の目的達成と他の基本的自由の保護に留意したからに他ならない。

にもかかわらず、多くの国が条約の批准もしくは加入に際し、第四条の履行義務から免れる留保を付しており、留保を付していない条約締約国の第四条履行状況も、条約監視機関である人種差別撤廃委員会を失望させるものである。[17] そのため、第四条の性質及びその履行に対する一般的勧告(general recommendation)と決議を採択して締約国の義務履行を促してきている。[18] こうした委員会の努力がどれ程の効果をもたらしたか確認はできないが、入手しうる締約国の報告をみるかぎり、第四条履行に必要な立法措置もその内容と形式はさまざまであり、立法措置を全く取らない締約国も少なくないのが実状である。

日本政府がこの条約への加入に際し、第四条の規定に基づく義務を完全に履行することは、「日本憲法の下における集会、結社及び表現の自由その他の権利の保障と抵触するおそれがあるため、それらの権利と抵触しない限度において、これらの規定に基づく義務を履行する」旨の留保を付しているのも、上述の議論と実状を反映したものと理解できる。しかし、「市民的政治的権利に関する国際規約」第一八条(思想・良心の自由)及び第一九条(表現の自由)の権利行使について「他の者の権利又は信用の尊重」のために法律によって制限を課することができると明文規定で定めるように、自由権といえども絶対的でなく、人種差別撤廃委員会も「条約制定者の意図が、関連の人権保護規定が人種主義活動の防止義務を免除させることではありえないとし」て、他の自由権の保護を第四条の不履行の理由にできないことを明らかにしている。[19] したがって、日本の留保が意図する「他の権利と抵触しない限度」の義務履行とはなにか、その具体的内容を明示することが必要であり、その際、他の人種集団に対する優越性と憎悪に基づく差別と暴力及びその扇動の違法性とその責任を明確にする何らかの立法措置が含まれることが強く求められる。こうした義務は、国際人権規約B規約第二〇条二項においても負っており、併せて早急な履行が必要である。[20]

五　権利享有の平等と人種差別に対する救済

人種差別撤廃条約第五条は、締約国が人種差別を禁止し平等な享有を保障すべき権利について、特に重要なものを、明示している。それらは、裁判機関などにおける平等な取扱い、暴力に対する身体の安全と保護及び政治的権利とその他の市民的権利、並びに、経済的、社会的及び文化的権利である。これらの権利の中で、人種差別と密接に関連すると思われるものをかいつまんでみることにする。まず一つは、右にみた第四条が抑止しようとする人種的優越と憎悪に基づく差別的暴力に対する身体の安全と国家による保護である。この権利は、ヨーロッパ特にドイツにおけるネオ・ナチストなどによる暴力あるいは日本においてもしばしばみられる朝鮮人生徒に対する暴力行為に対する締約国の保護が強く求められるものと理解できる。そしてつぎに、第五条が掲げる市民的権利の中で重要と思われるのは、在日外国人特に永住資格を有する定住外国人の出国もしくは帰国の権利を保障する「いずれの国からも離れ及び自由に戻る権利」である。最後に経済的、社会的権利の平等な享有との関連においては、一つは定住外国人の「職業の自由な選択についての権利」と民間企業及び公共部門における雇用拒否の問題であり、他の一つは、外国人に対する入居拒否と「住居についての権利」そして、外国人に対する医療拒否及び老齢年金と障害者年金の給付拒否と「医療、社会保障及び社会的サービスについての権利」の平等な享有との関係である。条約の具体的実施の過程では、これらの権利享有における平等な実現をめぐって議論が高まることは必至であり、その結果が特に注目される。

そして、第五条が掲げる権利は、世界人権宣言及び国際人権規約がすべての個人が平等に享有すべき権利として保障しており、第五条の規定は例示的性質のものであることはいうまでもない。ただ、世界人権宣言と国際人権規約のいずれも保障しない権利、つまり「輸送機関、ホテル、飲食店、喫茶店、劇場、公園など一般公衆の使用を目的とするあらゆる場所又はサービスを利用する権利」を第五条が保障していることは、黒人その他の有色人種に対するサービス提供または利用を拒否する欧米諸国とりわけ米国における差別の実態を反映したものといえる。

次に、この条約第六条は、「この条約に反して人権及び基本的自由を侵害するあらゆる人種差別の行為に対する効果的な保護及び救済措置を」裁判所及びその他の国家機関を通じて確保すること、そして、差別の結果として被った損害に対し、賠償または救済を裁判所に求める権利を確保することを締約国に求めている。

人種差別に対する効果的な保護と被った損害の救済を保障することの規定は、第二条に基づいて取られる人種差別撤廃に関する立法措置と第四条の義務を履行するために取られる人種主義の抑止に関する立法によって、その履行がより実効的に確保される。つまり、第二条が求める差別の禁止、とりわけ個人または団体による差別を禁止する法律もしくは条例を制定し、その実施の監視と救済の権限を有する機関を設立することが、人種差別の犠牲者の保護と救済にとって欠かせないことは、他の締約国の事例からも明らかである[21]。特に、裁判による救済に必要な長い時間と多額の費用を考えると、仲介、調停などによる救済の確保が非常に重要である。この問題と関連して、人権擁護委員制度に代わる新しい人権擁護制度の必要性をめぐる議論に注目と期待が寄せられている[22]。

六　条約の目的及び原則の普及と教育

人種差別撤廃条約第七条において締約国は、人種的偏見と闘い、人種的集団間の理解、寛容及び友好を促進し、国連憲章、世界人権宣言及び人種差別撤廃に関する宣言と条約の目的と原則を普及させるため、「特に教授、教育、文化及び情報の分野において、迅速かつ効果的な措置をとること」を約束している。

人種差別撤廃条約の意義もしくは重要性はすでにみた、①締約国に課された人種差別撤廃の義務、とりわけ既存の法律を改廃し新しい立法を含む具体的措置と、②人種主義に基づく行為の処罰に注目して議論されることが多い。しかし、法律の適用とくに処罰だけでは、人種差別行為が発生した事後の対応でしかなく、人びとの心に潜在する人種的偏見と憎悪さらには差別意識を取り除くことは困難である。つまり、人種差別の恒久的かつ完全な根絶は、法律の適用だけでは達成できず、教育、文化そして情報の分野において、人権尊重と差別に反対する心と態度を形成する努力によって、一人ひとりの心の中に「反差別の砦」を築くことによってのみ達成できるといっても誤りではない。したがって、人種差別撤廃条約の目的を達成するためには、第二条が求める差別撤廃措置と第四条が課している人種主義に基づく行為の処罰以上に、第七条における締約国の約束を履行することが重要であると理解すべきである。

そして、日本国内実施に伴って取られるべき「効果的な措置」は、アイヌ民族と韓国・朝鮮人など日本国内の民族的マイノリティの存在とその基本的権利を否定する同化政策を支えてきたイデオロギーといえる「単一民族国家観」から脱皮し、多民族多文化社会観に基づいた教育つまり異なる民族と文化が共生できる教育を「迅速に」行うことである。こうした措置は、国際人権規約B規約第二七条(マイノリティの権利)及び子どもの権利条約第二九条(教育の目的)及び同三〇条(先住民と外国人の子どもの母語教育)など他の国際人権文書によっても求められているものである。しかし、日本の教育を支える学校教育法は、「国民」の教育だけを公教育の目的とし、民族的マイノリティがその民族的アイデンティティを維持して多数者と共生できる教育はまだ行われていない。そのため、第七条が求める人種的民族的集団間の友好と寛容を達成し、人種差別に反対する心を形成する教育は、戦後五〇年間日本教育を支えてきた教育制度を根本的に見直さない限り困難であるといわねばならない。[23]

七　人種差別撤廃条約の実施措置

人種差別撤廃条約も、他の国際人権条約と同じように、条約の履行を確保するために必要な実施措置と実施機関である人種差別撤廃委員会の設立を定めている。

まず、実施措置は、締約国が国内的に実施するために取った措置とその成果もしくは実状に関する報告の提出と（第九条）、ある締約国がその義務を履行しないときに他の締約国がその履行を要求し、実施機関に通報してその斡旋によって解決をはかることがもう一つの実施措置である（第一一条）。そして最後に、人種差別によって権利を侵害された被害者であると主張する個人または個人集団が人種差別撤廃委員会に事実を通報し、同委員会による審議によって解決をはかる個人又は集団による通報制度を設けている（第一四条）。

ただ、最後の実施措置である個人または集団の通報による被害者の救済と履行確保は、条約の批准または加入による締約国の義務受諾とは別の意思表示、つまり人種差別の被害者であると主張する個人または集団からの通報を受理し審議する人種差別撤廃委員会の権限を認める宣言を行う必要がある。そしてこのような「委員会」の権限を認めた締約国の数はまだ少ないのが実状であり[24]、締約国の通報による履行確保も殆ど機能していない。そのため、締約国による条約履行を確保し、国内実施を促進する措置としては、すべての締約国に義務づけている国内実施に関する報告の提出と「委員会」による審議であることは、他の国際人権条約と変わらない[25]。そのため、今後その提出が予定されている日本政府の報告の作成と「委員会」による審議過程において、中立で公平な地位が認められる国内人権機関と人権ＮＧＯの関与を制度的に確立することは、国際人権規約、女子差別撤廃条約そして子どもの権利条約など他の人権条約の実施確保のためにも、必要な重要課題である。

1　See, Human Rights Int'l Instruments, Chart of Ratifications as at 31 December 1995 (ST/HR/4/Rev. 13).

2　筆者の研究及び翻訳については、「人権の国際的保護と人種差別撤廃条約」『大阪経済法科大学法学論集』第二号（一九七八年）〔本書第三章1に収録〕参照。また解説冊子は『解説人種差別撤廃条約』人権ブックレット23（部落解放研究所、一九九〇年）、なお、この条約の包括的研究としては、ナタン・レルナー著、斉藤・村上共訳『人種差別撤廃条約』（解放出版、一九八三年）参照。

3　こうした発展については、拙著『人権・自決権と現代国際法』（新有堂、一九七九年）三一―九八頁参照。

4　Cf., Warwick Mckean, *Equality and Discrimination under International Law*, Oxford (1983), pp.264-284.

5　Cf., M. S. McDougal and other, *Human Rights and World Public Order*, Yale Univ. Press (1980), pp.365-408.

6　この問題の発展については、岡田泉「人道に対する罪、処罰の今日的展開」及び、小笠原一郎「国際法委員会の国際刑事裁判所規程について」参照。いずれも『世界法年報』（世界法学会発行）第一五号（一九九六年）所収。

7　拙稿「立法を含む包括的な差別撤廃措置を―『条約』の加入の意義と課題」及びその他の問題について『部落解放』一九九六年二月号特集「発効した人種差別撤廃条約」参照。

8　この議論については、拙稿前掲「人権の国際的保護と人種差別撤廃条約」を『人種差別撤廃条約の早期批准のために』（部落解放研究所、一九八一年）に転載しており同冊子一四―二〇頁参照〔本書第三章1に収録〕。

9 See, A. P. Blauston & G. H. Flanz ed., *Constitutions of the Countries of the World*, Oceana Pub. (1994), Bider VIII (India) and Binder V (Denmark).

10 阿部・畑編『世界の憲法集』(有信堂高文社、一九九〇年)参照。

11 拙稿前掲『人種差別撤廃条約の早期批准のために』所収二三—二六頁。

12 See, Compilation of General Comments and General Recommendations Adopted by Human Rights Treaty Bodies (HRI/Gen/1/Rev.1) 29 July 1994 p.66, and cf., T. Meron, *Human Rights Law-Making in the United Nations*, Oxford (1986), pp.44-46.

13 人種差別撤廃委員会も、その一般的勧告(XIII1993)の中で、法執行に携る者に対する研修の必要性を強調している。See *op.cit.*, Compilation of Recommendations p.67.

14 私人間の差別に対する立法措置などによる禁止について、米国は批准の際に留保を付している。See, Statement by R. F. Drinan, S. J, befor the US, Senate Committee on Forgin Relations on the subject of the International Convention on the Elimination of All Forms of Racial Discrimination, May 11, 1994, American Bar Association, p.8. 第一条のいう「公的生活(public life)」と私人間の差別に対する問題の議論については、前掲 T. Meron の著者が詳しく分析している。Cf., pp.18-23。

15 こうした国内法制については、マイノリティ研究会編『各国の人権擁護制度』(解放出版社、一九九五年五月)及び本章3に収録した拙稿を参照。

16 条約制定過程における議論については、拙稿、前掲「人権の国際的保護と人種差別撤廃条約」参照〔本書第三章1に収録〕。

17 第四条に対する各国の留保については、See, Reservations, Declarations and Statements of Interpretation made by States Parties to the International Convention on the Elimination of All Forms of Racial Discrimination (ERD/C/60/Rev.1) 17 Dec. 1985.

18 第四条の実施については、「人種差別撤廃条約第四条・七条の実施に関する研究」(仮訳、部落解放研究所人権部会)が有用である。

19 See, *op.cit.*, Compilation of Recomendation, pp.68-69. 村上正直「人種差別撤廃条約第四条と人種主義的表現・団体の規制」黒沢満編『新しい国際秩序を求めて』川島先生還暦記念(信山社、一九九四年)、七五—一〇〇頁参照。

20 自由権規約委員会も差別の扇動になる人種的憎悪の唱道を法律で禁止することを求めている国際人権規約B規約第二〇条と表現の自由を保障する第一九条は両立する趣旨の一般的意見を採択している。See, *ibid* Compilation of Recomendations p.12.

21 こうした人権機関の必要については、人種差別撤廃委員会も、その一般的勧告を採択して設立を求めている。See, *ibid* Compilation p.70

and cf., *National Human Rights Institution*, published by Center for Human Rights of U. N. 1995 Geneva.

22　たとえば、高野真澄「日本の人権擁護制度の現状と課題」前掲『各国の人権擁護制度』一三三―一六一頁。同じく高野真澄『新たな人権擁護制度を求めて』(解放出版社、一九九六年二月)二〇四―二四六頁参照。

23　第七条の実施については、前掲の『人種差別撤廃条約第四条・七条の実施に関する研究報告』の中の第七条の実施に関する研究(八七―一二〇頁)が大変有用である。なお、在日外国人に関連する差別撤廃委員会の見解については、本書第二章参照。

24　第一四条に基づいて委員会の権限を受諾している締約国は、一九九五年一二月三一日現在二〇カ国に過ぎない。See, *op.cit.*, Chart of Ratifications.

25　なお、この報告制度をより実効的なものにするため、国連人権センターは、「人権報告制度に関するマニュアル」を刊行し、人種差別撤廃条約を含む人権条約の各規定に関するガイドラインとコメントを付している。See, *Manual on Human Rights Reporting under Six Major International Human Rights Instrumants*, Geneva 1991.

3　英国の人種関係法と人種平等委員会

はじめに

大英帝国(Great Britain)は、イングランドによるウェールズ、そしてスコットランドの強制的併合という国家統一の過程に基因する人種的言語的少数者の問題、とりわけウェールズ語の使用をめぐる問題などが存在するが、今日英国社会が当面している人種問題の殆どは、第二次大戦後に生起している。それは、英国の経済的復興と労働力不足という国内事情と東西対立という冷戦体制及び植民地の独立による国際社会構造の変動に伴う大量の移民にはじまる。つまり、一九五〇年代にはポーランドなど東欧諸国とイタリアから、そして一九六〇年代に入ってからは西インド諸島とインド、パキスタンならびにバングラディッシュなど旧植民地諸国であった英連邦諸国から、大量の労働者とその家族が移住した結果、カリブ海からの黒人とインド、パキスタンなどのアジア人に対する差別が、雇用と住居などを中心に続発するようになる[1]。

本章3が検討しようとする「人種関係法(Race Relations Act)」は、このような人種差別、とりわけ西インド諸島からの黒人とアジア人、そしてアフリカ人に対する差別を社会的背景にしている。そして、この法律は、一九六五年に国連総会が採択し、一九六九年には効力を発生する「人種差別撤廃条約」の国内的実施をもう一つの存在理由とする。特に、この法律の実施機関である「人種平等委員会(Commission for Racial Equality)」は、具体的に発生する差別の犠牲者を救済するだけでなく、差別の防止に必要な措置と啓発・教育など幅広い機能と権限を有しており、国連が人権擁護と差別撤廃に必要な国内機関の設置に向けて検討をつづけ確認してきた原則と基準にも対応するものである。[2] そして、英国のこうした国内立法とその実施機関は、オーストラリア、ニュージーランド及びカナダなど英連邦諸国にも、類似する立法と人権擁護機関の設置に影響を及ぼしている。[3]

一　人種関係法の成立と経緯

1　一九六五年法の成立

ホテル、レストランなど公衆の利用に供している施設もしくは場所における人種差別を法的に規制しようとする努力は、一九五一年に労働党出身のソレンセン(R. Sorensen)下院議員が行った法案提出にはじまり、一九五三年から一九六四年までの間には、ブロックウェイ(F. Brockway)議員により、九回に及ぶ提案が行われたが、反差別法の成立にはいたらなかった。そして、反差別立法措置を公約として掲げたウィルソン(H. Wilson)党首が率いる労働党が、一九六四年の総選挙で勝利を納めることによって、人種関係法は一九六五年五月に成立することになる。[4]

この一九六五年の人種関係法は、公衆の出入りする場所に人種差別が存在することを確認し、それを法的に規制しようとした最初の試みということで画期的であった。しかし、規制の範囲をホテル、レストランなどの公衆利用施設もしくは場所に限定し、差別の最も深刻な雇用と住居の分野は適用されなかったために、その効果については疑念がもたれた。そしてさらに、法の実施機関として設置された「人種関係委員会(Race Relations Board)」の機能と権限が脆弱であったために、具体的差別事件の解決という機能を充分果たしえなかった。

2　一九六八年の改正法

一九六七年四月、「英連邦移民に関する国内委員会及び人種関係委員会」の要請に基づいて行った調査の報告書「英国における人種差別(Racial Discrimunation in Britain)」が、カリブ海及びアジア・アフリカからの移民に対する差別の実態、とりわけ雇用と住居の分野における差別が拡大していることを指摘した。[5] また、一九六七年には、アメリカ合衆国とカナダの反差別立法とその実施の研究を基礎にした「反差別立法に関するストリート報告(Street Report on Anti-Discrimination Legislation)が、実施機関の機能と権限の強化に関する勧告を行った。

こうした調査の報告と勧告が反映された改正法が一九六八年一一月には発効することになる。この一九六八年改正法は、人種差別を禁止する事由として、皮膚の色、人種、種族的または民族的出身(ethnic or national origin)を掲げているが、国籍(nationality)は 'national origin' に含まれるという趣旨から明示しなかった。また、違法な差別の範囲を、多数の除外例を設けはしたが、教育、雇用及び財産の取引を含む、物品、役務及び便宜の供与にまで拡大した。さらに、法の実施について「人種関係委員会」に裁判所への提訴権を認めた。もっとも、この提訴は調停手続によって満足的解決に到達できなかった場合にのみ可能であるとした。

さて、右に触れたいくつかの改善が施された一九六八年法にもかかわらず、英国社会の人種差別は解消される兆候はなく、一九七〇年代に入ってさらに悪化する状況にあることが、さまざまな報告によって確認された。特に、アジアと西インド諸島出身の者が、雇用拒否や入居拒否という差別に当面し、英国社会で生まれ育った第二世代の若者、なかでも黒人の若者の多数が失業とホームレスの状態にある状況は、人種暴動の要因であり社会秩序維持の問題であると考える傾向が強くなった。[6] そして、人種関係委員会もこうした差別の解消には充分機能しないことが明らかになり、被差別集団の間からも、人種関係法に対する信頼が衰えてきた。このような状況を改善するために、一九六八年に大幅な改正が行われることになる。

3　一九七六年の改正法

一九七六年の改正法は、一九六八年によっても改善されず、むしろ悪化する人種差別に対応することと並んで、有色人口の絶対的多数が英国社会に在住し、その大部分が英国に帰属しており、そして、人種、皮膚の色もしくは民族的出身のいかんにかかわらず、すべての人びとに公平かつ平等な処遇を確保するために、政府、企業と労働組合、そして普通の男性と女性が決然として努力すべき時が来たという認識と、人種差別が道徳的に容認しえないことであり、個人にとって不当であるばかりでなく、経済的、社会的な浪費であるという基本的考えに基づくものであることが明示された。そして、こうした高邁ともいえる理念の達成は、新しい改正法が実効的であるために、また生起する差別の殆どは隠れたものであり間接的なものであることから、その実施は、犠牲者個人の立証能力ではなく、新しく設置される委員会が駆使できる財政的及び人的資源に依存するという前提に基づくものであることが明示された。[7]

さらに、一九七六年の大幅な改正が、一九七五年の性差別禁止法(Sex Discrimination Act)及びその実施機関である「機会均等委員会(Equal Opportunities Commission)」[8] と人種関係法及びその実施機関との調和と均衡をはかることによって、雇用分野における平等、とりわけ黒人とアジア人の女性に対する雇用差別の撤廃を達成することも意図したといわれる。また、こうした人種関係法の改正は、移民法の強化によって、英連邦諸国からの入国と定住を厳しく規制しようとする政策が同時進行的に勧められたことは、人種関係法と移民法が、それぞれ相矛盾する事態を招来することにもなったとの批判も他方では行われた。

二　一九七六年改正法の概要

右にみたような理由を背景にし、また問題をかかえながらも、大幅に改正された新しい「人種関係法」は、差別事由、差別の範囲そして実施機関など、さまざまな改善と進歩がみられた。一九七六年一一月二二日に成立した新しい人種関係法は、一〇部八〇カ条にのぼる実体規定と人種平等委員会の組織と財政さらには経過的措置に関する規定などを含む四つの細則から構成している。本章3では、主要な内容にしぼって吟味することにする。[9]

1　「人種差別」の定義

(1)　非差別事由

同法第三条は、差別の根拠となる racial ground(人種的事由)及び racial group(人種的集団)について定義している。まず、人種的事由とは、皮膚の色、人種、国籍(nationality)又は種族的もしくは民族的出身(ethnic or national origin)のいずれかを意味し、人種的集団とは、上記のいずれかの事由によって区別される個人の集団であり、ある個人が帰属する人種集団に関連して当該個人の人種集団に対して行う言及であるとする。

前にも触れたように、一九六八年改正法では 'national origin' に国籍(nationality)が含まれているという理解により、国籍が明示されていなかった。しかし、ポーランド人が英国の国民でないことを理由に、地方行政当局によって入居予定リストから排除された事件で、national origin と nationality とは違うという上院の決定が改正法に反映されたものである。そして、この nationality には citizenship(市民権)も含まれるものと解され、英国の国籍または市民権を有しないこと、つまり外国人であることを理由に行う差別は明示的に禁止されるようになった。

このように人種関係法が禁止する差別事由には、国籍を含む広い範囲の事由が含まれるが、宗教、言語、性または政治的信条もしくは地位は含まれていないため、たとえばユダヤ人、シンティ・ロマなどに対する差別に充分対応できないことが危惧され、法の実施過程ではそうした危惧が現実のものとなっている。

(2)「直接的差別(direct discrimination)と「間接的差別(indirect discrimination)」

人種関係法は、人種的理由に基づいて、ある者を他の者よりも不利に処遇するか、または処遇しようとして行う直接的差別(第一条(1)の(a))と、他の人種集団に比して、ある人種集団にとっては従うことが可能な人びとの割合が著しく少ない条件または要件によって行う間接的差別(同(1)の(b))を禁止している。この間接的差別の具体的判断は困難を伴うが、人種平等委員会は、次のような具体的事例をあげて説明している。それは、ある企業が従業員募集に際し、「二〇年以上英国に居住した者」を応募条件とすることにより、まだ一〇年または一五年しか居住歴のないカリブ海出身者やアジア人を排除することは、法律が禁止する人種差別になるというものである。

(3)　被差別者を助ける第三者に対する差別

人種関係法は、先に触れた直接的または間接的差別だけでなく、法律の規定に基づいて差別を訴えたり、差別に関する証拠または情報を提供するなど、差別の撤廃に協力したことを理由に行う不利な処遇も差別と看做している(同法第二条)。つまり、差別行為の犠牲(victimization)になる第三者に対する不利な処遇も差別とすることによって、いわゆる泣き寝入りを防止し、差別の告発を促そうとしている。[10]

2　雇用関係における差別

一九七六年改正法の主なねらいは、雇用分野における人種差別の撤廃を強化することであったことから、同法第二部(第四―一六条)を雇用分野に当て、広い範囲にわたって差別を禁止し、人種平等委員会の権限も大幅に強化された。法律は、①使用者が、応募もしくは雇用ならびに就業に関する条件において、特定の人種集団に属することを理由に、作為または不作為によって差別することを違法とし(第四条)、②企業主による直接的雇用ではなく、第三者との契約に基づいて供給する契約労働者についても、就業の条件、役務の提供などにおける不利な取扱いも違法であるとする(第七条)。

さらに、③六人以上の者からなる共同経営企業の場合、共同経営の地位または便宜もしくは役務の享受などにおいて差別すること(第一〇条)、そして、④労働組合、使用者その他の団体が、団体への加入及び便宜または役務の提供における差別は、違法であるとする(第一一条)。つぎに、⑤職業または営業の許可もしくは許可を付与する機関、職業訓練機関及び職業紹介など雇用問題に携わる機関による差別も禁止している(第一二―一四条)。

以上の人種差別禁止は、演劇その他の芸術活動に携わる職業のように、真に専門的制約によるものである場合、及び、英国内に定住していない者もしくは英国の国外において実践するための技術研修である場合は、適用が除外される(第五条及び第六条)。[11]

3　その他の分野における人種差別

(1)　教育における差別

一九七六年法は、地方行政当局によって設立運営されている学校その他の教育施設、私立学校(independent school)及び特殊学校ならびに大学が、その入学資格または条件について差別し、入学後における給付、便宜もしくは役務の提供のついて差別することは違法であるとする(第一七条)。そして、地方の教育行政当局が、教育法(Education Act)上の機能と権限の遂行において、人種差別となる行為を行うことは違法であると明示している(第一八—一九条)。もっとも、差別に関する苦情処理については、後にみるように、私立学校と公立学校との間には多少異なる手続きになっている。

また、教育が、特定人種集団の教育、研修または福祉のために行われる場合、つまり人権と実質的平等を確保するために必要な特別措置として行われる場合は、違法な差別にならないものとし(第三五条)、一時的滞在者に施される教育または研修などに供される施設の利用についても違法な差別とは認めないものとしている(第三六条)[12]。

(2)　物品、便宜及び役務に関する差別

人種関係法は、一般公衆に、有償または無償で、物品、便宜または役務の供与に従事する者が、作為または不作為によって供与を拒否し、他の公衆と同一の性質、方法もしくは条件による供与の拒否または故意に行う手抜きは違法であるとする(第二〇条一項)。そして、差別が禁止される便宜または役務に当たるものを例示している。それらは、(a)一般公衆の入場が認められる場所への入場または利用、(b)ホテル、下宿屋その他類似の施設の利用、(c)金融、保険、給付、貸与、クレジットまたは融資による便宜の供与、(d)教育施設、(e)娯楽、レクリエーションまたは飲食施設、(f)

運送または旅行の便宜、(g)すべての職業または商業、もしくは地域的またはその他あらゆる公共機関の役務、が挙げられている（第二〇条二項）。[13]

(3)　建築物の処分または管理における差別

住宅、ビルなど英国内に所在する建築物を処分する権利を有する者が、供与の条件または利用申し込みの拒否によって差別することは違法であり、建築物を管理する者が、あらゆる給付または便宜の享受において差別し、建築物からの立ち退き、またはその他の不利益に従わしめることによって差別することは、いずれの場合も違法であることを明示している（第二一条）。[14]

(4)　団体による差別

人種関係法は、同法第一一条が適用される労働者及び使用者の団体を除くその他の団体であって、二五人以上の者から構成される団体が、当該団体への加入の条件において差別し、加入の申し出を拒否するか、又は故意に除外することによって差別することは違法であり、さらに、すでに当該団体の会員になっている者に対し、すべての給付、便宜または役務の享受並びに会員の資格の変更について差別することも違法であると定めている（第二五条）。

(5)　その他の違法行為

人種関係法はまた、差別的慣行と差別的広告によって行う違法行為さらには使用者などにより差別を指示したり強要するような行為、あるいは差別を幇助する行為も違法であると規定している（第三〇―三三条）。[15]

(6)　人種的憎悪の扇動

人種差別撤廃条約が、締約国に対して、人種主義に基づいて行う差別と憎悪の扇動を犯罪と宣言し処罰することを求めていること（同条約第四条）に従って、人種関係法は、その第九部（第七〇―七一条）において、人種的憎悪の扇動を犯罪(offence)とし処罰することを定めている。人種関係法第七〇条は、一九三六年の「公序維持法(Public Order Act 1936)」の改正という形式を取っているが、いかなる人種集団に対するものであれ、脅迫し侮辱する書物を出版または配布すること、または、公の場所または公の会合において、脅迫し侮辱する言葉を用いることにより、憎悪が認められた者に対して、六カ月以下の懲役または四〇〇ポンド以下の罰金の刑に処せられ、公訴により有罪となった者は、二年以下の懲役または罰金、もしくは両方の刑に処せられることになっている。[16]

三　被差別者の個別的救済

人種関係法の具体的実施は、違法な差別の犠牲となった個人による個別的救済手続によるものと、後にみる「人種平等委員会」の広範囲に及ぶ関与による場合の二つに分けることができる。

1　雇用分野における差別の救済

(1)　調停による救済

人種関係法は、雇用分野における人種差別問題を訴訟ではなく、可能な限り当事者間による解決を図るために調停制度の活用を奨励する立場を取っている。つまり、雇用分野における差別の犠牲者が、後にみる労働審判所に苦情を申し出たときは、裁判所事務局は、当該申し出のコピーを調停委員会に送付することになっており、調停委員会は、両当事者の要請によるか、または、解決の合理的な見込みがあると判断したときは、労働審判所の決定をまつことなく、苦情の解決に努力する義務があるとしている(第五五条)。

(2) 労働審判所の決定による救済

まず、労働審判所は、法律の専門家である裁判長と労働大臣によって指名される労働組合出身と使用者団体出身の二名を加えた三人によって構成され、訴訟手続の濫用など特別な場合を除いて、訴訟費用は原則として無料である。つぎに、人種差別の苦情申し立ては、差別行為の発生から三カ月以内に裁判所に訴状を提出しなければならない。裁判所は、苦情申し立てが十分に根拠あるものと判断したときは、精神的損害に対する慰謝料を含む補償の支払を命じ、また差別に基づく解雇である場合は、一定期間内の職場復帰を勧告できることになっている。[17]

2　雇用以外の分野における救済

雇用を除く他の分野における人種差別の犠牲者は、イギリスにおいてはCounty Court（州裁判所）、スコットランドの場合は、Sheriff Court（州裁判所）にその救済を訴えることができる。もっとも、教育行政当局に対する訴えは、まず文部大臣に苦情を申し立てなければならない。ただし、苦情申し立てから二カ月を経過しても、取りあげてくれないか、満足できる解決に到達できないときは、裁判所に訴えることができる。私立の学校または大学による差別及び物品、便宜または役務さらには財産の取り引きにおける人種差別の犠牲者は、差別発生から六カ月以内に州裁判所に訴えてその救済を求めることができる。この場合、裁判所の管轄権は、直接差別した者だけでなく、その従業員に代理業務をさせている雇用者または事情を知りながら差別を助長した者にも及ぶことになる。[18]

3　人種平等委員会による扶助

右にみたように、人種差別の犠牲者は、労働裁判所もしくは州裁判所に苦情を申し立ててその救済を求めることができるが、申し立てを成功させるために必要な法的扶助その他の救援が人種平等委員会によって行われることになっている。たとえば差別的解雇の場合は、使用者側に立証の責任が課されるためにそれほど必要としないが、その他の差別事件については、被害者である原告側が立証の責任を負うために、法律専門家による代理人が必要である場合に、人種平等委員会の扶助で訴訟を進めることができる。

人種平等委員会による個別的救済への扶助は、すべての人種差別の犠牲となったと主張する個人が請求できる。こうした請求に対し人種平等委員会は、当該差別事件が困難な法解釈など原則に関する問題を提起しているか、または、事件の複雑性などから法的扶助なくして申立人が対処することが困難であるか、さらには、その他特別な事情による理由が存在すると判断した場合は、法的扶助を与えることができる(第六六条一項(a)(b)(c))。

そしてこの法的扶助には、(a)助言、(b)調停、(c)法的アドバイスと支援、(d)聴聞会を含む法定代理人もしくはその他の代理人もしくはその他の代理人の準備、(e)差別の証拠収集などによるその他適切な扶助の提供など、広範囲にわたる扶助と支援の提供が含まれる。なお、これらの扶助に必要な経費は、犠牲者である原告が勝利し、賠償金などが支払われた場合は、その返還を求める。いずれにせよ、社会的経済的に弱い立場にある多くの被差別者自ら直接求める個別的救済を実効的なものにするうえで、こうした人種平等委員会の扶助が欠かせないものであることはいうまでもない。[19]

四　人種平等委員会

すでに触れてきたように、人種関係法は、その実施機関として「人種平等委員会(The Commission for Racial Equality, 以下「委員会」と略称）を設置し、法の実施に関する権限と機能だけではなく、人種差別を根絶するために必要な啓発を含む広範囲にわたる活動をつづけてきている。ここでは、人種関係法の規定に依拠しつつその権限と機能を吟味するとともに、毎年、委員会が発行する年次報告（Annual Report）その他の出版物などを通してみた委員会の活動と役割について触れることにする。

一九七六年人種関係法が、改正前の実施機関である人種関係委員会（Race Relations Board）と社会関係委員会（Community Relations Commission）に代わる「委員会」を設け、同法第七部（第四三―五二条）及び付則(I)でその構成と機能について詳細に定めている[20]。

1　「委員会」の構成と基本的任務

「委員会」は、内務相によって任命される八人以上一五人以下の者から構成され、常勤または非常勤で次のような任務を遂行することになっている。その任務とは、

(a)　差別の撤廃に向けての業務に従事し、

(b)　異なる人種集団すべての人びとの間に、機会の均等及び良好な関係を促進すること、並びに、

(c)　人種関係法の実施を監視し、内務相の要請または「委員会」自身が必要であると認めるときは、法の改正案を作定し内務相に提出する、ことである（第四三条）。

さて、このような基本的かつ一般的任務を遂行するために、さらに次のいくつかの任務が人種関係法によって具体的に定められている。

(1)　関係諸団体に対する支援

「委員会」は異なる人種集団の人びとの間に、機会の均等と良好な関係の促進に関与していると認められる団体に対し、財政的またはその他の援助を与えることができる。ただし、国会の承認に基づき内務相によって提供される財源からは、大蔵相の同意に基づいた内務相の承認をうることなく、他の団体に提供してはならないことになっている。

(2)　研究と教育

「委員会」は、上記の基本的任務の遂行に必要または有用であると認められる研究と教育を「委員会」自身によって行うだけでなく、他の人びとによって行う研究と教育に対して、財政的もしくはその他の支援を行い、これらの人びとの利用に供される教育またはその他の施設と役務について責任を引きうけることができるとしている。

(3)　年次報告

「委員会」は、毎年暦年の年末に当該年間の活動について報告書を作成し内務相に提出する。この年次報告には「委員会」の権限内の事項につき、「委員会」が関与した発展の概要を含むものとし、内務相は、この報告を国会に提出し、刊行することになっている。

(4)　実施規則(Codes of Practice)の制定

委員会は、雇用分野における差別を撤廃し、機会の均等を促進するために必要と認めるときは、人種関係法の実施要領を含む実施規則を制定することができる。この実施規則は、委員会によって内務相を通して国会に提出されることになっている(第四七条)。なお、雇用分野における実施規則は、一九八四年四月一日に制定公布された。[21]

(5)　「委員会」及び委員の法的地位

人種関係法の付則(I)は、「委員会」は、国王によって設立されるものではなく、独立した法人として存在し、委員の

人種平等委員会の組織図表

委員長				
副委員長　副委員長				
事務局長				
法務部	社会政策部	財政・企画部	雇用部	公共事項部
部長	部長	上級主任	部長	部長
苦情処理 法的扶助	教育 司法 保健及び住居 社会的役務	人事及び管理 財政及び運営 役務 情報 技術	公共雇用部門 民間雇用部門 行政職員 専門職 訓練　研修・ 企業審議会及 び特別措置	現地活動 連絡 情報 研究
職員数:34人 白人7.5人 有色人26.5人	職員数:42.5人 白人18.5人 有色人24人	職員数:43人 白人15人 有色人28人	職員数:36.5人 白人12.5人 有色人24人	職員数:64.5人 白人19人 有色人45.5人

出典：*Commission for Racial Equality Annual Report* 1992. pp.70-71.

地位も、国王に仕える官吏でも一般公務員でもないとしている(同付則第一及び二条)。そして、委員の任期は五年以内とし再任を妨げないものとなっている。

そして、委員の解任は、付則(I)第三条五項が掲げる三つの事由のいずれかによってのみ認められる。しかし、「委員会」の必要経費及び委員その他の職員の報酬は、内務相が支払うことになっている(同付則(I)第一六―一七条)。つまり「委員会」は、法的には独立した法人として存在するが、財政的には政府に依存している。

(6)　「委員会」の組織

「委員会」は、前にみた任務を遂行するために、上掲**図表**のように、法律、社会政策、財務及び企画、雇用及び広報の五つの部会から組織され、各部会が担当する部門について活動することになっており、二〇〇人を超える職員も、これらの部会のいずれかに属してその業務に従事している。

また、「委員会」の直接的下部組織ではないが、「委員会」の目的と機能を地域レベルで達成する上で重要な役割を果しているのが「人種平等協議会(Racial Equality Council)」である。この人種平等協議会は、一九九二年の年次報告書によれば、全国で一〇〇に近い数にのぼる。そして「委員会」は、人種関係法第四四条に基づいて、これらの協議会に対し財政的助成を行っている。[22]

2　差別撤廃に関する「委員会」の権限

すでにみたように「委員会」の基本的任務は、異なる人種集団すべての人びとの間に機会の均等と良好な関係を促進することであり、そのために、包括的な機能と権限が認められている。そして、違法な差別の犠牲者自身による救済手続も用意され、「委員会」も側面的に扶助ができることになっていることも、前にふれたとおりである。しかし、「委員会」は、こうした包括的権限と機能そして個別的救済と扶助の他に、もっとも重要であり、かつ強力な第三の権限、つまり差別撤廃に関する権限が人種関係法によって認められている。それらは、差別に対する調査(Investigation)、差別禁止通告(Non-diecrimination notices)及びこれらの権限行使に附随する権限である。以下、順次吟味してみることにする。

(1)　差別に対する調査

人種関係法は、「委員会」の機能と権限を定める第七部の第四八条から第五二条までの規定を、この調査権限にあてている。

まず、「委員会」は、その任務を遂行するために「委員会」自身が適切であると考えるか、もしくは内務相によって要請されたときには、正規の調査(Formal investigation)を行うことができることになっている。そして、この調査を行うために、第四三条に基づいて任命される委員の他に、一人もしくはそれ以上の委員を任命することができるとし、「委員会」を代表し、「委員会」に代わって調査を行う委員を指名することになっている(第四八条)。

さて、この調査の手続きについては、人種関係法は多くの規定を割いて詳細に規定しているが、重要な事項に限って紹介しておくことにする。

まず第一に、「委員会」自身または内務相の要請のいずれかによる場合でも、調査を行う前に調査委任事項(Terms of reference)を作成し、調査が委任事項に指名されている特定個人に限定されている場合を除いて、調査の開始について一般的に告示しなければならない。また、個人に限定される場合は、当該個人に対し調査開始を定められた方法によって通知しなければならない。

そして次に、「委員会」が特定個人の行為が人種関係法上違法となる行為の調査を求めるときは、「委員会」の見解及び問題の行為に関する調査を求めることを知らせなければならず、当該個人に、口頭または文書によって、もしくは両方による陳述の機会を与えなければならない。そして、陳述の機会を与えられた者は、弁護士または彼(女)が選任する者であって、「委員会」が不適格者であると拒否しない他の者を代理人として陳述させることができる(以上第四九条)。

第三に、「委員会」は、調査のために必要な書面からなる情報を、時と形式及び方法を限定して、提供を求めることができる。また、口頭による情報及び調査通知書に特定された事項に関連するすべての書類の提出をも求めることができる。もし、当該個人が、情報または文書の提供に応じないときは、「委員会」は要求に応じるように裁判所の命令を求めることができる。さらに、差別の嫌疑を受けている者が、提出を求められている文書を故意に隠し破壊したとき、または故意に偽って陳述したときは、四〇〇ポンド以下の罰金の刑に処される(以上第五〇条)。

そして最後に、「委員会」は、調査の過程または終了後、異なる人種集団の人びとの間に機会均等を促進するために、政策または手続きもしくはその他の事項の変更を求める勧告を行うか、あるいは内務相に法の改正またはその他の事項につき変更を求める勧告が必要であると認められるときは、「委員会」は適宜そのような勧告を行うことができる。

なお、調査の結果に関する報告書は、内務相の要求に従って求められて行った場合は内務省に提出し、そうでない場合は、時と場所を定めて行う閲覧に供するために公表することができる。ただし、調査のために「委員会」に提供された情報は、裁判所の命令、当事者の同意など第五二条による場合を除いては公開してはならないことになっている。

以上かいつまんでみたように、人種関係法に違反する差別の有無を判明するために認められた「委員会」の調査権限は、差別嫌疑を受けている当事者が調査に服することを刑事罰を以て担保しており、刑事手続における強制捜査に近いものであるといえる。こうした調査の結果、「委員会」は、先程触れた勧告とは別に具体的措置が取れることになっている。つまり、差別禁止の通告と執拗な差別に対する措置が取れることになっている。[23]

(2) 差別禁止通告(Non-discrimination Notice)

右に述べた調査の結果、違法な差別行為及び人種関係法第二八条に抵触する差別的慣行並びに同法第二九条に抵触する差別的広告、第三〇条に触れる差別の指示または、第三一条が禁止する差別の教唆に相当する行為が行われているか、もしくは、行われたものと判断したときは、

(a) そのような違法行為を犯さないこと、並びに、

(b) 前記の(a)に従うことが、当該関係者の慣行または他の制度の変更を伴うものであるときは、(i)「委員会」に対

し、そのような変更が行われたこと、かつ、どのような変更であるかを通知すること、さらに(ii)通告を他の関係者に知らしめるために、合理的に求められる措置を取ること、

を内容とする「差別禁止通告」を発布することになっている。

また、この差別禁止通告は、通告に従っているがどうかを確認するために必要と認められる他の情報を「委員会」に提供するよう求めることができる。そしてさらに、通告は、右に述べた情報提供の時期及び形式を特定して求めることができるが、最後の通告から五年を超えてはならない。

なお「「委員会」は、差別禁止通告を出す前に、

(a)　関係者に当該事項に関し差別禁止通告の発布を決定していることを、その理由を明示して知らせること、及び、

(b)　当該事項につき、口頭または書面による陳述、もしくは両方による陳述を二八日以内に行う機会を与えること、そして、この陳述を考慮すること

が必要条件となっている(以上は第五八条)。そして、このような弁明の機会が与えられた後に発行された差別禁止通告であっても、それを受けた当事者は、六カ月以内に通告・要求事項に対し、労働審判所の管轄権に属する問題は労働審判所に訴えて争うことができる(第五九条一項)。このような訴えを受理した裁判所は、通告の要求事項が事実誤認またはその他の理由に基づき合理性がないものと判断したときは、その要求事項を取り消すことになっている(第五九条二項)。なお、裁判所への訴えがなく六週間が過ぎると差別禁止通告は確定し、「委員会」により、閲覧による公開のために登録されることになっている。

(3) 執拗な差別の抑止措置

「委員会」は、差別禁止通告が確定した後にも差別が維持され、繰り返されているという苦情があるときは、裁判所に対し、違法な差別行為または差別慣行の適用の中止命令を請求できる。その際、「委員会」は、裁判所の中止命令がなければ差別行為がさらに行われることを示すことが必要である。なお、雇用の分野については、労働審判所により同様な事実の認定がなされた後でなければ認められない。したがって、雇用分野における執拗な差別の中止命令を請求するためには、差別の苦情から六カ月以内に労働審判所に事実認定の請求を行い、さらに雇用控訴審判所(Employment Appeal Tribunal)への控訴期間が満了するか、控訴が棄却されるまでまたなければならない。

つぎに、雇用問題以外の事項については、差別禁止通告が要求する情報の提供を怠っている会社等については、情報提供の拒否自体が、中止命令がなければ違法な差別を行う根拠となるために、裁判所に直接中止命令を請求できることになる。さらに、労働審判所が違法な差別行為が行われたという認定を行った場合も、調査の手続をへることなく、裁判所に中止命令を請求できる。[24]

以上、かいつまんでみたように、英国の差別禁止法の中心的な位置にある人種関係法の実施機関としての人種平等委員会は、違法な差別行為の被害者救済に必要な扶助に加えて、法が禁止する差別の撤廃のために、調査、差別禁止通告及び差別中止命令の請求など、積極的かつ強力な権限が認められている。こうした権限は、具体的差別問題の解決に大きく寄与していることが、次にみる「委員会」の年次報告からもわかる。

3　機会均等及び良好な関係の促進

すでにみたように「委員会」は、その基本的任務として、差別の撤廃と並んで、異なる人種間の機会均等と良好な関係の促進、さらに人種関係法の実施の監視とその改正の提案権が認められている。なかでも、具体的に発生する差別の撤廃以上に重要な任務といえる機会均等と良好な関係の促進は、心に潜む差別意識を取り除き、差別を支える社会構造を変革するために必要不可欠である。そのために、先にみた「委員会」の五つの部会すべての活動範囲に及ぶものである。つぎに、こうした機能を、一九九二年の年次報告によりつつ紹介することにしたい。

(1)　法律部門

法律部門における「委員会」の任務は、すでにみたように、人種関係法に違反する差別の犠牲者に対する扶助と差別撤廃のために行う調査と差別禁止通告及び差別的広告と差別の強制を是正することである。一九九二年の年次報告は、過去一〇年間に「委員会」の扶助申請が七六九件から一五五七件に増加しているが、財政的事情から十分に対応しきれていないとしている。そして、一五五七件の中で、「委員会」が代理人を派遣したのは、三四五件で一一二件が勝訴または解決しており、四七件は敗訴したと報告している。そして、損害賠償金も、一九九一年度の二〇〇七ポンドから一九九二年度には三一六五ポンドに増額したとしている。

つぎに、調査については、特定の個人による差別に関する調査は、一九九二年度には二件を着手し、以前からの継続分の中で四件が完了し、二件の差別禁止通告が発行されており、他方、一般的調査は、一九九二年度に二件着手され、一九七七年から一九九二年までの一五年間に五六件の調査と調査に基づく報告書を公表し、六件の調査が進行中であるとし、調査の対象になっている会社などの実名を挙げたリストを掲載している。

さらに、「委員会」は、広告の差別性に関する二〇〇件の質問と六二件の苦情を受け、苦情の中で三七件の広告が違法であり一六件は違法でないと判断し、二件については裁判で争うことになったとしている。また、差別の指示または教唆については、「アジア人は面接をしない」とした会社の行為が違法であるとする裁判所の決定を得ており、「英国人以外は何人も雇用しない」とか、「モスレムは駄目だ」または「パキスタン女性はもう送ってくるな」などと言った会社などから、将来にはそうした行為を慎む保証を得ることができたと報告している[25]。

最後に、人種関係法の内容を再検討しその改善もしくは改正を求める勧告が盛られた報告書が、一九八五年について発行され、全ヨーロッパに適用されるべき法律の必要性と宗教的差別に対する保護の必要性、そして人種平等委員会と機会均等委員会を併合して「人権委員会(Human Rights Commission)」の一つの機関にすることについて提言が盛りこまれたとしている[26]。

(2)　雇用部門

「委員会」は、雇用部門における人種平等の実現のために、さまざまな努力をしている。報告書は、民族的マイノリティの雇用状況が、経済的不況も手伝って、大変に厳しいために、全体の失業率八パーセントの二倍近い一五パーセントの失業率であり、一九八六年以前の状況に戻ってしまっていると指摘している。また、職業訓練を受けた若者で、白人の場合は五〇パーセントが職を見つけているのに対して、民族的マイノリティは三〇パーセントしか職についていないとしている。さらに、民族的マイノリティは、会社における昇進などの待遇についても不利な状況にあることを指摘し、これらの状況を改善するために「委員会」は、一九九二年度中に、六〇〇〇人以上の個人的使用人に会い、八〇〇以上の雇用者を訪ね、一カ月に二回または三回の会議とセミナーに参加したとしている。しかし、「委員会」が接触できる雇用者は一部でしかなく、五〇〇人位のスタッフがないと対応できないと訴えている。

また、マイノリティの雇用状況を改善するために、政府がもっと積極的措置を取る必要があり、特に、政府契約の相手を選択する際には、当該企業がその雇用政策に人種平等の基準を適用してきているかどうか考慮すべきであるとし、特に、地方自治体が、人種関係法第七一条における人種差別撤廃義務を遂行するために、その購買力などの影響力を行使して、民間企業による雇用の平等を促進すべきであると指摘している。

そして、報告書は、警察、公務員などの公的分野から、ホテル、建設業などの私的分野にわたって、業種別の検討を行って問題を提起しており、一九九一年一一月から一九九二年の二月にかけて臨時雇用における人種差別の訴えについて三件の調査を開始し、他に五件の調査を開始したとしている[27]。

「委員会」は、またマイノリティの雇用を促進するため、労働組合の会合と活動にも参加して勧告を行い、地方自治体による職員採用と契約的締結における人種平等の問題に関する研究にも協力して、雇用分野における差別の防止と平等の促進に努力していることが、報告書から推測できる。

(3)　社会政策部門

社会政策の部門における「委員会」の活動は、教育、司法手続き及び社会的サービス、そして、保健、住居、及び行政サービスなど、きわめて広い範囲に及んでいる。

まず、教育の分野においては、アフリカとカリブ海出身の人びとは、学校から閉め出され続けて、その割合は白人の四倍に達しており、これは一九八四年の状況と変わらないものであると批判している。そのため、教育法(Education Bill)の改正による抜本的措置が必要であることを強調している。また、人種関係法の実施については、白人生徒が六〇パーセントを占める学校から九八パーセントを占める学校への転校を認めたクレブランド(Cleveland)教育行政当局の措置が人種関係法違反であるとする「委員会」の訴えを、控訴裁判所が斥けたことに失望を表明し、教育法の改正を提言したと報告している。

つぎに、司法手続及び社会的サービスに関しては、人種的理由による暴力の抑止とアフリカとカリブ海出身の人びとに対する量刑の決定などにおける不公平が認められるとし、刑事裁判手続きにおける人種問題の調査などの必要性を提言している。また、陪審員の多人種化問題の検討を求め、少年犯罪についても、アフリカ・カリブ海出身者が訴追される場合が圧倒的に多いことから、人種的理由によるものであるかどうかを調査し確かめる必要があると報告書は記している。

さらに、社会的サービス関連では、民族的マイノリティを会員制において間接的に差別していると認められたハンズワース園芸協会に差別禁止通告を発行した事件で、協会側が「委員会」の判断を裁判所で争ったが、「委員会」の主張が認められ、人種平等達成に必要な改革を求めたこと、そして、この裁判所の決定に基づき、サービスの提供における差別撤廃の指針を作成し、八〇〇以上の団体、八〇以上の地方協議会及び七〇の大学に配布したと報告している。[28]

最後に、保健、住居ならびに公的サービスに関連してであるが、保健分野については、第一次的保健療養サービスと相談に関する施策の強化、精神的医療における民族的マイノリティ問題に強い関心を向けることなどに努力し、民族的マイノリティの精神障害者の取扱いに関する調査方法の再検証が開始されたと報告している。また、住居については住宅協会に対する大規模な調査が行われ、一九九二年末には、四〇件にのぼる事例研究が協会に送付され、「委員会」と協議を行っており、また、環境省と共同して、「委員会」はタワー・ハムレット(Tower Hamlets)社がホームレスの人びとを移民法上の地位を理由に拒否する権利の有無について裁判所に提訴し、高等裁判所においては「委員会」の主張が認められていたが、会社側が上訴したために係属中であることが報告されている。[29]

(4)　公共関係事項

差別の撤廃及び良好な関係の達成という「委員会」の二大目標は、すでにみたように、一〇〇に近い地方の人種平等協議会(Racial Equality Council)ならびに他の団体または機関との協力によってのみ実現可能であることを「報告書」は強調している。そして、この地方の人種平等協議会が行う事業に対し、財政的助成を行うなど「委員会」の地方組織的な役割をこれらの協議会が行っていることを「報告書」は示している（※年報によると全体予算一二八九万九七二七ポンドのうち四六八万四六九一ポンドが、地方の「協議会」への助成となっている）[30]。

また、情報と出版に関連しては、ＢＢＣ放送と協力して、人種問題に関する問題を制作し、二七点の出版を行ったこと、さらには、ワーウィック（Warwick）大学の「民族関係研究センター」と協力して、民族的マイノリティに関する情報の把握を容易にするために必要な人口統計の分析に関する研究を開始し、その他のいくつかの調査と研究を行っていることが報告されている。

さらにヨーロッパにおける人種平等を確立するために、ヨーロッパ共同体に人種差別撤廃に関する法律制定の提案を行い、「ヨーロッパにおける人種平等に関する常設会議（Standing Conference on Race Equality in Europe）」に働く二名の職員の給与を支給したと報告している。

以上、「委員会」の活動を一九九二年度の年次報告書から紹介したが、「委員会」は、具体的差別事件の解決及び被害者の救済と並んで、異なる人種間の平等と良好な関係を確立するために、きわめて広い分野にわたってさまざまな努力をしていることが確認できた[31]。

おわりに

以上かいつまんでみたように、植民地帝国の崩壊と経済的高度成長の過程で、民族的文化的そして宗教的に複合社会へと発展した英国は、人種、民族または国籍の違いを理由にする差別が増加し、人種暴動の頻発などにみられる民族もしくは人種紛争（ethnic conflict）という困難な社会問題に直面することになる。こうした民族的または人種的差別に対し、立法的制度的に対応してその解決をはかろうとしているのが、人種関係法であり人種平等委員会の努力である。

まずはじめに、人種関係法が禁止し撤廃しようとする「差別」は、国籍に基づく差別を含むきわめて広い範囲の差別を含むものであり、直接的差別だけでなく間接的差別をも禁止し、雇用、教育、社会的サービス及び地方行政など社会生活の公私の広い分野に及んでいる。なかでも、日本社会では、営業の自由など基本的自由の尊重を「隠れミノ」にする私企業による雇用または入居に対する差別などの、私人間の差別を禁止し、違法な差別行為に対して損害賠償などの法的責任を問うている。

そして次に、人種関係法の実施機関として設立された「人種平等委員会」は、具体的差別の是正と犠牲者の救済のために、調査、差別禁止通告と告発など、強い権限を保持するだけでなく、啓発、研究及び広報、出版などを通して、差別を防止し異なる人種的民族的集団の間に良好な関係を構築するために、幅広い活動を行っており、英国内の発展をヨーロッパに拡大することまで意図している。日本国内の唯一の人権機関である人権擁護委員会の機能と活動とは雲泥の差異があり、その地位と機能の見直しの必要性を改めて痛感させる。

最後に、英国の人種関係法と人種平等委員会は、基本的には国内法であり国内機関であるが、あらゆる形態の人種差別の撤廃と人種主義に基づく差別行為を犯罪として処罰することを求めている人種差別撤廃条約の国内的実施をもう一つの存在理由としている。日本政府が、一四〇以上の国がその締約国となっている人種差別撤廃条約の批准を遅らせている主な理由の一つである「人種主義に基づく差別行為の処罰が思想、言論、集会及び結社の自由の制限につながる」という議論が、いかに根拠不十分であり、差別と暴力の自由をも正当化する危惧さえ覚えさせるものであるかを、英国の事例と経験は示してくれるといえる。

1　英国を含む西ヨーロッパへの移住状況については、cf., John Salt & Hugh Clout ed. *Migration in Post-War Europe*, Oxford Univ. Press. 1976. 及び *Ethnic Minorities in Britain: Statistical Information on the Pattern of Settlement, Commission for Racial Equality*, Policy Studies Institute. 1985.

2　国連における試論については、cf., *Report of the International Workshop on National Institution of the Promotion and Protection of Human Rights*, E/CN.4/1992/43, (16 Dec.1991).

3　たとえば、カナダの人種関係の法については、cf., Race Relations and the Law: Report of Symposium held in Vancouver, British Columbia April 22-24, 1982, Ministry of Supply and Services Canada, 1983.

4　この歴史的経緯については、cf., Ian Mcdonald, *Race Relations The New Law*, butterworths 1977, pp.1-8.

5　この報告書は、一九六八年 W. W. Danielによって、*Racial Discrimination in England*, というタイトルで Penguin 社から発行された。また、政府による民族的少数者の研究としては、Simon Field, *The Attitude of Ethnic Minorities*, A Home Office Research study No.80, 1984.

6　雇用差別と法については、cf., Bob Hepple, *Race, jobs and the law: Law and Society*, Penguin Books, 1970, pp.17-113.

7　See, Mcdonald, *op.cit.*, p.7.

8　See, *Sex Discrimination Act* 1975, London Her Majesty's Stationery Office, 1983., Michael Malone, *Sex Discrimination; Your Right to Equal Opportunity*, Ross Anderson Pub. 1983.

9　一九七六年法については、上掲 Mcdnald の他に、*Racial Discrimination; A Guide to the Race Relations Acts 1976*, Home Office, 1977, 及び Michael Malone, *A Practice Guide to Discrimination Law*, Grant McIntrtry LTD, 1980. が詳しい。また、同法の解説書としては、*Racial Discrimination: A Guide to the Race Relations Act 1976*, Home Office, 1977, 参照。

10　一九七六年法の「人種差別」の範囲については、cf., Mcdonald, *op.cit.*, pp.9-22. 及び Michael Malone *op.cit.*, pp.3-14.

11　雇用分野における人種差別については、Mcdonald, *ibid.*, pp.23-61. 及び、Michael Malone., pp.57-83.

12　Cf., Mcdonald, *op.cit.*, pp.63-72.

13　Cf., *ibid.*, pp.73-83.

14　Cf., *ibid.*, pp.84-93.

15　Cf., *ibid.*, pp.94-104.

16　Cf., *ibid*., pp.136-141.

17　Cf., *ibid*., pp.105-126, Malone, *A Practical Guide to Discrimination Law*, *op.cit*., pp.161-182.

18　Cf., Mcdonald, *ibid*., p.118.

19　Cf., *ibid*., pp.112-113. 人種平等委員会の支援については、同委員会の一九九二年年報を参照、*Commission for Racial Equality, Annual Report 1992*, Appendix 6(pp.77-82).

20　Cf., Mcdonald, *op.cit*., pp.191-214, 226-230.(付則第Ⅰ).

21　See, *Code of Practice, Race Relations, Commission for Racial Equality*, 1983. 1992, p.71 (Permanent Staff in Post on 31 Dce. 1992, by Ethnic Origin, Sex and Grade).

22　See, *ibid* Report Appendix 9 (pp.87-91).

23　たとえば、一九七七年から一九九二年までの間に、五六件の調査報告を出しており、雇用分野は二四件と最も多い。See, *ibid* Report Appendix 5(p.76).

24　人種差別事件に対する裁判所の管轄及び手続については、cf., Commission for Racial Equality Pub., *Race Cases in Tribunals: a guide to presenting cases*,(1985).

25　See, *op.cit*., *Annual Report* 1992, pp.13-18.

26　See, *ibid* pp.19-21. なお、一九八五年には、一九七六年法の問題点と改正の必要性を盛り込んだ報告書；Review of the Race Relations Act 1976 : Proposals for Change, が発行された。

27　See, *op.cit*., *Annual Report* pp.23-39.

28　See, *ibid* Report pp.49-53.

29　See, *ibid* Report pp.56-59.

30　委員会の予算及びその配分については、See, *ibid* Report, Appendix 4(p.75).

31　See, *ibid* Report p.63.

『各国の人権擁護制度』一九九五年、解放出版社　所載

第四章　資料編

資料1　すべての移住労働者及びその家族構成員の権利保護に関する国際条約

前文

この条約の締約国は、

人権に関する国際連合の基本文書、とくに世界人権宣言、経済的、社会的及び文化的権利に関する国際規約、市民的及び政治的権利に関する国際規約、あらゆる形態の人種差別の撤廃に関する国際条約、あらゆる形態の女子差別の撤廃に関する条約並びに子どもの権利に関する条約に具現された諸原則に留意し、

国際労働機関の枠組の中で作成された関連文書、とくに雇用目的の移住に関する条約(第九七号)及び不正な条件における移住及び移住労働者の機会と処遇の平等促進に関する条約(第一四三号)、雇用目的の移住に関する勧告(第八六号)及び移住労働者に関する勧告(第一五一号)、並びに強制労働に関する条約(第二九号)及び強制労働の廃止に関する条約(第一〇五号)に示された原則と基準にも留意し、

国連教育科学文化機関(UNESCO)の教育における差別禁止に関する条約に含まれた諸原則の重要性を再確認し、

拷問その他の残虐な非人道的又は品位を傷つける取扱い若しくは刑罰を禁止する条約、犯罪の防止及び犯罪者の取扱いに関する第四回国連会議の宣言、法執行官のための行動綱領、並びに奴隷条約を想起し、

国際労働機関の目的の一つが、その憲章が表明しているように、自己の国以外の国で雇用される労働者の利益の保護であることと、並びに移住労働者及びその家族構成員に関連する事項に対する同機関の専門知識と経験とを共に想起し、

国際連合制度のさまざまな組織、とくに人権委員会及び社会開発委員会、並びに国連食糧農業機構、国連教育科学文化機関及び世界保健機構並びにその他の国際機関が、移住労働者及びその家族構成員に関して遂行している作業の重要性を認め、また、地域的に又は二国間において、移住労働者及びその家族構成員の保護のために、いくつかの国家によって達成された発展と共にこの分野における二国間及び多数国間協定の重要性と有用性を認め、

国際社会において何百万人の人民を含みかつ多数の国家に影響を及ぼす移住現象の重要性と広がりを認識し、

移住労働者の流入が関係国及びその人民に及ぼす影響を認識し、及び移住労働者及びその家族構成員の取扱いに関する基本原則の受諾によって諸国家の態度の調和に寄与できる規範を確立することを望んで、

移住労働者及びその家族構成員が、他の事柄と共に、その出身地国から離れていること、及び雇用地国に滞在することから惹起し当面する困難のために、頻繁におかれる脆弱な状況を考慮し、

移住労働者及びその家族構成員の権利が、あらゆる場所で十分に認められていないこと並びにそのために適切な国際的保護が必要であることを確信し、

移住が、移住労働者自身と共にその家族

構成員にとって、とくに家族離散のために、しばしば重大な問題の原因になることに留意して、

移住に関する人道問題が、非適法な移住の場合にさらに重大であることを認識し及びそのために、移住労働者の秘密裡の移動と不正取引を防止し除去するために、その基本的人権の保護を確保すると共に、適切な行動が奨励されるべきであることを確信し、

証明書を所持しないか、又は非適法状態にある労働者が、しばしば他の労働者より不利な労働条件の下に雇用されていること、及びある雇用者が不公平な競争の利益を獲得するためにそのような労働者を求める誘因にしていることを考慮し、

すべての移住労働者の基本的人権がさらに広く認められるならば非適法状態にある移住労働者の雇用への依存を防止し、適法状態にある移住労働者及びその家族構成員にいくつかの特別の権利を付与するならば、すべての移住労働者が関係締約国によって定立された法と手続を尊重し遵守することを助長するものと考慮し、

そのために、すべての移住労働者及びその家族構成員の国際的保護を実現し、普遍的に適用可能な包括的条約に基本的規範を再確認しかつ確立することが必要であることを確信し、

以下の各規定に合意した。

第一部　適用範囲及び定義

第一条（条約の非差別適用）　1　この条約は、以下、別段の定めがない限り、性別、人種、皮膚の色、言語、宗教あるいは信条、政治的な又はその他の意見、いかなる国民的、種族的、又は社会的出身、国籍、年齢、経済的地位、財産、婚姻上の地位、出生その他の地位によるいかなる区別もなく、すべての移住労働者及びその家族構成員に対して適用される。

2　この条約は、移住の準備、出国、通過、並びに雇用地国に滞在し報酬活動に従事する全期間中、及び出身地国又は常居地国への帰国を含む、移住労働者及びその家族構成員のすべての移住過程において適用されなければならない。

第二条（移住労働者の定義）　1　この条約の適用上、「移住労働者」とは、自己の国籍国でない国において報酬活動に従事する予定であるか、現に従事しているか、又は、従事してきた者をいう。

2 (a)　「国境労働者」とは、毎日、あるいは少なくとも週一回帰る自己の常居所を隣国に構えている移住労働者をいう。

(b)　「季節労働者」とは、その仕事が性質上、季節的条件に依存しており、一年の一部分だけ行われる移住労働者をいう。

(c)　「海員」とは、漁業従事者を含み、自己の国籍国以外の国に登録された船上で働く移住労働者をいう。

(d)　「沖合施設労働者」とは、その国籍国でない国の管轄の下にある沖合施設において雇用されている移住労働者をいう。

(e)　「移動労働者」とは、その常居所を一国に有しながらその仕事の性質の故に

短期間、他の一国又は数カ国に移動しなければならない移住労働者をいう。
(f)「プロジェクト関連労働者」とはその雇用者によって、ある国において行われる特定のプロジェクトにおいてのみ働くために、一定の短期間雇用地国への入国を認められた移住労働者をいう。
(g)「特定雇用契約労働者」とは、
(i) 特定の任務又は職務を果たすため、その雇用者により限定された一定の期間、雇用地国へ派遣されている者、
(ii) 限定された一定期間、専門的、商業的、技術的あるいは他の高度の特殊技能が要求される仕事に従事する者、
(iii) 雇用地国において、その雇用者の要求により、限定された一定期間中、仕事の性質が一時的あるいは短期的な業務に従事する者、
及び、その在留許可期間の満了又は期間満了の前に、特定の任務あるいは業務に従事しなくなり、若しくはその仕事に従事しなくなったために、雇用地国を出国することを要求される移住労働者。
(h)「自営労働者」とは、雇用契約に基づくことなく報酬活動に従事し、かつ、通常一人あるいはその家族と共に働き、この活動によって生計を維持している移住労働者、及び、適用を受ける雇用地国の法律又は二国間若しくは多数国間の協定により自営労働者と認められるその他の移住労働者をいう。

第三条(適用除外の労働者)　この条約は、次の者に対しては適用されない。
(a) 国際的組織及び機関によって派遣され、あるいは雇用されている者、又は領域外における公的な職務遂行のため、一国によって派遣されるか、若しくは雇われる者であって、その入国地位が一般国際法又は個別の国際的協定若しくは条約によって定められる者。
(b) 一国によって、あるいは一国の代表として、領域外に派遣されあるいは領域外において雇われている者で、開発計画若しくはその他の協力計画に参加し、その入国及び地位が雇用地国との合意によって定められており、そしてその合意によれば、移住労働者とはみなされない者。
(c) 出身地国以外の国に投資者として居所を有する者。
(d) 難民及び無国籍者。但し、関係締約国の関連国内法規、あるいはこれらの国に対して効力を有する国際的文書において、この条約の適用が定められている場合を除く。
(e) 学生及び研修生
(f) 雇用地国内において居所を有することと、及び報酬活動に従事することを認められていない海員及び沖合施設労働者。

第四条(家族構成員の定義)　この条約において「家族構成員」とは、移住労働者と結婚している者、あるいは、適用される法律によれば、結婚と同様の効力を発生させる関係を移住労働者との間で有してい

る者、及び移住労働者によって扶養されている子ども、その他適用ある法律、あるいは関係国間において、適用ある二国間又は多数国間の協定によって家族構成員と認められている被扶養者のことをいう。

第五条（適法労働者の定義）　この条約の適用上、移住労働者及びその家族構成員は、

(a)　雇用地国の法律及び雇用地国が当事国である国際協定によって当該国に入国し、滞在し、報酬活動に従事することが認められている場合は、証明書を所持するか、あるいは、適法状態にあるとみなされる。

(b)　この条(a)項に定められた条件を満たしていないときは、証明書を所持しないか、あるいは非適法態にあるとみなされる。

第六条（関係国の定義）　この条約の適用上、

(a)　「出身地国」とは、当該個人が国籍を有する国を意味する。

(b)　「雇用地国」とは、事情により、移住労働者が報酬活動に従事しようとし、又、現在従事しており、又はこれまで従事してきた国を意味する。

(c)　「通過国」とは、当該個人が、雇用地国へ向かう、又は、雇用地国から出身地国あるいは常居地国へ帰る旅行途上で通過する国をいう。

第二部　権利に関する非差別

第七条（権利享有の非差別）　この条約締約国は、人権に関する国際文書に従って、自国の領域内にあるか又は自国の管轄権に服するすべての移住労働者及びその家族について、性、人種、皮膚の色、言語、宗教あるいは信条、政治的又はその他の意見、国民的、種族的、又は社会的出身、国籍、年齢、経済的地位、財産、婚姻上の地位、出生その他の地位によるいかなる区別もなく、この条約中に定められた権利を尊重し、及び確保することを約束する。

第三部　すべての移住労働者及びその家族構成員の人権

第八条（出入国の自由）　1　移住労働者及びその家族構成員は、出身地国を含む、いかなる国をも出国する自由を有する。この権利は、いかなる制限にも服することはない。但し、法により定められ、国の安全、公の秩序、公衆の健康若しくは道徳又は他の者の権利及び自由を保護するために必要であり、かつ、この条約の第三部において認められる他の権利と両立する制限はこの限りではない。

2　移住労働者及びその家族構成員は、何時でも、出身地国に入国し、在留する権利を有する。

第九条（生命に対する権利）　移住労働者及びその家族構成員の生命に対する権利は、法律により保護される。

第一〇条（拷問又は非人道的な刑罰の禁止）　いかなる移住労働者又はその家族構成員も、拷問又は残虐、非人道的若しくは品位を傷つけるような取扱い又は刑罰を

受けない。

第一一条（奴隷及び強制労働の禁止）　1　いかなる移住労働者又はその家族構成員も、奴隷状態又は隷属状態におかれない。

2　いかなる移住労働者又はその家族構成員も、強制労働に服することを要求されない。

3　この条の第2項の規定は、犯罪に対する刑罰として強制労働を伴う拘禁刑を科することができる国において、権限を有する裁判所による刑罰の言渡しにより強制労働をさせることを禁止するものと解してはならない。

4　この規定の適用上「強制労働」には、次のものを含まない。

(a)　作業又は役務であって、この条項第3項の規定において言及されず、かつ、裁判所の合法的な命令によって抑留されている者又はその抑留を条件付きで免除されている者に通常要求されるもの。

(b)　社会の存立又は福祉を脅かす緊急事態又は災害の場合に要求される役務。

(c)　市民としての通常の義務とされる作業又は役務。

第一二条（思想・良心及び宗教の自由）　1　移住労働者及びその家族構成員は、思想、良心及び宗教の自由についての権利を有する。この権利には、自ら選択する宗教又は信念を受入れ又は有する自由並びに、単独で又は他の者と共同して及び公に又は私的に、礼拝、儀式、行事及び教導によってその宗教又は信念を表明する自由を含む。

2　移住労働者及びその家族構成員は、自ら選択する宗教又は信念を受入れ又は有する自由を侵害するおそれのある強制を受けない。

3　宗教又は信念を表明する自由については、法律で定める制限であって公共の安全、公の秩序、公衆の健康若しくは道徳又は他の者の基本的な権利及び自由を保護するために必要なもののみを課することができる。

4　この条約の締約国は、少なくともその一方が移住労働者である父母及び場合により法的保護者が、自己の信念に従って児童の宗教的及び道徳的教育を確保する自由を有することを尊重することを約束する。

第一三条（表現の自由）　1　移住労働者及びその家族構成員は、干渉されることなく意見を持つ権利を有する。

2　移住労働者及びその家族構成員は、表現の自由についての権利を有する。この権利は、口頭、手書き若しくは印刷、芸術の形態又は自ら選択する他の方法により、国境とのかかわりなく、あらゆる種類の情報及び考えを求め、受け及び伝える自由を含む。

3　この条の第2項の権利の行使には、特別の義務及び責任を伴う。したがって、この権利の行使については、一定の制限を課することができる。但し、その制限は、法律によって定められ、かつ、次の目的のために必要とされるものに限る。

(a)　他の者の権利又は信用の尊重。

(b)　国の安全、公の秩序又は公衆の健康若しくは道徳の保護。

(c) 戦争宣伝を防止する目的。
(d) 差別、敵意又は暴力の扇動となる国民的、人種的又は宗教的憎悪の唱道を防止する目的。

第一四条(私生活・名誉及び信用の保護)
いかなる移住労働者又はその家族構成員も、その私生活、家族、家庭、住居若しくは通信に対して恣意的に若しくは不法に干渉され又は名誉及び信用を不法に攻撃されない。個々の移住労働者又はその家族は、そのような干渉又は攻撃に対する法律の保護を受ける権利を有する。

第一五条(財産に対する権利)　いかなる移住労働者又はその家族構成員も、恣意的に、単独でまた他の者と共同して所有する財産を奪われない。雇用地国において有効な法律によって移住労働者又はその家族構成員の財産の一部又は全部が収用される場合は、当該被収用者は公正かつ十分な補償を受ける権利を有する。

第一六条(身体の自由及び逮捕抑留の要件)
1　移住労働者及びその家族構成員は、身体の自由と安全に対する権利を有する。
2　移住労働者及びその家族構成員は、公務員によるか又は、私人、集団又は団体のいずれかによるかに拘らず、暴力、身体的傷害、威嚇及び脅迫に対し、国家の有効な保護を求める権利を有する。
3　法律を執行する公務員による移住労働者及びその家族構成員の身元確認は、法律によって定められた手続に従って行なわれる。
4　移住労働者及びその家族構成員は、個々に又は集団的に、恣意的に逮捕され又は抑留されない。彼らは法律で定める理由及び手続によらない限り、その自由を奪われない。
5　逮捕される移住労働者及びその家族構成員は、逮捕のとき、できる限り彼(彼女)らが理解する言語で逮捕の理由を告げられ、又、彼(彼女)らが理解する言語で彼(彼女)らに対する被疑事実を速やかに告げられる。
6　刑事上の罪により逮捕あるいは抑留された移住労働者及びその家族構成員は、裁判官又は司法権を行使することが法律によって認められている他の官憲の面前に速やかに連れて行かれるものとし、妥当な期間内に裁判を受ける権利又は釈放される権利を有する。裁判に付される間、彼(彼女)らが抑留されることが原則であってはならず、釈放に当たっては、裁判その他の司法上の手続きのすべての段階における出頭及び必要な場合における判決の執行の為の出頭を保障されることを条件づけることができる。
7　移住労働者及びその家族構成員が逮捕され、あるいは、刑務所又は裁判中のために拘置所に収監され、あるいは、他の方法で抑留された場合は、
(a) 逮捕又は抑留その他の理由を彼又は彼女の要請があるときは、本国あるいはその国の利益を代表する国の領事又は外交当局に対して遅滞なく通報される。
(b) 関係個人は、上記当局と連絡をとる権利を有する。関係個人による上記当局のいかなる通報も、遅滞なく伝達され、また、彼又は彼女は上記の当局か

ら送られる通報を遅滞なく受取る権利を有する。

(c)　関係個人は、上記当局の代表者と連絡をとり、接見し、その代理人と協議する権利を認められるもので、関係国間に適用される関連条約があるときは、遅滞なく知らされなければならない。

8　逮捕又は抑留によって、自由を奪われた移住労働者及びその家族構成員は、裁判所が彼らの抑留が合法であるかどうかを遅滞なく決定すること及びその抑留が合法的でない場合は、彼(彼女)らの釈放を命ずることができるよう、裁判所において手続をとる権利を有する。彼(彼女)らがかかる手続をとる場合、使用される言語を理解あるいは話すことができないときは、必要であれば無償で通訳の援助を得られる。

9　不法な逮捕あるいは抑留の犠牲になった移住労働者及びその家族構成員は、有効な補償の権利を有する。

第一七条(自由を奪われた者の取扱い)　1　自由を奪われた移住労働者及びその家族構成員は人道及び人間固有の尊厳並びに文化的独自性に対する尊重とによって取扱われる。

2　被告人である移住労働者及びその家族構成員は、特別な事情がない限り、有罪の宣告を受けた者とは分離され、有罪の判決を受けていない者としての地位に相応する別個の取扱いを受ける。少年被告人は、成人被告人から分離され、できる限り速やかに裁判に付される。

3　移民に関する法規に違反して通過国あるいは雇用地国に抑留されたいかなる移住労働者又はその家族構成員も、実行可能な限り、有罪を宣告された人々あるいは裁判中の抑留者と分離される。

4　移住労働者及びその家族構成員が、裁判所による有罪判決に従って刑罰に服している間、その取扱いの基本目的は、更生及び社会復帰とする。少年犯罪者は成人から分離され、彼らの年齢と法的地位に相応する取扱いを受ける。

5　移住労働者又はその家族構成員は、抑留又は服役の間、内国民と同様に、その家族と接見する権利を享受する。

6　移住労働者がその自由を奪われた場合は常に、権限を有する関係国家機関は、その家族構成員、とくにその配偶者及び未成年の子どもについて生起する問題に注意を払う。

7　雇用地国又は通過国で、有効な法律に基づいたいかなる形態の抑留又は刑罰に服している移住労働者及びその家族構成員も、同様の立場にあるその国の国民と同じ権利を享受する。

8　移住労働者又はその家族構成員が、移民に関する法規違反の立証を目的として抑留される場合は、これから生じるいかなる費用も負担されない。

第一八条(公正な裁判を受ける権利)　1　移住労働者及びその家族構成員は、裁判所の前に関係締約国の国民と平等の権利を有する。移住労働者及びその家族構成員は、その刑事上の罪の決定又は民事上の権利及び義務の争いについての決定のため、法律で設置された、権限を有する、独立の、かつ公平な裁判所による公正な公開審理を受ける権利を有する。

2　刑事上の罪に問われている移住労働者及びその家族構成員は、法律に基づいて有罪とされるまでは、無罪と推定される権利を有する。

3　移住労働者及びその家族構成員は、その刑事上の罪の決定について、少なくとも次の保障を受ける権利を有する。

(a)　その理解する言語で速やかにかつ詳細にその罪の性質及び理由を告げられること。

(b)　防御の準備のために十分な時間及び便宜を与えられ並びに自ら選任する弁護人と連絡すること。

(c)　不当に遅延することなく裁判を受けること。

(d)　自ら出席して裁判を受け及び、直接に又は自ら選任する弁護人を通じて、防御すること。弁護人がいない場合には、弁護人を持つ権利を告げられること。司法の利益のために必要な場合には、十分な支払手段を有しないときは自らその費用を負担することなく、弁護人を付されること。

(e)　自己に不利な証人を尋問し又はこれに対し尋問させること、並びに自己に不利な証人と同じ条件で自己のための証人の出席及びこれに対する尋問を求めること。

(f)　裁判所において使用される言語を理解すること又は話すことができない場合には、無料で通訳の援助を受けること。

(g)　自己に不利益な供述又は有罪の自白を強要されないこと。

4　少年の場合には、手続は、その年齢及びその更生の促進が望ましいことを考慮するものとする。

5　有罪の判決を受けた移住労働者及びその家族構成員は、法律に基づきその判決及び刑罰を上級の裁判所によって再審理される権利を有する。

6　確定判決によって有罪と決定された場合において、その後に、新たな事実又は新しく発見された事実により誤審があったことが決定的に立証されたことを理由としてその有罪の判決が破棄され又は赦免が行われたときは、その有罪の判決の結果刑罰に服した者は、法律に基づいて補償を受ける。但し、その知られなかった事実が適当なときに明らかにされなかったことの全部又は一部がその者の責めに帰するものであることが証明される場合は、この限りでない。

7　いかなる移住労働者及びその家族構成員も、それぞれの国の法律及び刑事手続に従ってすでに確定的に有罪又は無罪の判決を受けた行為について再び裁判され又は処罰されることはない。

第一九条（刑罰法規の不遡及）　1　いかなる移住労働者及びその家族構成員も、実行のときに国内法又は国際法により犯罪を構成しなかった作為又は不作為を理由として有罪とされることはない。何人も、犯罪が行われたときに適用されている刑罰よりも重い刑罰を科されない。犯罪が行われた後により軽い刑罰を科する規定が法律に設けられる場合には、罪を犯した者は、その利益を受ける。

2　移住労働者及びその家族構成員が関係した刑事上の罪に決定を下す場合、移住労働者の地位、とくに居住又は労働に関する権利に対して、人道的配慮が払われる。

第二〇条（契約不履行と身柄保護）　1　移住労働者及びその家族構成員は、契約上の義務を履行できないことのみを理由として拘束されない。

2　いかなる移住労働者又はその家族構成員も、居住又は労働の許可が労働契約上生じる義務を果たすことを条件にされていない限り、単に労働契約上生じる義務を履行しないというだけの理由で、この許可又は許可を奪われ又は国外に退去されない。

第二一条（証明書・旅券の保護）　法律に基づき正当な権限を有する公務員がなす場合を除き、身分証明書、あるいは、国家の領域内への入国若しくは滞在、居住又は事業を認める証明書若しくは労働許可書を、押収、毀損し、あるいは毀損しようとすることは、何人によるものであっても違法である。これらの証明書のいかなる有権的押収も、詳細な受領書の交付なしには執行されない。いかなる場合も移住労働者及びその家族構成員の旅券又はこれに相当する書類を毀損することは許されない。

第二二条（恣意的追放の禁止）　1　移住労働者及びその家族構成員は、集団的追放措置にされることはない。個々の追放事案は個別に審査され決定される。

2　移住労働者及びその家族構成員は、法律に基づいて権限ある官憲による決定によってのみ、締約国の領域から追放される。

3　この決定は彼(彼女)らが理解できる言語で伝えられる。他に強制的な方法がない場合は、彼(彼女)らの要請に基づき、決定は書面によって伝えられるものとし、国の安全のためやむを得ない理由がある場合を除くほか、決定の理由も同じように伝えられる。当該個人はこれらの権利を、決定が下される前あるいは遅くとも下される時点で知らされる。

4　最終決定が司法当局によって宣告される場合を除いて、当該個人は、彼又は彼女の追放に対し異義を申立て、国家安全上やむを得ない理由により認められない場合を除いて、権限ある当局による事案の再審査を受ける権利を有する。この再審査中は、国外退去決定の執行中止を要求する権利を有する。

5　すでに執行された国外追放の決定がその後取消された場合、当該個人は法律に基づいて補償を要求する権利を有し、先の決定が当該個人につき、当該国の再入国を妨げるために用いられてはならない。

6　国外追放の場合、当該個人は出国の前又は後に、賃金その他の権利の請求及び未決済の債務の解決のため適切な機会を与えられる。

7　国外追放決定の執行を妨げることなく、決定に服する移住労働者又はその家族構成員は、出身地国以外の国への入国を要求できる。

8　移住労働者又はその家族構成員が追放される場合、彼(彼女)らは国外追放に関する費用は負担しない。当該個人自身の旅費の支払を要求されることもある。

9　移住労働者又はその家族構成員は、雇用地国の法律に基づいて取得した、賃金の受取り及びその他自己に帰属する権利を含めたいかなる権利も、雇用地国からの追放自体によって害されない。

第二三条（出身地国の外交的保護）　移住労働者及びその家族構成員は、この条約で認められた権利が侵害された場合はいつでも、出身地国又は出身地国の利益を代表する国の領事又は外交官の保護と援助を求める権利を有する。

第二四条（人として認められる権利）　すべての移住労働者及びその家族構成員は、すべての場所において法律の前に人として認められる権利を有する。

第二五条（雇用・労働条件の内国民取扱い）

1　すべての移住労働者は、報酬及び次に掲げることに関して、雇用地国の国民に適用されるものより劣らない取扱いを享受する。

(a)　他の労働条件、即ち時間外労働、労働時間、週休、有給休暇、安全、健康、雇用関係の終了、及び国家の法律及び慣行によれば、本項の適用を受ける他の労働条件。

(b)　他の雇用条件、即ち最低就労年齢、家庭労働に対する制約、国家の法律及び慣行によれば雇用条件と考えられるその他の事項。

2　この条第1項が定める取扱いの平等原則を私的な雇用契約で排除することは違法である。

3　締約国は、移住労働者がその滞在若しくは雇用の非適法性を理由として、この原則によって認められるいかなる権利も奪われないことを確保するため、あらゆる適切な措置をとる。とくに雇用者はそのような非適法性を理由とするいかなる方法によっても、法律上又は契約上の義務を回避し、若しくはその義務を減免されない。

第二六条（労働組合・団体に対する権利）

1　締約国は、移住労働者及びその家族構成員に以下の権利を認める。

(a)　経済的、社会的、文化的及びその他の利益を守るために、法律に基づき設立された労働組合又は他のいかなる団体の会合並びに活動にも、当該団体の規則のみに従って参加すること。

(b)　いかなる労働組合及び前記団体にも当該団体の規則のみに従って、自由に加入すること。

(c)　いかなる労働組合及び前記団体にも援助を求めること。

2　これらの権利行使については、法律で定める制限であって、国の安全、公の秩序又は他の者の権利と自由の保護のため民主的社会において必要なもの以外のいかなる制限も課することができない。

第二七条（社会保障に対する権利）　1　社会保障に関して、移住労働者及びその家族構成員は、適用可能な当該国法律及び二国間又は多国間条約によって規定された要件を満たす限り、雇用地国において国民に認められるものと同じ取扱いを享受する。出身地国と雇用地国の権限ある当局は、いつでもこの規範の適用方法の決定に必要な取決めを行うことができる。

2　適用される法律により、移住労働者及びその家族構成員に給付が認められない場合には、当該国は、当該給付につき同じ状態にある国民に認められる取扱いを基礎に払い込んだ拠出金の償還の可能性を検討しなければならない。

第二八条（緊急医療）　移住労働者及びその家族構成員は、関係締約国の国民と平等な取扱いに基づき、その生命維持又は回復しがたい健康上の危害を回避するために緊急に必要とされるすべての医療を受ける権利を有する。このような緊急医療は、滞在又は雇用に関するいかなる非適法状態を理由に拒否されない。

第二九条（子どもの権利）　移住労働者の子どもはすべて、名前、出生の登録及び国籍に対する権利を有する。

第三〇条（子どもの教育）　移住労働者の子どもはすべて、関係締約国の国民と平等な取扱いに基づき教育を受ける権利を有する。公立の就学前教育施設又は学校で教育を受ける権利は、雇用地国におけるその両親の滞在又は雇用に関する非適法状態若しくは子どもの滞在の非適法性を理由として、拒否又は制限されない。

第三一条（文化的独自性の尊重）　1　締約国は、移住労働者及びその家族構成員の文化的独自性の尊重を確保し、その出身地国との文化的結合の維持を妨げない。

2　締約国はこのことに関する努力を援助し及び奨励するため、適切な措置をとる。

第三二条（財産を搬出する権利）　雇用地国における滞在の終了に際して、移住労働者及びその家族構成員は所得及び貯金、また適用される関係締約国の法律に従い、個人的財産と所持品を持出す権利を有する。

第三三条（告知を受ける権利）　1　移住労働者及びその家族構成員は、出身地国、雇用地国又は通過国から、事情に従って以下の事項について知らされる。

(a)　この条約から生ずる彼（彼女）らの諸権利。

(b)　入国条件、関係締約国の法律と慣行の下における権利及び義務、並びにその国の行政上その他の手続に従うことを可能にするその他の事項。

2　締約国は、上記の情報を伝達するため、あるいは、雇用主、労働組合、若しくはその他適当な団体や機関による提供を確保するため、適切と認められるあらゆる措置をとる。

3　これらの適切な情報は、請求により移住労働者及びその家族構成員に対して無料で、かつ可能な限り彼（彼女）らが理解できる言語で提供されなければならない。

第三四条（他国の法と文化的独自性尊重義務）　この条約の第三部のいかなる規定も、移住労働者及びその家族構成員が、通過国及び雇用地国の法律と規則を遵守する義務又はこれらの国の住民の文化的独自性を尊重する義務から免除される効力を有しない。

第三五条（適法化の留保）　この条約の第三

部のいかなる規定も、証明書を所持しないか、又は非適法な状態にある移住労働者又はその家族構成員の適法化、あるいはそのような適法化に対する権利を含むものと解してはならず、また第六部が規定する国際的移住の健全かつ適切な条件の確保を目的とした措置を妨げるものではない。

第四部　証明書の所持又は適法状態にある移住労働者及びその家族構成員のその他の権利

第三六条（適法労働者の権利）　雇用地国において証明書を所持しているか、又は適法状態にある移住労働者及びその家族構成員は、この条約の第三部で規定される権利に加えて、この部に規定される権利を享受する。

第三七条（入国要件を告知される権利）　移住労働者及びその家族構成員は、出国前、あるいは遅くても雇用地国に入国するときに、出身地国あるいは雇用地国から適当な場合は、その入国に適用されるもの及びとくに滞在並びに従事する報酬活動に関するすべての条件並びに雇用地国において満たさなければならない要件、及びこれらの条件の変更のために届出る機関について十分に告知される権利を有する。

第三八条（一時出国の権利）　1　雇用地国は、移住労働者及びその家族構成員が滞在及び労働の許可に影響を受けることなく一時的に出国することを許可するため、事情に応じて、あらゆる努力を行う。この場合、雇用地国は移住労働者及びその家族構成員のとくに出身地国における特別の必要性や義務を考慮する。

2　移住労働者及びその家族構成員は、このような一時的出国が許可される条件について十分告知される権利を有する。

第三九条（移動・住居選択の自由）　1　移住労働者及びその家族構成員は雇用地国の領域内において移動の自由に対する権利及び住居を選択する自由を有する。

2　この条の第1項に規定する権利は、法律によって定められたもので、国の安全、公の秩序、公衆の健康及び道徳、あるいは他の者の権利及び自由を守るために必要であり、かつこの条約で認められた他の諸権利と両立するもの以外のいかなる制限も課することができない。

第四〇条（結社に対する権利）　1　移住労働者及びその家族構成員は、雇用地国においてその経済的、社会的、文化的及びその他の利益の保護並びに促進のために、団体及び労働組合を結成する権利を有する。

2　前項の権利の行使については、法律で定める制限であって国の安全、公の秩序又は他の者の自由及び権利の保護のため民主的社会において必要なもの以外のいかなる制限も課されない。

第四一条（出身地国の公務に携る権利）　1　移住労働者及びその家族構成員は、出身地国において、法律に従ってその公務に携わり並びにその国の選挙において投票し選挙される権利を有する。

2　関係締約国は、適当な場合及び法律に従って、これら権利の行使に便宜をはかる。

第四二条（機関設置と社会参加）　1　締約国は、出身地国及び雇用地国の両国において、移住労働者及びその家族構成員の特別な必要、願望及び義務を取扱う手続又は機関の設置を検討し、適当な場合は、それらの機関に移住労働者及びその家族構成員の中から自由に選ばれた代表が参加できる可能性を考慮する。

2　雇用地国はその国内法律に従って移住労働者及びその家族構成員が、地域共同体の生活及び運営に関する決定に協議又は参加するために便宜をはかる。

3　移住労働者は、雇用地国において、その国が、その主権行使において、政治的権利を認める場合、その権利を享受できる。

第四三条（教育・社会・文化的役務の利用と参加）　1　移住労働者は、次の各号に定める事項について、雇用地国の労働者と平等の待遇を享受する。

(a)　教育的機関及び役務を利用すること。但し、当該機関及び役務の入学（入場）要件及びその他の規則に従うものとする。

(b)　職業指導及び職業紹介の役務の利用。

(c)　職業訓練及び再訓練の設備及び機関の利用。

(d)　社会住宅計画を含む住宅の利用及び賃貸料の搾取からの保護。

(e)　社会的及び保健的役務の利用。但し、各制度への参加の要件が満たされている場合に限る。

(f)　移民上の地位を変更することなく、及び当該団体の規則及び規律に従うことを条件に、協同組合及び団体が運営する事業に参加すること。

(g)　文化的生活に参加すること。

2　締約国は、雇用地国によって許可された滞在期間が適正な要件を満たしているときは、移住労働者がこの条第1項の権利を享受できるように実効的な取扱いの平等を確保する条件を促進する。

3　雇用地国は、移住労働者の雇用者が住民又は社会的若しくは文化的施設を設置することを妨げない。この条約第七〇条に従い、雇用地国は、その国において一般的に適用される条件に従って施設を設けることができる。

第四四条（家族の保護）　1　締約国は、家族が社会の自然かつ基礎的な単位であり、社会及び国家によって保護される権利を有していることを承認し、移住労働者の家族的結合の保護を確保する適当な措置をとる。

2　締約国は、移住労働者がその配偶者若しくは適用される法律によって婚姻と同等の効果を有する関係にある者、又は未成年で未婚の被扶養者であるその子と再結合するために、適当と思われ、かつその権限の範囲内の措置をとる。

3　雇用地国は、人道的見地から、移住労働者の他の家族構成員についてもこの条第2項に定めるものと同等の待遇を認めるよう好意的に配慮する。

第四五条（家族構成員の権利）　1　移住労働者の家族構成員は、雇用地国において、次の各号に定める事項に関し、その国民と平等の取扱いを受ける。

(a)　教育的機関及び役務を利用すること。但し、当該機関及び役務の入学(入場)要件及びその他の規則に従うものとする。

(b)　職業紹介及び職業訓練機関並びに役務の利用。但し、参加要件を満たされている場合に限る。

(c)　社会的及び保健的役務の利用。但し、各制度への参加の要件が満たされている場合に限る。

(d)　文化的生活に参加すること。

2　雇用地国は、適当な場合は出身地国と協力し、地域の学校制度、とくに地域言語の教育について、移住労働者の子どもの統合の助長を目的とする政策を追求する。

3　雇用地国は、移住労働者の子どものためにその母語及び文化の教育のために便宜をはかるよう努力しなければならず、このことに関しては、出身地国は、適当なときはいつでも、これに協力しなければならない。

4　雇用地国は、必要であれば出身地国の協力を得て、移住労働者の子どもに対する母語教育のための特別計画を用意することができる。

第四六条(関税の免除)　移住労働者及びその家族構成員は、関係締約国の法律、関連国際協定及び関係締約国が参加している関税同盟から発生する関係国の義務の範囲内で、次に定める各号の場合、身の回り品及び家財並びに雇用地国において許可された報酬活動に従事するために必要な用具に関して、輸出入関税の免除を享受する。

(a)　出身地国又は常居地国からの出国時。

(b)　雇用地国への最初の入国時。

(c)　雇用地国からの最終の出国時。

(d)　出身地国又は常居地国への最終の帰国時。

第四七条(送金する権利)　1　移住労働者は、その収入及び貯金、とくにその家族の扶養に必要な資金を雇用地国から出身地国又はその他の国に送金する権利を有する。右の送金は、関係締約国の適用される法律が定める手続及び国際協定に従って行われる。

2　関係締約国は、前項の送金を助長する適当な措置をとる。

第四八条(課税の内国民取扱い)　1　移住労働者及びその家族構成員は、雇用地国における収入に関して、適用される二重課税協定を阻害することなく次の各号に定めることが認められる。

(a)　同じ事情にある国民に課される税金、間接税及び物品税より多い負担を課されないこと。

(b)　同じ事情にある国民に適用されるあらゆる物品税の控除及び免税並びに扶養家族に対する税金の減税を含むあらゆる税金の減免に対する権利。

2　締約国は、移住労働者及びその家族構成員の収入及び貯金に対する二重課税を回避するために適当な措置をとるように努める。

第四九条(雇用と滞在の保障)　1　国内法により滞在と雇用に従事することが別個

の許可を必要とする場合、雇用地国は、移住労働者に対して、少なくとも報酬活動に従事する許可期間と同じ期間の滞在許可を与える。

2　雇用地国において従事する報酬活動を自由に選択することが認められている移住労働者は、労働許可又は類似の許可の期限満了より前にその報酬活動が終了している事実だけで非適法状態にあるとみなされてはならず、また、滞在許可を喪失しない。

3　前項に定める移住労働者が新規の報酬活動を発見するに十分な期間を付与するために、滞在に関する許可は、少なくとも失業手当の支給を受けることができる期間に相当する間は取消されない。

第五〇条（死亡・結婚解消と家族構成員の滞在）　1　移住労働者の死亡又は結婚の解消の場合に、雇用地国は、家族の再結合を基礎に、その移住労働者の家族構成員の滞在許可につき好意的に配慮をするものとし、移住労働者とその家族構成員がすでに当該国に滞在している期間を考慮する。

2　このような許可が与えられない家族構成員は、雇用地国における彼（彼女）らの家事を整理するために必要な合理的期間を出国の前に与えられる。

3　この条の第1項と第2項の規定は、これら移住労働者の家族構成員が雇用地国の法律や雇用地国に適用される二国間条約や多数国間条約によって認められている滞在と労働に関する権利を損なう効果を及ぼすものと解釈されてはならない。

第五一条（労働期間の満了と再雇用）　雇用地国において報酬活動の自由な選択が認められていない移住労働者は、その滞在許可が、彼（彼女）らに認められる特定の報酬活動に明らかに依存している場合を除いて、労働許可の期限満了の前に報酬活動が終了している事実だけで非適法状態にあるとみなされることはなく、また、その滞在許可を喪失しない。このような移住労働者は、労働許可の残余期間、新規の雇用を求め、公共事業計画及び職業再訓練に参加することができる権利を有する。但し労働許可に明示された条件と制限に従うものとする。

第五二条（職業選択の自由）　1　移住労働者は雇用地国において、報酬活動を自由に選択する権利を有する。但し、以下の諸条件に従うものとする。

2　雇用地国は移住労働者に対し、

(a)　当該国家の利益のために必要であり、かつ国内法によって定められている場合には、特定種類の雇用、機能、役務又は活動に参加することを制限できる。

(b)　国外で取得した職業資格の承認に関する法律に基づき報酬活動の自由な選択を制限できる。但し、締約国はそのような資格の承認を与えるよう努力する。

3　移住労働者の労働許可が期間的に限られている場合、雇用地国は

(a)　報酬活動を自由に選択できる権利を、移住労働者が報酬活動を目的として二年を超えない範囲で、その国内法が定める期間、その領域内に合法的に

滞在していることを条件にすることができる。

(b) その国民若しくはその国民に同化している者に優先権を与える政策を遂行するために、移住労働者の報酬活動への参加を、法律又は二国間条約若しくは多数国間条約によって制限できる。そのような制限は、報酬活動のために五年を超えない範囲で国内法が定める期間、その領域内に合法的に滞在している移住労働者には適用されない。

4　雇用地国は、雇用のために入国を認められた移住労働者が自営の労働に従事することの許可又は不許可の条件を定める。その際、当該労働者が雇用地国にすでに合法的に滞在している期間を考慮に入れるものとする。

第五三条（家族構成員の職業選択の自由）　1　移住労働者の家族構成員で期限を有しないか、又は自動的更新の滞在又は入国の許可を有する者は、この条約第五二条に従って当該移住労働者に適用される条件の下に報酬活動の自由な選択が認められる。

2　報酬活動の自由な選択が認められていない移住労働者の家族については、締約国は、適用される二国間及び多数国間協定に従うことを条件に、雇用地国に入国を求める他の労働者よりも、報酬活動に従事する許可の取得につき優先的に認める有利な配慮を行う。

第五四条（解雇・失業に対する権利）　1　移住労働者の滞在する権利あるいは労働許可、及びこの条約の第二五条、第二七条に規定されている権利を損なうことなく、移住労働者は次の事項に関して、雇用地国の国民と平等の取扱いを享受する。

(a) 解雇に対する保護。

(b) 失業手当。

(c) 失業対策のために公共事業計画への参加。

(d) この条約第五二条の規定に従うことを条件に、失業又は報酬活動の終了した場合、新規の雇用を求めること。

2　移住労働者が、自己の労働契約の条件が雇用者によって侵害されたと主張するときは、この条約第一八条第1項が規定する条件に従って雇用地国の権限を有する機関に当該事項につき救済を求める権利を有する。

第五五条（報酬活動における内国民取扱い）　報酬活動に従事する許可を付与された移住労働者は、当該許可に付された条件に従うほかは、報酬活動の従事に際して雇用地国の国民と平等の取扱いの権利を享受する。

第五六条（恣意的追放の禁止）　1　この条約の第四部に定める移住労働者及びその家族構成員は、雇用地国の国内法によって明示された理由によるほか、及びこの条約第三部に定められた保護条項に従う場合を除いて、雇用地国から追放されない。

2　追放は、移住労働者及びその家族構成員の、滞在許可及び労働許可から生ずる権利を奪う目的のために行われてはならない。

3　移住労働者及びその家族構成員を追放

するかどうかを審査する場合に、当該個人が雇用地国にすでに滞在していることにつき、人道的考慮及び滞在期間に配慮しなければならない。

第五部　特定のカテゴリーに属する移住労働者及びその家族構成員に適用される規定

第五七条（特定のカテゴリー労働者の権利）

この部に規定される特定のカテゴリーに属する移住労働者及びその家族構成員であって、証明書を所持するか、若しくは、適法状態にある者は、第三部に規定された権利及び以下に別の定めがある場合を除き第四部に規定された権利を享受する。

第五八条（国境労働者の権利）　1　この条約の第二条第2項ⓐにいう国境労働者は、雇用地国に常居所を有しないことを考慮し、雇用地国の領域内における滞在及び労働を理由として適用可能な第四部に規定された権利を享受する。

2　雇用地国は、国境労働者に対し、一定期間の後は、報酬活動を自由に選択する権利を付与することを好意的に考慮する。この権利の付与は国境労働者としての地位に影響を及ぼすものではない。

第五九条（季節労働者の権利）　1　この条約の第二条第2項ⓑにいう季節労働者は、雇用地国に一年のうちの一定の期間しか滞在しないことを考慮し、第四部に規定される権利であって、雇用地国の領域内における滞在及び労働を理由として適用可能であり、かつ雇用地国における季節労働者としての地位と両立する権利を享受する。

2　雇用地国は、前項の規定に従うことを条件として、その領域内で相当の期間雇用された季節労働者に対し、他の報酬活動に就く機会の付与及び二国間及び多国間の協定に従うことを条件として、雇用地国内に入国を求める他の労働者より優先的に取扱うことを考慮する。

第六〇条（移動労働者の権利）　この条約の第二条第2項ⓔにいう移動労働者は、第四部に規定する権利であって、雇用地国の領域内におけるその滞在と労働を理由に付与が可能であり、かつ雇用地国における移動労働者としての地位と両立する権利を享受する。

第六一条（プロジェクト労働者の権利）　1　この条約の第二条第2項ⓕにいうプロジェクト労働者及びその家族構成員は、第四部に規定する権利を享有する。但し、第四三条第1項ⓑ及びⓒ、社会住宅計画に限っての同条項ⓓ、第四五条ⓑ並びに第五二条から第五五条の規定についてはこの限りではない。

2　プロジェクト労働者が、雇用者によって労働契約上の条件を侵害されたと主張する場合は、その雇用者に対して管轄権を有する雇用地国の権限を有する機関に対し、第一八条第1項に規定する条件に基づき、自己の事案につき救済を申立てる権利を有する。

3　関係締約国は、二国間又は多国間の有効な協定に従うことを条件として、プロジェクト労働者が当該プロジェクトに従事する間、出身地国又は常居地国の社会保障制度の維持が適正な保護を受け得るように努める。関係締約国はこの点に関して、権利の否認、二重の支払がなされないよう適当な措置をとるものとする。

4　関係締約国は、第四七条の規定及び関連する二国間又は多国間の協定を害することなく、プロジェクト労働者の賃金が出身地国又は常居地国において支払われることを認める。

第六二条（特定雇用契約労働者の権利）　1　この条約の第二条第2項(g)にいう特定雇用契約労働者は、第四部に規定する権利を享受する。但し、第四三条第1項(b)、及び(c)、社会住宅計画に限っての同条同項(d)、第五二条並びに第五四条第1項(d)の規定についてはこの限りではない。

2　特定雇用契約労働者の家族構成員は、第五三条の規定を除き、第四部に定める移住労働者の家族構成員に関する権利を享受する。

第六三条（自営労働者の権利）　1　この条約の第二条第2項(h)にいう自営労働者は、雇用契約を有する労働者に対してのみ適用される権利を除き、第四部に規定する権利を享受する。

2　第五二条及び第七九条の規定を害することなく、自営労働者の経済的活動の終了自体が、当該労働者又はその家族構成員が雇用地国に滞在し、又は報酬活動に従事する許可の撤回を意味するものではない。但し、滞在の許可が入国目的である特定の報酬活動に明示的に依拠するものである場合はこの限りではない。

第六部　労働者及びその家族構成員の国際的移住に関する健全、衡平、人道的及び合法的状況の促進

第六四条（国際的移住の協力）　1　第七九条の規定を害することなく、関係締約国は労働者及びその家族構成員の国際的移住に関し、健全、衡平、人道的状況を促進するために、適当な場合は、協議し、かつ協力する。

2　このことについては、労働の需要と資源についてのみならず、移住労働者及びその家族構成員の社会的、経済的、文化的及びその他の必要性、並びに関係地域社会における移住の影響についても、適正な考慮が払われなければならない。

第六五条（国際的移住に関する役務）　1　締約国は、労働者及びその家族構成員の国際的移住に関する問題に対処するため、適切な役務を維持する。この役務には、とくに、次の事項が含まれる。

(a)　移住に関する政策の立案及び実施。

(b)　移住に関係する他の締約国の権限ある機関との情報交換、協議及び協力。

(c)　移住及び雇用に関する政策、法律及び規則、移住及び他の関連事項についての他の国と締結した協定に関する情報を、とくに雇用者、労働者及びそれらの組織に提供すること。

(d)　出国、移動、上陸、滞在、報酬活動、出国及び帰還に関する必要な許可、様式、及び取決め、雇用地国における労働及び生活の状況、並びに関税、通貨、税金、その他の関連法規及び規則について、移住労働者及びその家族構成員に対し、情報及び適切な援助を提供す

ること。

2　締約国は、移住労働者及びその家族構成員の社会的、文化的その他の必要性を充足するため、適当な場合は相談その他の役務の提供について便宜をはかる。

第六六条（労働者募集の制限）　1　この条の第2項に規定する場合を除き、他国における雇用のために労働者の募集を目的とする活動を行う権利は次の者に限定される。

(a)　そのような活動が行われる国の公的役務又は機関。

(b)　関係締約国間の協定に基づく雇用地国の公的役務又は機関。

(c)　二国間又は多国間の協定に基づき設立された機関。

2　関係締約国の法律及び慣行に従い設立される公的機関による許可、承認及び監督を条件として、斡旋業者、雇用者となろうとする者又はその代理人も前項の活動を行うことができる。

第六七条（労働者の帰国）　1　関係締約国は、移住労働者及びその家族構成員が帰国を決意した場合、又は滞在若しくは雇用の許可期限が満了した場合、若しくは雇用地国に非適法状態にある場合、その円滑な帰国に必要な措置をとることについて、適切な場合は協力を行う。

2　関係締約国は、適法状態にある移住労働者及びその家族構成員が出身地国において再定住するために十分な経済的条件の向上及び永続的な社会的及び文化的再統合の促進のため、関係締約国間に合意された条件に基づき、適当な場合は協力を行う。

第六八条（非適法労働者の雇用防止）　1　締約国は、通過国を含めて、非適法状態にある移住労働者の違法な又は秘密裡の移動及び雇用を防止し、根絶するために協力する。このため各関係締約国の管轄内においてとられる措置には次のものが含まれる。

(a)　移住に関する誤った情報の伝達に対する適切な措置。

(b)　移住労働者及びその家族構成員の違法な又は秘密裡の移動を調査し、根絶するための措置、及びかかる移動を組織し、実行し、又は援助する個人、集団、又は企業に対し、効果的な制裁を課すための措置。

(c)　非適法状態にある移住労働者及びその家族構成員に対し、暴行又は脅迫又は威嚇をなす個人、集団、又は企業に対し効果的な制裁を課すための措置。

2　雇用地国は、非適法状態にある移住労働者をその領域内で雇用することを根絶するために適当と認められるときは、かかる労働者を雇用する者に対する制裁を含む適切かつ効果的な措置をとる。雇用関係から生じる移住労働者の雇用者に対する権利はこれらの措置によって害されない。

第六九条（非適法状態の除去）　1　締約国は、その領域内に非適法状態にある移住労働者及びその家族構成員がいる場合は、かかる状態が持続しないことを確保するため、適切な措置をとる。

2　関係締約国が、適用される国内法及び二国間又は多国間の協定に従い、前項の者の状態を適法化する可能性の検討に際しては、入国の状況、雇用地国における在留期間及びその他の関連事項、とくに家族の状況に関して、適切な考慮が払われなければならない。

第七〇条（適法労働者の取扱い） 締約国は、適法状態にある移住労働者及びその家族構成員の労働条件及び生活条件が適切、安全及び健康の基準並びに人間の尊厳の原則に適合することを確保するため、自国民に適用されるものに劣らない措置をとる。

第七一条（労働者の死亡） 1 締約国は、必要なときはいつでも、死亡した移住労働者又はその家族構成員の遺体を出身地国に送還するため便宜を提供する。

2 移住労働者又はその家族構成員の死亡に関する補償問題については、締約国は事案の早期解決をはかるため関係者に対し適切な援助を与える。この問題の解決は、この条約の規定及び二国間又は多国間の協定に従い、適用される国内法に基づいて行われるものとする。

第七部 条約の適用

第七二条（権利保護委員会の設置） 1(a) この条約の適用を審査するために、すべての移住労働者及びその家族構成員の権利の保護に関する委員会（以下、委員会と称する）を設置する。

(b) 委員会は、この条約の効力発生のときには一〇人の、また四一番目の締約国がこの条約について効力を発生した後には、徳望が高く公平でかつこの条約が適用される分野において認められた能力を有する一四人の専門家で構成する。

2(a) 委員会の委員は、締約国によって指名される者の名簿の中から、締約国による秘密投票によって選出されるものとし、その選出にあたっては、出身地国と雇用地国の双方を含めて、公平な地理的配分及び主要な法体系の代表を考慮に入れる。各締約国は、自国民のうちから一名を指名することができる。

(b) 委員は、個人の資格において選挙され、及び職務を遂行する。

3 最初の選挙は、この条約の効力発生の日の後六カ月を経過したときに行い、その後は二年ごとに選挙を実施する。国際連合事務総長は、各選挙日の遅くとも四カ月前までに、自国の指名書を二カ月以内に提出するよう要請する書簡を全締約国に送付する。同事務総長は、指名されたすべての者についてアルファベット順の名簿を作成し、指名を行った締約国に提示する。また事務総長は指名された者に関する履歴書と共に、その名簿を、当該選挙の日の一カ月前までに締約国に送付する。

4 委員会の委員の選挙は、事務総長によって国連本部に招集される締約国の会合において行われる。その会合は、締約国の三分の二をもって定足数とする。この会合においては、出席しかつ投票する締約国の代表によって投じられた票の最多数で、かつ、過半数を得て指名された者をもって委員会に選出された委員とする。

5 (a)　委員会の委員は、四年の任期で職務を遂行する。但し、最初の選挙において選出された委員のうち五人の任期は、二年で終了するものとし、これら五人の委員は、最初の選挙の後直ちに、締約国会合の議長によってくじ引きで選ばれる。

(b)　委員会の四人の追加的な委員の選挙は、この条約の四一番目の加入の後、この条の2、3並びに4の規定に従って行う。このときに選出された追加的な委員のうち二人の委員の任期は、二年で終了するものとし、これらの委員は、締約国会合の議長によってくじ引きで選ばれる。

(c)　委員会の委員は、再び指名されれば再選されることができる。

6　委員会の委員が、死亡するか、あるいは辞職するか、若しくはその他何らかの理由のために委員会の職務を遂行し得ないと宣言したときは、その専門家を指名した締約国は、在任期間内に自国民の中から別の専門家を任命する。新たな任命は、委員会の承認を受けることを条件とする。

7　国連事務総長は、委員会の任務を効果的に遂行するために必要な職員と便宜を提供する。

8　委員会の委員は、総会が決定する条件で、国際連合の財源から報酬を受ける。

9　委員会の委員は、国際連合の特権と免除に関する条約の関連部門に規定する国際連合の任務を遂行する専門家の便益、特権と免除についての権利を付与される。

第七三条（締約国の報告義務）　1　締約国は、この条約規定を実施するために締約国がとった立法上、司法上、行政上及びその他の措置に関する報告を、委員会による検討のため、

(a)　当該締約国についてこの条約が効力を生ずるときから一年以内、

(b)　その後は五年ごとに、及び委員会がとくに要請するごとに、

国際連合事務総長に提出することを約束する。

2　この規定の下で作成される報告には、この条約の実施に影響を及ぼす要因及び障害があれば記載するものとし、また当該締約国が関係する移住流出の特質に関する情報を含めることとする。

3　委員会は、報告の内容に適用される追加的指針を決定する。

4　締約国は、それらの報告を、広く自国内の一般市民に供する。

第七四条（報告の検討）　1　委員会は、各締約国が提出した報告を検討し、及び委員会が適当と認める一般的意見を締約国に送付する。この締約国は、この規定に従って委員会が作成した意見に関する見解を委員会に提出することができる。委員会はこれらの報告の検討に際して、締約国に追加の情報を要請することができる。

2　国際連合事務総長は、移住労働者の各定期会期の開会に先立つ適当な時期において、国際労働機関（ＩＬＯ）の権限の範囲にある条約が取扱う問題に関して、事

務局が提供し得る専門的意見によって、委員会を援助することを可能にするために、関係締約国が提出した報告書の写しと、これらの報告の検討に関連のある情報を、国際労働事務局の事務局長に送付する。委員会は、事務局が提供する意見と資料をその審議において考慮する。

3　国際連合事務総長は、また、委員会と協議の後、その他の専門機関並びに政府間機構に、報告書に含まれる権限の範囲内にある部分の写しを送付する。

4　委員会は、国際連合の専門機関や機構並びに政府間機構及びその他の関係機関に対し、委員会による審査のため、この条約が扱うもので各機関の活動の範囲内にある問題について文書による情報の提出を要請できる。

5　国際労働機関は、協議資格において、委員会の会合に参加する代表を任命するよう委員会によって要請される。

6　委員会は、国際連合の他の専門機関及び機構並びに政府間機構の代表を、その権限の分野にある問題が検討される際には、その会合に出席し傍聴するよう要請することができる。

7　委員会は、この条約の実施に関する年次報告を国際連合総会に提出するものとし、この年次報告は、委員会自体の見解及び勧告、とりわけ締約国が提出した報告とあらゆる見解の審査に基づくものを含めるものとする。

8　国際連合事務総長は、この条約の締約国、経済社会理事会、国際連合人権委員会、国際労働機関事務局長及びその他の関連ある機構に、委員会の年次報告を送付する。

第七五条（委員会の会合）　1　委員会は、内部の手続規則を採択する。

2　委員会は、二年の任期で委員長を選挙する。

3　委員会は、通常、年一回会合を持つ。

4　委員会の会合は、通常、国際連合本部で開催される。

第七六条（義務不履行の通報と委員会の斡旋）　1　この条約の締約国は、この条約に基づく義務が締約国によって履行されていない旨を主張するいずれかの締約国からの通報を、委員会が受理し検討する権限を有することを認める旨を、この条の規定に基づいて、いつでも宣言することができる。

この条約に基づく通報は、委員会の当該権限を自国について認める宣言を行った締約国による通報である場合に限り、受理しかつ検討することができる。委員会は、宣言を行っていない締約国についての通報を受理してはならない。この条の規定により受理される通報は、次の手続に従って取扱う。

(a)　この条約の締約国は、他の条約国がこの条約に基づく義務を履行していないと認める場合には、書面による通報により、その事案につきその締約国の注意を喚起することができる。また締約国は、その事案につき委員会に通報することができる。通報を受領する国は、通報の受領後三カ月以内に、当該事案について説明する文書その他の文書を、通報を送付した国に送付する。

これらの文書は、当該事案についてすでにとられ、現在とっており又は将来とることができる国内的な手続及び救済措置に、可能かつ適当な範囲において、言及しなければならない。

(b)　最初の通報の受領後六カ月以内に関係締約国の双方の満足するような調整がなされない場合には、いずれの一方の締約国も委員会及び他方の締約国に通知することにより、当該事案を委員会に付託する権利を有する。

(c)　委員会は、付託された事案について利用し得るすべての国内救済措置がとられかつ尽くされたことを確認した後に限り、一般に認められた国際法の原則に従って、付託された事案を取扱う。但し救済措置の実施が不当に遅延する場合には、この限りではない。

(d)　(c)の規定に従うことを条件として、委員会は、この条約に規定されている義務の尊重を基礎として事案を友好的に解決するため、関係締約国に対して斡旋を行う。

(e)　委員会は、この条の規定により、通報を検討する場合には、非公開の会合を開催する。

(f)　委員会は付託されたいずれの事案についても、(b)にいう関係締約国に対し、あらゆる情報を提供するよう要請することができる。

(g)　(b)にいう関係締約国は、委員会が事案を検討する間において代表を出席させ、また、口頭又は書面により意見を提出する権利を有する。

(h)　委員会は、(b)の通告を受領した日から一二カ月以内に、報告を提出する。報告は、事案ごとに、関係締約国に送付する。

(i)　(d)の規定により解決に達しない場合には、委員会は事案及び到達した解決について簡潔に記述したものを報告する。

(ii)　(d)の規定により解決に到達しない場合には、委員会は関係締約国の問題に関連ある事実について報告するものとする。当該報告には、関係締約国の口頭による意見の記録および書面による意見を添付する。委員会は、また、当該事案に関して適切と認めるいかなる意見も関係締約国のみに送付することができる。

2　この条の規定は、この条約の一〇の締約国がこの条の第1項の規定に基づく宣言を行ったときに効力を生ずる。宣言は、締約国が国際連合事務総長に寄託するものとし、同事務総長はその写しを他の締約国に送付する。宣言は、同事務総長に対する通告により、いつでも撤回することができる。撤回は、この条の規定に従ってすでに送付された通報におけるいかなる事案の検討も妨げるものではない。宣言を撤回した締約国による新たな通報は、当該締約国が新たな宣言を行わない限り、受理しない。

第七七条（個人による通報）　1　この条約の締約国は、いつでも、この条の規定に基づき、その管轄下にある個人又はその代表で、この条約が定めている個人の権利が、当該締約国によって侵害されたと主張する者からの通報を、委員会が受理し、かつ、検討する権限を有することを認める旨を宣言することができる。委員会は、宣言を行っていない締約国に関する通報を受理してはならない。

2　委員会は、この条の規定に基づく通報であって匿名のもの、又は同委員会によって通報を提出する権利の濫用であるか、若しくはこの条約の規定に両立しないと認められるものは、受理することができないと判断する。

3　委員会は、次のことを確認した場合を除き、この条の規定に基づく個人からのいかなる通報も検討しない。

(a)　同一事案が他の国際的な調査又は解決の手続の下で検討されていないこと。

(b)　当該個人が利用できるすべての国内救済措置を尽くしたこと。この規則は、委員会の見解によれば救済措置の適用が不当に遅延するか、若しくは当該個人について有効な救済とならない場合には、この限りではない。

4　委員会は、この条の第2項の規定に従うことを条件として、この条の規定に基づいて提出されたすべての通報について、第1項に基づく宣言を行っており、かつ、この条約のいずれかの規定を侵害していると主張されている締約国に注意を喚起する。注意喚起を受けた国は、六カ月以内に問題を明らかにし、かつ救済措置が存在する場合には、当該国によってとられた救済措置を明らかにする説明書、又は声明書を委員会に提出する。

5　委員会は、個人又は個人の代表及び関係の締約国によって提出されたすべての情報に照らして、この規定に基づいて提出された通報を検討する。

6　委員会は、この条の規定に基づく通報を検討する際には、会合を非公開とする。

7　委員会は、関係締約国及び個人にその意見を送付する。

8　この条の規定は、一〇の締約国がこの条の第1項の規定に基づく宣言を行った場合に効力を生ずる。宣言は、締約国が国際連合事務総長に寄託するものとし、同事務総長はその写しを他の締約国に送付する。宣言は、同事務総長に対する通告により、いつでも撤回することができる。撤回は、この条の規定に従ってすでに送付された通報におけるいかなる事案の検討をも妨げるものではない。同事務総長がその宣言の撤回を受領した後は、個人による、若しくは個人に代わるものによる新たな通報は、当該締約国が新たな宣言を行わない限り、受理しない。

第七八条(他の紛争解決手続)　この条約の第七六条の規定は、国際連合及び専門機関の基本文書並びに国際連合及び専門機関において採択された諸条約において規定されているこの条約の分野における紛争又は苦情の解決に関して定められた手続を妨げることなく適用するものとし、この条約の締約国間で効力を有する国際取決めによる紛争解決に関する手続に訴えることを妨げるものではない。

第八部　一般規定

第七九条(入国に関する締約国の権利)　こ

の条約のいかなる規定も、各条約国が移住労働者及びその家族構成員の入国を管理する基準を制定する権利に影響を及ぼすものではない。締約国は、移住労働者及びその家族構成員としての法的地位と取扱いに関連する他の事項に関しては、この条約に定める制限に従うものとする。

第八〇条（国連諸機関の基本文書と関係）この条約のいかなる規定も、この条約に規定されている事項につき国際連合の諸機関及び専門機関のそれぞれの責任を定めている国際連合憲章及び専門機関の基本文書の規定を損なうものと解してはならない。

第八一条（他の条約が認める権利）1　この条約のいかなる規定も、次のものによって認められるもので、移住労働者及びその家族構成員に対して認められているものより、有利な権利や自由に影響を及ぼすものではない。

(a)　締約国の法律と慣行、又は、

(b)　関係締約国間で効力を有する二国間若しくは多数国間条約。

2　この条約のいかなる規定も、あらゆる国家、集団、又は個人に対して、この条約が定める権利及び自由を損なう活動若しくは行為を行ういかなる権利を意味するものと解することはできない。

第八二条（権利の廃棄と毀損の禁止）この条約において規定されている移住労働者及びその家族構成員の権利は廃棄できない。前述のいかなる権利についても、それらを放棄させ抑制させる目的で移住労働者及びその家族構成員に対して、いかなる形による圧力の行使も容認されない。この条約において認められている権利を契約によって毀損することはできない。締約国は、これらの原則の尊重を確保するために適当な措置をとる。

第八三条（権利救済の確保）この条約の各締約国は次のことを約束する。

(a)　この条約において認められた権利や自由を侵害された者が、公的な資格で行動する者によりその侵害が行われた場合にも、効果的な救済措置を受けることを保障すること。

(b)　そのような救済措置を求める者が自らの訴えを、権限を有する司法的、行政的、若しくは立法的機関又は国の法制で定める他の権限ある機関によって審査され決定されることを保障すること、及び司法的救済の可能性を発展させること。

(c)　救済措置が認められたときは権限ある機関によって執行されることを保障すること。

第八四条（条約国の実施義務）各締約国は、この条約において認められる権利を実施するために必要な立法その他の措置をとることを約束する。

第九部　最終条項

第八五条（寄託者）国際連合事務総長は、この条約の寄託者となる。

第八六条（署名・批准・加入）1　この条約は、すべての国による署名のために開放されなければならない。この条約は批准されることを要する。

2　この条約はすべての国の加入のために開放する。

3　批准書若しくは加入書は、国際連合事務総長に寄託されなければならない。

第八七条（効力の発生）　1　この条約は、二〇番目の批准書又は加入書が寄託された日の後三カ月経過した日に効力を生ずる。

2　この条約は、その効力発生の後にこの条約への批准若しくは加入を行った各締約国に対しては、その批准書あるいは加入書が寄託された日の後三カ月経過した日に効力を生ずる。

第八八条（条約適用排除の禁止）　この条約について批准若しくは加入を行う国は、この条約のいかなる部分の規定の適用も排除するか、又は第三条の規定の適用に従う場合を除いて、いかなる特定カテゴリーの移住労働者への適用も排除してはならない。

第八九条（条約の廃棄）　1　いかなる締約国も、この条約が当該締約国に対して効力を生じた後五年以降は、国際連合事務総長にあてた書面による通告により、この条約を廃棄することができる。

2　廃棄は、同事務総長により通告が受領された日の後、一年で効力を生ずる。

3　廃棄は、当該締約国がその廃棄が効力を生ずる日の以前に発生した作為又は、不作為に関連する条約上の義務から免れる効果を有するものではなく、また、その廃棄が効力を生ずる日以前にすでに委員会の検討の下に付されている事案を継続的に検討することを、いかなる場合でも妨げるものではない。

4　委員会は、締約国による廃棄が効力を生じた後は、その国に関するいかなる新たな事案についても検討を開始することはない。

第九〇条（条約の改正）　1　この条約の改正に関する要求は、この条約が効力を生じた後五年以降は、国際連合事務総長にあてた書面による通告によって、いつでも行うことができる。同事務総長は、それに関して、締約国がその提案について検討しかつ投票する目的で、締約国会議の開催を支持するか否かについて同事務総長に通告する旨の要請と共に提案されている改正案について通報する。通報から四カ月以内に、少なくとも全締約国の三分の一が締約国会議の開催を支持する場合、同事務総長は、国際連合の後援の下に会議を召集する。改正は、出席し投票する締約国の過半数によって採択され、承認を得るために総会に付託される。

2　改正は、国際連合総会によって承認され、各国の憲法上の手続に従って、三分の二の多数によって受諾されたときに効力を生ずる。

3　改正が効力を生じた場合には、その改正は、それを受諾した締約国を拘束する。他の締約国はなおこの条約の規定及び以前に受諾した改正の拘束を受ける。

第九一条（留保）　1　国際連合事務総長は、署名、批准、加入の際に行われた留保の書面を受領し、かつ、全締約国に送付する。

2　この条約の趣旨及び目的と両立しない留保は認められない。

3　留保は、国際連合事務総長にあてた通告により、いつでも撤回することができ、同事務総長は、それを全締約国に通報する。通告は受領された日に効力を生ずる。

第九二条（紛争の解決）　1　この条約の解釈又は適用に関する二国間若しくはそれ以上の締約国間の紛争で交渉によって解決されないものは、いずれかの紛争締約国の要請により、仲裁裁判に付託される。仲裁裁判の要請があった日から六カ月以内に当事者が仲裁裁判の構成に関して合意しないときは、いずれの紛争締約国も国際司法裁判所規程に従って行う要請により、その紛争を国際司法裁判所に付託することができる。

2　各締約国は、この条約の署名又は批准若しくは加入の際に、自国がこの条の第1項の規定に拘束されない旨を宣言することができる。そのほかの締約国は、宣言を行ったいかなる締約国に対しても、その条項に拘束されない。

3　この条の第2項の規定に従って宣言を行ったいずれの締約国も、国際連合事務総長に通告することにより、いつでもその宣言を撤回することができる。

第九三条（条約の正文）　1　この条約は、アラブ語、中国語、英語、フランス語及びスペイン語を等しく正文とし、国際連合事務総長に寄託される。

2　国際連合事務総長は、この条約の認証謄本をすべての国に送付する。

資料2　新しい在留資格の一覧

（一九八九年一二月一五日公布、一九九〇年六月一日施行）
（○印は新設、△印は一部変更）

①　一定の活動を行うための残留資格

一　就労が認められる残留資格

在留資格	入国を認められる外国人
（一）　上陸許可に係わる基準省令の適用を受けないもの	
外　交	①外交官および領事官並びにこれらの者の家族 ②条約又は国際慣行により外交使節と同様の特権・免除が規定されている者およびこれらの者の家族
公　用	外国政府若しくは国際機関の公務に従事する者又は在日外国公館の職員およびこれらの者の家族
教　授	大学若しくは大学に準ずる機関又は高等専門学校において教授、助教授、助手等として迎えられる外国人
△芸　術	作曲家、作詞家、画家、彫刻家、工芸家、写真家その他の収入を伴う芸術上の活動を行なおうとする芸術家
宗　教	外国にある宗教団体から日本に派遣されて布教その他の宗教上の活動を行なおうとする宗教家
△報　道	外国の報道機関との契約に基づいて日本で取材活動を行なおうとするジャーナリスト、いわゆるフリーランサーも含まれる。
（二）　上陸許可に係わる基準省令の適用を受けるもの	
投資・経営	投資・経営を行ない、又はその事業の管理業務に従事しようとする外国人で、事業の規模についての要件又は待遇面や経歴についての一定の要件を満たすもの
○法律・会計業務	法律・会計関係の職業のうち、弁護士、公認会計士など日本の資格を有する外国人

資料3　民族的又は種族的、宗教的及び言語的少数者に属する者の権利に関する宣言
（マイノリティ権利宣言）

採　　択　一九九二年一二月一八日
国際連合総会　第四七回会期決議四七／一三五

総会は、

国際連合の基本目的の一つが、憲章中に宣明されているように、人種、性、言語又は宗教による差別なくすべての者のために人権及び基本的自由を尊重するように助長奨励することであることを再確認し、

基本的人権と人間の尊厳及び価値と男女及び大小各国の同権とに関する信念をあらためて確認し、

国際連合憲章、世界人権宣言、集団殺害犯罪の防止及び処罰に関する条約、あらゆる形態の人種差別撤廃に関する国際条約、市民的及び政治的権利に関する国際規約、経済的、社会的及び文化的権利に関する国際規約、宗教又は信念に基づくあらゆる形態の不寛容及び差別の撤廃に関する宣言、及び児童の権利に関する条約、並びに、世界的又は地域的レベルで採択された他の関連のある国際文書及び国際連合の各加盟国間で締結された国際文書、に含まれている諸原則の実現を促進することを希望し、

種族的、宗教的又は言語的少数者に属する者の権利に関する、市民的及び政治的権利に関する国際規約の第二七条の規定によって鼓舞され、

民族的又は種族的、宗教的及び言語的少数者に属する者の権利の伸長及び保護が、それらの者が居住している国家の政治的及び社会的安定に寄与することを考慮し、

民族的又は種族的、宗教的及び言語的少数者に属する者の権利の持続的な伸長及び実現が、社会全体の発展の不可欠な一部としてかつ法の支配に基礎を置く民主主義の枠内で、人民間及び国家間の友好及び協力の強化に寄与することを強調し、

国際連合が、少数者の保護に関して重要な役割を果すべきであることを考慮し、

民族的又は種族的、宗教的及び言語的少数者に属する者の権利の助長と保護に関して国際連合体制内でこれまでに行なわれてきた作業、特に人権委員会、差別防止及び少数者保護小委員会、及び、国際人権規約その他の関連のある国際人権文書に従って設置された機関の作業に留意し、

政府間機構及び非政府団体が、少数者の保護並びに民族的又は種族的、宗教的及び言語的少数者に属する権利の伸長と保護について、重要な作業を遂行していることを考慮し、

民族的又は種族的、宗教的及び言語的少数者に属する者の権利に関して、国際文書のより一層効果的な実施を確保する必要があることを認めて、

この「民族的又は種族的、宗教的及び言語的少数者に属する者の権利に関する宣言」を公布する。

第一条〔国家の義務〕　1　国家は、各自の領域内で少数者の存在並びにその民族的又は種族的、文化的、宗教的及び言語的独自

性を保護し、また、その独自性を促進するための条件を助長しなければならない。

2　国家は、それらの目的を達成するために適当な立法その他の措置をとらなければならない。

第二条〔少数者の権利〕1　民族的又は種族的、宗教的及び言語的少数者に属する者（以下「少数者に属する者」という。）は、私的に及び公に、自由にかついかなる形態の差別もなしに、自己の文化を享有し、自己の宗教を信仰しかつ実践し、及び自己の言語を使用する権利を有する。

2　少数者に属する者は、文化的、宗教的、社会的、経済的生活及び公共生活に効果的に参加する権利を有する。

3　少数者に属する者は、自己の属する少数者又は自己の居住する地域に関する全国的及び、適当な場合には、地域的段階での決定に、国の立法に反しない方法で効果的に参加する権利を有する。

4　少数者に属する者は、自己の結社を設立し維持する権利を有する。

5　少数者に属する者は、その集団の他の構成員及び他の少数者に属する者との自由かつ平和的な接触、並びに、自己が民族的若しくは種族的、宗教的又は言語的紐帯によって関係を有する他国の市民との国境を越えた接触を、いかなる差別もなしに樹立しかつ維持する権利を有する。

第三条〔権利の行使〕1　少数者に属する者は、個別的に及びその集団の他の構成員と共同して、いかなる差別もなしに、この宣言に定める権利を含むその権利を行使することができる。

2　この宣言に定める権利の行使又は不行使の結果として、少数者に属する者に対しいかなる不利益も生じさせてはならない。

第四条〔国家がとる措置〕1　国家は、少数者に属する者がそのすべての人権及び基本的自由を、いかなる差別もなしにかつ法の前で完全平等に、充分かつ効果的に行使できるよう確保するために、必要な場合には、措置をとらなければならない。

2　国家は、少数者に属する者がその特性を表現しかつその文化、言語、宗教、伝統及び習慣の発展を可能にする有利な条件を創出するために措置をとらなければならない。ただし、特定の活動が国の法律に違反しかつ国家基準に反する場合には、この限りではない。

3　国家は、少数者に属する者が可能な場合にはその母語を学び又はその母語を教授する充分な機会を得るように適当な措置をとるものとする。

4　国家は、適当な場合には、その領域内に存在する少数者の歴史、伝統、言語及び文化についての知識を助長するために、教育の分野で措置をとるものとする。少数者に属する者は、社会全体についての知識を得る充分な機会を持つものとする。

5　国家は、少数者に属する者がその国の経済的な進歩及び発展に充分に参加できるように適当な措置を考慮するものとする。

第五条〔国家の政策と計画〕1　国家の政策及び計画は、少数者に属する者の正当な利益に妥当な考慮を払って立案されかつ実施されなければならない。

２　国家間の協力及び援助の計画は、少数者に属する者の正当な利益に妥当な考慮を払って立案されかつ実施されなければならない。

第六条〔相互理解促進のための協力〕　国家は、相互の理解及び信頼を促進するために、少数者に属する者に関する情報及び経験の交換を含む諸問題について協力するものとする。

第七条〔権利尊重のための協力〕　国家は、この宣言に定める権利の尊重を促進するために協力するものとする。

第八条〔他の国際文書との関係〕　１　この宣言のいかなる規定も、少数者に属する者に関して国家が負う国際義務の履行を妨げるものではない。特に、国家は、自国が当事国である国際的な条約及び協定に基づいて負う義務及び約束を誠実に履行しなければならない。

２　この宣言に定める権利の行使は、すべての者が普遍的に承認された人権及び基本的自由を享受することを妨げるものではない。

３　この宣言に定める権利の効果的な享受を確保するために国家がとる措置は、世界人権宣言に含まれる平等原則に直ちには反するものとみなされない。

４　この宣言のいかなる規定も、国際連合の目的及び国家の主権平等、領土保全及び政治的独立を含む原則に反する活動を許すものと解することはできない。

第九条〔国際機関の貢献〕　国際連合体制内の専門機関その他の機構は、各自の権限のある分野において、この宣言に定める権利及び原則の完全な実現に寄与しなければならない。

条約・宣言等索引

事項索引

執筆者紹介

金　東勲（キム ドンフン）

1934年 韓国忠清北道生まれ

京都大学大学院博士課程修了・法学博士（1974年）

大阪経済法科大学教授（1982年まで）、龍谷大学教授（2003年3月まで）

歴任、現在（韓国）中央大学校法科大学客員教授

〈主要著書〉

『人権・自決権と現代国際法』（新有堂、1979年）

『在日韓国・朝鮮人 歴史と展望』（共著、労働経済社、1989年）

『解説　人種差別撤廃条約』（解放出版社、1990年）

『国連・移住労働者権利条約と日本』（編著、解放出版社、1992年）

『外国人住民の参政権』（明石書店、1994年）、など。

Minorities under International Law of Human Rights

現代国際法叢書

国際人権法とマイノリティの地位　〔検印省略〕

2003年 6月30日　初　版第 1刷発行　＊定価はカバーに表示してあります

著者 © 金 東勲／発行者 下田勝司　印刷・製本　中央精版印刷

東京都文京区向丘 1-20-6　郵便振替 00110-6-37828

〒113-0023　TEL（03）3818-5521㈹　FAX（03）3818-5514

発行所　株式会社　東　信　堂

Published by **TOSHINDO PUBLISHING CO., LTD.**

1-20-6, Mukougaoka, Bunkyo-ku, Tokyo, 113-0023, Japan

ISBN4-88713-504-1 C3032 ©Kim Dong-hoon

E-mail tk203444@fsinet.or.jp

東信堂

国際法新構〔上〕	田畑茂二郎	二九〇〇円
国際法新講〔下〕	田畑茂二郎	二七〇〇円
ベーシック条約集〔第4版〕	編集代表 山手治之 香西茂 松井芳郎	二四〇〇円
国際経済条約・法令集〔第2版〕	小原喜雄 小室程夫 山手治之 編集	三九〇〇円
国際機構条約・資料集〔第2版〕	編集代表 香西茂 安藤仁介	三二〇〇円
資料で読み解く国際法〔第2版〕〔上〕	大沼保昭編著	二八〇〇円
資料で読み解く国際法〔第2版〕〔下〕	大沼保昭編著	二〇〇〇円
国際立法—国際法の法源論	村瀬信也	六八〇〇円
判例国際法	編集代表 田畑茂二郎 竹本正幸 松井芳郎	三五〇〇円
プラクティス国際法	香西茂 竹本正幸 坂元茂樹 編	一九〇〇円
国際法から世界を見る—市民のための国際法入門	松井芳郎	二八〇〇円
テロ、戦争、自衛—米国等のアフガニスタン攻撃を考える	松井芳郎	八〇〇円
〔21世紀国際社会における人権と平和〕〔上・下巻〕		
国際社会の法構造—その歴史と現状	編集代表 山手治之 香西茂	五七〇〇円
現代国際法における人権と平和の保障	編集代表 山手治之 香西茂	六三〇〇円
人権法と人道法の新世紀	藤田久一 松井芳郎 坂元茂樹 編	六二〇〇円
国際人道法の再確認と発展	竹本正幸	四八〇〇円
海上武力紛争法サンレモ・マニュアル解説書	人道法国際研究所 竹本正幸監訳	二五〇〇円
〔現代国際法叢書〕		
領土帰属の国際法	太壽堂鼎	四五〇〇円
国際法における承認—その法的機能及び効果の再検討	王志安	五二〇〇円
国際社会と法	高野雄一	四三〇〇円
集団安保と自衛権	高野雄一	四八〇〇円
国際「合意」論序説—法的拘束力を有しない国際「合意」について	中村耕一郎	三〇〇〇円
国際人権条約・宣言集〔第3版〕	田畑・竹本 松井・薬師寺 編	改訂中・近刊

〒113-0023 東京都文京区向丘1—20—6 ☎03-3818)5521 FAX 03(3818)5514 振替 00110-6-37828
E-mail: tk203444@fsinet.or.jp

※税別価格で表示してあります。

東信堂

東京裁判から戦後責任の思想へ〔第四版〕　大沼保昭　三二〇〇円

〔新版〕単一民族社会の神話を超えて　大沼保昭　三六八九円

なぐられる女たち—世界女性人権白書　米国国務省　有澤・小寺・鈴木・米田訳　二八〇〇円

地球のうえの女性—男女平等のススメ　小寺初世子　一九〇〇円

国際人権法入門　T・バーゲンソル　小寺初世子訳　二八〇〇円

摩擦から協調へ—ウルグアイラウンド後の日米関係　T・ショーエンバウム　中川淳司編著　三八〇〇円

入門 比較政治学—民主化の世界的潮流を解読する　H・J・ウィーアルダ　大木啓介訳　二九〇〇円

国家・コーポラティズム・社会運動—制度と集合行動の比較政治学　桐谷仁　五四〇〇円

ポスト冷戦のアメリカ政治外交—残された「超大国」のゆくえ　阿南東也　四三〇〇円

巨大国家権力の分散と統合—現代アメリカの政治制度　今村浩・三好陽編　三八〇〇円

ポスト社会主義の中国政治—構造と変容　小林弘二　三八〇〇円

プロブレマティーク国際関係　関下稔他編　二〇〇〇円

クリティーク国際関係学　関下稔・永田秀樹・中川涼司編　二二〇〇円

刑事法の法社会学—マルクス、ヴェーバー、デュルケム　J・インヴァラリティ　松村・宮澤・川本・土井訳　四四六六円

軍縮問題入門〔第二版〕　黒沢満編　二三〇〇円

PKO法理論序説　柘山堯司　三八〇〇円

時代を動かす政治のことば—尾崎行雄から小泉純一郎まで　読売新聞政治部編　一八〇〇円

世界の政治改革—激動する政治とその対応　藤本一美編　四六六〇円

〔現代臨床政治学叢書・岡野加穂留監修〕

村山政権とデモクラシーの危機　岡野加穂留・藤本一美編　四二〇〇円

比較政治学とデモクラシーの限界　岡野加穂留・大六野耕作編　四二〇〇円

政治思想とデモクラシーの検証　岡野加穂留・伊藤重行編　三八〇〇円

〔シリーズ〈制度のメカニズム〉〕

アメリカ連邦最高裁判所　大越康夫　一八〇〇円

衆議院—そのシステムとメカニズム　向大野新治　一八〇〇円

〒113-0023　東京都文京区向丘1—20—6　☎03(3818)5521　FAX 03(3818)5514　振替 00110-6-37828
E-mail:tk203444@fsinet.or.jp

※税別価格で表示してあります。

東信堂

〔現代社会学叢書〕

開発と地域変動 ―開発と内発的発展の相克　北島　滋　三二〇〇円

新潟水俣病問題 ―加害と被害の社会学　飯島伸子・舩橋晴俊編著　三八〇〇円

在日華僑のアイデンティティの変容 ―華僑の多元的共生　過　放　四四〇〇円

健康保険と医師会 ―社会保険創始期における医師と医療　北原龍二　三八〇〇円

事例分析への挑戦 ―個人・現象への事例媒介的アプローチの試み　水野節夫　四六〇〇円

海外帰国子女のアイデンティティ ―生活経験と通文化的人間形成　南　保輔　三八〇〇円

有賀喜左衛門研究 ―社会学の思想・理論・方法　北川隆吉編　三六〇〇円

現代大都市社会論 ―分極化する都市？　園部雅久　三二〇〇円

インナーシティのコミュニティ形成 ―神戸市真野住民のまちづくり　今野裕昭　五四〇〇円

ブラジル日系新宗教の展開 ―異文化布教の課題と実践　渡辺雅子　八二〇〇円

イスラエルの政治文化とシチズンシップ　奥山眞知　三八〇〇円

正統性の喪失―アメリカの街頭犯罪と社会制度の衰退　G・ラフリー　宝月　誠監訳　三六〇〇円

福祉政策の理論と実際―福祉社会学研究入門　三重野卓・平岡公一編　三〇〇〇円

福祉国家の社会学〔シリーズ社会政策研究1〕 ―21世紀における可能性を探る　三重野卓編　二〇〇〇円

福祉国家の変貌〔シリーズ社会政策研究2〕 ―グローバル化と分権化のなかで　小笠原浩一・武川正吾編　二〇〇〇円

社会福祉とコミュニティ―共生・共同・ネットワーク　園田恭一編　三八〇〇円

新潟水俣病問題の受容と克服　堀田恭子著　四八〇〇円

新潟水俣病をめぐる制度・表象・地域　関　礼子　五六〇〇円

ホームレス ウーマン―知ってますか、わたしたちのこと　E・リーボウ　吉川徹・轟里香訳　三二〇〇円

タリーズ コーナー―黒人下層階級のエスノグラフィ　E・リーボウ　吉川　徹監訳　二三〇〇円

〒113-0023　東京都文京区向丘１―20―６　☎03(3818)5521　FAX 03(3818)5514　振替　00110-6-37828
E-mail:tk203444@fsinet.or.jp

※税別価格で表示してあります。

東信堂

〔シリーズ 世界の社会学・日本の社会学 全50巻〕

書名	著者	価格
タルコット・パーソンズ―最後の近代主義者	中野秀一郎	一八〇〇円
ゲオルク・ジンメル―現代分化社会における個人と社会	居安 正	一八〇〇円
ジョージ・H・ミード―社会的自我論の展開	船津 衛	一八〇〇円
アラン・トゥーレーヌ―現代社会のゆくえと新しい社会運動	杉山光信	一八〇〇円
アルフレッド・シュッツ―主観的時間と社会的空間	森 元孝	一八〇〇円
エミール・デュルケム―社会の道徳的再建と社会学	中島道男	一八〇〇円
レイモン・アロン―危機の時代の透徹した警世思想家	岩城完之	一八〇〇円
奥井復太郎―都市社会学と生活論の創始者	藤田弘夫	一八〇〇円
新明正道―綜合社会学の探究	山本鎭雄	一八〇〇円
米田庄太郎―新総合社会学の先駆者	中 久郎	一八〇〇円
高田保馬―理論と政策の無媒介的合一	北島 滋	一八〇〇円
現代環境問題論―理論と方法の再定置のために	井上孝夫	二三〇〇円
日本の環境保護運動	長谷敏夫	二五〇〇円
現代社会学における歴史と批判〔上巻〕―グローバル化の社会学	武川正吾・山田信行 編	二八〇〇円
現代社会学における歴史と批判〔下巻〕―近代資本制と主体性	片桐新自・丹辺宣彦 編	二八〇〇円
現代日本の階級構造―理論・方法・計量分析	橋本健二	四三〇〇円
イギリスにおける住居管理―オクタヴィア・ヒルからサッチャーへ	中島明子	七四五三円
BBCイギリス放送協会〔第二版〕―パブリック・サービス放送の伝統	簑葉信弘	二五〇〇円

〔中野卓著作集 生活史シリーズ〕

書名	著者	価格
1 生活史の研究	中野 卓	二五〇〇円

〔研究誌・学会誌〕

書名	著者	価格
日本労働社会学会年報4〜13	日本労働社会学会 編	二九一三〜三三〇〇円
労働社会学研究 1〜3	日本労働社会学会 編	各一八〇〇円
社会政策研究 1〜3	「社会政策研究」編集委員会 編	二〇〇〇〜二三八一円

〒113-0023 東京都文京区向丘1—20—6 ☎03(3818)5521 FAX 03(3818)5514 振替 00110-6-37828
E-mail:tk203444@fsinet.or.jp

※税別価格で表示してあります。

東信堂

責任という原理—科学技術文明のための倫理学の試み	H・ヨナス 加藤尚武監訳	四八〇〇円
主観性の復権—心身問題から『責任という原理』へ	H・ヨナス 宇佐美・滝口訳	二〇〇〇円
哲学・世紀末における回顧と展望	H・ヨナス 尾形敬次訳	八二六円
バイオエシックス入門〔第三版〕	今井道夫 香川知晶編	二三八一円
思想史のなかのエルンスト・マッハ—科学と哲学のあいだ	今井道夫	三八〇〇円
堕天使の倫理—スピノザとサド	佐藤拓司	二八〇〇円
今問い直す脳死と臓器移植〔第二版〕	澤田愛子	二〇〇〇円
キリスト教からみた生命と死の医療倫理	浜口吉隆	二三八一円
空間と身体—新しい哲学への出発《たびだち》	桑子敏雄	二五〇〇円
環境と国土の価値構造	桑子敏雄編	三五〇〇円
森と建築の空間史—南方熊楠と近代日本	千田智子	四三八一円
洞察＝想像力—知の解放とポストモダンの教育	D・スローン 市村尚久監訳	三八〇〇円
ダンテ研究Ｉ—Vita Nuova 構造と引用	浦一章	七五七三円
ルネサンスの知の饗宴（ルネサンス叢書１）—ヒューマニズムとプラトン主義	佐藤三夫編	四四六六円
ヒューマニスト・ペトラルカ（ルネサンス叢書２）	佐藤三夫	四八〇〇円
東西ルネサンスの邂逅（ルネサンス叢書３）—南蛮と禰寝氏の歴史的世界を求めて	根占献一	三六〇〇円
原因・原理・一者について〔ジョルダーノ・ブルーノ著作集３巻〕	加藤守通訳	三二〇〇円
ロバのカバラ—ジョルダーノ・ブルーノにおける文学と哲学	N・オルディネ 加藤守通訳	三六〇〇円
三島由紀夫の沈黙—その死と江藤淳・石原慎太郎	伊藤勝彦	二五〇〇円
愛の思想史〔新版〕	伊藤勝彦	二〇〇〇円
荒野にサフランの花ひらく〔続・愛の思想史〕	伊藤勝彦	二三〇〇円
必要悪としての民主主義—政治における悪を思索する	伊藤勝彦	一八〇〇円
イタリア・ルネサンス事典	H・R・ヘイル編 中森義宗監訳	続刊

〒113-0023　東京都文京区向丘１—20—６　☎03(3818)5521　FAX 03(3818)5514　振替 00110-6-37828
E-mail:tk203444@fsinet.or.jp

※税別価格で表示してあります。

東信堂

書名	著者	価格
〔世界美術双書〕		
バルビゾン派	井出洋一郎	二〇〇〇円
キリスト教シンボル図典	中森義宗	二三〇〇円
パルテノンとギリシア陶器	関　隆志	二三〇〇円
中国の版画—唐代から清代まで	小林宏光	二三〇〇円
象徴主義—モダニズムへの警鐘	中村隆夫	二三〇〇円
中国の仏教美術—後漢代から元代まで	久野美樹	二三〇〇円
セザンヌとその時代	浅野春男	二三〇〇円
日本の南画	武田光一	二三〇〇円
画家とふるさと	小林　忠	二三〇〇円
〔芸術学叢書〕		
芸術理論の現在—モダニズムから	藤枝晃雄・谷川　渥 編	三八〇〇円
絵画論を超えて	尾崎信一郎	四六〇〇円
現代芸術の不満	藤枝晃雄	三四九五円
幻影としての空間—図学からみた東西の絵画	小山清男	三七〇〇円
美術史の辞典	P・デューロ他 中森義宗・清水　忠訳	三六〇〇円
都市と文化財—アテネと大阪	関　隆志編	三八〇〇円
図像の世界—時・空を超えて	中森義宗	二五〇〇円
アメリカ映画における子どものイメージ—社会文化的分析	K・M・ジャクソン 牛渡　淳訳	二六〇〇円
キリスト教美術・建築事典	P・マレー／L・マレー 中森義宗監訳	続刊
イタリア・ルネサンス事典	H・R・ヘイル編 中森義宗監訳	続刊

〒113-0023　東京都文京区向丘１—20—６　☎03(3818)5521　FAX 03(3818)5514　振替　00110-6-37828
E-mail:tk203444@fsinet.or.jp

※税別価格で表示してあります。

東信堂

大学の自己変革とオートノミー——点検から創造へ	寺﨑昌男	二五〇〇円
大学教育の創造——歴史・システム・カリキュラム	寺﨑昌男	二五〇〇円
大学教育の可能性——教養教育・評価・実践	寺﨑昌男	二五〇〇円
〔シリーズ教養教育改革ドキュメント・監修寺﨑昌男・絹川正吉〕		
立教大学〈全カリ〉のすべて——リベラル・アーツの再構築	全カリの記録編集委員会編	二二〇〇円
ICU〈リベラル・アーツ〉のすべて	絹川正吉編著	二三八一円
大学の授業	宇佐美寛	二五〇〇円
作文の論理——〈わかる文章〉の仕組み	宇佐美寛編著	一九〇〇円
大学院教育の研究	バートン・R・クラーク編 潮木守一監訳	五六〇〇円
大学史をつくる——沿革史編纂必携	寺﨑・別府・中野編	五〇〇〇円
大学の誕生と変貌——ヨーロッパ大学史断章	横尾壮英	三二〇〇円
大学授業研究の構想——過去から未来へ	京都大学高等教育教授システム開発センター編	二四〇〇円
大学評価の理論と実際——自己点検・評価ハンドブック	H・R・ケルズ 喜多村・舘・坂本訳	三二〇〇円
アメリカの大学基準成立史研究——「アクレディテーション」の原点と展開	前田早苗	三八〇〇円
大学力を創る：FDハンドブック	大学セミナー・ハウス編	二三八一円
私立大学の財務と進学者	丸山文裕	三五〇〇円
私立大学の経営と教育	丸山文裕	三六〇〇円
短大ファーストステージ論	高鳥正夫 舘昭編	二〇〇〇円
短大からコミュニティ・カレッジへ——飛躍する世界の短期高等教育と日本の課題	舘昭編	二五〇〇円
夜間大学院——社会人の自己再構築	新堀通也編著	三二〇〇円
現代アメリカ高等教育論	喜多村和之	三六八九円
アメリカの女性大学：危機の構造	坂本辰朗	二四〇〇円
アメリカ大学史とジェンダー	坂本辰朗	五四〇〇円
アメリカ教育史の中の女性たち——ジェンダー、高等教育、フェミニズム	坂本辰朗	三八〇〇円

〒113-0023　東京都文京区向丘１—20—６　☎03(3818)5521　FAX 03(3818)5514　振替 00110-6-37828
E-mail:tk203444@fsinet.or.jp

※税別価格で表示してあります。